리더에게
결정은
운명이다

리더에게 결정은 운명이다

마이클 유심 **지음** | **양병찬** 옮김

페이퍼로드
paperroad

리더십의 본질을 꿰뚫다

매혹적일 뿐만 아니라 중요한 메시지까지 담고 있는 마이클 유심의 책을 독자들에게 소개하게 된 것을 무한한 영광으로 생각한다. 이 책은 내가 가장 좋아하는 리더십이라는 주제를 능숙하고 설득력있게 서술하고 있으며, 심오한 교훈과 독자의 마음을 사로잡는 스토리텔링이 일품이다. 이 책은 조직을 절체절명의 위기에서 구해낸 사람들의 실제 경험을 통하여, 권한이양과 과정 재설계의 모범사례를 제시하고 있다. 리더십과 권양이양을 핵심주제로 다룬 책은 많지만, 유심의 책은 그중에서 단연 군계일학이다. 유사한 주제를 다룬 수많은 책 중에서 유독 이 책만이 많은 독자들의 사랑을 받고 있는 이유는, 명확한 서술과 우아한 문체 외에도 다음과 같은 세 가지 장점을 지니고 있기 때문이다.

첫째, 이 책은 아홉 가지의 엄선된 케이스를 다루고 있다. 예컨대 로이 바겔로스는 머크의 CEO로 재직하던 시절 수백만 명의 가난한 아프리카 주민들을 위해 회선사상충증 치료제의 개발을 주도했다. 알렌 블럼은 여성으로만 구성된 등반대를 이끌고 세계 최초로 안나푸르나를 등정하는 데 성공했다.

어떤 학문 분야를 막론하고 탁월한 저서를 낸 학자들의 성공요인을 분석해 보면, 그들의 성공이 다양한 대상 중에서 적절한 대상을 선택하는 능력에 기인한다는 것을 알 수 있다. 다윈의 갈라파고스 여행, 메이요와 뢰슬리스버거의 호손 실험, 프로이트의 여섯 가지 임상사례, 에릭슨의 간디와 마르틴 루터를 심리학적으로 분석한 '정신분석적 전기' 등 이상의 사례들은 학문 연구에 있어서 적절한 연구대상을 선택하는 것이 얼마나 중요한지를 단적으로 보여준다.

이 책 역시 아홉 가지의 케이스를 엄선함으로써 명저의 반열에 오를 수 있는 기본요건을 갖췄다고 할 수 있다. 그러나 이 책의 탁월함은 이것이 전부가 아니다. 유심은 이 책에서 적절한 케이스를 제시하는 데 머물지 않고, 한걸음 더 나아가 적절한 서술과 묘사를 통해 케이스의 매력포인트를 선명하게 부각시키는 솜씨를 발휘했다. 그가 이 책에서 주안점을 두는 것은 '화석화된 리더'가 아니라 '살아 있는 리더'다.

이 책에 등장하는 리더들은 하나같이 위험과 기회가 공존하는 극단적인 상황에서, 조직과 구성원의 운명을 결정하는 어려운 결정을 내리고 있다. 내가 특히 감명깊게 읽었던 부분은 월가의 제왕으로 불렸던 존 굿프로인트가 적절한 조치를 취하는 데 실패하여, 자신이 설립한 살로먼을 위기에 빠뜨리고 권좌에서 물러나는 장면이다. 더욱 감동적인 부분은 투자의 귀재 워런 버핏이 구원투수로 등장하여 침몰해 가는 살로먼을 살려내는 장면이다.

둘째, 이 책에 소개된 케이스들은 모두 전환점 즉 터닝포인트를 다루고 있다. 각 케이스에 등장하는 리더들은 자신의 행동 하나하나가 조직에 큰 해를 끼칠 수 있는 상황에 직면해 있는데, 유심은 마치 유능한 역사가처럼 등장인물들의 행동을 때로는 사실적으로, 때로는 극적으로 묘사함으로써 주제를 부각시키는 동시에 생생한 현장감을 선사한다.

이 책의 각 장은 스릴과 서스펜스를 느끼게 한다. 나는 새로운 장을 펼칠 때마다 결말이 너무 궁금해 단숨에 끝까지 읽어 내려갔지만, 다 읽고 난 후에는 번번이 '너무 빨리 끝났다'는 아쉬움을 느끼곤 했다. 하지만 이 책에 나오는 이야기들은 픽션이 아니라 실제로 존재했던 사람들에 관한 이야기다. 그들은 위험과 불확실성과 도전으로 가득 찬 중대사건에 직면하여, 드라마보다 더 드라마틱한 의사결정을 내렸다.

셋째, 이 책에서 소개된 케이스들을 통해 유심이 도출해 내는 원칙은 보편적이다. 그것은 특정한 분야의 조직에 국한되지 않고, 기업, 건설닝업체, 첨단 벤처기업, 공연기획사, 학교 운영위원회, 미국 경제계, IMF 등 어떤 조직에도 적용될 수 있다. 한편 이 책은 인간의 영혼을 다루고 있으며, 성실, 용기, 헌신, 건전한 상식과 같은 전통적 덕목까지도 아우르고 있다. 이 책이 제공하는 교훈이 영원하고 보편적일 수 있는 것은 바로 이 때문이다.

한마디로, 나는 이 책의 매력에 푹 빠져 버렸다. 남녀노소를 불문하고 누구나 일독할 만한 가치가 있는 책으로 강력히 추천한다.

워렌 베니스

(세계 최고 권위의 리더십 전문가, 서던캘리포니아대학교 경영학 교수 및 리더십연구소 소장)

차례

1. 로이 바겔로스, 회선사상충증을 정복하다 ················· 21

"이 신약은 약값을 지불할 능력이 없는 사람들에게만 필요하다."

2. 와그너 닷지, 만굴치에서 탈출하다 ················· 71

"대장은 도대체 무슨 짓을 하는 거야, 산불에 쫓기고 있는데 우리 앞에 또 불을 질러?"

3. 유진 크란츠, 아폴로13호를 지구로 귀환시키다 ················· 105

"우주선 안에 남아 있는 것 중 쓸 만한 게 뭐죠?"

4. 알렌 블럼, 여성 최초로 안나푸르나를 등정하다 ················· 149

"등반대는 독재자가 아닌 강한 리더를 필요로 한다."

5. 조슈아 로렌스 챔벌레인, 리틀라운트탑 고지를 방어하다 ················· 199

"우리는 미래를 알 수 없고, 따라서 계획도 세울 수 없다. 그러나 모종의 위기가 닥쳤을 때 우리가 어떻게 행동해야 하는지쯤은 미리 생각하고 결정해 둘 수 있다."

리더십의 순간

"용기는 특별한 능력이나 마법이 아니다. 그것은 조만간 분출될 기회를 기다리며
우리 모두의 가슴 속에 잠재하고 있다."

존 F. 케네디, 『용기 있는 사람들』

인생을 살다 보면 우리의 리더십이 시험대에 오르거나 타
인의 운명이 우리의 행동여하에 달려 있는 결정적 순간
들에 직면하게 된다. 어쩌면 소수의 사람들만이 우리의 결정에 영
향을 받을지도 모른다. 혹은 많은 사람들이 영향을 받을 수도 있
다. 그러나 어떤 경우든, 우리에게 부여된 임무를 차질 없이 수행
하려면 만반의 준비를 갖추고 있어야 한다.

이러한 도전에 대비하는 가장 효과적인 방법 가운데 하나는, 리
더십이 위기에 처했을 때 다른 사람들이 했던 행동을 살펴보는 것
이다. 그들의 경험을 분석하고, 그들이 '했던 일'과 '할 수 있었던
일'에 대해 질문하며, 그런 경우에 당신이라면 어떻게 했을까를 가
정해봄으로써, 당신 자신이 리더십의 위기에 직면했을 때 해야 할
일에 대해 잘 준비할 수 있다.

이 책은 이러한 경험들과 관련된 아홉 가지 사례를 제시한다. 독
자들은 먼저 비상상황에 놓인 인물들을 목격하게 될 것이다. 그리
고, 그 결정적 순간 이후에 이어지는 극적인 사건들의 경과 속에

서, 그들이 팀원과 회사, 또는 조국의 앞길을 어떻게 안내했는지를 살펴볼 것이다. 각 사례는 터닝포인트(전환점)에 직면한 특정 개인의 입장이 어떠했는지, 그리고 가장 중요한 순간에 그 사람이 조직을 어떻게 지휘했는지에 초점을 맞추고 있다.

이 책의 목적은 당신과 당신의 동료들로 하여금 각자가 직면한 중요한 도전에 맞서게 하고, 당신의 리더십이 시험받고 있을 때 승리할 수 있도록 도움을 주는 것이다. 또한, 크든 작든 당신의 행동이 타인의 미래를 결정하는 상황에 처하게 될 때, 당황하여 일을 그르치지 않도록 미리 대비하게 하는 것이다.

리더십은 분석가나 컨설턴트의 수만큼이나 많은 의미를 가지고 있다. 역사학자 제임스 맥그리거 번스에게 리더십이란 '소명'이다. 피터 드러커에게 리더란 '올바른 일을 하는 추종자를 거느린 사람'이다. 에이브러햄 링컨에게 리더십이란 '인간 본성의 선량한 천사들에게 호소하는 것'이었다.

여기서 리더십에 대한 정확한 규정은 중요하지 않다. 사실, 리더십에 단 하나의 의미를 부여하는 것이 불가능할지도 모른다. 하지만 필자는 '리더십이란 차이를 만들어내는 행동을 의미한다'고 생각한다. 리더십은 잘못된 전략을 변경하거나 생기를 잃은 조직에 활력을 불어넣는다. 리더십은 선택 가능한 대안들 중에서 유효한 선택을 하도록 요구한다. 그리고 리더십의 성패는 다른 사람들을 동원하여 조직 공통의 목표를 달성하게 할 수 있느냐에 따라 좌우된다. 리더십은 비전이 전략적이고 목소리가 설득력이 있으며 결과가 확인 가능할 때 최선의 경지에 도달한다.

위기에 처한 리더십

이 책의 초점은 예외적으로 어려운 사건들에 맞춰져 있다. 즉, 조직이 위험에 처해 있고, 목표달성 여부가 불확실하며, 구성원들을 동원하여 힘을 보태게 할 수 있느냐에 따라 조직의 성패가 좌우되는 결정적인 순간들 말이다. 위험의 수준이 높을수록, 조직에 미치는 파급효과가 클수록, 구성원이 겪는 스트레스가 격심할수록, 그런 사건들이 시사하는 바는 더욱 커진다.

지난 몇 년 동안 직장과 조직에서 당신이 겪었던 일들을 돌이켜보라. 그리고 그중에서 독특하고도 잊을 수 없는 사건은 과연 몇 가지나 되는지 자문(自問)해 보라. 어떤 경우에는 당신이 그 사건 이후 완전히 다른 사람이 되었다고 느낄 수도 있다. 또 어떤 경우에는 아주 색다른 방식을 시도해 보지 못한 것을 아쉬워할 수도 있다. 대개의 경우 그런 사건들 이후 당신은 의기양양해졌거나 낙담했거나 둘 중 하나일 것이다. '자부심의 광채' 혹은 '후회의 물결' 말이다. 올바른 일을 했을 때 당신과 함께했던 다른 사람들의 숫자에 여전히 경탄하거나, 당신 주변의 사람들을 더 안전한 피난항으로 안내했을지도 모르는 잃어버린 기회들에 마음이 사로잡혀 있거나…….

등반가 피터 힐러리에게 다가왔던 기회에 대해 생각해보자. 그의 아버지는 1953년 세계 최초로 에베레스트를 정복했던 에드먼드 힐러리 경이고, 그 자신은 1990년에 에베레스트를 등정했다. 4년 뒤, 힐러리와 일곱 명의 동료들은 세계에서 두 번째로 높은 K-2 정상에 접근하고 있었다. 일순간 기상이 악화되자 그는 전 등반대가 철수해야 한다고 확신했다. 하지만 그는 다른 대원들을 설득하지 못했기 때문에 그들이 정상을 공격하는 동안 홀로 하산했고, 결국 일곱 명의 대원들은 불귀의 객이 되고 말았다. 그 결정적인 기로에서 자신이 내렸던 결정(하산해야겠다고 결심한 것과, 동료들을 끝까지 설득하지 못했던 것)에 대한 회한이 아직도 그의 의식을 사로잡고 있다. "마음 속으로 그 마지막 순간을 끝없이 반복해서 재생하게 됩니다"라고 힐러리는 말한다.

필자 또한 젊은 시절 겪었던 한 가지 경험을 여전히 곱씹어 보게 된다. 나는 스물두 살짜리 동갑내기 대학 친구와 여름방학 동안 유럽을 여행하고 있었다. 우리는 오래 걸렸지만 기술적으로는 어렵지 않았던 몬테로사 등반을 막 마친 후였다. 8월의 어느 비 오는 날, 우리는 근처에 있는 돔이라는 봉우리를 오르기 위해 스위스 체르마트를 출발했다. 돔(4,545미터)은 스위스에서 가장 높은 산으로, 스위스-이태리 국경의 몬테로사(4,634미터)나 프랑스-이태리 국경의 몽블랑(4,807미터)에는 미치지 못하지만, 마테호른(4,478미터)이나 융프라우(4,158미터)보다는 높다. 악화된 기상에도 불구하고 우리는 돔 등정의 출발점인 란다 마을로 가는 기차를 탔다.

정오에 란다 마을을 출발한 우리는 끊임없이 내리는 비와 제한된 시야를 불평하면서 가파른 숲길을 재빨리 올라갔다. 계곡을 거의 다 지났을 무렵 비는 더 세차게 내렸고 기온은 뚝 떨어졌다. 쏟아붓는 비를 우리의 방수장비는 견뎌내지 못했고 오후 6시경에는 온몸이 비에 흠뻑 젖어 버렸다. 지칠 대로 지친 우리에게 스위스 등산협회가 운영하는 대피소까지의 거리는 너무나 멀어 보였다. 우리의 계획은 그곳에서 밤을 새우고 새벽 3시에 돔의 아름다운 정상을 향해 출발하는 것이었다. 그러나 비는 눈으로 바뀌었고 길

찾기는 점점 더 어려워졌다.

저녁 8시가 되자 우리는 불길한 징조에 휩싸이기 시작했다. 우리는 몇 시간째 발목까지 푹푹 빠지는 눈길을 걸었다. 어둠이 내려앉았고 몸은 뼛속까지 젖었으며 대피소는 흔적도 보이지 않았다. 극도로 긴장한 교감신경에서 뿜어져 나오는 아드레날린이 우리를 전속력으로 몰아붙였다. 밤 9시경, 우리는 우리가 오르고 있는 바위 협곡에서 틈새를 찾아보기 시작했다. 우리에게는 텐트도, 슬리핑백도 없었다. 대피소에 따뜻한 잠자리가 있을 거라 확신했기 때문에 아무 것도 가져가지 않았던 것이다. 이제는 어쩔 수 없이 밤 사이 살아남을 수 있는 비박 장소를 찾아야만 했다.

반 시간 동안 찾아 헤맸지만 성과가 없었던 우리는 더 절박한 마음이 되었다. 바로 그때, 먼 발치에서 작은 불빛 하나가 눈에 들어왔다. 그야말로 기적적인 순간이었다. 불빛은 대피소에서 나온 게 틀림없었다. 한 시간 뒤, 대피소 관리인과 그곳에 머물고 있던 등반객들이 문을 열고 나와, 머리끝에서 발끝까지 눈을 뒤집어쓰고 비틀거리는 두 사람을 맞아 주었다. 등반객들이 모두 들어와 있었지만, 대피소 관리인은 너무나 고맙게도 악화된 기상 속에서 길을 잃은 불운한 영혼들을 안내하기 위해 문 앞에 램프를 밝혀 놓았던 것이다.

우리가 제대로 한 일은 무엇일까? 급속히 악화되는 기상 속에서 인내심을 발휘한 것을 빼면 잘한 일이라곤 하나도 없었다. 그렇다면 우리가 저지른 실수는 무엇일까? 여러 가지가 있겠지만, 그중에서도 가장 큰 실수는 '앞으로 닥쳐올 새로운 상황에 대해 전혀 예상도 준비도 하지 않았다'는 것이다. 우리를 지원해 줄 사람을 동반하지 않은 것도 그에 못지않은 중대한 실수였다. 다행히 대피소 관리인의 램프가 등대의 역할을 해 주었지만, 현지 가이드가 있었더라면 어떠한 조건 하에서도 길을 찾을 수 있었을 것이다. '눈 먼 행운'과 '대피소 관리인의 선의'에 기대는 대신, 처음부터 겸손한 태도를 취했더라면 상황은 확연히 달라졌을 것이다.

시간을 돌이킬 수 있다면 꼭 해야 할 일은 무엇일까? 사전조사가 그 첫 번째일 것이다. '다가오는 태풍에 대한 예보' '최상의 조건에서 대피소까지 가는 데 소요되는 시간' '대피소 근처의 지형' 등을 더 잘 알았더라면 좋았을 것이다. 그랬다면 인적이 끊어진 산길 속에서 대피소를 찾느라 허둥대는 일은 없었을 것이다.

젊은 시절의 경험을 통해 얻은 소중한 교훈은 필자의 마음 속 깊이 각인되어, 오늘날까지도 지속적인 영향력을 발휘하고 있다. 나는 미지의 영역으로 움직이기 전에 훨씬 더 열심히 공부하고 훨씬 더 조심스럽게 준비하게 되었다. 이 교훈은 여러 해가 지난 뒤 몇 개의 그룹을 이끌고 있는 나의 리더십 스타일에도 지대한 영향을 미치고 있다. 지금도 "대피소 관리인이 문 밖에 램프를 걸어두지 않았더라면 무슨 일이 일어났을까?"라는 생각을 하면 등골이 오싹해진다.

격동의 시기와 리더십

동서고금을 막론하고 모든 조직들이 리더십의 중요성을 인식하고 최고의 리더를 길러내기 위해 노력해 왔지만, 오늘날 기업과 정부를 둘러싸고 있는 변화무쌍한 환경은 리더십의 중요성을 그 어느 때보다 부각시키고 있다.

기업과 공공기관, 공동체 그룹의 분권화는 의사결정의 책임 범위를 더 넓게 확산시키는 동시에, 개별 의사결정의 책임 부담을 더 크게 하는 결과를 초래했다. 최근 유행하고 있는 기업의 구조조정과 리엔지니어링, 그리고 이것의 변형인 '정부 재창조(기업가적 정부를 목표로 미국 클린턴 정부가 추진한 행정개혁안)'와 같은 개념들은 (늘 중요한 요소인) 정상의 리더십뿐만 아니라 조직 전체의 리더십에도 주안점을 두고 있다.

벨 어틀랜틱의 CEO인 레이몬드 스미스는 1997년 나이넥스 코퍼레이션을 합병하는 과정에서, 조직을 강력하게 몰아붙여 완전히 새롭게 태어나게 했다. 이 목표에 도달하기 위해 그는 이런 공식을 제안했다. "우리는 우리 조직의 모든 것을 바꾸어야 합니다. 우리는 모든 사람을 '관료'로부터 '오너'로 변신시켜야 합니다." 스미스에게 있어서 회사의 미래는 모든 구성원들을 '전략적 사고를 하는 사람'으로 만드는 데 달려 있었다.

기업과 투자자들은 더욱 글로벌화하고 있다. 더 많은 사업들이 캐나다, 칠레, 중국에서 벌어지고 있으며, 국경을 초월한 제휴, 국제적인 뮤추얼 펀드, 해외 직접투자의 규모가 순수한 국내활동을 능가하고 있다. 1996년에 맥도날드는 하루에 9개의 신규점포를 열었는데 그중 6개가 미국 밖에서 오픈한 것이었다. 다양한 언어와 상충하는 관습이 섞여있는 세계에서 경영을 해 나간다는 것은 과거에는 상상할 수 없었던 수준의 민첩성을 요구한다.

경영자들은 어디에 있든, 모호함과 불확실성을 지닌 세계와 타협해 나가는 동안 더욱 격변하는 상황들에 직면한다. 와튼스쿨의 로버트 하우스 교수는 《포춘》지 선정 500대 기업 중 48개 기업을 대상으로 한 연구에서, 각 기업마다 두 명의 중역을 골라 다음과 같은 5가지 항목을 제시하고, 항목별로 그들의 CEO를 평가하게 했다. "우리 회사의 CEO는 1) 비전을 갖고 있다, 2) 자신과 다른 사람들을 신뢰한다, 3) 높은 기대수준을 갖고 있다, 4) 회사의 경영방침을 준수하여 타의 모범이 된다, 5) 결단과 용기를 보여준다." 하우스 교수는 48개 기업을 두 가지 그룹, 즉 '다이내믹하고 불확실한 환경을 겪은 기업'과 '예측 가능한 경로에 있었던 기업'으로 분류한 후, 각 그룹별로 CEO가 받은 평점과 해당기업의 성과를 비교분석했다. 그의 분석 결과는 놀라웠다. 높은 평점을 받은 CEO들은 변화와 불확실성에 직면한 회사에서는 많은 이익을 만들어냈지만, 그다지 도전을 받지 않은 기업에서는 낮은 평점을 받은 CEO와 별 차이가 없는 이익을 만들어낸 것이다.

우리가 평화로운 시기의 지도자들보다 전시의 수상이나 대통령을 더 길 기억하는 것이 이상한 일은 아니다. 리더십이 가장 빛을 발하는 시기는 '많은 이들이 어떤 길로 가야 할지 모르고 갈팡질팡할 때'이기 때문이다. 따라서 우리가 현재 살고 있는 격동의 시대는 '리더십이 위기에 처했을 때 다른 사람들이 어떻게 처신하는지'를 살펴볼 수 있는 적절한 기회를 제공한다고 볼 수 있다.

위기대응 매뉴얼

이 책은 결정적인 순간에 직면했던 아홉 명의 리더들에 대한 사례를 제공한다. 각 사례는 리더십을 시험하는 극단적 환경에 맞닥뜨린 특정 인물의 경험을 중심으로 구성되었다. 이 이야기들은 함께 모여, '전략적 비전'과 '설득적 커뮤니케이션'에서부터 시작하여 '팀 구축'과 '신속한 행동'에 이르기까지 모든 것을 망라하는 '위기대응 매뉴얼'을 구성한다. 아홉 개의 이야기는 다음과 같다.

- 로이 바겔로스, 회선사상충증을 정복하다
- 와그너 닷지, 만굴치에서 탈출하다
- 유진 크란츠, 아폴로 13호를 지구로 귀환시키다
- 알렌 블럼, 여성 최초로 안나푸르나를 등정하다
- 조슈아 로렌스 챔벌레인, 리틀라운드탑 고지를 방어하다
- 클리프턴 와튼, 교원연금을 개혁하다
- 존 굿프로인트, 살로먼을 잃다
- 낸시 배리, 세계여성은행을 반석에 올려놓다
- 알프레도 크리스티아니, 엘살바도르 내전을 종식시키다

이들 각각의 이야기들은 기업이든 공동체든 모든 조직이 일상적인 경영활동 속에서 기억하고 적용할 수 있는 한 세트의 '지도원칙(guiding principles)'을 제시한다. 이 이야기들과 그로부터 도출된 원칙들은 한데 어우러져 세 단계의 처방을 제공하는데, 그것은 자신을 준비시키고, 동료를 준비시키며, 조직을 준비시키는 것이다.

당신의 조직이 도전에 직면하거나 방향전환을 요구받을 때, 당신의 위, 옆, 아래에서 이루어지는 구성원들의 의사결정과 행동은 당신에게 훌륭한 참고서가 된다. 하지만 이런 격변의 시기는 리더십을 개발하기에는 그리 적절치 않다. 리더십을 개발하기에 가장

적절한 시기는 (전략이 잘 작동하고 성과가 잘 나오는) 정상적 시기이다. 그러나 아이러니하게도 이런 시기일수록 리더십의 필요성이 덜 느껴지는 법이다.

화재 속에서 탈출할 수 있는 가장 좋은 시기는 불꽃이 가장 밝게 타올라 사물을 정확히 분간할 수 있는 때이다. 미래에 우리 자신의 리더십을 발휘하기 위해 필요한 것이 무엇인지를 이해하고 기억하는 가장 좋은 방법은 과거에 일어났던 인상적인 사건들을 살펴보는 것이다.

1

로이 바겔로스 Roy Vagelos, 회선사상충증을 정복하다

로이 바겔로스는 수억 달러를 들여 개발한 신약을, 돈이 없어 약을 먹을 수 없는
환자들에게 무상으로 나눠주었다.

THE
LEADERSHIP
MOMENT

1988년 11월의 어느 날, 서부 아프리카 말리 공화국의 시
코로니라는 작은 마을에 한 손님이 찾아 왔다. 마을의
족장과 열네 명의 장로들이 마을 어귀까지 나와 손님을 반갑게 맞
았다. 대부분의 장로들은 저마다 한 손에는 햇빛가리개를, 다른
손에는 지팡이를 들고 있었는데, 어린 아이들이 지팡이의 한쪽 끝
을 잡고 장로들의 잎길을 인도하고 있었다. 어린 아이들이 장로들
을 안내하는 데는 그만한 이유가 있었다. 사실 열네 명의 장로 중
열두 명은 앞을 보지 못했는데, 그들은 세계에서 가장 무서운 질병
중의 하나인 회선사상충증(Onchocerciasis)의 희생자였던 것이다. 회
선사상충증은 회선사상충(Onchocerca volvulus)이라는 기생충이 일
으키는 질병으로, 2천만 명의 세계인을 감염시켜 그중 33만 명의
눈을 멀게 한 무시무시한 질병이었다. 이 질병의 위세가 얼마나 대
단했던지, 아프리카 일부 지역에서 나이가 든다는 것은 곧 눈이 머
는 것을 의미할 정도였다. 그러나 눈이 멀기는커녕 그 이전에 세상
을 떠나는 사람들이 허다했다. 회선사상충증은 환자의 수명을 3

말리 공화국의 시코로니 마을. 어린이들이 앞 못 보는 어른들을 인도하고 있다.

분의 1이나 단축시켰기 때문이다.

회선사상충증은 일명 '하천 실명(river blindness)'이라고도 불리며,
물살이 빠른 하천 주변에 서식하는 작은 곱사등이 흑파리에 의해
전염되는 기생충 질환이다. 모기가 말라리아를 옮기는 것과 마찬
가지로, 이 흑파리는 기생충의 알을 품고 다니다가 건강한 사람의
피부를 깨물 때 그 사람의 피부 속에 기생충 알을 옮겨 놓는다(이 알
은 흑파리가 이에 앞서 회선사상충증 환자의 피부를 깨물었을 때, 환자의 피부에서 파리
에게로 옮겨진 것이다). 알에서 깨어난 회선사상충의 유충은 신속히 증

식하여 환자의 온몸에 퍼지는데, 다 자란 성충은 길이가 약 61센티미터, 수명이 14년이나 된다. 엄청난 수(일부 희생자의 몸 속에서는 약 2억 마리에 달하는 회선사상충이 발견되었다고 한다)로 불어난 회선사상충의 자손들은 피부와 눈으로 진출하여 가려움증과 점진적 실명을 초래한다. 시코로니 마을의 족장은 약간 시력이 남아 있는 상태였지만, 다리의 피부가 얼룩진 것으로 보아 실명이 머지 않았다는 것을 짐작할 수 있었다. "우리 마을에서는 흰머리가 나기 전에 눈이 머는 것이 정상입니다"라고 족장은 말했다.

곱사등이 흑파리의 주서식지인 서부 아프리카의 하천지역은 (흑파리만 없다면) 이상적인 농경지로서의 모든 조건을 갖추고 있는 곳이라 할 수 있다(말리 공화국의 동쪽 지역은 북쪽으로는 사하라 사막과, 남쪽으로는 남아프리카의 우림지대와 경계를 이루는 곳으로, 매우 건조하여 농사짓기에 적당하지 않다). 그러나 흑파리와 회선사상충은 이 지역의 농가들로 하여금 조상 대대로 살아온 정든 마을과 비옥한 땅을 버리고 동부의 건조한 땅으로 이주하게 만들었고, 주민들이 띠닌 시부지역은 적막감이 감도는 유령마을이 되어 버리고 말았다. 회선사상충증은 인간의 건강만을 황폐화시킨 것이 아니라 지역의 경제발전까지도 가로막은 암적 존재였던 것이다.

1970년대까지만 해도 말리 공화국의 보건당국은 회선사상충증과의 전쟁을 선포하고 흑파리의 번식지에 대대적으로 살충제를 살포하는 작전을 펼쳤다. 그러나 대상 지역이 너무 넓었고, 흑파리의 번식지를 정확히 예측하지 못해 별로 성공을 거두지 못했다. 외국에는 회선사상충증 치료제가 출시되어 있었지만, 복용 조건이 까다로운 데다가 대량공급이 불가능하다는 문제점이 있었다.

그 당시만 해도 회선사상충증이 전세계적으로 널리 퍼져 있던 때인지라, 공급물량이 달려 말리 공화국에까지 차례가 오지 않았기 때문이다.

1978년 서부 아프리카가 아닌 미국 뉴저지 주의 한 연구소에서 뜻밖의 기쁜 소식이 들려 왔다. 회선사상충증을 물리칠 수 있는 비법이 개발된 것이다. 이 비법을 개발한 사람은 미국 유수의 제약회사인 머크사에서 가축의 기생충질환 치료제를 전문적으로 개발하는 윌리엄 캠벨 연구원이었다. 그는 (나중에 이버멕틴이라는 이름으로 시판되는) 강력하고 부작용 없는 가축용 기생충약을 개발했는데, 이 약물을 다양한 종류의 기생충에 투여해 보던 중 말에 기생하는 특정한 기생충에도 효과가 있다는 것을 알게 되었다. 그런데 중요한 것은, 이 기생충이 생물학적으로 회선사상충의 사촌뻘로 분류된다는 사실이었다.

가축용 기생충약이 인간의 질병 치료에 사용될 수 있다는 가능성을 발견한 캠벨은, 연구소의 총책임자인 로이 바겔로스 박사에게 '인간의 질병을 치료할 수 있는 신약을 개발하게 해 달라'고 간곡히 요청했다. 신약을 개발하려면 거액의 자금이 소요되는 연구를 몇 년 동안 진행해야 하고, 아프리카 주민들을 대상으로 광범위한 임상시험도 실시해야 한다. 설사 임상시험에 성공하더라도, 그 다음이 더 문제다. 신약 개발비를 회수하려면 이 약을 구매할 고객들이 나타나야 하는데, 회선사상충증 환자의 대부분은 약값을 지불할 돈이 한 푼도 없는 사람들이다.

바겔로스 박사는 물리학자이자 생화학자로서 워싱턴 의대에서 생화학과장을 역임하고, 1975년 연구담당 부사장으로 머크에 합

미국 최대 제약회사인 머크의 CEO 로이 바겔로스.

류한 인물이었다. 그는 콜레스테롤과 심장질환과의 관계를 연구하여, 콜레스테롤 저하제인 메바코를 개발하는 개가를 올렸다(메바코는 심근경색 위험을 40퍼센트나 감소시키는 것으로 이름이 높았다). 그러나 바겔로스 박사는 연구만 할 줄 아는 백면서생이 아니었다. 그는 머크의 이사로서 회사의 자산을 적절한 곳에 사용할 수 있는 권한도 보유하고 있었다. 이제 바겔로스 박사는 머크의 이사 자격으로 매우 어려운 전략적 결정을 내려야 하는 입장에 처하게 되었다. 만일 캠벨의 요청을 수락한다면 그는 머크와 그 주주들에게 상품가치가 전혀 없는 제품 하나를 떠넘기게 된다. 만일 캠벨의 요청을 거절한

다면 그는 수백만 명의 가난한 사람들을 구원할 수 있는 신약의 개
발을 가로막게 된다.

회선사상충증

회선사상충증은 1893년 의학자들에 의해 처음 확인되었지만,
그것이 물살이 빠른 하천에 서식하는 파리(학명: Simulium damnosum)
의 몸에 기생한다는 사실이 밝혀진 것은 1926년이다. 그후 1960
년대 이르러 서부 아프리카에 있던 영국과 프랑스의 식민지들이
독립하고 이 지역의 인구가 증가하면서, 회선사상충은 서부 아프
리카 지역의 골칫거리 중 하나로 등장하였다. 세계보건기구(WHO)
의 자료에 의하면 1970년대가 되면 35개 개발도상국에서 8,500만
명의 국민들이 회선사상충의 위협에 직면하게 되는데, 그중에는
에티오피아, 나이지리아, 앙골라, 말라위와 같은 아프리카 국가들
은 물론 브라질, 과테말라, 멕시코와 같은 라틴아메리카 국가들도
포함된다. 당시의 자료를 살펴보면 1,800만 명의 국민들이 회선
사상충에 감염되어, 그중 백만 명 이상이 시력손상으로 고통받고
있는 것으로 나와 있다. 특히 회선사상충증이 창궐하는 지역에서
는 주민의 절반이 시력을 잃은 후에 사망한 것으로 알려졌다. 그
당시에 이미 디에틸카르바마진과 수라민이라는 치료제가 나와 있
기는 했지만, 복용방법이 까다롭고 종종 치명적인 부작용을 초래
한다는 문제점이 있었다.

"나도 세상에 처음 태어날 때는 시력이 정상이었어요"라고 카메
룬 서부의 바용 마을에 거주하는 일흔한 살의 노인은 회상했다.

"그런데 어느 날 갑자기 눈에 눈곱이 끼고 눈물이 많이 나더니, 앞이 희미하게 보이기 시작했어요. 그러더니 결국 아무 것도 보이지 않게 되었죠. 그게 아마 여덟 살 때였을 거예요." 느캄강(江) 주변에서는 무려 80퍼센트의 주민들이 기생충에 감염되었다. 카메룬 전역에서는 기생충 때문에 피부가 흉측하게 불거져 나온 사람들이나, 피부가 부분적으로 탈색되어 얼룩덜룩해진 사람들(소위 '표범 피부'를 가진 사람들)이 흔히 눈에 띄었다. 650만 명의 카메룬 국민 중에서 백만 명 이상이 기생충 보균자였으며, 300만 명은 감염이 시간 문제인 것으로 생각되었다.

1974년 사태의 심각성을 인식한 WHO는 회선사상충증 박멸계획(Onchocerciasis Control Program)을 발표하고, 부르키나파소의 수도 와가두구를 중심으로 대대적인 흑파리 소탕작전에 나섰다. 말라리아모기나 과실파리 등의 해충 소탕을 위한 살충제 살포는 종전에도 흔히 있었던 일이지만, 이번에 실시된 소탕작전은 좀 달랐다. 이번 작전의 목적은 독성 화학물질을 이용하여 흑파리의 번식지를 집중적으로 공략하는 것이었다. WHO의 요원들은 부르키나파소의 볼타강과 니제르강 유역에서부터 시작하여 가나, 아이보리코스트, 말리, 니제르, 토고에 이르는 20,000킬로미터 가까운 지역에 트럭, 비행기, 헬리콥터를 총동원하여 독한 살충제를 쏟아부었다. 1986년 작전지역은 인근의 기니, 기니비사우, 세네갈, 시에라리온으로까지 확대되었다.

그러나 흑파리는 매우 안전한 자연의 은신처 속에 잠복하고 있기 때문에, 흑파리 자체를 박멸하는 것은 애당초 불가능했다. 물론 WHO의 관계자들도 이 점을 잘 알고 있었다. 따라서 WHO는

'흑파리가 창궐하는 거점지역을 집중적으로 공략한다'는 전략을 수립했는데, 그 논리적 근거는 이러했다. "흑파리가 창궐하는 지역에 살충제를 집중 살포하면 흑파리의 개체수가 감소한다→ 흑파리의 수가 감소하면 기생충 알을 실어 나를 매개체가 감소하므로, 기생충에 감염되는 환자의 수가 감소한다→ 환자의 수가 감소한다는 것은 파리에게 기생충 알을 제공하는 공급원이 감소한다는 것을 의미한다→ 기생충 알을 공급받지 못하는 파리들은 질병을 옮기지 못하는 평범한 파리가 되고, 그리하여 회선사상충증은 사라지게 된다."

그러나 대상지역이 워낙 광대하다 보니, 흑파리의 거점지역을 집중공략한다는 것은 그리 호락호락한 일이 아니었다. 이에 WHO의 요원들은 거점지역으로 알려진 곳 중에서도 흑파리가 가장 활발히 번식하는 지역을 선별하여 맹공을 퍼붓는 수밖에 없었다.

어미 흑파리는 물 위에 알을 낳는데, 암컷 한 마리가 한번에 낳는 알의 개수는 200~800개에 달한다. 수면 위에 산란된 알은 바위에 달라붙거나 물 속에 뜬 채로 이틀 만에 부화된다. 흑파리의 알이 부화되는 데 가장 필요한 조건은 충분한 산소공급인데, 이는 흑파리가 물살이 빠른 하천에 알을 낳기 때문에 가능하다. 물살이 빠른 하천에는 산소가 많이 녹아 들어가 용존산소량이 높아진다. 이에 반하여 물살이 느린 하천은 산소가 부족하기 때문에 흑파리의 알이 부화되기에 적합하지 않다. 예컨대 잠비아에서는 회선사상충증이 거의 발생하지 않는데, 그 이유는 잠비아가 해안에 자리잡고 있는 관계로 주요 하천의 유속이 느리기 때문이다. 일단 알껍질을 뚫고 나온 흑파리의 애벌레는 5~8일 동안 물 속의 미량 영양소를 먹고 자라는데, 바로 이때가 흑파리를 박멸시킬 수 있는 절호의 기회다. 흑파리의 애벌레는 강물 속의 영양소만 섭취하는 것이 아니라, 물에 녹아 있는 살충제까지도 함께 섭취하기 때문이다.

그러나 흑파리 알의 부화조건은 비(雨)와 강물의 흐름에 따라 항상 변화하기 때문에, WHO 측은 흑파리가 완벽하게 통제되고 있는지를 확인할 수가 없었다. 따라서 WHO는 흑파리의 소탕 상태를 파악하기 위해 수백 명의 '곤충채집자'를 동원했다. '곤충채집자'는 '파리잡이 소년'이라고도 불리는데, 맨다리를 드러내 놓고 강둑 위에 앉아 흑파리를 유인하는 '인간미끼' 노릇을 했다. 흑파리가 미끼를 덥석 무는 순간, 인간미끼는 재빨리 파리를 낚아챈 다음 시험관에 넣는다. WHO 요원들은 시험관을 회수하여 흑파리 속에 기생하고 있는 회선사상충의 개체수를 측정한다. WHO는 측정 결과를 분석하여 살충제가 잘 작동하고 있는지를 판단하고, 필요한 경우 살충제의 살포량을 증가시키는 등의 조치를 취할 수 있었다.

WHO가 주도한 '강력한 살충제를 이용한 흑파리 소탕작전'은 많은 부작용을 낳았다. 다른 방식을 이용한 '곤충채집'이 신통치 않자 WHO는 특별수당을 지급하면서까지 '인간미끼'를 고용했고, 인간미끼들은 (자신들이 박멸하려고 애쓰는 바로 그) 질병에 걸릴 위험을 감수해야 했다. 그러나 흑파리 소탕작전의 치명적인 약점은 '살충제에 내성을 가진 흑파리를 양산한다'는 점이었다. 대부분의 흑파리는 강력한 살충제에 목숨을 잃지만, 그중의 일부는 살아남아 이전보다 더 신속하게 번식한다. 살충제의 공격에서 살아남은 어미가 낳은 새끼들은 어미와 똑 같은 내성을 보유하므로, 결국 세상

아프리카 차드의 한 마을에서, 회선사상충증으로 시력을 잃은 여인이 아기를 안고 앉아 있다.

에는 온통 내성 흑파리만 남게 된다. 흑파리 소탕작전의 또 다른 문제점은 살충제가 종종 흑파리의 천적까지도 살해한다는 것이었다. 이 경우 천적이 없어진 흑파리는 전보다 더욱 왕성하게 번식하여 살충제의 효과를 상쇄해 버렸다. 마지막으로, 기생충을 품고 있는 흑파리는 순풍을 탈 경우 하루에 80킬로미터 이상을 비행할 수 있기 때문에, 이미 흑파리가 소탕된 지역이라도 언제든 흑파리가 다시 찾아올 수 있었다.

그럼에도 불구하고 WHO의 '고도로 노동집약적인' 흑파리 소탕작전은 회선사상충증의 발병률을 감소시키는 데 어느 정도 기여한 것으로 평가되었고, 이에 따라 UN과 기타 기부단체들은 수백만 달러를 투자하여 이 작전을 계속 밀어붙일 의향을 갖고 있었다. 기부단체들의 너그러운 마음 덕분에, WHO는 프랑스 면적의 두 배에 달하는 흑파리 번식지를 공격할 수 있었다.

신약 개발

머크사에게 있어서 1970년대는 불확실성의 시대였다. 머크사의 CEO인 헨리 개즈던과 그 후계자인 존 호란은 이 기간 내내 회사의 불안한 미래를 걱정하느라 밤잠을 못 이룰 정도였다. 머크사는 인도신(류마티스 관절염 치료제)과 알도메트(고혈압 치료제)라는 두 개의 블록버스터 약품을 보유하고 있었지만, 두 약품 모두 특허권 보호기간(17년)이 만료될 상황에 직면해 있었다. 머크는 차세대 블록버스터 신약을 개발하기 위해, 거금을 투자하여 MSD 연구소라는 연구 전문 지회사를 설립하고 정예 연구요원을 충원하였다. 로이 바겔로스가 지휘하는 이 연구소는 1975~1978년 사이에 약 10억 달러의 예산을 소비했는데, 대부분의 연구원들은 고액연봉을 받는 엘리트 과학자로서, 상부의 부당한 간섭 없이 독자적으로 연구를 수행하고 그 결과를 전문저널에 공표하도록 장려되었다. 그들은 자신들의 연구가 인간의 고통을 완화시킨다는 사실에 대해 큰 자부심을 느끼는 사람들이었다. 회사의 과감한 연구개발 투자는 결실을 거두어, 바겔로스가 이끄는 연구진은 강력한 항생제와, 효능이 우수한 관절염 및 녹내장 치료제를 잇따라 개발하는 데 성공하였다. 그들의 성과는 경영진으로부터, '머크사가 이룩한 1930

년대의 빛나는 전통(비타민 B12 합성과 코르티손 개발)을 계승하는 업적'
이라는 칭송을 받았다.

그러나 머크의 연구진이 이룩한 모든 업적들은 하나같이 엄청
난 비용과 시간을 들인 대가였다. 하나의 신약을 개발하여 시장에
내놓으려면 2억 달러의 투자비용과 12년의 세월이 소요된다. 바
겔로스는 연구원들이 제시한 수천 개의 유망한 신약 후보 중에서
가장 가능성이 높은 것 몇 가지만을 골라 심사위원회에 회부하고,
심사위원회는 까다로운 심사과정을 거쳐 '개발가능성'과 '시장성'
을 겸비한 최고의 신약 후보를 결정한다. 이러한 심사과정에서,
희귀병 치료제는 아무리 우수한 신약 후보라도 탈락할 가능성이
높다. 왜냐하면 희귀병 치료제는 시장규모가 매우 작아, 신약 개
발에 투자한 금액을 빠른 시간 내에 회수하기가 어렵기 때문이다.
신약 개발과 관련된 의사결정 과정에는 이처럼 많은 위험요인이
도사리고 있기 때문에, 머크와 같은 거대 제약회사들은 바겔로스
와 같은 깐깐한 연구개발 책임자를 임명하여 최고의 신약만을 개
발해 내도록 독려하고 있다.

이상과 같은 까다로운 심사과정과는 대조적으로, 직접 연구개
발을 담당하는 머크 연구소의 분위기는 매우 자유롭다. 회사는 연
구진의 창의적인 아이디어를 장려하기 위해, 윌리엄 캠벨과 같은
우수한 연구자들에게는 연구의 범위를 제한하지 않는다. 이처럼
자유로운 연구 분위기 하에서, 캠벨과 그의 동료들은 세계 각지를
돌아다니며 다양한 세균들을 수집해 왔다. 그들의 목표는 기생충
을 물리칠 수 있는 천연 세균을 찾아내어, 기생충에 감염된 실험쥐
를 치료하는 것이었다. 1975년 현재 캠벨 등이 수집한 세균은 자

리더에게 결정은 운명이다

그마치 10만 종에 이르렀는데, 그중 4만 종에 대한 항(抗)기생충 테스트가 완료되었다. 그 결과 4만 가지의 세균 중 오직 한 가지만이 기생충을 억제하는 것으로 나타났는데, 효과가 매우 우수했다. 그 세균은 연구진이 일본에 들렀다가 이토시(시즈오카현 소재)의 한 골프장에서 채취한 것이었다.

연구진이 기생충에 감염된 실험쥐 한 마리에게 문제의 세균이 들어 있는 죽을 먹이자 놀라운 결과가 발생했다. 죽을 조금밖에 먹이지 않았는데도, 실험쥐의 기생충이 완전히 사라진 것이었다. 혹시나 하여 다른 쥐들에게도 죽을 먹여 보았지만 결과는 마찬가지였다. "그 순간 나를 비롯한 연구진은 너나 할 것 없이 엄청난 흥분에 휩싸였다. 그것은 우리가 기생충을 억제하는 새로운 방법을 찾아냈기 때문만은 아니었다. 우리가 발견한 방법은 매우 강력할 뿐만 아니라, 세균만을 처치하고 실험쥐에게는 전혀 부작용을 초래하지 않았다"라고 캠벨은 술회했다. 연구진은 뒤이어 이 세균에서 추출한 물질을 양, 돼지, 개의 기생충에게 투여해 본 결과, 기생충의 신경을 마비시킨다는 사실을 알게 되었다. 개는 종종 사상충에 감염되는데, 연구진이 사상충에 감염된 개에게 세균 추출물을 먹여 보니 그 효과가 탁월하여 실로 숨이 막힐 지경이었다.

캠벨 등이 발견한 세균의 추출물은 머크사에 의해 이버멕틴이라는 이름의 신약으로 개발되었고, 1978년 미 농무부에 의해 이보멕이라는 상품명으로 시판하도록 승인받았다. 이버멕틴은 다양한 동물 기생충(고양이의 귀 진드기, 개의 사상충 등)을 제거하는 효능이 있어 1980년대 최고의 동물의약품으로 이름을 날렸고, 머크에게는 사상 두 번째로 큰 이익을 가져다 준 약품으로 기록되었다. 후일담이지만, 1992년 이버멕틴의 매출은 연간 5억 달러를 기록했고, 그 후 매년 15퍼센트의 성장세를 시현하여 1997년에는 10억 달러에 이르게 된다.

1978년 캠벨은 이버멕틴의 임상적 특징을 보다 심층적으로 연구하기 시작했다. 캠벨은 이버멕틴이 말의 기생충(Onchocerca cervicalis)에도 탁월한 효과를 보인다는 것을 발견하였다. 이 기생충은 말에게 별로 피해를 주지 않아 임상적 중요성은 떨어지지만, 캠벨은 이 기생충이 인간의 회선사상충증을 일으키는 기생충과 사촌지간이라는 데 주목했다. 캠벨은 이버멕틴을 호주의 과학자에게 빌려 주었는데, 그 과학자는 이버멕틴을 이용하여 소의 기생충을 구제(驅除)하는 데 성공하여 그 결과를 전문저널에 발표하였다. 이로써 이버멕틴이 상이한 두 종류의 동물에 대해 효과를 발휘한다는 것을 확인한 캠벨은 시간과 금액이 허락된다면 인간의 회선사상충을 치료하는 신약을 개발할 수도 있겠다는 확신을 갖게 되었다. 그는 1977년 5월 9일, 자신의 직속상사에게 '인간의 기생충을 구제하는 약물을 개발하고 싶다'는 내용의 메모를 제출했고, 이 메모는 직속상사를 경유하여 로이 바겔로스에게 전달되었다. 이 메모를 본 바겔로스는 캠벨에게 개인적인 회신을 보내어 연구를 계속 진행하라고 격려하는 동시에, 인간의 기생충을 구제하는 데 필요한 모든 데이터를 확보하라고 지시했다. 3단계의 결재라인을 생략하고 캠벨에게 직접 전달된 바겔로스의 메모는 캠벨의 전의(戰意)를 불태우기에 충분했다.

1979년 캠벨은 회선사상충증 치료제의 개발이 가능함을 입증하는 모든 근거자료를 확보했다. 그리고는 회사의 연구개발 심사위원회로부터 소환을 받아, 직속상관인 제리 번바움과 함께 회사가 제공한 헬리콥터를 타고 위원회에 출두하였다. 머크의 연구개발 심사위원회는 로이 바겔로스가 주재하는 연구개발 분야의 최고 의사결정기관으로, 심사기준이 혹독하기로 정평이 나 있었다. 그러나 캠벨과 번바움은 회선사상충 치료제의 개발이 필요하다는 소신을 굽히지 않았고, 위원회는 '돈이 안 되는 신약'이라는 사실을 뻔히 알면서도 두 사람의 끈질긴 설득에 넘어가고 말았다.

"우리는 처음부터 그 프로젝트의 채산성이 의심스럽다는 것을 잘 알고 있었다. 우리가 그렇게 생각한 것은 신약을 구매할 잠재고 객이 세계에서 제일 가난한 사람들이기 때문만은 아니었다"라고 바겔로스는 회고했다. 한 종류의 동물에게 성공한 기생충약을 다른 종류의 동물에게 적용하려는 시도는 으레 실패하기 마련이다. 설상가상으로 인간용 이버멕틴을 복용한 사람들에게 부작용이라도 발생하는 경우 동물용 이버멕틴의 매출에까지 타격을 줄 수 있다. 왜냐하면 고객들은 인간에게 발생한 부작용이 자신의 애완동물에게도 발생할 수 있다고 생각하기 때문이다. 따라서 동물용 의약품의 개발과 판매를 담당하는 부서장들은 바겔로스에게 "캠벨에게 연구를 계속하라고 허락하신 것은 큰 실수입니다"라고 볼멘소리를 했다.

그러나 신약 개발 연구를 승인하지 않을 경우 캠벨을 비롯한 연구진의 사기가 저하될 우려가 있었다. 그들은 수백만 명의 목숨을 위협하는 질병을 치료하는 획기적인 신약을 개발한다는 신념에 가득 찬 과학자들이다. 프로젝트의 채산성이 없다는 것은 잘 알지만, 그들의 연구를 허가하지 않는다면 이제껏 '건강이 부(富)에 우선한다'고 공언해 온 경영진의 경영방침이 심각한 도전에 직면하게 될 것이다. 관점을 좀 바꾸어 생각해 보면, 캠벨의 연구를 승인할 경우 차제에 기생충약 시장에서 회사의 입지를 공고히 하는 계기로 삼을 수도 있다.

바겔로스는 다음과 같은 말로 승인의 변(辯)을 대신했다. "당신들은 '해낼 수 있다'는 확고한 신념을 가진 사람들입니다. 따라서 우리 심사위원들은 더 이상 이번 프로젝트의 승인을 늦출 수가 없습니다." 바겔로스의 승인이 떨어지자 캠벨은 머크사가 보유하는 미생물학 및 화학 분야의 전문가들을 망라하는 태스크 팀을 결성했다. 태스크 팀에는 열대병 전문가로서 임상시험을 관리하는 모하메드 아지즈가 포함되었다. 1980년 바겔로스는 서부 아프리카 주민들을 대상으로 하는 1차 임상시험을 승인했다.

아프리카 현지인들을 대상으로 한 임상시험은 결코 쉬운 일이 아니었다. 왜냐하면 주민들에게 철저하게 약물을 복용시키고, 약물복용에 대한 결과를 정확히 체크해야 하기 때문이다. 머크사는 이를 위해 WHO에 도움을 요청했다. WHO는 이미 대대적인 흑파리 소탕작전을 벌이고 있었지만, 이보다 덜 고생스러운 방법을 찾던 중이었다. 하지만 WHO의 브라이언 듀크 이사는 머크의 연구진을 시큰둥하게 대했다. "처음에 머크 사람들이 와서 회선사상충증을 물리치는 신약을 개발했다고 하기에, 나는 이렇게 말했다. '우리에게도 그런 약쯤은 있답니다. 효과가 아주 끝내주죠.'"라고 듀크는 회고했다. 그러나 WHO는 복용 방법이 간단한 신약에 대한 유혹을 끝내 떨쳐 버릴 수 없었다. 1981년 2월, WHO는 세네갈 다카르 대학의 과학자들과 연구설비를 머크 측에 보내어 임상시험을 지원하게 했다.

머크의 아지즈와 디카르 대학의 미셸 라리비에르는 신중한 행보를 시작했다. 그들은 먼저 환자들에게 소량의 이버멕틴을 투여한 다음, 밤새도록 지켜 보면서 반응을 체크했다. 몇 주 후 환자들의 엉덩이로부터 피부 샘플을 채취하여 분석해 본 결과, 일부 환자의 피부가 몰라보게 깨끗해진 것으로 나타났다. 그들의 피부에는 기생충이 거의 남아 있지 않았다. 연말이 다가오면서 이버멕틴의 효과를 보는 환자의 수가 점점 더 늘어났다. 더욱 고무적인 사실은, 약물 부작용이 거의 없고 소량의 약물 만으로도 몇 달 동안 기생충의 씨를 말려 버릴 수 있다는 것이었다. 아지즈와 라리비에르의 사기는 하늘을 찌를 듯했다. 그러나 세계 의학계는 이런 기적 같은 효과를 믿지 못하는 분위기였다. 1982년 후반, 전직 WHO의 관리로 제네바 대학의 교수로 재직 중이던 앙드레 루즈몽은 아지즈와 그 동료들에게 '오버하지 말라'는 경고 메시지를 보냈다. 루즈몽은 영국의 의학진문지 《랜싯(Lancet)》에 보낸 서한에서 "이버멕틴이 회선사상충증에 효과를 보였다는 것은 전혀 새롭지도 흥미롭지도 않은 사실이다"라고 직격탄을 날렸다. WHO의 관리들은 머크의 본사로 떼지어 몰려와, 이버멕틴의 임상시험에 참가한 환자들은 증상이 경미한 사람들인지도 모른다는 의혹을 제기했다. 또한 이버멕틴을 많은 사람들에게 투여할 경우, 틀림없이 위험한 독성이 나타날 테니 조심하라고 으름장을 놓았다. 만일 25,000명의 복용자 중에서 사망자가 한 명이라도 나오는 날에는 이버멕틴의 운명은 그걸로 끝이었다.

아지즈와 그 동료들은 주위의 따가운 시선에도 아랑곳하지 않고 묵묵히 임상시험 지역을 확대해 나갔다. 1983년~1984년에는 가나, 라이베리아, 말리, 세네갈에서 임상시험이 실시되었고, 1985~1986년에는 가나와 라이베리아에서 1,200명의 환자를 대상으로 한 대규모 임상시험이 실시되었다. 임상시험이 거듭되면서 초기의 성공적인 결과가 결코 과장이 아니었던 것으로 확인되었고, 연구진은 이를 통해 보다 효과적인 이버멕틴의 투여방법을 모색할 수 있었다. 이버멕틴 정제를 경구로 투여할 경우 대부분의 유충이 죽고 성충의 번식능력이 억제되는 것으로 밝혀졌다. 이버멕틴을 복용한 환자의 피부에서는 기생충이 완전히 사라져, 흑파리가 피부를 깨물더라도 더 이상 기생충을 옮길 수가 없게 되었다. 이버멕틴의 효과가 영원히 지속되는 것은 아니지만, 이버멕틴 정제 1회 용량(한두 알)을 일년에 한 번씩만 먹으면 기생충의 전염과 실명을 막을 수 있었다. 임신부, 취학전 아동, 중증감염자를 제외하면 누구나 이버멕틴을 복용할 수 있었고, 부작용이라고 해야 미열과 임파선의 통증 정도가 고작이었다. 더욱 중요한 것은, 약을 복용하는 즉시 가시적인 효과가 나타났다는 점이다. 예컨대 기생충 때문에 평생 동안 지긋지긋한 가려움증에 시달렸던 환자들은, 멕티잔(회선사상충증 치료용 이버멕틴의 새 이름) 1회 용량을 먹자마자 난생처음 가려움증에서 해방되는 감격을 맛봤다. 한 과학자는 1980년대 후반 「이버멕틴이 라이베리아 국민의 생활에 미친 영향」을 분석한 보고서를 통해, "이버멕틴의 효과는 가히 혁명적이라 할 만하다"라고 극찬했다.

신약 출시

1987년 이버멕틴의 놀라운 효과와 안전성에 만족한 로이 바겔로스는 이버멕틴의 시판을 위한 승인절차에 착수했다. 이때 회사의 최고 의사결정권은 이미 바겔로스의 손아귀에 들어간 뒤였다. 1985년 머크의 이사회는 '나는 이렇게 큰 기업을 운영하겠다는 야망을 품은 적이 없다'고 손사래치는 바겔로스를 머크의 CEO로 승진시켰기 때문이다.

바겔로스는 일생일대의 딜레마에 봉착했다. '생산원가와 유통비만 합쳐도 한 알에 3달러 이상이 들지만, 판매 여부를 전혀 보장할 수 없는 신약'의 생산을 과연 승인해야 할 것인가! 진퇴양난의 기로에 선 바겔로스는 문득 회사의 역사와 전통을 떠올렸다. 스미토모와 같은 일본의 재벌그룹은 수세기의 역사를 자랑한다지만, 미국에는 수십 년 이상의 역사를 가진 기업이 거의 없었다. 그러나 머크의 역사는 1668년으로 거슬러 올라간다. 1668년 머크의 창립자인 프리드리히 야콥 머크는 독일 다름슈타트에서 악세상을 열었다. 1891년 독일 유수의 가족소유 기업으로 성장한 머크는 가문의 장손인 조지 머크(당시 24세)를 미국으로 파견하여 미국지사를 설립했다. 그후 조지 머크는 아들 조지 머크 주니어와 함께 미국지사를 개편하여, 약품의 개발과 판매를 전담하는 독립회사 '머크 앤 컴퍼니'를 출범시켰다. 머크는 1940년대에 페니실린과 스트렙토마이신을 개발하여 대박을 쳤고, 1978년에는 전세계에 28,000명의 직원을 거느리고 연간매출 20억 달러에 순이익 3억 달러를 자랑하는 거대기업으로 발돋움하였다. 머크의 성공은 '환자와 고객을 가장 먼저 생각하고, 회사와 주주는 그 다음으로 생각하는' 독특한 경영문화에 의해 선도되어 왔다.

캠벨이 이버멕틴의 새로운 가능성을 처음으로 발견한 후 10년이 지난 1987년, 머크는 프랑스 식약청에 이버멕틴의 판매승인 신청서를 제출했다. 프랑스 정부는 회선사상충증에 특별한 관심을 갖고 있었다. 왜냐하면 차드를 비롯한 프랑스의 옛 식민지에서 이주한 국민들 중에 회선사상충에 감염된 사람들이 있었기 때문이다. 게다가 프랑스 식약청은 서부 아프리카 국가들의 식약청 업무를 대행하는 역할까지 맡고 있었다. 1987년 10월 프랑스 식약청은 이버멕틴의 상업적 생산을 승인했다.

머크는 회선사상충 치료용 이버멕틴에 멕티잔이라는 새 이름을 붙이고, 10년 동안의 노력이 마침내 보상받게 되리라는 벅찬 희망에 부풀었다. 그러나 머크의 들뜬 기분은 그리 오래 가지 못했다. 마케팅 담당자들이 오래 전부터 예견했던 골치아픈 문제가 현실로 다가온 것이다. 멕티잔의 주요 고객인 서부 아프리카 주민들은 너무 가난하여 약값을 지불할 능력이 없는 데다가, 너무 고립된 지역에 살고 있어 약을 보급할 방법이 막막했다. 멕티잔을 서부 아프리카에 보급하려면 첫해에만 200만 달러의 비용이 필요했다. 그러나 이것은 유통망을 가동시키는 데 필요한 비용이며, 실제로 멕티잔이 아프리카 주민들의 손에 들어가 회선사상충증을 치료하는 데 사용되려면 연간 2,000만 달러 이상을 쏟아부어야 할 판이었다.

바겔로스는 멕티잔에 대한 프랑스 정부의 승인을 미리 예상하고, 멕티잔의 생산과 유통을 지원해 줄 공공기관을 물색해 왔다. 그는 미 국제개발처(USAID, 개발도상국의 사회경제적 개발을 지원하는 기관)

리더에게 결정은 운명이다

를 찾아가 이렇게 호소했다. "서부 아프리카에 거의 공짜로 미국의 깃발을 꽂을 수 있는 절호의 기회입니다." 그러나 바겔로스는 그 후 몇 달 동안에 걸쳐 USAID의 책임자인 피터 맥퍼슨으로부터 "우리 수중에는 돈이 한 푼도 없습니다"라는 말을 귀에 못이 박히도록 들어야 했다.

바겔로스는 유럽과 아프리카의 국가들을 비롯하여 그밖의 다양한 국제개발기구와 재단들을 섭외하려고 노력했지만 허사였다. 머크사의 고문을 맡고 있는 헨리 키신저 전 국무장관이 중간에서 다리를 놓아 주느라 무진 애를 썼다. "나는 이제까지 개발했던 어떤 신약보다도 멕티잔에 더 많은 공을 들였다"라고 바겔로스는 회고했다. 제약업계에서는 경제성이 없는 약을 '고아'라고 부른다. 바겔로스는 멕티잔을 천애의 고아로 만들 수는 없었다.

WHO의 브라이언 듀크는 공식 석상에서 바겔로스에게 '어차피 이렇게 된 바에야 차라리 멕티잔을 깨끗이 포기하라'고 종용하기 시작했다. '깨끗이 포기하라'는 말은 곧 '멕티잔을 서부 아프리카의 주민들에게 무료로 나눠 주라'는 것을 뜻했다. 바겔로스는 처음 듀크의 말을 들었을 때 어이가 없어 한동안 허공을 응시했다. 그리고는 정색을 하며 이렇게 대꾸했다. "그것은 자유기업 체제의 근간을 부정하는 말입니다. 자본주의 사회에서는 어느 기업도 기부를 전제로 하여 신제품을 개발하지는 않습니다." 그러나 회사 내부에서도 이와 비슷한 의견이 나왔다. 아지즈는 '판로가 막힌 멕티잔을 서부 아프리카의 가난한 나라들에게 기부하자'는 건의안을 회사의 경영진에 정식으로 제출했다. 그는 그렇게 하는 것이 과학자로서의 마지막 도리라고 여기는 듯했다.

아무리 환자의 건강에 최고의 가치를 부여하는 것이 머크의 경영철학이라 할지라도, 10년 동안 공들여 개발한 신약을, 그것도 운반비까지 부담해 가면서 남에게 거저 준다는 것은 회사 역사상 유례가 없는 일이었다. 그러나 멕티잔의 생산비를 대신 부담할 스폰서가 나타나지 않는 한, 멕티잔은 그저 '연구진이 호기심으로 만들어 본 시제품'으로 남을 수밖에 없었다. "아무리 수소문해 봐도 멕티잔을 인수해 주겠다는 기부자는 나타나지 않았다. 나는 기적의 신약을 실험실의 선반 위에서 썩혀야 할지도 모른다는 불안감에 잠을 이룰 수 없었다"라고 바겔로스는 회상했다.

마침내 바겔로스는 결단을 내렸다. 멕티잔을 필요로 하는 모든 사람들에게 무제한으로 나눠 주기로. 시력은 물론 생명까지 위협받고 있는 서부 아프리카 주민들을 생각하면 한시라도 빨리 결단을 내려야 했다. 바겔로스는 1987년 10월 21일 파리와 워싱턴에서 동시에 개최된 기자회견에서, 이때의 곤혹스러운 심경을 다음과 같이 토로했다. "인생을 살다 보면 간혹 리더의 입장에 서서 까다로운 결정을 내려야 할 때가 있습니다. 멕티잔은 약값을 지불할 능력이 없는 사람들에게만 필요한 매우 특이한 약이었습니다."

멕티잔을 필요로 하는 모든 사람들에게 무료로 나눠 주기로 결정하여 한 고비를 넘기고 나니 또 다른 장애물이 앞을 가로막았다. 그 장애물이란 약품을 환자들에게 제대로 전달하는 문제였다. 멕티잔을 필요로 하는 수백만 명의 아프리카 주민들은 병원도, 약국도, 심지어 마을 진입로조차 없는 아프리카 오지에 살고 있었기 때문에, 무료로 배포된 멕티잔은 주민들에게 전달되지 못하고 창고 안에 쌓여 방치될 가능성이 높았다. 그렇다고 하여 머크가 자체 인력과 장비를 동원하여 직접 산간벽지로 찾아가 약품을 주민들에게 전달한다는 것은 무리였다. 거대 다국적 회사가 인도주의의 명분을 내세워 전국 방방곡곡을 휘젓고 다니는 것을 해당 국가의 정부가 좋게 봐 줄 리 만무했다.

머크는 고민에 고민을 거듭한 끝에 공중보건 전문가들로 구성된 멕티잔 전문가위원회(Mectizan Expert Committee)를 구성하여, 이 위원회에 멕티잔의 배포 및 투약방법에 관한 권한 일체를 위임했다. 카터 센터의 집행위원으로 미 질병통제예방센터(CDC)의 이사를 역임한 바 있는 윌리엄 포에지는 전문가위원회의 의장을 맡아, 2년 남짓한 기간 동안 백만 명 이상의 환자들에게 멕티잔을 전달하는 임무를 훌륭히 수행했다. 한때 바겔로스의 지원 요청을 거절한 바 있는 USAID는 1991년 멕티잔을 운반하는 데 써 달라고 250만 달러를 쾌척했다.

멕티잔의 기적적인 효능에 대한 뉴스가 서부 아프리카 전역에 퍼지자, 주민들은 밤새도록 길어 멕티잔이 배포될 거라고 소문난 마을로 모여들었다. 1989년 윌리엄 캠벨은 토고 북부의 한 마을을 찾았다. 그는 비포장 도로를 9시간 동안 달린 끝에, 멕티잔이 배급되는 날짜에 간신히 맞추어 현장에 도착할 수 있었다. 그곳에는 멕티잔을 배급받기 위해 몰려든 인파가 꼬불꼬불 장사진을 치고 있었고, 질서를 유지하고 여성과 노약자의 우선권이 지켜지는지를 확인하기 위해 이리저리 움직이는 진행요원들의 모습이 눈에 띄었다. 주민들은 먼저 몸무게를 재고 임신 여부를 체크한 후, 멕티잔 1회 용량과 물 한 그릇을 지급받았다. 자녀들의 손에 이끌려 현장에 도착한 많은 부모들은 이미 눈이 멀어 있었지만, 자기 아이들만큼은 이제 더 이상 시력을 잃지 않아도 된다는 기대감에 들떠 있었다. 상당수의 주민들은 배급시간에 맞추기 위해 한밤중에 잠자리에서 일어나 수천 미터를 마다하지 않고 걸어 온 사람들이었다.

한 마을의 족장은 감격에 벅찬 표정으로 "정말 대단해요. 우린 이제껏 영문도 모르고 죽는 날만 기다려 왔는데……"라고 말했다. 다른 족장은 "이번에 의료진을 유치하지 못하는 바람에 주민들로부터 탄핵을 받아 족장직에서 쫓겨났어요"라고 푸념을 늘어놓았다. 캠벨은 10년 전 시험관 속의 작은 티끌로부터 시작한 일이 기적의 신약으로 결실을 맺어, 수많은 사람들의 생명을 살릴 수 있게 됐다는 사실이 도무지 믿어지지 않았다. "작은 알약을 받아든 사람들의 얼굴에서 환한 미소가 피어오르던 순간을 나는 영원히 잊을 수 없다"고 캠벨은 회고했다.

공중보건 vs 투자자 이익

로이 바겔로스는 멕티잔이 인도주의적으로 사용하기에는 비용이 너무 많이 드는 약이라는 점을 잘 알고 있었다. 멕티잔은 회선사상충을 완전히 제압하는 약물은 아니었다. 다시 말해서 멕티잔은 기생충의 유충을 죽일 수 있지만, 성충의 경우에는 번식능력만을 억제할 뿐 생명까지 빼앗을 수는 없었다. 따라서 한 사람의 몸 안에서 회선사상충을 완전히 몰아내려면 일년에 한 번씩 최대 14년 동안 멕티잔을 복용해야 했다. 그런데 전세계에 회선사상충증을 보유한 사람이 1,800만 명이며 추가로 8,000만 명의 사람들이 감염 위험에 직면해 있다는 점을 감안한다면, 앞으로 머크는 이들을 치료하기 위해 천문학적 비용을 부담해야 한다는 결론이 나온다. 실제로 바겔로스가 멕티잔의 생산을 결정한 1987년부터 1997년까지 10년 동안, 머크가 입은 기회손실은 2억 달러에 달했다. 2억 달러라면 경제성 있는 신약 하나를 개발하여 시장에 출시할 수 있는 금액이었다. 이러한 추세로 나간다면 주주들이 가만있을 리 없었다.

한편 바겔로스는 멕티잔의 무료제공이 향후 제약업계에 미칠 부정적 영향을 우려하고 있었다. 개발도상국의 가난한 주민들을 괴롭히는 기생충에는 회선사상충증만 있는 것이 아니다. 말라리아 병원충이나 메디나충(guinea worm) 역시 전세계 수백만 명의 인구를 감염시키고 있다(메디나충은 물벼룩에 기생하는 기생충으로, 물벼룩이 들어 있는 물을 마실 때 인간에게 전염된다. 인간의 몸에 퍼진 메디나충은 피부에 수포를 초래하고 소아마비와 유사한 근육 손상을 일으킨다). 그런데 신약이 출시될 때마다 제3세계에서 무료로 제공해 달라는 압력이 들어온다면, 제약회사들은 엄청난 개발비용과 생산비용을 감당할 수 없어, 앞으로 이 분야의 약물 개발을 포기하게 될 것이다. 바겔로스는 법적인 문제도 고려해야 했다. 만일 서부 아프리카 어느 마을의 주민이 무료로 제공받은 멕티잔을 먹고 부작용이라도 일으키는 날에는, 한탕을 노리는 변호사들에게 좋은 먹잇감이 될 것이다.

바겔로스는 이사회에서 CEO로 선출됐으며, 이사는 주주들이 자신들의 재정적 이익을 지키기 위해 대리인으로 임명한 사람들이다. 따라서 주주들은 바겔로스에게 자신들을 위해 보다 많은 투자이익을 올려 달라고 요구할 권리가 있다. 1996년 머크의 25대 주주 명단은 〈표 1〉과 같다. 이들이 수천 개의 상장기업 중에서 머크를 선택한 것은 수익성 때문이지, 결코 노블리스 오블리제 때문은 아니다. 머크의 주식을 보유하고 있는 24만 명 이상의 주주들(기관투자자 포함)은 바겔로스의 의사결정으로 인하여 금전적 손실을 입었다. 예컨대 8억 7,500만 달러 이상의 머크 주식을 보유하고 있는 대학퇴직 주식펀드(8번째 대주주)의 구매자들은 바겔로스 때문에 은퇴 후의 생활이 다소 어려워질 것이다. 또 13억 달러 상당의 머크 주식을 보유하고 있는 피델리티 인베스트먼트(5번째 대주주)의 펀드매니저들은 바겔로스 때문에 그들의 보스인 에드워드 존슨 3세로부터 인사고과의 불이익을 받을 것이다.

미국식 기업문화에 젖어 있는 사람들은 바겔로스의 의사결정에 이의를 제기할 것이다. 특히 노벨 경제학상 수상자로 자유방임주의와 시장경제의 신봉자인 밀턴 프리드먼은 어느 누구보다도 설득력있게 바겔로스를 비판할 것이다. 프리드먼의 입장에서 보면, 사회적 책임이라는 미명 하에 기업의 수익성을 저하시키는 CEO는 무책임한 CEO이다. 주주의 재산을 무수익자산(nonperforming assets)에 투자하는 것은 주주로부터 세금을 징수하여 제멋대로 쓰는 것이나 마찬가지다. CEO는 투자자에 의해 임명된 대리인(수탁자)이기 때문에, 바겔로스의 행위는 수탁자의 신의(fiduciary trust)를 저버린 행위로 비난받아 마땅하다.

프리드먼에 의하면, 바겔로스의 행위는 민주주의의 기본원칙을 무시하는 것이기도 하다. 민주주의 사회에서 인적 · 물적 자원의 사회적 배분은 구성원 간의 정치적 타협에 의해 결정되어야 하며, 경제적 강자의 지시에 의해 일방적으로 강제되어서는 안 되기 때문이다. "대부분의 경영자들은 기업 내부의 문제에 대해서는 장기적

순위	기관투자자	주식수
1	BZW Barclays Global Investor	31,082,551
2	Bankers Trust	20,203,763
3	Sarofim, Fayez	20,059,101
4	Alliance Capital Management	19,318,268
5	FMR Corporation(Fidelity)	17,454,217
6	State Street Corporation	16,742,638
7	Capital Research and Management	15,335,000
8	College Retirement Equities Fund	11,438,399
9	Mellon Bank	10,293,027
10	J. P. Morgan & Company	10,233,807
11	Investors Research Corporation	10,127,300
12	The Travelers Group Inc.	10,085,418
13	University of California	10,038,215
14	Invesco Capital Management	9,540,340
15	PNC Bank Corporation	8,668,294
16	Chase Manhattan Corporation	8,558,953
17	Northern Trust Corporation	7,377,537
18	American Express Financial	7,235,831
19	State Farm Mutual Automobile Insurance Co.	7,017,000
20	California Public Employees' Retirement System	6,538,544
21	New York State Common Retirement System	6,279,802
22	Chancellor Capital	6,081,875
23	Teacher Retirement System of Texas	5,835,000
24	First Union Corporation	5,821,609
25	Fiduciary Trust International	5,785,678

표 1. 머크의 대주주 명단(1996년 9월 30일 기준)

인 안목과 냉철한 자세로 의사결정을 내릴 수 있다. 그러나 기업 외적인 문제에 대해서는 근시안적이고 우유부단한 입장을 보이는 경영자들이 많다. 경영자가 이런 방식으로 의사결정을 내린다면 주주를 기만하고 공적 자원의 분배를 왜곡시키게 된다. 기업의 사회적 책임은 오직 하나다. 그것은 기업의 자원을 이용하여 수익성을 향상시키는 활동에 종사하는 것이다"라고 프리드먼은 갈파한다.

1980년대와 1990년대에 걸쳐 기업의 지분이 소수 전문투자기관의 손에 집중되면서 프리드먼의 입지는 더욱 공고화되었다. 기관투자자들은 자신들의 투자 몫에 대해 최대한의 수익을 올려 달라고 목청을 높이는 한편, 자신들의 경제력에 걸맞은 정치적 영향력까지도 행사해 왔다. 로이 바겔로스가 프리드먼의 주장에 반하는 의사결정을 내린 시점은 공교롭게도 '주주의 투자이익 극대화'를 요구하는 주주들의 압력이 한창 거세지던 때였다.

1994~1996년에 스콧페이퍼컴퍼니를 다운사이징하여 킴벌리 클라크에 매각하고, 1996~1998년에는 선빔코퍼레이션을 동일한 방식으로 구조조정한 앨버트 던랩은 프리드먼의 원칙을 대변하는 CEO라 할 수 있다. 던랩에 의하면 기업을 둘러싼 여러 이해관계자 집단 중에서 최고경영자가 주의를 기울일 만한 가치가 있는 대상은 오너(owner) 하나뿐이다. 종업원, 지역사회, 공공기관 같은 특수 이해관계자 집단의 이익이 기업의 의사결정에 영향을 미쳐서는 안 된다는 것이 그의 지론이다. "나는 이해관계자라는 개념 자체를 인정할 수 없다. 기업의 소유자는 주주이며, 기업의 모든 위험을 부담하는 것은 오직 주주뿐이다. 당신의 보스는 주주라는 것을 항상 기억하라. 당신은 주주를 위해 일하며, 당신이 책임져야 할 대상 역시 주주뿐이다"라고 그는 주장한다.

리더에게 결정은 운명이다

바겔로스가 프리드먼이나 던랩처럼 생각했다고 가정한다면, 그가 어떤 의사결정을 내렸을지는 불을 보듯 뻔하다. 그는 UN, 서부 아프리카 정부들, CARE와 같은 구호단체들을 설득해 신약의 개발과 배포비용 전액을 부담시키는 방법을 선택했을 것이다. 사실 이 단체의 리더들은 이러한 종류의 의사결정을 내리는 데 이골이 난 사람들이며, 그만한 권한까지 보유하고 있다. 회선사상충증, 한센병, 말라리아, 에이즈 중에서 어떤 질병에 우선권을 줘야 할지를 결정하는 것은 바로 이 단체들이다. 그들은 일종의 배심원들이다. 만일 이 단체들이 '멕티잔을 우선적으로 지원할 가치가 없다'고 판단했다면(실제로 이들은 바겔로스의 호소를 줄줄이 거부했다), 바겔로스는 그들의 집단적 판단력(collective judgment)을 존중해야 한다. 심지어 WHO는 일찌감치 바겔로스에게 사람을 보내 신약의 개발을 철회하라고 권고한 바 있다.

공중보건과 투자자 이익 중에서 하나를 선택해야 하는 기로에 서 있을 때, 프리드먼의 입장은 극단적인 우편향적 입장을 대변한다고 할 수 있다. 이와 반대로 바겔로스의 입장은 극단적인 좌편향적 입장을 대변한다. 다행스럽게도 수백만 명의 회선사상충증 환자들은 바겔로스라는 생명의 은인을 만나기는 했지만 말이다.

Leadership Point

'당신의 임명권자가 당신을 현재의 직위에 임명한 이유가 무엇인가' '당신의 임명권자가 당신에게 기대하는 것이 무엇인가'를 정확하게 판단하는 것이 냉철한 의사결정(clearheaded decision making)의 전제조건이다. 물론 임명권자의 의중을 헤아리는 것이 그리 간단치는 않다.

좋은 일도 하고 돈도 번다

오직 주주의 이익에만 초점을 맞추라는 요구는 강력한 행동원칙임에 틀림없다. 이것은 기업지배구조의 첫 번째 공리(자명한 명제)로서, 전략적 시사점이 뚜렷하여 경영자의 의사결정을 이끄는 확실한 지침이 될 수 있다. 그러나 '주주의 이익을 어떻게 향상시키는 것이 가장 효과적인가?'에 대해서는 보다 심층적인 토론이 필요하다. 프리드먼과 던랩이 주장하는 대로, 단기적으로 투자자 자신의 의중을 헤아리는 데만 집중할 경우 과연 장기적으로 투자자의 이익이 극대화될 수 있을까? 혹시 단기적으로 고객의 요구를 충족시키는 데 초점을 맞추다 보면, 이에 대한 응답으로 고객이 투자자의 이익을 장기적으로 극대화시켜 주지는 않을까? 후자의 입장을 대변하는 인물 중의 하나가 바로 조지 머크 주니어다. 그는 머크 미국지사의 창립자이자 한때 머크사의 CEO를 역임했던 조지 머크의 아들이다. 머크 주니어는 "의약품은 인간을 위한 것이며, 결코 이익을 위한 것이 아니다. 우리는 이 사실을 잊지 않기 위해 항상 노력해 왔다"고 말한다. 그러나 그는 '인간'과 '이익'이 결국 다른 목표가 아니라는 점을 강조하는 것을 잊지 않는다. "이 사실(의약품이 인간을 위한 것이라는 사실)을 잊지 않으면 이익은 저절로 따라오게 되어 있다. 우리가 이 사실을 더 잘 기억하면 기억할수록, 이익은 더욱 커진다. 이 법칙은 이제껏 틀린 적이 없다." 언뜻 들으면 기업가답지 않은 듯한 머크의 말이 사실은 주주의 이익을 극대화시키는 제2의 방법을 제시하는 주장으로 들리는 것이 필자 혼자만의 느낌일까?

머크의 마음 속에 깊이 뿌리박고 있는 이러한 원칙은 머크사의 사훈에 잘 반영되어 있다. 머크의 사훈 첫머리는 이렇게 시작된다. "머크 앤 컴퍼니의 사명은 우수한 제품과 서비스를 사회에 공급하는 것이다." 사훈은 다음과 같이 계속된다. "머크 앤 컴퍼니의 두 번째 사명은 투자자들에게 최고의 수익률을 안겨주는 것이다. 그러나 두 번째 사명은 첫 번째 사명이 완수될 때에만 이루어질 수 있다. 우리의 목표는 인류의 생활수준을 보존하고 향상시키는 것이며, 구성원의 모든 활동은 이 목표의 달성 여부에 따라 평가된다. 재무적 목표달성은 그 다음이다." 머크사의 사훈은 재무적 문제에 대해 다음과 같은 부연설명을 덧붙이면서 끝을 맺는다. "우리는 이윤을 기대한다. 그러나 그것은 고객의 욕구를 충족시키고 인류의 건강증진에 이바지함으로써 창출되어야 한다."

이러한 의미에서 바겔로스는 멕티잔을 가난한 사람들에게 나눠준 자신의 의사결정이 주주의 이익을 침해하지 않았다고 항변한다. "연금기금과 기타 기관투자자들은 우리가 선행(善行)을 하든말든 별로 개의치 않았다. 그들은 우리의 영업실적이 기본수준(업종 평균 정도)만 유지하면 그만이었다. 사실 멕티잔으로 인하여 머크의 영업실적이 크게 악화되지는 않았다. 따라서 나는 우리가 주주를 속인 것은 아니라고 생각한다"라고 바겔로스는 말했다.

일부 회의론자들은 머크사의 사훈이 한갓 말장난에 불과하다고 일축할 수도 있다. 그러나 머크사는 이 '거창한' 사훈을 실제로 실천해 왔으며, 그것이 궁극적으로 주주의 이익에 봉사한다는 것을 실제로 입증한 바 있다. 예컨대 제2차 세계대전 이후 몇 년 동안 일본에서는 결핵이 창궐했지만, 패전으로 빈털터리가 된 일본 국민들에게 결핵치료제(스트렙토마이신)를 구입할 돈이 있을 리 만무했다. 이때 머크사는 일본 국민들에게 대량의 스트렙토마이신을 기부하기로 결단을 내렸다. 일본 정부는 어려운 시기에 관용을 베푼 머크사의 은혜를 오랫동안 잊지 않고 기억했다가, 1983년 머크가 일본 시장에 진출하기 위해 반유제약의 지분 50.02퍼센트를 취득하는 것을 쾌히 승락했다. 반유제약은 일본 10위의 제약회사였으며 머크는 지분 인수대금으로 3억 달러를 지불했는데, 이는 일본 역사상 최대 규모의 외국인 직접투자로 기록되었다(당시까지만 해도 일본은 세계에서 가장 폐쇄성이 강한 시장으로 악명 높았다). "우리는 일본 정부의 도움으로 사상 최초로 일본 시장에 진출하였고, 이는 오늘날 머크가 일본 최대의 미국계 제약회사로 자리잡는 데 디딤돌이 되었다"라고 바겔로스는 회상했다.

바겔로스는 일본에서의 경험을 예로 들며 "좋은 일을 하면 언젠가 뜻하지 않은 보상을 받게 된다"라고 결론을 맺는다. 하지만 좋은 일에 대한 보상이 항상 먼 훗날에만 다가오는 것은 아니다. 좋은 일을 하고 나서 바로 횡재를 하는 수도 있다. 예컨대 멕티잔 개발 프로젝트를 진행하는 과정에서 머크의 연구진이 얻은 노하우와 자부심은 세상의 그 무엇과도 바꿀 수 없는 머크의 소중한 자산이다.

그러나 큰 돈을 들여 개발한 신약을 계속 무상으로 기부할 경우, 회사의 재무구조에 비록 파산은 아닐지라도, 적잖은 악영향을 미칠 것이 분명하다. 따라서 회사와 고객 중 어느 한쪽이 일방적으로 피해를 보지 않고 서로 이익을 볼 수 있는 상생의 영역을 찾아내는 것이 필요하다. 실제로 머크는 1980년대에 중국 정부와 이 같은 상생협정을 체결한 적이 있다. 그 당시 중국 정부는 B형간염 때문에 골머리를 앓던 중, 머크에 B형간염 백신의 제조기술을 공유해 달라고 요청하였다. 머크는 중국 정부의 요청을 수락하고, 실제 개발비용에도 못 미치는 700만 달러의 착수금을 받고 백신 제조기술을 중국 정부에 넘겼다.

웨덕과 그레이브스라는 두 명의 연구자가 S&P 500 지수를 구성하는 500개 회사를 대상으로 실시한 연구에 의하면, 상생의 사고(mutual-gain thinking)가 상호배제의 사고(mutual-exclusion thinking)보다 기업의 실적에 긍정적 영향을 미치는 것으로 밝혀졌다고 한다. 그들은 주주와 다른 이해관계자의 이해관계가 상충되는 8개의 분야(예: 환경보호, 종업원 대우, 지역사회 협력 등)에서 기업들이 어떻게 행동하는지를 분석하였다. 분석 결과, 1989년에 영업실적이 좋았던 기업들은 1990년에 보다 관대한 대(對)사회정책을 펼쳤으며, 그 덕분에 1991년에는 영업실적이 더욱 큰 폭으로 상승한 것으로 나타났다고 한다. 일본의 사례에 비추어 볼 때, 머크는 1980년대에 좋은 일을 한 대가로 민 훗날 중국과 서부 아프리카에서 새로운 사업기회를 얻을 수 있을 것으로 보인다. 그러나 웨덕과 그레이브스는 자신들의 연구결과를 토대로 하여 "좋은 일로 인한 금전적 성과는 단기간 내에 가시화될 수 있다"고 주장하고 있다. 때로는 돈을 포기하는 것이 돈을 버는 수단이 되기도 하는 모양이다.

머크가 좋은 일을 함으로써 받은 보답 중의 하나는 다른 제약회사들의 롤모델로 인정받게 되었다는 것이다. 1992년 한 경제관련 저술가는 머크와 글락소(영국 최대의 제약회사)를 조목조목 비교한 후, "글락소는 목적과 영혼이 결핍된 '공허한 기업'이며, 머크는 '이상주의의 띠(a streak of idealism)'를 두른 활기찬 기업이다. 그 이유는 머크에는 바겔로스라는 '밝고 통풍이 잘 되는 천재(light and airy genius)'가 있기 때문이다"라고 결론지었다. 이러한 평가에 자극이라도 받았는지, 1993년 글락소는 결핵을 예방·치료할 수 있는 백신과 항생제를 개발하기 위해 분자생물학 연구 프로그램에 투자할 계획이라고 밝혔다(결핵은 에이즈와 함께 세계인들을 공포에 몰아 넣고 있는 전염병으로, 일 년에 300만 명의 목숨을 앗아가며 희생자의 대부분은 가난한 사람들이다). 글락소의 신임 CEO인 리처드 사이크스는 5년 간에 걸친 1,000만 파운드 규모의 투자계획을 발표하며 머크를 의식한 듯 다음과 같이 말했다. "우리는 개발되는 약품의 시장성에 개의치 않습니다. 현재의 시장성을 따지는 것은 옳지 않은 태도입니다. 우리는 현재 그것을 개발할 책임이 있습니다." 1996년 글락소는 더욱 큰 규모의 프로그램을 공개했다. 그것은 새로 개발된 강력한 말라리아 치료제를 기부하는 것이었다(말라리아는 개발도상국 국민들을 괴롭히는 대재앙 중의 하나로, 5억 명의 사람들에게 영향을 미치고 있다). 글락소의 발표를 기폭제로 하여 다른 제약회사들도 기부 대열에 동참했다. 듀퐁사는 마시는 물에서 메디나충을 걸러낼 수 있는 나일론 필터를 기부했고, 아메리칸 시안아미드사는 메디나충의 유충 살충제를 기부했다.

리더에게 결정은 운명이다

Leadership Point

주주의 이익보다 공공의 이익을 우선하면 지금 당장은 주주의 이익을 감소시킬 수 있지만, 그로 인해 기업에 대한 평판이 좋아지고 지지층이 확보되어 장기적으로는 단기적 손실을 만회하고도 남는 이익이 주주에게 돌아간다.

뜨거운 감자

관리자들은 끊임없이 다가올 위험을 미리 계산한다. 다른 경쟁자(관리자)들보다 위험을 잘 계산할 수 있는 능력을 지닌 사람들은 상황대처 능력이 뛰어나기 때문에 경영자로 승진할 가능성이 높다. 그러나 때로는 엄밀한 분석이 잘 들어맞지 않는 경우가 있다. 이런 경우에는 직감적으로 행동할 수밖에 없다.

MBA 프로그램을 이수한 사람들이라면 보웬 맥코이의 의사결정 사례를 잘 알고 있을 것이다. 맥코이는 모건스탠리의 IB(투자은행가)로서, 1982년 생각을 정리하기 위해 6개월의 안식휴가를 얻어 네팔의 산악지대를 트레킹한 인물이다. 그는 세계에서 가장 높은 패스 중의 하나인 토룽라 패스(안나푸르나 북쪽)에 오르다가 해발 4,700미터 지점에서 휴식을 취하던 중 벌거벗은 채 의식을 잃은 사두(힌두교의 은둔 성자)를 발견한다. 그가 사두를 낮은 지대로 데리고 가면 토룽라 패스를 횡단할 수 없고, 그렇게 되면 몇 개월 동안 힘들어 계속해 온 드레킹을 완료할 수 없게 된다. 디욱이 그동안 예기치 않은 폭풍우가 몰아친다면 자기 자신뿐만 아니라 다른 사람들의 생명까지 위태로워질 수 있다. 그는 다른 트레커들이 사두의 몸을 따뜻하게 해주는 모습을 잠깐 동안 지켜보다가 결국 패스를 향해 길을 떠났고, 몇 시간 후에 트레킹을 성공적으로 완료하고 쾌재를 불렀다. 그 순간 문득 "사두를 낮은 지대로 데려가 의식을 회복시키지 않은 나의 행동이 옳았던 것일까?"라는 의문이 그의 뇌리를 스치고 지나갔다. 그는 나중에 "나는 그때 내 행동의 결과를 신중히 생각하지 않고 행동했다. 그것은 고전적 의미의 도덕적 딜레마였다"고 고백했다.

맥코이가 위험(트레킹이 지연됨)과 보상(트레킹을 계속함)을 좁은 의미로 해석하여 비교평가했다면, 그는 트레킹을 계속하는 쪽으로 결정을 내렸을 것이다. 그러나 그가 자신의 인내심까지 고려하여 위험과 보상을 보다 광범위하게 비교평가했다면, 얼어 죽기 일보직전의 사두를 도와줬을 것이다. 인생을 살다 보면 개인적 문제든 조직적 문제든 우리의 노력을 보상받을 수 있는 직·간접적 이익이 발생하지 않더라도, 우리의 개인적 이익을 초월하여 의사결정을 내려야 하는 경우가 종종 있는 법이다.

머크와 멕티잔의 경우도 그런 사례에 해당된다. 프랑스 정부가 예상보다 빨리 멕티잔을 승인할 것 같다는 소식이 회사의 수뇌부에 전해진 순간, 로이 바겔로스를 비롯한 모든 임원들은 멕티잔의 가격을 얼마로 정할 것인지에 대하여 격론을 벌이고 있었다. 국제마케팅담당 수석부사장은 제3세계에서 머크의 다른 제품에 대한 반발이 일 것을 우려해 무상기부를 반대했다. 한편 다른 임원들은 무상기부가 신약 개발의 의욕을 저하시키고 다른 제품의 가격을 감소시킬 가능성이 있다고 주장했다. 그들은 임원회의 때마다 이 문제를 놓고 갑론을박을 벌여 왔음에도 불구하고 아직 합의점을 도출하지 못했다. '이러다가는 프랑스 정부가 멕티잔의 판매를 승인할 때, 머크가 가격을 제시하지 못하는 불상사가 발생할 수도 있다'는 관측이 제기되면서 임원진 사이에서는 긴장감이 고조되었다. 그런 가운데서도 회의를 거듭할수록 점점 더 분명해지는 것이 하나 있었다. 그것은 바로 '가격을 얼마로 하든, 1,800만 명의 환자들 중 대다수가 멕티잔을 구입할 수 없을 것이다'라는 점이었다. 멕티잔의 판매승인을 하루 앞둔 날, 더 이상 가격 발표를 늦출 수 없게 된 바겔로스는 임원들의 논쟁을 중단시키고 이렇게 선언했다. "머크는 멕티잔의 값을 한 푼도 받지 말아야 합니다, 영원히."

바겔로스는 '무상기부 외에는 어떠한 대안도 없다'는 점을 잘 알고 있었다. 따라서 그는 자신의 결정이 옳다고 확신한 나머지, 이 사실을 이사회에도 알리지 않고 언론에 공표해 버렸다. 언론 발표 직후에 열린 이사회에서는 '왜 우리가 회사의 무상기부 사실을 언론보도를 통해 알아야 하느냐?'는 이사들의 질책이 쏟아졌다. "여러분들도 잘 아시다시피 우리는 요 며칠 사이에 이 문제를 두고 격론을 벌였습니다. 물론 언론에 발표하기 전에 이사 여러분께 먼저 동의를 구했어야 한다는 점은 인정합니다. 그러나 여러분들 중에서 만일 자신이 CEO라면 저와 다른 결정을 내렸을 분이 있습니까?" 바겔로스의 질문에 대해 아무도 '예'라고 대답하는 사람이 없었다. "아무리 생각해 봐도 다른 대안은 없었다"라고 바겔로스는 회고했다.

Leadership Point

조직의 이익을 위해 의사결정을 하는 것은 리더의 소명이다. 그러나 리더는 가끔 그럴 수 없는 상황에 직면하기도 한다. 이러한 상황은 매우 독특하기 때문에, 자칫하면 리더십의 모순을 만천하에 드러낼 수 있다. 그렇다고 해서 리더가 이 같은 상황을 무심하게 지나친다면, 모든 구성원들이, 심지어 리더 자신조차도, 리더의 가치를 의심하게 될 것이다.

우리는 지금 어디를 향해 가고 있는가

보웬 맥코이는 두고두고 미련이 남는 의사결정을 내렸다. 그는 수십 년이 지나도록 사두의 생사여부조차 확인하지 못하고 있으며, 그때의 의사결정이 옳았는지에 대해 아직까지도 확실한 결론을 내리지 못하고 있다. 이에 반하여 로이 바겔로스는 자신이 내린 의사결정의 정당성에 대해 추호의 의심도 품지 않고 있다. 비슷한 상황에서 의사결정을 했음에도 불구하고, 두 사람의 미래를 정반대의 방향으로 치닫게 한 요인은 도대체 무엇일까?

의사결정 자체의 옳고 그름을 떠나, 나중에 미련을 남기는 의사결정이 되지 않기 위해서는 그러한 의사결정의 순간을 예견하고 미리 준비하는 자세가 필요하다. 맥코이도 이 점을 인정하고 있다. 그는 "나는 곤경에 빠진 사두를 만나는 것과 같은 특수한 상황을 미리 예측하지 못했다"고 솔직히 고백한다. 우리는 평소에 우리 자신의 이해관계(self-interest)를 너무 좁게 규정해 놓는 경향이 있는데, 이러다 보면 특수한 상황에 직면했을 때 복수의 목표 사이에 충돌이 발생하게 된다. 맥코이 역시 자신의 이해관계를 너무 좁게 규정해 놓은 나머지, '패스에 도착하는 것'과 '조난자를 돕는 것'을 서로 배타적인 목표로 만들어 버리는 우(愚)를 범했다. "나는 트레킹 도중 사두를 만났을 때, 내 자신을 어느 정도 희생해야 할 것인가라는 문제를 놓고 고민에 빠졌다"고 맥코이는 술회했다. 그러나 바겔로스에게는 '주주의 이익을 지키는 것'과 '회선사상충증 환자를 돕는 것'이 서로 배타적인 목표가 아니었기 때문에, 양자택일의 문제를 놓고 고민을 할 필요가 없었다. 그는 회선사상충증 환자를 돕는 일이 궁극적으로 주주의 이익을 증가시키는 일이라는 것을 너무나 잘 알고 있었기 때문이다.

　리더의 과제는 특정한 상황이 닥치기 전에 의사결정의 길잡이가 될 수 있는 기본적 틀(원칙)들을 미리 마련하는 것이다. 이 기본적 틀에는 대부분의 의사결정 과정에서 고려해야 할 다양한 변수들을 포함시킴으로써, 관리자들로 하여금 실제 의사결정 상황에 적용할 수 있게 해 줘야 한다. 이러한 기본지침은 관리자들의 의사결정 기준으로 작용하여, 어떠한 상황에서든 최적의 결과에 도달할 수 있게 해 준다. 예컨대 맥코이가 여행을 떠나기 전에 자신의 여행 목적에 대해 심사숙고하는 시간을 가졌더라면, 사두를 만났을 때 보다 적절하게 대응할 수 있었을 것이다. 즉, 그는 여행의 기본목적을 '토롱라 패스를 횡단하는 트레킹에 도전함'이라든가 '생각을 정리하고 가치관을 정립하는 기회를 가짐' 등으로 명확하게 설정해야 했다. 맥코이는 트레킹을 마치고 저지대의 마을로 내려와 이틀 동안 휴식을 취하면서 곰곰이 생각한 끝에, "나의 여행은 후자(생각을 정리하고 가치관을 정립하는 기회를 가짐)를 지향하는 것이 옳았던 것 같다"는 결론에 도달했다. 그리고 그는 "우리는 인생의 여행을 떠나기에 앞서서, 우리에게 여행의 큰 목표를 제시해 주는 스승이 필요하다"는 의미심장한 말을 남겼다.

　그러나 바겔로스에게는 여행의 큰 목표를 제시해 주는 스승이 필요하지 않았다. 그가 지향해야 할 기본목표는 이미 머크의 경영철학과 기업문화에 깃들어 있었기 때문이다. 더욱이 환자의 건강을 기업의 이윤보다 우선시하는 최고경영자의 마인드가 모든 구성원들로 하여금 균형 잡힌 의사결정의 틀을 공유하게 만드는 원동력으로 작용하고 있었다. 바겔로스가 멕티잔을 필요로 하는 모든 사람들에게 무료로 나눠 주기로 결정한 것은 다른 회사의 종업원들에게는 특이한 돌출행동 정도로밖에 보이지 않았을 것이다. 그러나 대부분의 머크 직원들은 그의 행동을 이해했으며, 이 때문에 바겔로스가 CEO로서의 본분을 저버렸다거나 회사를 자선단체로 전락시켰다고 생각하는 사람은 아무도 없었다. 머크 조직 내부에는 좁은 의미의 수익성을 초월하는 가치체계가 확립되어 있었기 때문에, 멕티잔의 무상기증을 결정한 바겔로스의 행동은 조직의 규범을 벗어난 '일탈행동'이 아니라, 오히려 조직의 규범에 합치되는 '일관된 행동'으로 간주되었다. "어떤 조직들은 구성원들의 개인적 가치를 초월하는 가치체계를 보유하고 있다. 이 가치체계는 모든 구성원에 의해 공유되며 평소에는 눈에 잘 띄지 않지만, 조직이 스트레스 상황에 처할 때 모습을 드러내어 위기 극복의 원동력으로 작용한다. 이러한 초월적 가치체계를 보유하지 않은 기업은 위기상황을 견뎌내지 못하고 붕괴하게 된다"고 맥코이는 말했다.

머크의 경쟁사 중 하나인 존슨앤존슨(J&J) 역시 머크와 비슷한 시기에 조직의 위기를 맞았던 적이 있다. 1982년 9월 29일, 시카고 교외에 사는 메리 켈러맨이라는 열두 살짜리 꼬마가 차가운 시신으로 침대에서 발견되었다. 이와 비슷한 시기에 알링턴에 사는 스물일곱 살의 우편배달부인 애덤 제이너스와 그의 부인, 형도 혼수상태를 헤매다 병원에서 숨을 거뒀다. 보건당국의 조사 결과 희생자들은 모두 청산가리 중독으로 사망했으며, 사망 전에 J&J가 자랑하는 고강도 타이레놀을 복용한 경험이 있는 것으로 밝혀졌다.

타이레놀 중독은 즉시 수백만 미국인들의 건강을 위협하는 핫이

슈로 떠올랐으며, J&J에게는 회사의 존망을 좌우하는 강력한 시한 폭탄으로 인식되었다. 사건 발생 다음날 J&J의 주가는 20퍼센트나 폭락했고, 20억 달러의 시가총액이 허공으로 증발해 버렸다. J&J의 CEO인 제임스 버크는 모든 상점의 진열대에서 타이레놀을 수거하라고 지시하고, 국민들에게는 집에 있는 타이레놀을 모두 반품하라고 촉구했다. 타이레놀 중독사건은 1963년에 발생한 존 F. 케네디 암살사건 이후로 가장 많은 언론의 주목을 받았다.

그러나 경찰조사 결과 청산가리는 시카고 외딴 지역의 가게에서 누군가가 고의로 집어 넣은 것이며, 타이레놀의 제조 과정에서 혼입된 것이 아닌 것으로 밝혀졌다. 그러나 버크는 미국 전역의 상점에 내린 타이레놀 리콜 조치를 철회하지 않았고, 이로 인해 J&J는 1억 달러에 달하는 막대한 손실을 입었다. 그러나 수천 명의 J&J 종업원들은 한 마디 불평도 없이 회사의 방침에 따라 타이레놀을 회수하는 데 최선을 다했다. 어떤 의미에서 보면, 버크의 행동은 회사의 투자자들에게 공연히 큰 손실을 안겨 주는 오비액션으로 비춰질 수도 있다. 그러나 버크는 '회사의 신뢰도 상승에 의해 장기적으로 이익이 증가하면, 대규모 리콜에 따른 단기적 손실을 보상받고도 남음이 있을 것'이라는 믿음 하에 도박을 감행했고, 그의 믿음은 곧 사실로 입증되었다. 나아가 J&J는 실추된 브랜드 이미지를 회복하기 위해 오염방지 포장을 개발했고, 이를 통해 1년 이내에 경쟁업체에 내줬던 시장점유율의 5분의 4를 다시 찾아올 수 있었다.

머크의 사훈이 기업의 핵심 가치를 잘 표현하고 있는 것과 마찬가지로, J&J 역시 고객 중심주의를 표방하는 유명한 사훈을 보유

표 2. 멕티잔으로 치료받은 세계의 회선사상충증 환자들(1989~1996)

(백만 명)

출처 : 멕티잔 기증 프로그램

리
더
에
게

결
정
은

운
명
이
다

하고 있다. J&J의 사훈은 "우리는 먼저 우리의 제품과 서비스를
사용하는 의사, 간호사, 환자, 기타 모든 고객들의 이익을 소중하
게 여긴다"는 말로 시작되며, "마지막으로 우리는 주주의 이익을
소중하게 여기며, 정당한 방법으로 이윤을 실현하기 위해 노력한
다"는 말로 끝을 맺는다. 수천 명의 J&J 종업원들이 타이레놀의
리콜 작업에 앞장서고, 기자들의 질문에 씩씩하게 대답하고, J&J
의 브랜드 이미지 제고를 위해 노력한 것은 버크의 카리스마적 영
도력에 의한 것만은 아니었다. 그것은 J&J의 사훈이 종업원들의
마음에 내재화되었기 때문에 가능한 일이었다.

유명한 컨설팅 업체인 맥킨지는 누코(철강업체), 선트러스트 뱅
크, 바디샵, 머크 4개사를 대상으로 하여, 이 회사들이 오랫동안
종업원들로부터 높은 지지를 받을 수 있었던 비결을 조사하였다.
그 결과 이들 기업들이 종업원들로부터 높은 지지를 받을 수 있었
던 것은 종업원들의 가슴속 깊이 배어 있는 기업문화 때문인 것으

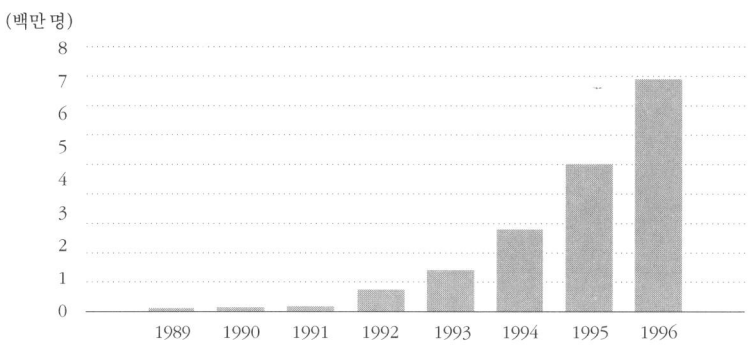

표 3. 멕티잔으로 치료받은 나이지리아의 회선사상충증 환자들(1989~1996)

(백만 명)

출처: 카터 센터 회선사상충증 퇴치 프로그램

로 밝혀졌다. "기업의 가치체계는 종업원들에게 몇 천 미터를 더 달릴 수 있는 에너지를 공급하며, 성과를 향상시키는 경쟁적 이점 으로 작용한다. 이는 기업문화를 보유하지 않은 경쟁자들이 도저 히 흉내낼 수 없는 것이다"라고 맥킨지 보고서는 결론지었다.

Leadership Point

우리가 최종 목적지에 도달하기 위해서는, 먼저 '내가 가고 싶은 곳이 어 디인지', 그리고 '내가 지향하는 가치가 무엇인지'를 알아야만 한다. 그래 야만 급변하는 환경 속에서 정확하고 신속한 의사결정을 할 수 있고, 후 에 잘못된 의사결정 때문에 후회할 일이 없어진다. 조직의 경우도 마찬가 지다. 조직문화를 확실히 이해한 구성원은 위기상황에서 냉철하고 신속 한 의사결정을 내림으로써 조직을 위기에서 구해낼 수 있다.

선물받은 시력

카터 전 미국 대통령은 1993년 한 잡지에 기고한 글에서 "회선 사상충증 퇴치운동은 거대한 국제협력을 통하여 수백만 명의 삶을 변화시켰다. 이는 편협하고 단기적인 이익을 벗어나 보다 광범위하고 글로벌한 책임을 받아들임으로써 가능한 일이었다"고 말했다. 그로부터 1년 뒤 카터는 "바겔로스는 많은 이들의 협력을 이끌어냄으로써 세계의 고통받는 사람들을 질병에서 해방시키는 데 크게 기여했다"고 바겔로스의 리더십을 치하했다.

1994년 WHO는 10년 동안의 침묵을 깨고 멕티잔의 보급을 지원하기 위해, 세계은행, 인터아메리칸 뱅크, 기타 민간 개발조직들과 컨소시엄을 구성하였다. 1995년 카터 센터(조지아주 애틀랜타 소재)는 UN, 세계은행, 기타 회선사상충증 치료단체들과 함께 12년짜리 장기프로그램을 출범시켰다. 이 프로그램에는 다수의 개인 기부자도 참여하였고, 국제 눈(目)재단, 헬렌켈러재단, 국제 라이온스클럽도 힘을 보탰다. 소프트웨어 회사를 경영하는 존 무어스는 새로운 회선사상충증재단에 1,150만 달러를 기부했다(이 재단은 1990년 휴스턴 대학 안경광학과에 의해 설립되어, 1996년 카터 센터에 통합되었다). 새천년 어느 날엔가 회선사상충증을 완전히 몰아낼 때까지 소요되는 비용은 총 5억 달러 이상으로 추산되고 있다.

1992년까지 멕티잔은 총 500만 명에게 공급되었고, 1994년에는 1,200만 명, 1996년에는 1,900만 명에게 공급되었다. 전세계에서 회선사상충증의 유병률이 가장 높은 나라 중의 하나인 나이지리아의 경우, 1989년에는 불과 5만 명 이하의 환자들이 치료받았지만, 1996년에는 600만 명 이상의 환자들이 치료받았다(표 2, 표

머크의 본사에 있는 동상 '선물받은 시력'.

3 참조). 1996년 후반 미 FDA는 이버멕틴을 미국인들에게 사용하도록 허용하였고, 머크는 미국에서 시판되는 이버멕틴에 스토멕톨이라는 상품명을 붙였다. 이와 관련하여 바젤로스는 "비록 일개 회사에 불과할지라도, 사회적 책임을 수행할 의향이 있으면 세상에 큰 영향을 미칠 수 있다"고 말했다.

1989년 《뉴욕타임스》는 머크가 개발한 멕티잔을 '20세기 최고의 의학적 승리' 중 하나로 선정했다. 1995년 세계은행은 "공중보건의 암적 존재이자 서부 아프리카의 사회경제적 발전을 가로막는 장애물인 회선사상충증을 거의 몰아낸 것은, 지금까지 개발협력분야에서 이루어진 가장 괄목할 만한 성과 중의 하나이다"라고 논평했다. 1995년 한해에만 머크는 4,500만 달러어치의 멕티잔을 서부 아프리카에 기증했다. 지미 카터는 세계적으로 벌어지고 있

차드의 한 마을을 방문하고 있는 지미 카터와 로이 바겔로스.

는 회선사상충증 퇴치 캠페인의 효과에 대해 다음과 같이 말했다. "한때 버려졌던 마을들에 주민들이 다시 찾아오고 있다. 또 집안 한 구석에 방치되어 있던 어린이들이 환한 세상으로 나와 자유롭게 성장하며 미래를 바라볼 수 있게 되었다." 한 감염질환 전문가는 멕티잔의 영향력을 퀴닌이나 페니실린과 맞먹는 것으로 평가하기도 한다. 그러나 멕티잔이 지금까지 거둔 성공은 아직 절반의 성공에 불과하다. 회선사상충증은 말리와 기타 서부 아프리카 국가에서 자취를 감췄지만, 우간다, 적도기니 등의 국가에서는 회선사상충증의 잔당이 아직도 주민들을 괴롭히고 있다.

1995년 10월 25일, 머크는 뉴저지주 라웨이에 있는 본사 건물에서 2미터짜리 동상의 제막식을 가졌다. 동상의 제목은 '선물받은 시력(The Gift of Sight)'. 한 소년이 눈 먼 어른을 인도하여 길을 가는 모습을 형상화한 것이다. 그로부터 40년 전, 로이 바겔로스는 라웨이 고등학교를 졸업하고 부모님이 운영하시던 머크 본사 주변의 식당에서 일한 적이 있다. 이 식당의 메뉴는 머크의 연구원들에게 최고의 인기였다. 바겔로스는 연구원들의 대화 내용을 유심히 들으며, 그들의 말 속에 어떤 정신이 어려 있다는 것을 느꼈다. 1996년 바겔로스는 "단 한 명의 주주도 멕티잔을 영원히 기증한다는 나의 결정에 이의를 제기하지 않았다. 그것은 머크 역사상 최고의 순간이었다"라고 회고했다.

정작 바겔로스는 1994년까지 자신의 결정이 인간에게 미친 결과를 확인하지 못했다. 1994년 어느 날 그는 지미 카터, 로잘린 카터 부부와 함께 부인을 대동하고 치드의 힌 미을 방문했디. 그날은 그 마을에서 멕티잔이 배급되는 날이었다. 자기 차례를 기다리고 있는 주민들의 긴 행렬 앞에서, 바겔로스는 멕티잔을 한두 알씩 주민들의 손바닥 위에 직접 놓아 주었다. 그의 주변에서는 한 젊은 아기엄마가 아기를 돌보고 있었는데, 자세히 들여다 보니 엄마의 눈은 감겨 있었다. '그녀의 아기는 엄마와 똑 같은 운명을 겪지 않을 것'이라는 생각에 그의 가슴이 뭉클해졌다.

바겔로스는 한 인터뷰에서, 자신이 10년 전에 내린 운명적 결정을 회고했다. "머크의 관대함이 머크의 이름을 드높였다고 생각하십니까?" "예." "멕티잔의 기부 결정이 머크의 인재 채용에 큰 보탬이 되었다고 생각하십니까?" "예." 기자들의 질문에 대해 시종 확신에 찬 짤막한 대답으로 일관하던 바겔로스는 다음과 같은 질문에 대해서는 다소 주춤거리는 듯한 태도를 보였다. "회사에 이익이 돌아가지 않더라도 그런 값비싼 프로그램을 실시할 수 있겠습니까?" "달리 선택의 여지가 없었습니다. 나는 평생 동안 누군가를 돕는 데 헌신해 온 사람입니다. 그것은 다른 사람을 도울 수 있는 절호의 기회였습니다." 그는 복받치는 감정을 억누르려는 듯 잠시 침묵을 지켰다. 그의 눈은 초점을 잃고 있었다.

리더에게 결정은 운명이다

와그너 닷지Wagner Dodge,
만굴치에서 탈출하다

와그너 닷지는 그와 열다섯 명의 대원의 생명을 위협하는 대형산불 속에서,
일생일대의 중대 의사결정을 내렸다.

THE
LEADERSHIP
MOMENT

"대장은 도대체 무슨 짓을 하는 거야,
산불에 쫓기고 있는데 우리 앞에 또 불을 질러?"

와 그녀 닷지는 일생 일대의 중대결정을 내려야 할 상황에 직면해 있었다. 빠르게 번지는 산불이 나무와 풀을 유린하고 그와 열다섯 명의 대원들마저 집어삼키려 하고 있었다. 불과 두 시간 전 그들은 낙하산에 매달려 몬태나 주 만굴치 협곡의 산불 현장 맨 위쪽에 투하되었다. 낙하 당시에만 해도 협곡 아래 먼 발치에서 넘실거리던 불길은 어느덧 집채만한 불기둥으로 변해, 바싹 마른 협곡을 타고 올라와 그들을 덮치려 하고 있었다. 대원들은 모두 목숨을 부지하기 위해 앞만 보고 달리고 있었지만, 닷지는 이미 시간이 늦었다는 것을 직감적으로 느끼고 있었다.

닷지는 절체절명의 순간에도 강철 같은 자제력을 잃지 않았다. 그는 산불에 쫓기면서도 간간이 뒤를 흘끔흘끔 돌아보며 불길이 올라오는 속도를 가늠하는 용의주도함을 보였다. 잠시 후 그는 더 이상 도망칠 곳이 없다는 결론에 도달했다. 현재의 상태가 지속된다면 앞으로 90초 후에 산불이 협곡 꼭대기까지 치고 올라와 그와 대원들을 따라잡을 것이다. 이제 그는 비상 탈출구를 찾아내거나

와그너 닷지(왼손에 손수건을 쥐고 있는 사람).

이 협곡 어딘가에 살아남을 공간을 마련해야 했다. '기적적 탈출이
냐, 비극적 실패냐' 또는 '열여섯 명의 생명을 모두 살리느냐, 모두
를 잃느냐'라는 양극단의 결말이 그의 손에 달려 있었다.

만굴치의 화재

몬태나 주 중부의 바위투성이 산악지대에 자리잡은 만굴치 협
곡은 게이트오브더마운틴(Gates of the Mountains)이라는 곳에서 미주
리강 줄기와 마주친다. 게이트오브더마운틴이라는 지명은 1805
년 미국의 북서부를 탐험한 유명한 탐험가 메리웨더 루이스가 이
곳을 지나다가 붙인 이름이다. 이곳처럼 사방이 산과 강으로 가로
막힌 공간에서 산불은 언제나 골칫거리일 수밖에 없다. 그러나
1949년 8월 5일 이 지역의 산불 위험은 평상시와는 차원이 달랐

만굴치 협곡과 미주리강(1949).

다. 늦여름이 되면서 몬태나 주 중부의 날씨가 매우 건조해지자, 미국 산림청은 이 일대의 화재위험 지수를 74퍼센트로 상향조정했다. 더욱이 그날 만굴치에서 남쪽으로 40킬로미터 정도 떨어진 헬레나(몬태나 주의 수도)에서 관측된 낮 기온은 섭씨 36도를 기록했다. 이처럼 고온건조한 상황에서 폭풍우라도 지나간다면 목마른 대지를 촉촉히 적실 수 있으련만……. 그러나 문제는 번개였다. 폭풍우가 천둥번개를 동반할 경우, 말라붙은 나뭇가지에 불길을 댕겨 걷잡을 수 없는 사태가 벌어질 수 있다.

오후 2시 30분, 몬태나 주 미줄라 카운티의 산악소방대 기지에서 한 무리의 산악소방 대원들이 C-47 비행기에 올라탔다. 산악소방 대장은 서른세 살의 와그너 닷지. 과묵한 성격의 그는 산악소방대 경력 9년의 베테랑으로 수많은 산불 진압에 참여한 경력이 있으며, 타의 추종을 불허하는 화재진압 전문가로서 팀의 리더가 될 자격이 충분한 인물이었다. 낙하장비를 점검하고 그와 한 비행기에 탑승한 열다섯 명의 대원들은 모두 젊고, 열의에 넘치고, 잘 훈련된 사람들이었다. 그들은 그해 여름 내내 산불을 진압해 왔고, 이제 만굴치의 화재를 진압하기 위해 이 자리에 소집되었다. 그중 일부는 여름방학을 이용해 산악소방대에 자원한 대학생들이었고, 나머지는 전문 소방관들이었다. 소방관 중의 상당수는 제2차 세계대전의 참전용사들이었다.

미줄라에서 만굴치까지는 비행기로 불과 20분 거리. 만굴치로 날아온 대원 중에는 이번 일에 가담하기에는 다소 어려 보이는 열일곱 살의 로버트 샐리와 월터 럼지도 포함되어 있었다. 데이비드 네이본은 101 공수사단의 중위로서, 1944년 그 유명한 바스토뉴 전투(독일 패전의 분수령이었던 벌지 전투의 하이라이트. 벨기에 바스토뉴에서 연합군에 패퇴한 독일군은 큰 전력손실을 입어 전쟁종결이 빨라지게 되었다) 현장에 투입되었던 역전의 용사였다. 윌리엄 헬맨은 불과 한 달 전 백악관과 워싱턴 기념비 사이의 일립스 공원에 낙하산을 타고 착륙했던 스카이다이빙의 달인이었다. 대원들의 출신지는 매사추세츠, 몬태나, 뉴욕, 노스캐롤라이나, 펜실베이니아, 테네시 등으로 다양했다.

대원들을 태운 비행기가 만굴치 상공을 두 번 선회하는 동안 닷지와 얼 쿨리(정찰 담당)는 안전한 낙하지점을 물색했다. 대원들이 안전벨트의 버클을 푸는 순간, 비행기가 갑작스러운 난기류를 만나 요동치며 앞으로 다가올 재앙을 암시하는 듯 했다. 상당수의 대원들이 반쯤 넋을 잃었고, 그중의 한 명은 구역질이 심해 점프를 포기하고 미줄라로 돌아가는 쪽을 택했다. 닷지의 신호에 따라 남

로버트 샐리와 월터 럼지.

은 대원들은 활짝 열린 해치를 통해 하나씩 밖으로 뛰어내렸고, 협
곡 맨 위쪽 좌측 사면의 목표지점(그림 1의 1번 지점)을 향해 하강하기
시작했다.

닷지와 대원들이 낙하지점에 발을 디딘 것은 오후 4시 10분, 낙
하산을 개고, 배낭을 매고, 삽을 어깨에 맨 시각은 오후 5시였다.
닷지는 행동을 개시하기 전에 간단한 식사를 지시했다. 산불이 발
생한 곳은 협곡 맨 아래의 반대쪽 사면이며, 산악 소방대원들의 은
어로 그것은 '10시짜리' 산불이었다. '10시짜리'란 밤 새워 작업하
면 다음날 오전 10시쯤에 불길이 잡히는 평범한 산불이라는 뜻이
었다. 8월에 발생하는 산불은 번개와 함께 오후 늦게 시작되어 다
음 날 아침에 불길이 잡히는 소규모 화재인 경우가 많았다. 대원들
은 지금 취하는 짧은 휴식이 처음이자 마지막 휴식이 될 거라고 생

13명의 소방대원의 목숨을 앗아간 만굴치 협곡의 화재(1949. 8. 5). 당시 미국 산악소방대 사상 최악의 참사였다.

각했다.

그러나 오늘따라 대원들은 산악 소방대원들의 필수품인 지도와 라디오를 갖고 있지 않았다. 지도는 현지 소방대원들이 갖고 있을 거라고 짐작하여 아예 갖고 오지도 않았고, 라디오는 장비를 실은 낙하산이 땅바닥에 착륙하는 과정에서 부서져 버렸다. 그러나 협곡의 한쪽 사면을 따라 내려가는 대원들의 가슴 속에는 '이 정도의 산불쯤이야' 라는 자신감이 넘쳐흘렀다.

현장에 이미 출동해 있던 현지 소방대원이 합류하여 닷지가 이끄는 대원은 모두 열다섯 명으로 불어났지만, 엄밀한 의미에서 이들을 하나의 팀이라고 부르기는 어려웠다. 대원들은 모두 초여름에 실시된 3주짜리 훈련 프로그램을 이수했고, 대장의 지휘에 따라 서로 협동하여 신속히 행동하도록 교육을 받았을 뿐이었다. 게다가 닷지에게는 군 지휘관과 같은 강력한 명령집행권이 없었으며, 더욱 어려운 것은 상당수의 대원들이 닷지와 서먹서먹한 관계에 있었다는 점이었다. 많은 대원들이 그와 함께 일한 경력이 있으며, 모든 대원들이 그를 알고 있기는 했다. 그러나 그들 모두가 한 팀을 이루어 일한 적은 없으며, 사실 닷지는 대원들의 이름조차 정확히 알지 못했다. 미 산림청의 정책에 의하면, 특정 산불진압 작전에 인원을 배정하는 기준은 팀워크가 아니라 휴식 기간이었다. 즉, 직전 화재진압에 동원된 이후 가장 오랫동안 쉰 대원을 가장 먼저 배정하는 것이 산림청의 방침이었다. 따라서 닷지의 지휘를 받는 대원들은 개개인의 능력은 우수할지 몰라도 투철한 팀워크로 똘똘 뭉친 집단은 아니었다.

세 가지 끔찍한 발견

닷지는 대원들을 인솔하고 방화선(불이 번지는 것을 막기 위해 나무 등을 제거한 긴 띠 모양의 땅)을 향해 접근하다가, 대원들에게 협곡의 중간지점(그림 1의 2번 지점)에서 대기하라고 지시하고는, 상황 파악을 위해 화재 현장 30미터 앞(그림 1의 3번 지점)까지 전진하였다. 그 순간 닷지는 이날 발견한 세 가지 끔찍한 상황 중 첫 번째 상황을 목격하였다. 화재는 그가 공중정찰을 통해 파악했던 것보다 훨씬 위험한 것으로 판명되었다. 미주리강을 가로질러 산등성이로 치밀어 올라오는 시속 32~64킬로미터의 바람이 마치 채찍질을 하듯 불꽃을 밀어붙여 닷지의 앞길을 가로막고 있었다. 강풍은 산불에 산소를 공급하는 자연의 거대한 풀무가 아니던가! 기겁을 한 닷지는 대원들의 대기장소로 후퇴하여, 대원들에게 협곡의 입구 쪽으로 진로를 변경하라고 지시했다. 그리고 자신은 낙하산 투하장소까지 거슬러 올라가 깜빡 잊고 빠뜨렸던 비상식량을 다시 챙겼다. 그동안 대원들은 닷지의 인솔 없이 협곡 입구 쪽으로 계속 전진했다.

닷지의 지시는 논리적으로 모순이 없었다. 화재는 예상보다 심각했지만, 대원들을 산불과 강물 사이에 머물러 있게 하는 한 그들의 안전을 보장할 수 있었다. 설사 불길이 대원들을 강 쪽으로 몰아붙인다 해도, 강물 속으로 다이빙하여 몇 미터 헤엄쳐 피신하면 그만이었다. 그리고는 연기로 인한 질식을 피하기 위해 자세를 낮추고 기다리다가, 불길이 지나가면 다시 강가로 올라오면 된다. 미주리강은 닷지에게는 생명보험이나 마찬가지였다.

닷지의 인솔을 받지 않고 협곡을 따라 내려가는 동안, 대원들은 150미터의 거리를 두고 두 패로 갈라져 서로의 위치를 모를 지경이 되었다. 20분 후인 5시 40분쯤, 닷지는 대원들을 불러모아 한 그룹으로 만든 다음 이들을 인솔하고 협곡의 입구 쪽으로 계속 내려갔다. 그런데 이때 〈그림 1〉의 4번 지점에서, 닷지는 이날의 두 번째 끔찍한 상황을 목격하게 된다. 불타는 산등성이에 갑자기 회오리바람이 몰아쳐 불붙은 나뭇가지와 불씨들을 하늘로 날려 보내는가 싶더니, 잠시 후 높이 솟구쳐 오른 나뭇가지와 불씨들이 협곡의 입구 쪽으로 쏟아져 내리면서 새로운 불기둥을 형성하였다. 강물 쪽으로 피신할 수 있는 퇴로가 삽시간에 막혀 버린 것이다. 닷지와 대원들이 협곡의 입구에 도착한 지 불과 몇 분 만에 일어난 어처구니 없는 사건이었다. 닷지와 모든 대원들의 마음 속에서 비

리더에게 결정은 운명이다

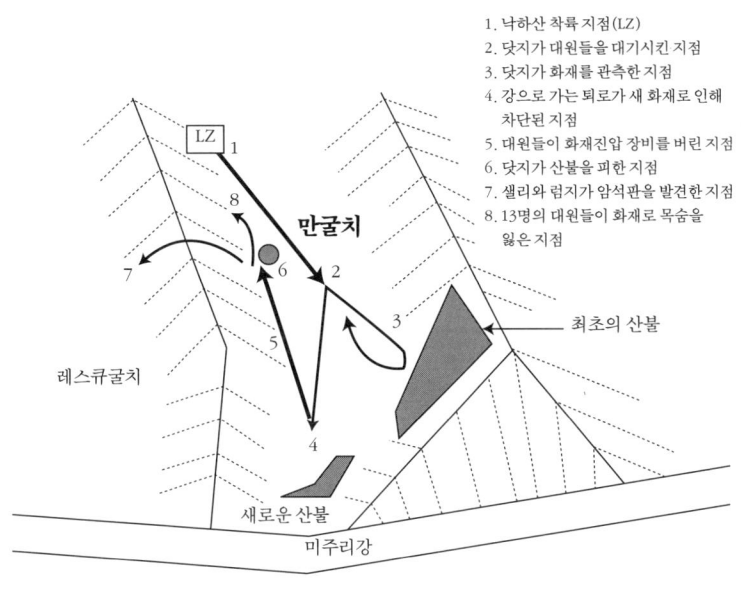

그림 1. 와그너 닷지가 만굴치 협곡에서 이동한 경로

1. 낙하산 착륙 지점(LZ)
2. 닷지가 대원들을 대기시킨 지점
3. 닷지가 화재를 관측한 지점
4. 강으로 가는 퇴로가 새 화재로 인해 차단된 지점
5. 대원들이 화재진압 장비를 버린 지점
6. 닷지가 산불을 피한 지점
7. 샐리와 럼지가 암석판을 발견한 지점
8. 13명의 대원들이 화재로 목숨을 잃은 지점

LZ 1

8

만굴치

7

6

2

3   최초의 산불

5

레스큐굴치

4

새로운 산불

미주리강

상벨이 울렸다.

5시 45분, 닷지는 아무 말도 없이 발길을 돌려 이제까지 왔던 길을 거슬러 올라가기 시작했다. 그러나 아무도 닷지에게 이의를 제기하지 않았다. 그도 그럴 것이, 그들 역시 자신들의 눈 앞에서 협곡 입구를 막아선 채 매캐한 연기를 뿜어대고 있는 불길을 똑똑히 보았기 때문이다. 대원들은 협곡의 왼쪽 사면으로 방향을 잡았다. 몇 분 후 닷지는 〈그림 1〉의 5번 지점에 이르러, 자신의 뒤를 따르는 대원들에게 "모든 장비(배낭, 톱, 도끼, 삽 등)를 버리고, 전속력으로 달아나라"는 지시를 내렸다. 그는 이 산불이 '10시짜리' 단순한 산불에서 대원들의 목숨을 위협하는 심각한 산불로 돌변했다는 사실을 깨달았던 것이다(이쯤 되면 대원들 역시 사태의 심각성을 깨달았어야 했다).

닷지와 대원들이 만굴치에 투하된 이후 짧은 시간 동안 경험한 것보다 더 나쁜 상황이 발생할 수 있다는 것은 상상하기 힘들었다. 불과 30분 전만 하더라도 의기양양하게 낙하산을 개고 화재 진압 작전을 개시하던 그들이 아니었던가? 그러나 선두에서 대원들을 이끌던 닷지는 불과 수 분 후에 이날의 세 번째 끔찍한 상황을 목격하게 된다.

일반적으로 산불의 전파속도는 시간당 6~8킬로미터를 초과하지 않으며, 이 정도의 스피드라면 어떤 산악 소방대원이라도 능히 따라잡을 수 있다. 그러나 만굴치는 산과 평야가 만나는(또는 삼림과 초원이 만나는) 점이지대였다. 따라서 산악 소방대원들이 산불로부터 탈출할 경우, 그들을 기다리고 있는 것은 어깨 높이까지 올라오는 풀이 빽빽하게 자라는 건조한 평원이었다. 이러한 평원은 불똥이 튀기기만 하면 언제든 폭발할 준비가 되어 있는 화약고나 마찬가지였다.

아메리카의 평원에 사는 인디언들이 가장 두려워하는 것은 맹수가 아니라 초원의 들불이라고 한다. 초원에 불이 나면 삽시간에 번지기 때문에 도저히 달아날 수가 없기 때문이다. 닷지 역시 이 사실을 잘 알고 있었다. 닷지는 아직 강철 같은 자제력을 잃지 않고 있었다. 닷지와 대원들의 앞길에는 풀이 우거진 경사면이 펼쳐져 있었기 때문에, 아무리 빨리 달려도 산불이 번지는 속도를 추월할 수 없다는 계산이 나왔다. 그렇다면 1~2분 사이에, 아니면 그보다도 먼저 그와 대원들은 모조리 불길에 휩싸이고 말 것이다.

산불은 으르렁거리면서 닷지와 대원들을 맹추격해 왔다. 간간이 솟아 있는 나무에서 수액이 가열되어 폭발하는 소리가 들렸다.
연기, 불똥, 재들이 회오리바람에 휘말려 사방으로 흩날렸다. 아
무리 궁리해 봐도 더 이상 도망칠 곳이 없었다. 앞으로 계속 달리
든, 제자리에 멈춰서든, 뒤돌아 서서 산불과 정면으로 맞서든 결
론은 단 한 가지, 심한 화상을 입어 목숨을 잃거나 평생 동안 불구
로 지내는 것이었다.

맞불 그리고 파국

5시 55분, 대열의 맨 앞에서 쏜살같이 달음질치던 닷지는 갑자
기 발걸음을 멈췄다. 그리고는 호주머니에서 성냥을 꺼내 불을 붙
여 자기 앞의 풀숲에 던졌다(그림 1의 6번 지점). 그가 붙인 불은 금세
원을 그려가며 세력을 넓혀 갔다. 일반적인 화재진압 이론에 의하
면, 닷지의 행동은 맞불을 놓는 것처럼 보였다. 맞불이란 화재의
진행을 차단하기 위해 일정한 공간에 존재하는 '연료가 될 만한 것
들'을 미리 태워 제거하는 방법이다. 실제로 그는 나중에 이 사건
과 관련하여 정부기관으로부터 조사를 받을 때, "그렇게 급박한
시기에 왜 맞불이라는 방법을 선택했나요?"라는 질문을 받게 된
다. 닷지는 이 질문에 대해 다음과 같이 답변한다. "1분 이내에 우
리 모두가 불길에 휩싸이게 되는 절체절명의 순간에, 맞불을 놓아
불쏘시개를 미리 제거한다는 것은 무의미한 일입니다." 그렇다면
닷지는 무슨 생각으로 발걸음을 멈추고 자기의 앞길에 불을 놓았
을까? 그의 대답은 간단하고도 황당했다. "내가 불을 놓은 것은
그 불 속으로 들어가 숨기 위해서였습니다."

닷지가 놓은 불은 동그라미를 그리며 번져나가, 좁은 공간에 있는 인화성 물질들을 모두 태워 버렸다. 불타고 있는 공간은 완벽한 안전공간은 아니었지만, 그럭저럭 쓸 만했다. 그는 아직 완전히 꺼지지 않은 불구덩이 속으로 들어가 연기가 피어오르는 한복판에 자리잡았다. 그리고는 얼굴을 젖은 천으로 감싼 채 땅바닥에 엎드려 꼼짝 않고 기다렸다. 잠시 후 협곡 아래쪽에서 올라온 산불은 그가 만든 작은 불꽃을 사방에서, 심지어 머리 위까지 포위했지만, 그의 주변에는 태울 것이 아무 것도 없었다. 산불은 눈깜짝할 사이에 산등성이까지 치고 올라갔지만, 닷지는 자신이 만든 조그만 피난처 안에서 아무 탈 없이 살아남았다. 그는 곧 일어서서 재를 툭툭 털고 다친 데가 없는 것을 확인했다. '하늘이 무너져도 솟아날 구멍이 있다'는 말은 바로 이런 경우를 두고 하는 말이었다.

그러나 닷지는 위기일발의 순간에도 자신이 지휘하는 대원들을 챙기는 것을 잊지 않았다. 그가 도피용 불을 놓기 직전, 로버트 샐리와 월터 럼지는 그를 뒤따르는 행렬에서 첫 번째와 두 번째를 차지하고 있었다. 샐리와 럼지는 다른 대원들과 마찬가지로 닷지가 '낙하'를 외칠 때 비행기에서 뛰어내렸고, '출발'이라고 외칠 때 협곡의 입구를 향해 내려갔으며, '뛰어'라고 외칠 때 산등성이를 향해 있는 힘껏 내달렸던 충직한 대원들이었다. 그들은 자신들의 보스가 달음박질을 멈추고 불구덩이 안으로 뛰어들라고 소리칠 때, 으르렁거리는 산불 소리 때문에 제대로 알아들을 수 없었다. 그러나 닷지의 미친듯한 손짓과 몸짓에서 그가 뭘 원하는지 정도는 능히 알아차릴 수 있었다. 그러나 그 순간 샐리와 럼지의 시야에 들어온 것은 닷지의 모습만이 아니었다. 그들의 등 뒤에는 집채만한 불덩이가 곧 그들을 덮칠 듯 바짝 다가와 있었다. 그리고 그 불덩이는 샐리와 럼지는 물론 닷지가 들어가 있는 조그만 불구덩이까지도 금세 삼켜버릴 기세였다.

샐리와 럼지는 닷지를 흘낏 쳐다봤지만, 정작 그가 들어가 있는 불구덩이를 외면하고 왼쪽 산등성이까지 줄달음쳤다. 그리고는 아예 산등성이를 넘어 만굴치 옆에 자리잡은 또 다른 협곡의 경사면으로 접어들었다(그들이 새로 들어간 협곡의 이름은 아이러니하게도 '구원의 협곡'이라는 뜻의 '레스큐굴치'였다). 그들을 뒤쫓아간 산불 역시 산등성이까지 올라가, 잠시 주춤하는 듯싶더니 이내 레스큐굴치까지 휩쓸어 버렸다. 그러나 샐리와 럼지는 이 '구원의 협곡'에서 오아시스를 하나 발견했다. 그들이 발견한 것은 폭 23미터의 평평한 암석판으로, 풀 한 포기, 나무 한 그루 자라지 않았다(그림 1의 7번 지점). 그들은 수풀 사이를 비집고 암석판 안으로 뛰어들었고, 이와 거의 동시에 암석판 주위는 불바다로 변했다. 몇 분 후 샐리와 럼지는 화상은커녕 그을음 하나 묻지 않은 말끔한 모습으로 만굴치로 돌아갔다.

나머지 열세 명의 대원들 역시 샐리, 럼지와 마찬가지로 닷지가 만들어 놓은 불구덩이를 지나쳐 산등성이로 내달렸다. 닷지는 그 중의 한 명이 이렇게 소리치는 것을 똑똑히 들었다. "제기랄, 하필 여기에 불을 놓아 앞길을 막을 게 뭐람. 그냥 도망가기도 바쁜 판에!" 산등성이에서 아래를 잠시 내려봤던 샐리의 회고담에 의하면, 대부분의 대원들은 약 6~15미터 간격으로 닷지를 피해 산등성이로 뛰어올라갔다고 한다. 이는 그들이 닷지가 만든 불구덩이의 영향권에서 완전히 벗어나 있었다는 것을 의미한다. 그러나 운명의 여신은 열세 명의 대원들을 끝내 외면했다. 그들은 샐리나 럼지처럼 오아시스를 발견하지 못하고, 훨씬 빠른 속도로 뒤따라온 산불에 덜미를 잡히고 말았다(그림 1의 8번 지점).

지옥의 불길에서 기적적으로 생환한 닷지, 샐리, 럼지는 한데 모여 다른 대원들의 구출작업에 나섰다. 여러 명의 대원들이 간신히 목숨을 건졌지만, 심한 화상 때문에 몇 시간을 넘기지 못했다. 대부분의 대원들은 낙하지점에서 그리 멀지 않은 곳에서 발견되었다. 그들이 낙하지점을 떠난 시간은 오후 5시경. 숨진 제임스 해리슨 대원의 손목시계는 5시 56분을 가리킨 채 멈춰 있었다. 낙하지점을 떠난 지 불과 한 시간 만에, 대원들은 싸늘한 주검으로 변해 출발점으로 되돌아 온 것이다. 산악 소방대원 열세 명의 목숨을 앗아간 만굴치 협곡의 산불은 미국 산악소방대 사상 최악의 참사로 기록되었다. 이 기록은 45년 동안 유지되다가, 1994년 6월 6일 스톰킹산(콜로라도 주 글렌우드스프링 주변)의 산불에 의해 경신되었다. 열네 명의 희생자를 낸 스톰킹산 화재 역시 바람에 의해 풀에 옮겨붙은 최악의 산불로 알려져 있다.

신뢰성의 위기

리더십은 일조일석에 생겨나는 것이 아니다. 그것은 과거의 예행연습과 오늘날의 현장실습이 부단히 상호작용함으로써 형성되는 결과물이다. 1949년 8월 5일 만굴치에서 발생한 참사는 '닷지가 그날 산불 현장에서 한 일과 하지 않은 일', 그리고 '그 이전(대원들이 C-47기에 탑승하기 이전)에 그가 한 일과 하지 않은 일'이 복합적으로 작용하여 발생한 것이다. 우리는 먼저 1949년 8월 5일 닷지가 만굴치의 상공과 지상에서 내렸던 의사결정을 검토해 본 다음, 시선을 과거로 돌려 그해 여름 '운명의 8월'을 대비해 실시된 소방훈련 과정에서 그가 소홀히 했던 점은 없었는지를 검토해 볼 필요가 있다.

먼저 샐리, 럼지, 그리고 열세 명의 대원들이 닷지가 만든 불구덩이 속으로 함께 들어가지 않았던 이유를 생각해 보자. 그것은 즉각적인 해법으로, 대원들의 생명을 살리는 해법이자, 커뮤니케이션이 요구되는 해법이기도 했다.

샐리는 나중에 "맨 앞에서 뛰어 가던 대장은 갑자기 발을 멈추고 몸을 웅크리더니, 성냥을 꺼내 자기 앞의 풀섶에 불을 붙였습니다. 나는 '대장은 도대체 무슨 짓을 하는 거야, 산불에 쫓기고 있는데 우리 앞에 또 불을 질러?'라고 생각했습니다"라고 술회했다. 럼지의 생각도 샐리와 별반 다르지 않았다. "샐리와 나는 대장이 미쳤음에 틀림없다는 결론을 내렸습니다." 그러나 여기서 우리가 잊어서는 안될 것이 있다. 샐리와 럼지는 이제껏 닷지의 모든 지시사항을 하나도 어기지 않고 충실하게 이행해 온 모범대원들이었다. 그들은 닷지가 비행기 밖으로 뛰어내리라고 할 때도, 협곡의 어귀로 전진하라고 할 때도, 갖고 있는 장비를 모두 버리고 전속력으로 도망치라고 할 때도 두말 없이 그의 지시에 순종한 사람들이었다. 그런데 이들이 갑자기 닷지의 지시를 어긴 이유는 무엇일까?

다른 대원들이라면 '대장의 손짓을 보지 못했다'거나 '손짓의 의미를 이해하지 못했다'는 변명이 통할 수 있다. 그러나 샐리와 럼지의 경우는 좀 다르다. 그들은 "대장의 일거수 일투족을 모두 목격했고, 그의 손짓이 무엇을 의미하는지도 알고 있었다"고 진술했다. 닷지 자신도 "대부분의 대원들이 내가 만든 불구덩이에 가까이 접근해 있었기 때문에 내 신호를 볼 수 있었을 것"이라고 진술했다.

그렇다면 결론은 자명해진다. 샐리와 럼지가 대장의 지시를 어긴 가장 타당한 이유는 '대장이 대원으로부터 신뢰를 잃었기 때문'이라고 생각된다. 리더의 신뢰성은 '팀원으로 하여금 자신의 강행적 지시를 따르게 할 수 있는 권위'로 규정되는데, 리더에 대한 팀원의 신뢰는 리더가 과거에 자신들을 만족시켰던 경험(학습)에서 유래한다. 샐리와 럼지는 '대장의 말은 항상 옳았다'는 과거의 경험에 비추어 그를 신뢰하고 있었던 것이 분명하다. 그러나 불과 한 시간도 못 되어 닷지에 대한 샐리와 럼지의 신뢰는 산산조각 나고 말았다. 그런데 좀더 생각해 보면, 신뢰의 상실은 갑작스럽게 이루어진 것이 아니라 순차적으로 이루어졌음을 알 수 있다. 닷지가 선정한 낙하지점은 알고 보니 산불이 바람을 타고 진행하는 길목이었다. 대원들은 대장의 지시에 따라 산불을 향해 전진했다가, 그 주변에서 헛되이 맴돌다가, 마침내 산불에 쫓겨 줄행랑을 치는 신세가 되었다. 이처럼 의사결정의 오류가 누적되다 보니, 대장의 마지막 의사결정은 모두의 생명을 살릴 수 있는 결정적인 것임에도 불구하고 미심쩍은 것으로 간주되어 대원에 의해 수용되지 않았다. 결론적으로, 문제의 핵심은 '위기일발의 순간이 오기도 전에 리더의 신뢰는 이미 붕괴되어 땅바닥에 떨어져 있었다'는 것으로 요약된다. 설상가상으로 닷지 자신은 이러한 상황을 깨

리더에게 결정은 운명이다

닫지 못했다.

실수, 그리고 아무 말도 하지 않았다

닷지의 신뢰성 위기를 악화시킨 것은 두 개의 작은 실수였다. 이
실수들은 너무 사소해 보여 당시에는 큰 주목을 받지 못했지만, 결
국 그의 이미지 실추를 가속화시키는 지렛대로 작용했다. 첫 번째
실수는 대원들을 내팽개쳐 두고 혼자 착륙지점으로 되돌아가 비
상식량을 챙긴 일이었다. 그는 대원들로 하여금 몇 분 동안 대장
없이 전진을 계속하게 함으로써 리더의 존재감을 스스로 희석시
켰다. 그 순간 그는 전방을 떠나 후방에서 전투를 지휘하는 우를
범한 것이다. '현대 경영학의 아버지'라 불리는 피터 드러커는 제1
차 세계대전에서 장군들이 지휘력을 발휘하지 못했던 이유를 곰
곰이 생각하던 중, 고교시절의 역사 선생님으로부터 들은 다음과
같은 말을 떠올렸다(그 선생님은 1차 대전에서 부상을 입은 참전용사였다). "그
것은 전사한 장군의 수가 적었기 때문이다. 자기들은 후방에 숨어
있으면서 전방의 병사들에게는 목숨을 걸고 싸우라고 명령을 내
렸으니 그 명령이 제대로 먹혀 들 리 만무했다."

닷지의 두 번째 실수는 대원들에게 삽과 도끼를 버리라고 지시

한 것이다. 삽과 도끼는 대원들에게 소방대원의 정체성을 부여하는 상징적인 물건으로, 이것이 없으면 그들을 일사불란하게 통솔하기가 어려워진다. 닷지가 대원들에게 삽과 도끼를 버리라고 지시하는 순간, 그는 병사들에게 군복을 벗으라고 지시한 것과 같은 오류를 범한 것이다.

위에서 언급한 두 가지 실수들은 다른 관점에서 보면 닷지의 전술적 센스를 돋보이게 하는 행동으로 보이기도 한다. 첫째, 대원들을 잠시 동안 혼자 전진하도록 내버려둔 것은 대원들을 한시라도 빨리 안전지대(미주리강)로 이동시키기 위한 전술로 해석할 수 있다. 둘째, 대원들에게 장비를 버리라고 지시한 것 역시 대원들을 신속하게 대피시키기 위한 전술적 배려라고 간주할 수 있다. 그러나 이 두 가지 행동은 닷지에 대한 대원들의 신뢰를 저하시켜, 정작 신뢰성이 가장 요구되는 절박한 상황이 닥쳤을 때 닷지에게는 아무런 기댈 것이 없게 되었다(여기서 필자는 닷지가 대원들에게 삽과 도끼를 버리라고 지시한 사실 자체를 비판하는 것이 아니다. 사실 이 같은 상황에서는 어떤 리더라도 닷지와 같은 지시를 내렸을 것이다. 문제는 지시의 내용 자체보다는 지시를 내리는 방법에 있었다. 그가 지시를 내리며 이를 정당화하는 설명을 한마디만 덧붙였던들 신뢰성의 추락을 모면할 수 있었을 것이다).

그러나 닷지의 신뢰성을 손상시킨 결정적 요인은 그의 부적절한 리더십 스타일, 다시 말해서 쌍방향 커뮤니케이션을 중시하지 않는 그의 리더십 스타일이었다고 할 수 있다. 와그너 닷지는 부하들과 정보를 주고받는 일이 좀처럼 없는 과묵한 리더였다. 비행기가 만굴치 상공을 두 번 선회하는 동안, 16쌍의 눈은 일제히 비행기 창 밖을 내다보며 협곡에서 벌어지고 있는 상황을 분석하느라 여념이 없었을 것이다. 아마도 일부 베테랑 대원들은 치솟는 연기와 난기류를 통해 지상의 위험한 상황을 미리 감지하기도 했으리라. 그러나 닷지가 의존한 것은 오직 한 쌍의 눈, 즉 자기 자신의 눈이었다. 또, 산불을 향해 전진하여 그 주변을 정찰하고 마지막으로 탈출을 감행하기까지, 대원들은 각자 나름대로 최선의 방법을 궁리해 냈을 것이다. 그러나 닷지는 어느 대원에게도 의견을 묻지 않았다. 생각해 보라. 요즘 어느 CEO(병원장)가 영업 담당자(간호사)로부터 고객(환자)의 의견과 불만사항을 청취하지 않겠는가?

닷지는 대원들의 의견을 제대로 청취하지 않았을 뿐 아니라, 그들에게 정보를 제공하는 데도 몹시 인색했다. 그는 자신의 상황분석 내용을 대원들과 공유하지 않았고, 자신의 행동에 대해 설명하지 않았으며, 심지어 자신의 마음 속에서 울리는 비상경보를 대원들에게 알려 주지 않았다. 후에 럼지는 청문회 석상에서 닷지의 성격을 묻는 청문위원의 질문에 대해 "대장은 매우 개성이 강한 인물입니다. 그는 어간 해서는 자신의 생각을 남에게 드러내지 않습니다"라고 대답했다. 샐리의 회고에 의하면, 닷지가 산불의 상태를 관측하고 돌아와 대기 중이던 대원들에게 협곡 어귀 쪽으로 진로를 바꾸라고 명령을 내렸을 때, 그의 입에서 나온 것은 "죽음의 덫에서 벗어나자!"라는 말이 고작이었다고 한다. 그후 닷지는 다시 입을 굳게 다물었고 그의 표정에서는 (럼지와 샐리에 의하면) 별로 걱정하는 기색조차 보이지 않았다고 한다.

절체절명의 순간에 대원들이 위기의식을 거의 느끼지 않았던 것은 이처럼 무덤덤한 닷지의 태도 때문이었을지도 모른다. 그가 협곡 어귀 부분에서 갑자기 발길을 돌려 왔던 길로 되돌아가고 대원들이 그 뒤를 따르는 순간에도, 전직 낙하산 부대원인 네이본은 한가하게 스냅사진을 찍고 있을 정도였다. 닷지 자신도 청문회 증언에서 "식량을 가지러 낙하지점으로 향했을 때부터 모든 장비를 버리라는 지시를 내릴 때까지, 대원들과 직접적인 대화를 나눈 적이 없었습니다"라고 시인했다.

파국이 가까워 오면서 대원들이 위기의식과 공포감에 휩싸여 있는 상황에서는 대화의 여지가 거의 없었다고 할 수 있다. 하지만 그때에도 어느 정도의 커뮤니케이션은 가능했다. 그럼에도 불구하고 닷지는 자신의 판단을 대원들에게 말해 주지 않았으며, 대원들 특히 자기와 친분이 없는 대원들에게 의견진술의 기회를 일절 허용하지 않았다. 대원들은 대장의 판단이 '이성적인지, 충동적인지', 또는 '주도면밀한지, 성급한지'를 평가할 방법이 없었으며, 단지 그의 명성에 기대를 거는 수밖에 없었다. 물론 그는 최후의 순간에 '도피용 불'이라는 비장의 카드를 제시하여 빛나는 창의력을 과시했다. 그러나 바로 그 순간에도 그는 대원들로부터 신뢰를 받지 못하고, 수수께끼의 인물로 간주되고 있었다.

Leadership Point

부하직원으로부터 신뢰와 충성을 받고 싶다면, 먼저 그들에게 당신의 입장을 설명해 주라. 의사결정에 필요한 정보가 부족하다면, 부하직원들에게 도움을 요청하라. 엔지니어의 침묵은 금(金)이 될 수도 있지만, 리더의 침묵은 조직의 재앙을 부른다.

제2, 제3의 도피용 불은 어디에?

와그너 닷지는 만굴치에서 엄청난 참사가 일어나리라는 것을 미처 예상하지 못했던 것 같다. 그러나 그가 그해 6월과 7월, 향후에 일어날지도 모를 사고를 대비하여 어떤 준비를 해야 했는지를 생각해 보는 것은 교육적 측면에서 큰 의미가 있다. 앞날에 어떤 일이 발생할지를 정확히 예측하는 것은 도저히 불가능하다. 그러나 만일의 사태를 대비하여 미리 예행연습을 해 둔다면, 어떤 위기가 닥치더라도 (리더의) 효과적인 리더십과 (대원들의) 적절한 대응을 통하여 슬기롭게 극복할 수 있다.

닷지는 모든 대원을 위기에서 구원해 낼 수 있는 기발한 아이디어를 생각해 냈다. 미 산림청 조사위원회는 "모든 대원들이 닷지의 지시를 따라 도피용 불구덩이로 뛰어들었을 경우 생명을 건질 수 있었다"는 결론을 내렸다. 그러나 닷지가 혁신적 아이디어를 제시해 놓고 있었음에도 불구하고, 대원들 중에서 그것이 성공할 것이라고 믿는 사람은 아무도 없었다. 닷지가 고안해 낸 도피용 불의 개념은 혁신적인 것이 분명했다. 북아메리카 대평원에 살았던 아메리카 원주민들은 이미 100년 전에 이와 비슷한 개념을 고안해 냈으며, 만굴치 참사 이후 그것은 미국 산악소방대에 의해 공식적인 생존방법으로 인정받아 산악 소방대원들의 표준 생존수단으로 자리잡았다. 그러나 1949년 전까지만 해도 미국 산악소방대는 소방대원들에게 도피용 불을 놓는 훈련을 실시하지 않았다. 따라서 1949년 8월 5일 만굴치 화재현장에 파견된 소방대원들에게 그러한 생존방법은 금시초문이었다.

모든 대원들은 하나같이 혼비백산하여, '시간이 촉박하므로 필사적으로 달아나야 한다'는 생각만 하고 있었다. 그러나 유독 닷지만은 그러한 와중에서 인명구조 방법을 고안해 냈다. 어떻게 도피용 불이라는 아이디어를 생각해 냈냐는 조사위원의 질문에 대해, 그는 "그렇게 하는 것이 논리적이라는 생각이 들었습니다"고 대답했을 뿐이다. 그렇다면 열여섯 명의 소방대원 중에서 어떻게 닷지 혼자만이 그 비법을 알고 있었을까? 현장에서 제2, 제3의 '대피용 불'이 등장하지 않았던 이유는 무엇일까?

만굴치 참사 현장에서 제2, 제3의 '도피용 불'이 등장하지 않았던 이유는 두 가지 관점에서 설명할 수 있는데, 두 가지 설명 모두 닷지가 그해 초여름에 해 두었어야 할 일을 등한히 했다는 질책으로 이어진다. 첫 번째 설명은 '상명하복을 중시하는 닷지의 전제주의적 리더십 스타일이 대원들의 창의적 사고를 가로막았다'는 것이다. 그가 진작부터 조직을 꾸려 창의적 조직문화가 조성될 기회를 부여했더라면, 각 멤버들은 서로를 격려해 가며 스스로 판단하고 결정을 내리는 방법을 터득할 수 있었을 것이다. 물론 개인의 재량권을 발전시키는 것과 방종을 허용하는 것은 구별되어야 한다. 리더의 임무는 개인의 판단력을 북돋는 동시에, 그들을 추슬러 조직의 공동 목표를 지향하도록 정렬시키는 것이다. 즉, 조직의 멤버에게 재량권을 주어 각자의 결론에 도달하게 하되, 조직 전체로서는 동일한 방향을 향하게 만드는 것이다. 물론 조직의 공동 목표를 지향하는 창의력을 배양하는 것이 그리 쉬운 작업은 아니다. 그것은 부단한 훈련을 통해 배양되는 것으로, 닷지가 8월 5일 이전에 훈련을 통해 대원들에게 배양해 놓았어야 하는 능력이다.

두 번째 설명은 닷지의 과묵한 성격을 문제 삼는다. 그는 9년의

리더에게 결정은 운명이다

화재진압 경력을 갖고 있으며 1945년부터 소방대장의 역할을 수행해 왔다. 그의 대원 중에는 경력이 3개월 미만인 애송이도 있었으며, 샐리와 럼지는 이번이 처음 출동이었다. 닷지의 머릿 속에는 수백 번에 걸친 화재진압 경험을 통해 축적된 화재, 토양, 숲, 바람에 대한 데이터와, 수십 가지의 화재진압 전략에 대한 성과분석표 및 각종 노하우가 저장되어 있었다. 그가 많은 동료들을 제치고 산악소방대장으로 승진하는 데 기여한 일등공신은 바로 이 노하우였으며, 일촉즉발의 순간에 '대피용 불을 놓아야겠다'는 아이디어를 떠올린 것도 바로 이 노하우 때문이었다. 그러나 문제는 이 노하우가 닷지의 머릿속에만 저장되어 있었다는 점이다. 닷지는 오래 전부터 자신의 노하우를 대원들에게 전수해 주었어야 했다. 놀랍고 신비롭고 때로는 참혹했던 자신의 경험담을 반복하여 들려주는 것만으로도 대원들에게는 피가 되고 살이 된다. 책이나 교관을 통해 전해들은 간접경험 따위가 풍부한 야전경험을 지닌 현장지휘관의 실제 경험담을 대체할 수는 없다. 닷지의 과묵한 성격 때문에, 대원들은 한 노련한 야전지휘관으로부터 9년 동안 갈고 닦은 노하우를 통째로 전수받을 수 있는 절호의 기회를 박탈당했던 것이다.

상사와 부하 간의 커뮤니케이션이 업무성과에 미치는 영향은 이미 많은 연구를 통해서 입증된바 있다. 예컨대 비행 시뮬레이션 훈련을 받는 조종사들을 대상으로 실시된 연구에 의하면, 직속상관으로부터 다양한 정보와 피드백을 제공받은 조종사일수록 조종능력 테스트에서 높은 점수를 받았다고 한다.

부하직원들이 스스로 판단하고 행동하기를 원한다면, 지금 당장 그들에게 의사결정을 경험하게 하라. 부하직원들이 현재의 상황을 잘 이해하기를 원한다면, 지금 당장 당신의 노하우를 그들에게 전수하라. 리더십이 힘을 발휘하려면 부하직원들에게 권한을 이양하고 그들과 정보를 공유해야 한다. 위기상황에서 전략적 사고를 하는 능력은 거저 얻어지는 것이 아니라, 부단한 예행연습을 통해 학습되는 것이다.

믿고 맡길 수 있는 심복을 길러라

사전결과 예측분석(what if analysis)이라는 분석방법론을 이용하여, 만일 샐리나 럼지가 닷지의 지시를 이행했다면 어떻게 되었을지 생각해 보자. 또는 닷지가 사전에 충성스러운 심복이나 믿을 만한 2인자를 한 명만 양성해 두었더라면 어떻게 되었을지를 생각해 보는 것도 좋다. 만일 대열의 맨 앞에서 달리던 샐리가 바로 닷지의 심복이었다면, 그는 닷지의 지시에 따라 도피용 불구덩이로 뛰어들었을 것이고, 다른 대원들도 줄줄이 그를 따라 불구덩이로 뛰어들었을 가능성이 크다. 이러한 추론은 다음과 같은 간단한 가정에 근거하고 있다. "누구나 간혹 미칠 수 있다. 그러나 두 사람이 동시에 미치는 경우는 드물다." 이 추론의 타당성은 유명한 솔로몬 애쉬의 실험에서도 입증된 바 있다. A와 B라는 선분이 있고, B의 길이가 A의 길이가 분명히 길다. 그러나 만일 당신 주위의 모든 사람들이 'A는 B보다 길다'고 말한다면, 당신은 슬그머니 꼬리를 내릴 것이다. 하지만 'B가 A보다 길다'고 이의를 제기하는 사람이 한 명 나타난다면, 당신은 그 사람과 힘을 합하여 '당신들은 틀렸다. B가 A보다 분명히 길다'고 목소리를 높일 것이다. 만일 샐리가 닷지의 심복이어서 닷지의 지시를 따라 주었던들 '만굴치의 참사'라는 말은 역사에 존재하지 않게 되었을지도 모른다.

공포와 성과의 관계

대원들 중 일부는 냉철한 계산보다는 단순한 공포감 때문에 닷지가 피운 불을 지나친 것으로 보인다. 샐리와 럼지는 닷지가 불을 피운 것을 보고 '대장이 미쳤다'고 생각했다. 그러나 다른 대원들은 닷지가 피운 불에 접근했을 때 엄청난 공포에 휩싸여 있었기 때문에, 그들에게 합리적인 판단을 기대할 수는 없었다. 심리학자들에 의하면, 인간의 정신이 스트레스에 굴복하면 공포가 밀려오기 때문에, 위기극복을 위해 새로운 정보를 받아들이거나 과거의 경험을 제대로 이용할 수 없게 된다고 한다. 어쨌든 샐리와 럼지를 비롯해 뒤에 쳐져 있던 대원들은 집채만한 불길에 쫓긴 나머지 패닉(공황)상태에 빠져 있었다.

패닉은 신경회로의 연결을 끊어 인간의 정신활동을 중지시킨다. 그렇게 되면 우리는 다음에 어떤 일이 닥칠지를 판단할 수 없기 때문에, 과거에 잘 먹혔던 방법을 기억해 내게 된다. 심리학자들은 이 과정을 '직전에 학습된 행위로의 복귀(reversion to last learned behavior)'라고 부른다. 예컨대 당신이 메인프레임 컴퓨터 생산업자라고 해 보자. 메인프레임 컴퓨터의 매출이 급감하여 채권자와 투자자들이 회사로 몰려와 보다 많은 수익을 요구한다면, 위기에 몰린 당신의 머리에서 나올 방법은 뻔하다. 당신은 과거에 성공했던

그림 2. 스트레스와 성과와의 관계(1)

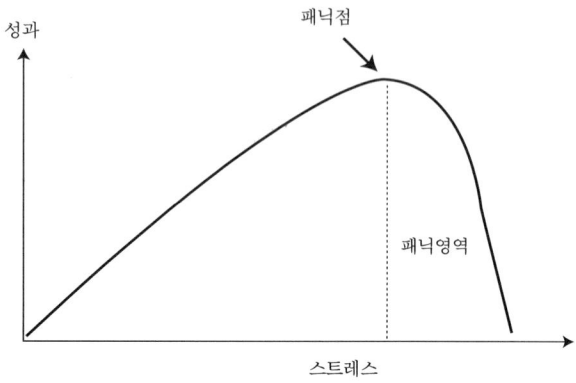

기억을 되살려 다시 한 번 메인프레임 컴퓨터를 만들어 낼 것이다. 이와 마찬가지로, 당신이 집채만한 불길에 쫓겨 도망치고 있다면, 과거의 경험에 비추어 가장 좋은 방법은 줄행랑을 치는 것밖에 없다. 모닥불을 피하는 가장 손쉬운 방법은 뒤로 한 발짝 물러나는 것이며, 건물의 화재를 피하는 방법은 건물 밖으로 뛰쳐나가는 것이다. 그러나 만굴치 협곡에서는 과거에 잘 먹혔던 방법이 오히려 큰 재앙을 불렀다.

패닉은 적절한 의사결정을 방해하지만, 적절한 수준의 스트레스는 오히려 의사결정에 도움이된다. 즉, 스트레스와 성과 간의 관계를 그래프로 나타내면 〈그림 2〉와 같이 역 U자형 모양이 된다. 패닉점(panic point)의 왼쪽에서는 아드레날린이 분비되어 에너지를 동원하고 집중력을 향상시킨다. 그러나 스트레스의 수준이 패닉점을 넘어서면 우리는 더 이상 명확하게 사고하는 것이 불가

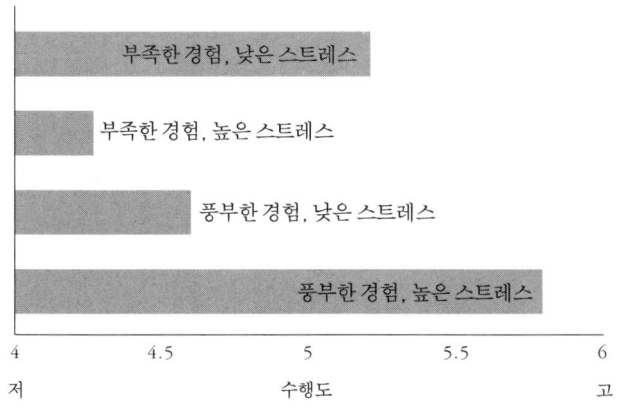

그림 3. 스트레스와 성과와의 관계(2)

적정 스트레스와 높은 스트레스 상황에서 소방대장과 부대장의 업무수행력

부족한 경험, 낮은 스트레스

부족한 경험, 높은 스트레스

풍부한 경험, 낮은 스트레스

풍부한 경험, 높은 스트레스

| 4 | 4.5 | 5 | 5.5 | 6 |

저 　　　　　　　　　 수행도 　　　　　　　　　 고

능해진다. 스트레스가 정신활동을 압도하여 논리적 추론이나 계산을 불가능하게 만들기 때문이다.

　대원들이 닷지의 곁을 그냥 지나쳐 간 이유는 '스트레스와 성과와의 관계'를 이용하여 설명할 수 있다. 그들은 패닉에 사로잡힌 나머지 정상적인 사고를 할 수 없는 상황에 처해 있었던 것이다. 그런데 모든 대원들이 패닉 영역에 머물러 있는 상황에서, 닷지는 어떻게 '차가운 머리'를 유지할 수 있었던 것일까? 그 이유는 도시소방대원들을 대상으로 실시된 한 연구결과를 참고해 보면 알 수 있다(도시소방대는 산악소방대와 달리 비행기와 낙하산이 아닌 트럭을 타고 화재현장으로 출동한다). 이 연구에 의하면 경험 많은 소방대원일수록 높은 스트레스(높은 불확실성) 상황에서 우수한 성과를 내는데 반해, 경험이 부족한 소방대원일수록 낮은 스트레스(낮은 불확실성) 상황에서 우수한 성과를 내는 경향이 있다고 한다(그림 3 참조).

다른 대원들은 도망치는 데만 온통 정신이 팔려 있을 때, 닷지 혼자만이 번뜩이는 기지를 발휘하여 '도피용 불'을 지핀 이유를 이제서야 어렴풋이 알 것 같지 않은가? 닷지의 창의력은 풍부한 경험에서 우러나온 것이며, 풍부한 경험이야말로 리더십의 근간을 이루는 핵심 요인인 것이다. 한걸음 더 나아가, 우리는 다음과 같은 조직관리의 원칙을 도출할 수 있다. 적당한 스트레스는 생산성을 향상시킨다. 실제로 우리는 생산성 향상을 위해 직원들에게 적당한 스트레스를 가하는 중간관리자들을 종종 볼 수 있다. 그러나 경험 없는 직원들에게 너무 강한 스트레스(패닉점을 넘어서는 스트레스)를 주면 오히려 생산성을 악화시킬 수 있다는 점을 간과해서는 안 된다.

Leadership Point

조직이 스트레스와 불안에 직면할 때 가장 먼저 패닉점에 도달하는 구성원들은 경험이 부족한 구성원들이다. 평상시에 경험이 부족한 구성원들을 훈련시켜 그들의 패닉점을 훨씬 오른쪽으로 이동시켜 놓으면, 조직이 위기에 처했을 때 조직의 동요를 막을 수 있다.

조직문화와 응집력

화재 진압팀을 상황에 따라 '그때그때 꾸리는' 미국 산림청의 엉성한 방침 때문에, 닷지는 급조된 팀을 이끌고 C-47기에 올라야 했다. 그 어느 때보다도 팀플레이가 중시되는 상황에서 산림청이 이러한 방침을 고수한 것은 납득하기 어렵지만, 산림청의 주된 관심은 소방대원 개개인의 휴식기간을 극대화하는 데 있었다. 화재 진압팀을 탄력적으로 운영하면 관리 측면에서도 유리한 점이 있다. 모든 화재는 규모가 제각각이므로, 상황에 따라 적게는 두 명에서부터 많게는 수십 명(여러 대의 비행기에 나눠 타야 할 만큼 많은)에 이르기까지 다양한 숫자의 소방대원을 파견할 수 있기 때문이다.

상황이 이렇다 보니 중간관리자로서의 소방대장은 항상 대동소이한 상황을 겪을 수밖에 없었으며, 닷지도 예외는 아니었다. 닷지의 휘하에 배속되는 소방대원들 중에는 그와 초면인 사람들도 있었으며, 대원들 상호 간에도 서로 얼굴을 모르는 경우가 허다했다. 승진, 배치전환, 재배치, 복직 등이 잦다 보니, 불과 며칠 차이로 선임자와 후임자가 나뉘어지는 경우가 다반사였다. 닷지는 마치 새로 창설된 축구팀에 부임한 코치, 또는 신도가 자주 바뀌는 교회의 목사, 아니면 점원이 자주 들락날락하는 패스트푸드점의 매니저와 같은 신세였다.

오늘날의 관점에서 본다면, 닷지가 대장을 맡은 소방대는 최악의 팀이었다. 제반여건이 잘 갖춰지고 구성원 상호 간의 신뢰가 돈독한 조직을 구성하는 것은 최고의 성과를 보장하는 기본 조건 중의 하나다. 그러나 하나의 조직이 고유의 문화와 응집력(cohesion)을 갖추기 위해서는 최소 몇 개월에서 최대 몇 년까지의 시간이 필요하다. 따라서 산악소방대 업무의 계절적 성격을 감안할 때, 닷지는 적어도 그해 6월부터 (산림청의 규정이 허용하는 범위 내에서) 팀을 구성하여 헌신적이고 단합된 팀으로 키워냈어야 했다.

고유의 문화와 응집력을 가진 조직의 강점은 구성원들의 조직 몰입도가 높아져 패닉점이 오른쪽으로 이동한다는 것이다. 보통 사람들은 스트레스가 증가할 경우 패닉점을 넘기지 못하고 쉽게 포기하지만, 패닉점이 오른쪽에 있는 사람들은 스트레스가 증가할수록 성과가 상승곡선을 그리게 된다. 그들은 지리멸렬한 조직의 구성원들이 견뎌낼 수 없는 엄청난 스트레스를 놀라운 수준의 평정심으로 극복해 낸다. 제2차 세계대전 때 독일 점령군을 위협했던 레지스탕스가 그러했으며, 노르망디 해안에 상륙했던 연합군 병사들이 그러했다.

남북전쟁 당시 게티스버그에서 '피켓의 돌격'을 이끌었던 조지 피켓의 경우도 그러했다. 1863년 7월 3일 이틀 동안 북군의 왼쪽 방어망 돌파를 시도하여 성공하지 못한 남군의 로버트 리 장군은 북군의 중심부에 결정타를 먹일 계략을 꾸몄다. 그것은 병사들을 일렬횡대로 세운 정면돌파 작전이었다. 피켓이 지휘하는 12,000명의 남군 병사들은 텅 빈 들판을 가로질러 전진했다. 그들은 포병대의 지원을 받을 수 있었지만, 포병대는 산등성이의 바위벽 뒤에 숨겨진 북군의 요새를 공격해야 했다. 리 장군으로부터 공격 명령을 받은 제임스 롱스트리트 장군(피켓의 상관)은 이 무모한 작전의 실패를 확신하고 있었다. 게티스버그 공격을 위해 버지니아와 노스캐롤라이나에서 동원된 수천 명의 노련한 병사들은 이 전쟁에서 비참한 최후를 맞을 것이 분명했다. 그러나 남군 병사들은 북군의 대포와 보병대를 빤히 바라보며 행군을 계속했다. 결국 피켓의 돌격은 참패로 끝났고, 서른두 명의 연대장과 영관급 장교들이 죽거나 부상을 당했으며, 병사의 절반인 6,000여 명이 목숨을 잃었다. 그러나 북버지니아군(남군)의 병사들은 장교와 사병들이 똘똘 뭉쳐 빗발치는 포화를 뚫고 앞으로 전진했다. 그들은 비록 전쟁에는 패했지만 혼연일체가 되어 그때까지 어느 개인이나 잘 정비된 조직도 이루지 못한 일을 해냈던 것이다.

오늘 우리가 하는 행동은 미래의 성패를 결정하게 된다. 우리의 과제는 앞으로 닥쳐올 문제를 예상하고, 이에 대비하여 필요한 조치를 취하는 것이다. 모든 구성원들이 숙고된 결정(informed decision)을 할 수 있는 여건을 조성하라. 모든 구성원들이 당신의 결정을 이해할 수 있도록 정보를 제공하라. 모든 구성원들을 조직화하여 그들의 의사결정이 조화를 이루게 하라. 지금으로부터 60여 년 전 만굴치 협곡에서 56분 동안, 열여섯 명의 생명을 구하기 위해 고군분투한 와그너 닷지가 오늘날을 살아가는 우리에게 남긴 교훈은 바로 이것이다.

3

유진 크란츠 Eugene Kranz,
아폴로 13호를 지구로 귀환시키다

유진 크란츠는 산소탱크가 폭발하여 우주의 미아가 될 위기에 처한
아폴로 13호의 우주인들을, 몇 분의 일 초도 틀리지 않는 정확한 의사결정을 통해
지구로 모두 무사귀환시켰다.

THE
LEADERSHIP
MOMENT

"**긴**급! 우리에게 문제가 생겼다!" 1970년 4월 13일 저녁, 아폴로 13호의 사령선 오딧세이호에 탑승한 우주인 잭 스와이거트의 다급한 목소리가 들려 왔다. 거의 즉시 나사(NASA)의 관제탑이 응답했다. "여기는 휴스턴이다. 다시 한 번 말해 달라."

이번에는 선장인 제임스 러벨이 대답했다. "휴스턴 나와라, 우주신에 문제가 생겼다."

비행감독인 유진 크란츠에게 있어서, 아폴로 13호에서 들려온 메시지는 중대한 시련을 암시하는 불길한 징조였다.

9개월 전인 1969년 7월 20일, 아폴로 11호는 닐 암스트롱과 버즈 올드린을 고요의 바다에 착륙시켜, 1960년대가 끝나기 전에 인간을 달에 착륙시키겠노라던 존 F. 케네디 대통령의 약속을 지켰다. 5개월 전에는 아폴로 12호가 찰스 콘라드와 앨런 빈을 폭풍의 바다에 안착시켰다. 그리고 불과 55시간 전인 1970년 4월 11일 오후 1시 13분에는 아폴로 13호가 케네디 우주센터를 이륙하여, 지금쯤이면 아무 문제 없이 착륙지점인 프라 마우로(Fra Mauro) 고원에 도달해 있을 시간이었다. 그러나 갑자기 계획에 차질이 생긴 것이다.

NASA의 엔지니어인 조지 블리스는 휴스턴의 통제실에서 계기판을 보고는 경악하여 몸이 얼어붙었다. 그는 동료인 씨 리버고트에게 "이건 단순한 문제가 아니야!"라고 외쳤다. 비디오 화면에는 오딧세이호의 2개의 산소탱크 중 하나가 망가진 것으로 나와 있었다. 그 결과 3개의 연료전지(수소를 산소와 반응시켜 전기를 생산하는 장치) 중 2개의 압력이 곤두박질치고 있었다.

유진 크란츠는 고장 보고서를 검토하면서 상황이 더욱 심각하다는 것을 깨달았다. 우주인과 그들의 보호장비에는 아무런 문제가 없었지만, (폭발로 추정되는) 모종의 사건으로 인해 핵심장비들이 떨어져 나간 것이 분명했다. 아폴로 13호는 이틀 동안 우주를 여행한 끝에 현재 지구와 달 사이의 4분의 3 지점에 머물러 있으며, 시속 약 3,200킬로미터의 속도로 지구로부터 멀어져 가고 있었다. 아폴로 13호가 지구로 돌아올 수 있는 가장 실제적인 방법은 달을 한 바퀴 돈 다음, 달의 중력을 이용하여 마치 새총처럼 역발진하는 것이었다. 그러나 그렇게 하려면 앞으로 3일 이상의 시간이 더 소요되며, 현재 우주선에 남아 있는 것보다 더 많은 산소와 전력이 필요했다.

크란츠는 아폴로 13호의 비행을 최종적으로 책임지는 비행감독으로서, 자신의 임무가 통제권에서 벗어나는 것을 속수무책으로 지켜보고 있었다. 승무원들이 지구에 귀환할 때쯤이면 갖고 있었던 산소와 전기는 이미 바닥나 버린 지 오래일 것이다. 설사 그들이 살아서 지구의 대기권으로 재진입한다고 해도, 그들이 탄 캡슐

아폴로 13호 계획을 지휘 중인 유진 크란츠.

이 낙하하면서 대기와 마찰하여 불타는 것을 제어할 방법이 없다. 크란츠는 우주인들과 접촉하거나 그들에게 필요한 물품을 보충해 줄 수도 없었다. 물론 그의 머릿속에는 몇 가지의 대안이 떠올랐지만, 그는 가능한 한 가장 안전한 귀한 방법을 강구해야 했다. 향후 몇 시간 동안 그가 어떤 행동을 취하느냐에 따라 미 합중국의 우주비행계획은 사상 최대의 재앙을 만날 수도, 회피할 수도 있는 상황이었다.

폭발의 여파

수백 명의 관리들과 엔지니어들이 '우주인의 생환'이라는 하나의 과업을 가운데 두고 머리를 맞댔다. 구조계획이 장기화될 것을 대비해 화이트, 블랙, 골드, 머룬(밤색)으로 이름붙여진 네 개의 팀

아폴로 13호의 통제실. 폭발이 일어나기 43분 전, 비행감독인 유진 크란츠가 스크린을 통해 우
주인 프레드 헤이스를 주시하고 있다.

이 24시간 내내 4교대로 업무를 진행하기로 결정되었다. 아폴로
13호의 예비승무원들이 전문적인 조언을 제공하기 위해 전화로
연결되었다. NASA와 우주비행 계약을 맺은 수십 개의 협력업체
들이 도움을 제공할 채비를 갖추고 있었다.

우주선의 전력공급을 담당하는 실무 책임자인 씨 리버고트는
폭발이 발생한 지 몇 분 후에 계기판을 바라보면서, 스크린에 나타
난 불길한 징조가 실제상황이 아니라 센서의 오작동이기를 바랐
다. 그동안 수도 없이 실시된 비행 시뮬레이션에서 그는 계기판에
나타난 재난발생 경고를 여러 번 목격한 적이 있었지만, 그때마다
번번이 장비불량 때문인 것으로 판명된 기억을 떠올렸다. 우주인
들 역시 산소탱크가 무사하다고 보고했기에, 리버고트는 그것이
모니터링 장비의 오류 때문일 거라고 믿고 싶었다.

그러나 크란츠는 다른 담당자들로부터 그 문제가 실제상황이라
는 보고를 이미 받은 상태였다. 항로유도(guidance) 담당자는 우주

선에 탑재된 컴퓨터가 경보 신호를 울렸다고 보고했으며, 통신 담당자는 우주선의 안테나에 이상이 발생했다고 보고했다(나중에 알려진 사실이지만, 폭발 시에 발생한 작은 파편이 안테나를 때린 것으로 보인다). 곧이어 우주인들은 "산소탱크 하나가 텅 비었으며, 3개의 연료전지 중 2개가 전력을 생산하지 못하는 바람에 우주선 전체에 전력을 공급하는 배전반 두 개가 못쓰게 되었다"고 보고했다. 설상가상으로 러벨은 더욱 절망적인 소식을 전해 왔다. "정체불명의 물질이 우주선 밖으로 새어나가고 있다." 계기판 스크린에는 시뻘건 구름 모양의 물질이 오딧세이를 감싸고 있는 모습이 나타났다. 그것은 산소탱크가 폭발했다는 것을 의미했다.

"오케이." 크란츠는 통제실 내에 감도는 패닉의 분위기를 감지하며 입을 열었다. "모두 냉정을 잃지 말고, 전력 공급이 완전히 차단되거나 마지막 남은 연료전지 하나가 손상되지 않도록 조심합시다. 그리고 차근차근 문제를 해결해 봅시다." 그리고는 마지막으로 근거 중심의 문제해결(evidence-based solution)을 주문하는 것을 잊지 않았다. "근거 없는 추측으로 문제를 어렵게 만들지 맙시다."

그러나 오딧세이호에서는 점점 더 나쁜 소식만 들려왔다. 1차 산소탱크와 연료전지 2개를 상실함으로써 아폴로 13호의 달 착륙은 물 건너 갔지만, 2차 산소탱크와 남아 있는 연료전지만 갖고서도 지구로 귀환하는 것은 가능했다. 그러나 러벨은 2차 산소탱크의 압력을 나타내는 바늘이 아래로 기우는 것을 관찰했으며, 이 사실은 통제실의 리버고트에 의해 공식적으로 확인되었다. 산소탱크의 정상압력은 평방인치당 860파운드(psi)가 되어야 하지만, 현재 2차 산소탱크의 압력은 300psi까지 떨어져 있었다. 폭발이 일어난 시간은 밤 9시 7분이며, 현재 통제실의 시계는 밤 10시. 산소탱크의 압력이 현재의 속도로 감소한다면, 자정부터 새벽 3시 사이에 우주선이 보유한 모든 산소와 전력이 고갈될 것이다.

크란츠는 크리스 크라프트의 집으로 전화를 걸었다. 크라프트는 전임 비행감독으로 한때 크란츠의 멘토이기도 했으며, 현재는 유인우주선센터의 부소장직을 맡고 있었다. 마침 샤워 중이던 크라프트는 '급한 전화'라는 아내의 성화에 못 이겨, 물을 뚝뚝 흘리며 나와 전화를 받았다. "크리스, 지금 당장 이리로 좀 와 주세요. 골치 아픈 일이 생겼어요. 버스(전력공급 시스템을 말함)와 연료전지가 망가졌어요. 폭발이 있었던 것 같아요." 크라프트와 크란츠는 근 10년 동안을 NASA에서 함께 일했다. 크라프트는 제미니 계획(1966년까지 NASA에 의해 이루어진 미국의 2인승 우주선 발사계획)을 모두 끝낸 뒤 비행감독 자리에서 물러났고, 크란츠는 크라프트로부터 바통을 이어받아 아폴로 계획을 총괄해 왔다. 서른여섯 살의 크란츠는 노련한 우주비행 전문가로, 비상사태에 능장대처를 하거나 공연히 불필요한 도움을 청할 위인이 아니었다. 크라프트는 전화를 끊자마자 16킬로미터의 거리를 단숨에 달려 우주센터로 들어왔다. 오랜만에 만난 자신의 멘토 크라프트를 보자마자 크란츠가 대뜸 내뱉은 말은 "상황이 심각해요"였다.

오딧세이호의 젖줄인 산소공급 시스템이 빠르게 기능을 잃어가고 있는 상황에서, 크란츠는 이 문제를 해결하기 위해 각 담당자들에게 신속한 자료 제출과 장비 지원을 요청했다.

원격측정 및 전기 담당자에게 "발사 전의 데이터를 검토해 보고, 그 당

시부터 누출되기 시작한 것이 있었는
지 알아봐 주세요."

NASA의 전산운용 담당자에게 "NASA의 메인 컴퓨터에 연결할 수 있
는 단말기를 추가로 설치해 주세요."

항로유도 및 운항 전문가에게 "현재까지 소모된 스러스터(반동추진엔진)
의 추진제(연료)가 얼마나 되죠?"

씨 리버고트에게 "현재 전력공급 시스템의 상태는 어떻죠?"

한편 리버고트와 그의 백업요원인 조지 블리스는 더욱 참담한
결론에 도달하였다. 하나밖에 없는 산소탱크의 압력이 300psi 아
래로 떨어졌으며, 매분 1.7psi씩 감소하고 있었던 것이다. 만일 탱
크의 압력이 100psi 밑으로 떨어지면 산소가 연료전지 안으로 유
입되지 않아 전력을 생산할 수가 없게 된다. 앞으로 남은 시간은
117분((300-100)/1.7 = 117). 그들은 산소의 누출을 막기 위해 백방으
로 노력해 봤지만 허사였다.

리버고트 "산소탱크의 바늘이 점점 더 내려가고 있어. 이러다가 산
소가 다 없어지겠어."

블리스 "그러게 말이야."

리버고트 "절망적이야, 조지."

블리스 "내 생각도 그래."

리버고트는 즉시 크란츠에게 달려가 "우주인들을 당장 사령선
옆에 붙어 있는 달 착륙선(LEM)으로 이동시켜야 합니다"라고 보고

했다. 아쿠아리우스라고 이름붙은 LEM은 본래 두 명의 우주인을 달에 착륙시켜 고작 며칠 동안만 생명을 유지할 수 있도록 설계된 것이었다. 따라서 아쿠아리우스는 세 명의 우주인을 수용하기에는 비좁을 뿐 아니라, 전력 시스템의 용량이 작아 오래 버틸 수도 없었다. 더욱이 아쿠아리우스는 지구의 대기권에 재진입할 때 마찰열을 감당하지 못하고 증발해 버리고 말 것이다. 하지만 현재로서 다른 방법은 없었다. 죽어가는 사령선을 갖고서는 우주인들의 생명을 단 몇 분밖에 연장시킬 수 없다. 그러나 일단 LEM으로 이동하면 최소한 몇 시간은 더 버틸 수 있다. 크란츠는 LEM 전담팀을 호출하여 다음과 같은 지시를 내렸다. "우주인들을 LEM으로 옮겨야겠어요. 그들이 LEM에서 생명을 유지하는 데 필요한 최소 전력은 얼마나 되죠? LEM이 24시간 가동됐으면 좋겠는데……" LEM 팀은 본래 (이틀 후로 예정되어 있었던) 달 착륙 시점까지는 할 일이 없는 팀이었다.

오딧세이의 산소 누출 속도는 분당 3psi로 빨라졌다. 오딧세이는 블리스의 예측에 의하면 18분 후 전력 공급이 완전히 차단될 위기에 몰렸다. 그러나 잠시 후 그는 데드라인을 7분으로 수정했으며, 곧이어 다시 4분으로 수정했다.

화이트팀에 이어 블랙팀이 우주인 구조업무를 인계받았다. 이에 따라 크란츠로부터 감독 역할을 넘겨받은 글린 러니가 긴급명령을 내렸다. "우주인들을 LEM으로 이동시켜라!" 러벨과 헤이스가 연결해치를 통해 LEM으로 이동하는 동안 스와이거트는 뒤에 남아 오딧세이의 작동을 서서히 멈췄다. 그들은 사령선의 컴퓨터에 저장된 필수 데이터(항로 유도 데이터)를 LEM의 컴퓨터로 옮겼다. 오딧세이의 전원이 끊겨 데이터가 몽땅 날아가기 전에 서둘러 이전작업을 끝내야 했다. 데드라인을 불과 수 초 앞두고 모든 작업을 완료한 후, 러벨이 휴스턴으로 메시지를 날렸다. "작업 완료! 아쿠아리우스의 전원이 켜지고, 오딧세이의 전원은 완전히 꺼졌다."

초(秒)를 다투는 긴박한 순간이 지나자, 통제실 내에는 일순간 안도의 기운이 맴돌았다. 그러나 앞으로 남은 며칠을 생각하면, 지금은 약간의 시간을 번 것에 불과했다. "모두 수고했습니다. 그러나 방심은 금물입니다. 해결할 문제가 아직 산더미처럼 남아 있으니까요"고 러니는 말했다.

산소와 전력

이번 구출작전이 장기적으로 해결해야 할 문제 중 하나는 '현재의 비행궤도를 유지할 경우 우주선의 귀환 궤도가 지구를 약 64,000킬로미터 비껴가게 된다'는 것이었다. 이 갭을 없애려면 앞으로 다섯 시간 후에 LEM의 로켓을 분사해야 하는데, 그러기 위해서는 먼저 정확성을 기하기 위해, 모든 장비들에 대해 대대적인 재조정 작업(recalibration)을 실시해야 했다. 휴스턴의 구조팀은 콧노래를 부르며 장비 재조정에 필요한 데이터를 우주인들에게 전송했고, 데이터 전송작업은 예정보다 한 시간이나 앞당겨 완료됐다.

글린 러니가 크란츠를 대신하여 비행감독 역할을 맡는 동안, 크란츠는 불과 몇 미터 떨어진 곳에서 다음 단계의 일들을 구상하고 있었다. 그는 이미 "연료 연소계획이 수립되는 즉시 화이트팀 멤버 전원을 주통제실 근처의 210호실로 소집하겠다"고 공언한 바 있었다. 멤버들이 다 모이자, 크란츠는 다음과 같은 지상과제를 선포했다. "이번 구조작전이 끝날 때까지, 여러분은 통제실의 계기판을 볼 필요가 없습니다. 계기판을 보며 우주선의 운행상황을 시시각각 체크하는 일은 다른 직원들에게 맡겨 두세요. 여러분은 이제부터 한 차원 높은 일을 해야 합니다. 여러분의 임무는 다른 직원들이 임무를 수행하는 과정에서 지켜야 할 원칙을 수립하는 것입니다. 이 시간 이후로 내가 여러분에게 원하는 것은 단 하나, 가능한 한 많은 대안을 제시해 달라는 겁니다." 후에 화이트팀의 이름은 타이거팀으로 바뀌고, 구출작전이 끝날 때까지 210호에서 숙식을 해결하며 임무수행에만 전념하게 된다.

210호실은 창문이 없는 가로 4미터×세로 4미터 크기의 방으로, 각 벽면마다 TV와 테이블이 설치되어 있는 것을 제외하면 텅 빈 것이나 다름 없었다. 그러나 상황실이 바로 옆에 있는 데다가 위층에는 통제실이 자리잡고 있어서, 210호의 전략적 위치는 탁월했다. 미래에 발생할 사건을 예측하려면 과거의 사례와 현재의 상황을 모두 파악해야 하는데, 타이거 팀원들은 210호실의 탁월한 입지 덕분에 한 장소에서 과거와 현재의 데이터들을 모두 접할 수 있었다.

크란츠는 팀원들에게 문제해결 방법만을 집중적으로 생각하라고 주문했다. "나는 먼저 팀원들에게 '하면 된다'는 긍정적 사고방식을 갖게 하려고 노력했다. 시간이 촉박한 비상상황에서는 긍정적 사고방식을 갖는 것이 가장 중요하다"라고 그는 회고했다. 그는 팀원들에게 다음과 같은 질문들을 던지면서 신속한 답변을 해주기를 원했다.

"LEM을 정상적으로 풀가동할 경우 얼마나 오랫동안 버틸 수 있죠?"

"현재 우주선에 남아 있는 물, 배터리, 산소는 얼마나 되죠?"

"3~4일 후에는 사령선을 다시 사용해야 합니다. 현재 완전히 멈춰 있는 사령선에 전원을 넣어 재가동하려면 어떻게 해야 하죠? 보조 배터리에 남아 있는 전력만으로도 가능할까요?"

"만일 별을 이용한 항로조정(star alignment)이 불가능하게 될 경우, 어떻게 해야 하죠? 태양, 달, 지구를 이용한 항로조정이 가능할까요?"

"지금부터 지구 대기권에 진입할 때까지 연료사용계획 및 중간궤도 수정방안을 말해 보세요."

"지구에 귀환할 때 어느 바다에 착수해야 할까요?"

크란츠는 전략수립과 해법도출 과정에 추측이 개입되는 것을 다시 한 번 경계했다. "앞으로 며칠 동안 우리는 이제껏 한번도 시도해 보지 않았던 각종 기법과 진술들을 구사할 것입니다. 여러분은 우리가 사용할 기법과 전술이 어떤 것이며 어떤 결과를 초래하는지를 숙지하고 있어야 합니다. 근거 없는 추측은 절대로 용납할 수 없습니다."

크란츠는 타이거팀에게 임무를 맡겨 놓고 통제실로 복귀했다. 그 사이에 글린 러니가 이끄는 블랙팀은 모두 곧 실시될 LEM의 궤도 수정에 집중하고 있었다. 몇 분 후 러벨이 지휘하는 우주인들은 LEM의 엔진을 실수 없이 점화하는 데 성공했다고 보고해 왔다. 산소탱크 폭발사고가 발생한 이후 처음으로 전해져 온 낭보였다. 그들은 한치의 오차도 없이 비행 궤도를 수정하는 데 성공했다.

그러나 궤도 수정 성공에 대한 기쁨은 곧 보급품 부족에 대한 걱정에 파묻혀 버렸다. 새로운 코스를 통해 지구에 귀환하는 데 소요되는 시간은 약 4일, 그러나 아쿠리우스에 적재되어 있는 보급품으로는 이틀을 버티기가 힘들었다. 산소는 여러 번의 달 산책(moonwalk)을 전제로 하여 준비되었기 때문에 전혀 문제가 없었지만, 수산화리튬이 새로운 문제로 떠올랐다. 수산화리튬은 선실에 이산화탄소가 축적되는 것을 억제하는 작용을 하는데, 두 사람이 이틀 동안 머무는 데 적당하지만 세 사람이 나흘 동안 머물기에는 어림도 없는 양이었다. 아쿠아리우스를 풀가동할 경우 전력은 이틀을 못 넘기고 바닥날 것으로 예상되었고, 식수 역시 턱없이 부족했다.

크란츠는 실타래처럼 얽힌 보급품 부족문제를 해결해 줄 전문가가 필요했다. 4월 14일 아침, 크란츠는 타이거팀의 전기 전문가를 통제실로 돌려보내고 골드팀 출신의 빌 피터스를 새 전기 전문가로 충원했다. 다른 비행감독들은 피터스가 행동이 느리고 표현력이 부족하다고 못 미더워했지만, 크란츠는 그의 남다른 경험을 높이 평가하여 그를 주목하고 있었다. 그는 1965년 제미니 3호 계획에 참여한 이후 모든 우주계획에 빠짐없이 관여해 왔다. "피터스는 매우 총명한 사람이었다. 다만 자신의 의사를 표현하는 것이 서툴러, 그를 챙기기 위해 동료직원 한 명을 붙여 줘야 했다"라고 크란츠는 회고했다.

피터스는 크란츠의 지시에 따라 그루먼 에어로스페이스(LEM의 제조회사)의 수석 엔지니어를 면담한 후 문제를 해결할 수 있다는 확신을 얻었고, 결국 아쿠아리우스에서 사용하는 전류를 55암페어에서 12암페어로 줄이는 방법을 찾아내는 데 성공했다. 그러나 전류량을 이처럼 큰 폭으로 줄이기 위해서는 가혹할 정도의 내핍생활이 요구되었다. 컴퓨터, 유도시스템, 히터, 계기판은 꿈도 꾸지 말고, 통신 시스템, 환기용 팬, 약간의 냉각수만을 사용해야 했다. 그밖의 시스템들은 그림의 떡이었다.

크란츠는 피터스 말고도 또 한 명의 외부전문가 존 애런을 영입했다. 애런은 스물일곱 살로, 머룬팀의 전기 전문가였다. 그는 동력을 어느 누구보다도 잘 이해하고 있었고, 창의력이 뛰어난 데다가 어떤 상황에서도 흔들리는 법이 없었다(크란츠는 애런을 '스트레스에 초연한 사나이(Mr. Cool under pressure)'라고 불렀다). 크란츠는 애런에게 오딧세이의 동력을 절약하는 과제를 맡겼고, 애런은 크란츠의 기대를 저버리지 않았다. 애런은 지구궤도 진입 시에 최소한의 동력으로 사령선을 재가동하는 방법을 찾아냈다. 하지만 그러기 위해서는 불요불급한 시스템의 가동을 거의 모두 중단시켜야 했다.

사령선을 재가동시키려면 하루 종일 작업을 해야 하는 것이 보통이지만, 애런이 고안한 방법을 이용하면 두 시간이면 충분했다. 애런은 자신의 계획을 타이거팀에게 설명했지만, 팀원들의 반응은 의외로 냉담했다. 애런은 끈질기게 타이거팀을 설득했다. 항로유도 및 운항 담당자인 빌 스트레일은 "존, 그렇게 짧은 시간 동안에 사령선의 엔진 출력을 높이는 것은 불가능해요"라고 반박했다. 이에 대해 애런은 "빌, 당신의 입장도 이해는 해요. 그러나 우리가 몇 가지 지름길을 선택한다면, 분명히 재가동 시간을 단축시킬 수 있어요"라고 응수하며 뜻을 굽히지 않았다.

사고발생 후 거의 24시간이 경과한 4월 14일 밤, 아폴로 13호는 이제 막 달을 한 바퀴 돌았고, 우주인들은 LEM의 로켓을 점화시켜 지구로 돌아오는 속도를 높일 참이었다. 엔진의 점화는 어느 우주 여행에서나 중요한 일이었지만, 이번만큼은 더욱 그랬다. 점화의 방향이나 지속시간에 조금이라도 오차가 발생한다면 우주선은 엉뚱한 방향으로 날아갈 것이며, 그 경우 연료가 남아 있지 않은 LEM으로서는 궤도 수정을 할 수도 없어 영원한 우주의 미아가 될 것이다. 점화 예정시간이 다가오자, 크란츠는 비행관리 업무를 맡고 있던 골드팀을 뒤로 물리고 자신이 지휘하는 타이거팀에게 비행관리 임무를 맡기기로 결정했다. 타이거팀 팀원들은 조용히 통제실로 들어와, 계기판 앞에 앉아 있는 골드팀 팀원들에게 양해를 구하고 각자의 위치에 자리를 잡았다. 그리고 크란츠의 지휘 하에 로켓 분사를 성공적으로 완료했다. 통제실은 요란한 박수갈채와 환호성으로 떠나갈 듯 했다. 항로 수정을 위한 첫 번째 로켓 분사를 무사히 마친 데 이어, 아폴로 13호는 지구로 무사귀환하는 데 필요한 두 번째 단추를 끼우는 데 성공한 셈이었다.

성공의 기쁨이 채 가시기도 전에, 세 명의 남자가 각각 다른 방향에서 크란츠를 향하여 걸어 왔다. 첫 번째 사람은 크리스 크라프트, 두 번째 사람은 맥스 파제이(유인 우주선 센터의 기술담당 이사), 그리고 마지막 사람은 딕 슬레이턴(우주비행사의 원조인 머큐리 세븐 중 한 사람)이었다. 세 명 중 제일 마지막으로 다가온 슬레이턴이 크란츠에게 물었다.

슬레이턴 "유진, 이제 다음 과제는 뭐죠?"
크란츠 "아, 딕. 그렇잖아도 그 점에 관해 상의 드리고 싶었어요."

슬레이턴 "우주인들에게 할 일이 얼마나 많은지는 모르겠지만, 내
생각에는 그들을 좀 재워야 할 것 같아요."

크란츠 "잠이야 이번 일이 끝나면 얼마든지……."

슬레이턴 "그렇지 않아요, 진. 우주인들이 마지막으로 수면을 취한
건 지금으로부터 24시간 전이었어요. 그들에게는 휴식이
절대적으로 필요해요."

크라프트가 두 사람의 대화에 끼어들었다.

크라프트 "동력절감 문제는 어떻게 됐지, 유진?"

크란츠 "진행 중이에요, 크리스."

크라프트 "이미 준비는 완료되지 않았나?"

크란츠 "사실 준비는 다 끝났어요. 그런데 그게 좀 시간이 걸리는 일
이에요. 게다가 딕이 우주인들에게 수면을 취하게 하는 것
이 먼저라고 하시는 바람에……."

크라프트 잠을 재운다고? 그러려면 여섯 시간은 족히 필요할 텐데.
중요한 일을 앞두고 그렇게 오랫동안 승무원들의 김을 빼
는 것은 시간 낭비야.

슬레이턴 하지만 승무원들에게 휴식시간을 주지 않으면, 그들은 정
신이 몽롱한 상태에서 작업을 진행해야 합니다. 동력절감
작업은 맨 정신에도 하기 힘든 매우 복잡한 작업이 아닙니
까? 누군가가 분명히 사고를 치고 말 거예요. 또 다른 재앙
을 부르느니 차라리 약간의 동력을 낭비하는 게 낫다고 생
각해요."

크란츠는 그가 토론에 끼어들어 주기를 은근히 바라는 눈빛으로 맥스 파제이의 얼굴을 빤히 쳐다보았다.

크란츠 "맥스, 딕과 크리스는 우리의 시급한 당면과제가 무엇인지에 대해 말씀하고 계세요.

파제이 "가장 급한 일은 수동 열제어(PTC: passive thermal control)가 아닐까요?"

슬레이턴 "뭐라고요, PTC라고요?"

파제이 "그래요. 현재 우주선의 한쪽 면은 태양을, 다른 한쪽 면은 우주를 향하고 있어요. 이 상태가 몇 시간 동안 지속되고 있죠. 지금 당장 바비큐롤(바비큐를 돌리듯 우주선을 회전시킴)을 실시하지 않으면, 조만간 우주선의 한쪽은 뜨겁게 구워지고 다른 한쪽은 차갑게 얼어붙을 겁니다."

슬레이턴 "지금 당장 PTC를 실시하면, 우주인들에게 어떤 문제가 발생할까요?"

크라프트 "PTC에 필요한 전력은 얼마나 될까요? 우주선에 그만한 여력이 있을까 모르겠네요."

파제이 "그 정도의 여력은 있을 걸요?"

세 전문가의 난상토론은 몇 분 동안 지속되었다. 토론이 계속될수록 각자의 입장차는 뚜렷해져 언성이 높아졌다. 토론이 진행되는 내내 크란츠는 되도록 말을 아끼면서, 대선배들의 말을 하나도 빠뜨리지 않고 경청했다. 마침내 크란츠가 손을 들어올리면서 토론은 중단되었다.

아폴로 13호가 지구로 귀환하기 24시간 전의 통제실 모습.

"선배님들, 좋은 말씀 잘 들었습니다." 크란츠는 토론 중단을
선언한 후 다음과 같이 말했다. "승무원들의 첫 번째 임무는 PTC
를 실시하는 것입니다. PTC가 완료된 후에는 우주선의 동력감축
작업을 진행해야 합니다. 이 두 가지 작업이 모두 끝난 후에는 짬
깐 동안 수면을 취하는 것이 좋겠습니다. 인간에게는 피로를 극복
할 수 있는 힘이 있습니다. 그러나 우주선의 심각한 손상을 극복
하는 방법은 없습니다. 우주선이 더 이상 손상되기 전에 손을 써
야 합니다."

의사결정을 내린 크란츠는 비행감독의 업무를 계속하기 위해
계기판으로 시선을 돌렸고, 슬레이턴과 파제이는 발길을 돌려 통
제실 문을 나섰다. 크라프트는 뭔가 미련이 남는 듯 제자리에서 서
성이다가 곧 자리를 떴다. 크란츠는 더 이상 미덥잖은 후계자가 아
니었다. 긴박한 상황에서도 한치의 흔들림 없이 조직을 장악하고

있지 않은가! 우주인들은 두 시간에 걸쳐 맡겨진 임무를 수행한 후, 그동안 미뤄 두었던 단잠에 빠져들었다.

지구로의 귀환

크란츠가 이끄는 타이거팀은 지구로 향하는 궤도 수정 작업을 성공적으로 마친 후, 210호실에 다시 모여 본연의 임무인 기획 및 분석업무를 재개했다. 이번 우주인 귀환작전의 최대 난제는 '빈사 상태에 빠진 사령선을 재가동시키는 것'이었다. 아쿠아리우스의 생명은 연장됐지만, 어차피 대기권 재진입 시에 열분해될 운명에 처해 있었다. 대기권 진입 시에 발생하는 엄청난 열(섭씨 2,760도)로부터 우주인을 보호하려면 두꺼운 갑옷으로 무장한 사령선 오딧세이를 부활시켜야 했다. 그러나 오딧세이는 이미 전력공급시스템의 기능을 상실하고, 겨우 두 시간짜리 보조 배터리만을 장착한 채 동면상태에 빠져 있었다.

지금 시간은 4월 15일 수요일 밤. 타이거팀은 사고가 터진 월요일 밤부터 줄곧 아폴로 13호의 대기권 재진입을 가로막는 문제를 해결하기 위해 온갖 묘책을 강구해 왔다. 대부분의 팀원들은 48시간 이상 논스톱으로 일했기 때문에, 크란츠는 6시간의 휴식시간을 선포했다. 그렇다. 그들에게는 잠이 필요했다. 그러나 잠보다 더 급한 것은 오딧세이를 되살리는 방법을 마련하는 것이었다. 마침내 머룬팀에서 차출된 전기전문가 존 애런은 오딧세이에 동력을 재공급하는 방법을 고안해 냈다.

애런은 사령선의 수석엔지니어 중 하나인 아니 알드리치의 도움을 받아, 전력소모량을 최소화하면서 오딧세이를 재가동하는 방법을 개발했다. 그가 개발한 방법은 모든 시스템의 스위치들에 우주선의 운행에 필수적인 순서대로 일련번호를 매긴 다음, 필요에 따라 하나씩 켜 나가는 것이었다. 이렇게 하면 불요불급한 시스템을 가동하지 않아도 되기 때문에, 배터리 소모량을 절약함과 동시에 시스템 재부팅 시간을 획기적으로 단축시킬 수 있었다. 크란츠는 애런이 작성한 우선순위 목록의 모든 단계를 검토한 다음, 예비승무원 켄 매팅리에게 의뢰하여 통제실 근처의 모의 사령선(사령선 시뮬레이터)에서 시스템 부팅과정을 직접 실습해 보게 하였다. 매팅리는 본래 아폴로 13호의 사령선 조종사로 내정되어 있었으나, 갑자기 풍진이라는 질병에 걸리는 바람에 스와이거트에게 조종사 자리를 양보한 인물이었다. 매팅리는 아폴로 13호에 승선하지 못해 실망이 컸지만, 자신의 경험과 지식을 이용하여 애런의 방법을 테스트하고 가다듬는 중책을 맡게 되었다. 매팅리의 테스트 결과, 애런의 방법은 적어도 시뮬레이터에서는 잘 적용되는 것으로 판명되었다.

아폴로 13호의 극적인 운명은 이미 세계적인 관심의 대상이 되어 있었다. 구 소련은 구조선을 보내 주겠다고 제안해 왔으며, 전 세계의 종교단체들은 우주인의 무사귀환을 기원하는 메시지를 보내 왔다. 시카고 선물거래소는 4월 16일 목요일 오전 11시를 '아폴로 13호 승무원의 용기를 기리고 그들의 무사 귀환을 기원하는 시간'으로 정하고, 선물거래를 일시적으로 중단시켰다.

우주선의 착수(着水)를 18시간 남겨둔 목요일 오후, 오딧세이의 재부팅 목록이 최종 확정되었다. 이제 남은 일은 이 목록을 우주인에게 전달하는 것. 크란츠, 애런, 알드리치는 통제실 내에 즐비하게 늘어서 있는 계기판 사이에 서서 우주인들과 교신을 나눴다. 그들은 장장 두 시간에 걸쳐 시스템 스위치의 목록을 순서대로 알려줬고, 우주선에서는 잭 스와이거트가 수백 가지의 지시사항을 일일이 종이에 받아 적었다.

스와이거트는 애런에게서 넘겨받은 부팅목록을 근거로 하여 오딧세이를 재가동시킨 다음, 아쿠아리우스를 버리고 오딧세이로 복귀했다. 금요일 정오가 되자 사령선 오딧세이는 시속 약 40,000킬로미터의 속도로 지구 대기권의 외곽에 접근했고, 크란츠는 우주선의 귀환을 지휘하기 위해 마지막으로 계기판 앞에 앉았다. 앞으로 4분 후면, 오딧세이는 대기권의 상층부와 충돌할 것이다. 크란츠는 자리에서 벌떡 일어나 각 시스템 담당자들에게 준비가 완료됐는지를 물었다. "대기권 진입 전에 다시 한 번 확인해 봅시다. 다들 준비됐나요?" 크란츠의 말이 떨어지기가 무섭게 모든 담당자들이 "준비 완료!"를 외쳤다. 크란츠는 우주인과의 교신을 맡은 조 커윈에게 영광의 기회를 넘겼다. "승무원들에게 대기권 재진입을 지시하세요."

엄청난 속도로 하강하는 우주선이 엄청난 열기에 휩싸이면서 우주인들과 휴스턴 간의 모든 교신이 잠시 끊어졌다. 캡슐을 둘러싼 시뻘건 연기가 사라질 때까지, 4분 동안 지상에서는 걱정스러운 침묵이 흘렀다. 크란츠는 커윈에게 우주인과의 교신을 다시 시도해 보라고 지시했다. "오딧세이 나와라. 여기는 휴스턴이다, 오버." 커윈이 말했지만, 아무런 응답이 없었다. "다시 해 보세요." 크란츠가 재촉했다. 그러나 몇 번씩 호출을 반복해도 우주선 쪽에

항공모함 이오지마호에 의해 구조된 짐 러벨(화면에 나타난 사람)을 바라보고 있는 유진 크란츠(담배를 입에 문 사람).

서는 아무런 답변이 없었다. 그러는 사이에 1분이 또 지났다. 과거 어느 우주비행계획 때도 이렇게 암담한 순간은 없었다.

그때 희미하게 "오케이, 조!"라는 소리가 들려 왔다. 지지직거리 지만 잭 스와이거트의 목소리가 분명했다. 잠시 후 짐 러벨, 잭 스 와이거트, 프레드 헤이스가 낙하산에 매달려 태평양 위에 사뿐히 내려앉았다. 그 순간 유진 크란츠는 허공을 향해 주먹을 날렸다.

씨 리버고트는 그후 몇 주 동안 전압부족(undervoltage)의 악몽에 시달렸다. 짐 러벨은 아폴로13호의 달 탐사계획이 실패했음을 공 식적으로 선언하면서, "그러나 그것은 성공적인 실패였다"는 말 을 남겼다. LEM의 제조회사인 그루먼 에어로스페이스사는 오딧 세이의 제조회사인 노스아메리칸 록웰사에게 미화 312,421달러 이상의 금액이 적혀 있는 (장난끼 어린) 청구서를 보냈다. 청구서의 내역은 배터리 교체비, 비상 전화료, 그리고 오딧세이를 지구까지 운반하는 데 들어간 견인료였다.

실수가 용납되지 않는 임무

유진 크란츠, 제임스 러벨, 그리고 나머지 승무원들은 기술적 실패를 재치와 기지로 커버하여 마침내 승리를 일궈냈다. 그들은 때로는 미미한, 때로는 매우 중요한 수천 가지의 행동들을 한데 엮어, 불가능을 가능으로 바꿨다. 결국 그들은 NASA 역사상 최악의 악몽으로 기억될 수 있었던 상황을 해피엔딩으로 마감하는 솜씨를 발휘했다.

이 모든 소용돌이의 와중에는 유진 크란츠가 버티고 서 있었다. 그의 자기통제, 결단력, 냉철함은 모든 이들의 에너지를 결집하여 시너지 효과를 이끌어냈다. 그는 두 가지 종류의 리더십, 즉 개인적 리더십과 조직적 리더십을 자유자재로 구사하여 승리를 지휘했다. 개인적 리더십이란 우리가 익히 알고 있는 것으로, 리더 개인의 인격과 설득의 힘을 이용하는 리더십이다. 조직적 리더십은 우리가 평소에 간과하기 쉬운 것으로, 이질적인 구성원들을 팀으로 묶어 활용하는 능력과 관련된다. 두 가지 리더십 중 한 가지만 갖고서 우주인들을 지구로 귀환시키는 것은 불가능했다. 유진 크란츠는 두 가지 리더십을 효과적으로 결합함으로써, '리더십이 생명을 살릴 수 있다'는 사실을 입증했다.

산소탱크가 폭발한 후 몇 분 후에 아폴로 13호의 시스템 오류는 너무나 명백해 보였으며, 문제를 해결하기 위해서는 관리 이상의 그 무엇이 필요했다. '두 명의 우주인이 이틀 동안 버틸 수 있는 상황'을 '세 명의 우주인이 나흘 동안 버틸 수 있는 상황'으로 만들어야 했기 때문이다. 이를 위해서는 수백 명의 엔지니어들로부터 지혜를 모아야 했으며, 그들은 우주선에 적재되어 있는 귀중한 자원들을 효과적으로 이용하는 방법을 강구해야 했다.

크리스 크라프트는 후에 "아폴로 13호의 산소탱크 폭발사고는 유인 우주선 역사상 가장 심각한 상황이었다"고 술회했다. 자원의 사용기간을 연장하는 방법은 신속히 마련되어야 했으며, 의사결정이 잘못될 경우 달 착륙선은 '생명을 살리는 구명보트'에서 졸지에 '시체가 담긴 관'으로 전락할 수 있었다. 존 노블 윌포드는 사건 발생 다음 날 《뉴욕타임스》에 기고한 글에서 "이번 사건은 많은 위험부담을 안고 있으며, 의사결정이 잘못되거나 지연될 경우 돌이킬 수 없는 결과가 초래될 수 있다"고 경고했다. 크란츠가 이끄는 구조팀을 위협했던 가장 중요한 요인을 두 가지만 들라면, '섣부른 비관론'과 '싱급한 행동'을 들 수 있다.

섣부른 비관론은 금물

크란츠가 이끄는 팀원들을 위협했던 첫 번째 요인은 상황을 비관적으로 바라보는 태도였다. 폭발사고 직후 우주인의 생명유지장치(life-support system)가 손실되어 상황이 매우 안 좋았다. 손상된 사령선 오딧세이에는 몇 시간 분량의 연료밖에 남아 있지 않았다. "산소탱크의 바늘이 점점 더 내려가고 있어. 이러다가 산소가 다 없어지겠어"라고 씨 리버고트는 다급하게 말했다. 그는 나중에 그 당시의 상황을 이렇게 설명했다. "전기가 없으면 사령선은 제 기능을 발휘할 수 없고, 전기와 산소가 없으면 승무원들의 목숨은 죽은 것이나 다름 없다. 우리는 승무원과 우주선을 모두 잃을 위기에 처해 있었다."

우주인들이 부리나케 사령선을 떠나 착륙선(LEM)으로 자리를 옮겼을 때, 착륙선의 생명유지 장치 역시 부족한 것은 마찬가지였다. LEM의 상태는 멀쩡했지만, 두 명의 우주인이 이틀 동안만 지낼 수 있도록 설계되어 있었던 것이다. 따라서 언뜻 보기에, 러벨, 헤이스, 스와이거트를 지구로 생환하게 하는 것은 NASA의 능력 밖에 있는 일인 것처럼 보였다.

모든 분야의 전문가들은 너나없이 실패를 예견하며, 자기실현적 예언(self-fulfilling prophecies)의 악순환에 빠져들고 있었다. 유진 크란츠는 이러한 상황에서 으레 나타나기 마련인 섣부른 비관론의 위험을 본능적으로 간파하고 대원들을 진정시켰다. "모두들 냉정을 잃지 말고 차근차근 문제를 해결해 봅시다. 그리고 근거 없는 추측으로 문제를 어렵게 만들지 맙시다." 그는 현실의 부정적인 면보다는 긍정적인 면을 보려고 노력했으며, 부하직원들이 '물잔 안에 물이 절반밖에 없다'고 생각하기보다는 '물잔 안에 물이 절반이나 있다'고 생각하기를 원했다. 예컨대 씨 리버고트를 비롯한 직원들이 우주선에서 사라진 시스템들을 하나둘씩 보고할 때마다 크란츠는 이렇게 말했다. "우주선에 남아 있는 것 중 쓸 만한 게 뭐죠?"

나중에 그의 엔지니어들이 인명구조 시나리오를 쉽게 내놓지 못하자, 크란츠는 자신의 기대를 재차 확인했다. "실패를 인정하지 마세요. 우린 절대로 포기하지 않을 거예요. 아폴로 13호 승무원들은 반드시 지구로 돌아옵니다." 론 하워드 감독의 영화 〈아폴로 13〉에서 크란츠 역을 맡았던 에드 해리스가 남긴 대사 한마디에는 크란츠의 입장이 완벽하게 집약되어 있다. "실패는 우리의 선택 대상이 아니다(Failure is not an option)."

크란츠의 확신은 결코 남들에게 보여주기 위한 '전시용'이 아니었다. 그는 실제로 뼛속 깊은 곳까지 '모든 기술적 문제는 반드시 해결될 수 있다'는 신념에 가득 차 있었다. "나는 우주선과 승무원들이 지구로 돌아올 수 없을 거라는 생각을 단 한번도 해 본 적이 없다"라고 그는 술회했다. 하지만 그도 인간인지라 간혹 마음 한구석에서 의구심이 고개를 쳐드는 경우가 있었다. 그러나 그는 그럴 때마다 "나의 의구심을 팀원들에게 전염시켜서는 안 된다"는 혼잣말로 자기 자신을 다그쳤다. 다른 사람들 같으면 찰나적인 망설임의 순간도 있었겠지만, 그는 구조작업을 총지휘하는 비행감독으로서 한치의 망설임 없이 행동하여 모든 관계자들에게 롤모델을 제시하였다. 그는 기자회견장에서도 다음과 같이 당당하게 말했다. "우리가 승무원을 지구로 데려올 수 있느냐 없느냐는 논의의 대상이 아닙니다. 문제는 그들이 지구에 돌아왔을 때 털끝 하나 다치지 않은 온전한 상태를 유지할 수 있느냐입니다." 후일담이지만, 그는 기자회견장에서 기자들끼리 이렇게 수근 거리는 소리를 들었다고 한다. "저 친구 꽤나 건방지구먼, 안 그래?"

크란츠의 확고한 낙관주의는 근거 없는 맹신이 아니라 훈련에 의해 형성된 확신(trained confidence)에 뿌리를 두고 있었다. "우리가 굴복이라는 단어를 일단 머리에 떠올리게 되면, 그 순간부터 우리

131
유진
크란츠
·
아폴로
13호를
지구로
귀환시키다

는 나락의 구렁텅이로 빠져들게 된다. 생과 사의 갈림길에서 살아남으려면 날카롭고 강인한 정신력이 필요하지만, 비관론은 우리의 정신력을 마비시킨다. 비관론이 고개를 드는 순간 우리는 이미 패배한 것이나 다름없다."

이번 구조작업의 하이라이트는 지구의 대기권에 진입하기 위해 우주인들이 오딧세이를 재부팅하던 마지막 순간이었다. 스와이거트가 예비 배터리의 스위치를 켠 후, 존 애런은 전류계를 이용하여 우주선의 전류량을 테스트해 보라고 주문했다. 스와이거트가 보고한 전류량은 2암페어. 불요불급한 장비 한두 개가 우주선 전체의 전력을 갉아먹고 있다는 것을 의미했다. 애런은 크란츠에게 '우주선에서 가장 희소한 자원 중 하나(전력)가 새어 나가고 있다'고 보고했다. 그러나 애런의 보고를 받은 크란츠는 즉각 '비상사태'를 선포하지 않았다. "크란츠는 통제요원들이 자신의 분야에 대해 신경과민적이라고 해도 좋을 만큼 민감하게 반응하는 인물이라는 점을 잘 알고 있었다. 그는 공연히 호들갑을 떨어 그들을 자극하느니, 차라리 그들 스스로 문제점을 발견하여 사태를 해결하도록 시간을 주는 것이 좋겠다고 판단했다. 다시 말해서 그는 통제요원들의 능력을 그만큼 믿고 있었던 것이다"라고 헨리 쿠퍼(『아폴로 13호의 실패』 저자)는 설명했다.

애런은 처음에 몇 가지 장비들을 용의선상에 올려 놓고 스와이거트에게 점검해 보라고 일러줬지만, 점검 결과 아무런 혐의점도 발견되지 않았다. 생각다 못한 애런은 보조 배터리의 스위치를 잠시 껐다가 켜 보라고 말했다. 잠시 후 배터리의 스위치가 켜지자, 텔레메트리(우주선 각부분의 상태를 지상에 전송하는 장치)의 성능이 향상되

리더에게 결정은 운명이다

면서 우주선을 구성하는 모든 장비들의 상태가 한눈에 들어왔다. 애런은 이 순간을 놓치지 않고 두 개의 장비를 범인으로 지목했고, 스와이거트가 두 장비의 스위치를 내리자 우주선의 전력 수급상황이 안정화되었다. 애런은 크란츠의 기대를 저버리지 않았던 것이다.

Leadership Point

부하직원들이 높은 성과를 거두기를 바란다면, 먼저 그들의 능력을 믿고 기다려 주는 아량이 필요하다. 높은 기대수준과 낙관적 기대가 반드시 좋은 성과를 보장하는 것은 아니지만, 그것이 없으면 높은 성과를 얻는 것이 아예 불가능하다.

'긍정적 기대(affirmative expectation)가 인간의 행위에 큰 영향을 미친다'는 것은 많은 연구와 실제 사례를 통해 이미 널리 알려진 사실이다. 한 연구진은 두 가지 새로운 시도가 생산성에 미치는 영향을 분석하였다. 연구진은 연구대상 업체들을 두 그룹으로 나누어, 한 그룹에서는 종업원들에게 끊임 없는 도전의식을 고취하기 위해 직무순환(job rotation) 프로그램을 도입하였다. 한편 다른 그룹에서는 역시 종업원들에게 도전의식을 고취하기 위해 그들의 직무범위를 점차 확대해 나가는 직무확대(job enlargement) 프로그램을 도입하였다. 연구대상 업체 중 일부 관리자들은 새로운 프로그램이 생산성을 향상시킬 것이라고 기대감을 표명했고, 다른 일부는 새로운 프로그램이 실패할 것이라고 내다봤다. 연구 결과 조직의 생산성 향상에 영향을 미치는 결정적 요인으로 작용하는 것은 프로그램 자체가 아니라, 상급 관리자들이 그 프로그램에 대해 갖고 있는 기대의 크기인 것으로 밝혀졌다. 즉 직무순환이든 직무확대든, 관리자들이 프로그램의 성공에 대해 큰 기대를 갖고 있는 기업은 생산성이 높게 나타난 데 반하여, 그렇지 않은 기업은 생산성이 낮게 나타났다. 이 연구결과가 우리에게 주는 교훈은 다음과 같다. "당신이 성공을 기대하지 않을진대, 당신을 따르는 사람들은 오죽할 것인가?"

유진 크란츠는 먼 훗날 기자의 질문에 이렇게 대답했다. "리더는 어떤 경우에도 동요하지 말아야 합니다. 주변에서 어떤 일이 벌어지더라도, 리더만큼은 쿨하고 스마트함을 유지해야 합니다."

> ### Leadership Point
> 의사결정의 '신속성'과 '정확성'이 모두 요구되는 경우, 두 마리 토끼를 모두 잡으려면 참모들의 말에 귀를 기울이고 그들의 시선이 어느 한쪽에만 치우치지 않도록 끊임없이 권면해야 한다.

신속성과 정확성을 겸비한 의사결정

섣부른 비관론을 배격하는 것은 크란츠가 당면한 첫 번째 과제였을 뿐이다. 크란츠는 확고한 낙관주의를 견지함으로써 섣부른 비관론을 극복하는 데 일단 성공했지만, 그후에도 계속 밀려드는 어려운 의사결정 문제에 시달려야 했다. 모든 의사결정은 촌각을 다투는 것으로, 그중 하나라도 잘못될 경우 이제껏 쌓아 올린 공든 탑을 단박에 무너뜨릴 수 있는 파괴력을 지니고 있었다. 산소탱크가 파괴된 후 몇 분 이내에 우주인들을 LEM으로 옮기지 않으면, 그들은 난파선(사령선)과 운명을 같이할 수밖에 없었다. 우주선이 달 주위를 한 바퀴 도는 동안 적절한 타이밍을 맞춰 항로 수정을 하지 않을 경우, 우주인들은 지구를 비껴가 영원한 우주 미아가 될 판이었다. 선실에 이산화탄소가 축적되는 것을 막지 못하면 모든 우주인들이 질식사할 가능성이 있었다. 가장 효과적인 방법으로 사령선을 재부팅하지 못한다면, 사령선은 대기권 재진입에 필요한 동력을 확보할 수 없었다.

"나를 포함한 모든 비행감독들이 명심해야 할 것이 하나 있다면, 그것은 바로 '시간'이었다. 시간은 함부로 소모할 수 없는 소중한 자원이다. 비행감독의 휘하에는 운항(navigation), 추진(propulsion), 생명유지(life-support) 등의 부문을 관리하는 컨트롤러들이 있어서, 각자 자신의 영역에서 맡은 바 임무를 수행한다. 비행감독의 임무는 이들을 총괄하여 각자의 타이밍을 조율하는 것이다. 따라서 비행감독의 담당 영역은 시간이라고 할 수 있다. 운항, 추진, 생명유지 등의 업무가 제때에 수행되지 않으면, 우주인들이 행선지를 벗어나 먼 우주로 날아가 버린다. 아폴로 13호 구조팀의 팀원들은 이미 여러 번의 우주비행 프로젝트를 통하여 풍부한 경험을 보유하고 있었으며, 아폴로 13호는 그 자체로서 상당한 복원력을 가지고 있었다. 따라서 비행감독인 나의 임무는 그들을 위해 충분한 시간을 확보하여, 궁극적으로 우주인들을 지구로 귀환시키는 방법을 도출하는 것이었다"라고 크란츠는 회고했다.

크란츠는 신속한 의사결정이 가장 중요하다는 것을 알고 있었지만, 그러기 위해서는 정확성을 다소 희생해야 한다는 점도 잘 알고 있었다. 고전적 경제이론에서 위험과 보상, 품질과 비용이 양립할 수 없는 것처럼, 신속과 정확은 서로 양립할 수 없는 개념이다. 따라서 신속한 의사결정은 성급하고 부정확한 행동으로 이어질 공산이 크다. 하지만 시간이 촉박하고 정보 또한 제한되어 있는 경우, 우리는 최적해를 포기하고 적당한 선에서 만족하는 수밖에 없다. 그러나 이러한 원칙은 일상생활에서는 통용될지 몰라도 우주비행의 경우에는 용납되지 않는다. 오딧세이의 경우 미세한 수치에 의해 지구로 귀환하느냐 우주 미아가 되느냐의 여부가 판가름나는 상황이었다.

오딧세이가 지구 대기권의 상층부에 접근함에 따라, 이유를 알 수 없는 원인으로 인하여 오딧세이의 비행경로에 약간의 오차가 발생했다. 이에 따라 오딧세이의 대기권 진입각도가 작아져, 자칫하면 대기권의 표면을 비스듬하게 때리면서 마치 자갈로 물수제비를 뜰 때처럼 우주로 튀어나갈 수 있다는 문제점이 제기되었다. "컴퓨터의 프로세서가 오작동을 일으켰나? 그동안 실시한 항로조정이 잘못 되었나? 부문별 컨트롤러들의 조정이 잘못 되었나?" 크란츠는 알 수 없는 요인들이 불시에 오딧세이의 발목을 잡을 것을 우려하여 다양한 가능성들을 타진해 보았지만, 근거없는 추측에 의거한 문제 제기는 단연코 배제했다. "우리에게는 미세한 오차도 허용되지 않았기 때문에, 아무리 사소한 요인이라도 간과할 수 없었다. 따라서 우리는 현재 발생하고 있는 모든 상황들을 과학적으로 해명하려고 노력했다. 오딧세이의 원인모를 표류 문제도 마찬가지였다"라고 크란츠는 말했다. 훗날 NASA의 조사위원회에 의해 밝혀진 바에 의하면, LEM의 냉각장치에서 발생한 미세한 증기가 우주선의 항로에 영향을 미쳤다고 한다.

크란츠는 자신이 제기한 의문에 대해 신속한 답변을 요구하면서도, 부문별 컨트롤러들이 '적당한 선'이라는 함정에 빠지는 것을 경계했다. '어떤 경우에도 추측은 안 된다. 정확한 답변을 내놓으라'는 것이 그의 원칙이었다. 타이거팀이 오딧세이의 대기권 진입계획을 최종적으로 확정할 때, 크란츠는 210호실로 들어가 부문별 컨트롤러들에게 다음과 같은 사실을 상기시켰다. "아폴로 13호는 불의의 사고를 당해 현재 정상적인 상태가 아닙니다. 따라서 우주선 조작에 약간의 오류만 발생해도 예기치 않은 큰 재난을 초래할 수 있습니다. 가장 중요한 것은 정확성입니다."

정확한 의사결정을 내리기 위해서는 먼저 참모들의 말을 경청해야 한다. "비행감독의 첫 번째 덕목은 훌륭한 청취자가 되어야 한다는 것이다"라고 크란츠는 말한다. 아폴로 13호의 운명이 경각에 달려 있을 때, 크란츠는 많은 계기판을 통하여 우주선의 상태에 관한 정보를 얻었나. 그러나 이러한 계기판보다 더욱 중요한 것은 그가 보유한 '인간 계기판'들이었다. 그는 스무 명의 전문가들(비행계획 전문가, 승무원 전문가, 궤도분석 전문가, 그리고 우주인 자신들)로부터 동시에 보고를 받았으며, 우주인들을 살려내려면 이 '인간 계기판'들이 정확한 수치를 제시해야 했다. "인간 계기판들은 언어로 된 정보를 제공한다. 비행감독의 임무는 이들의 말을 하나도 빠짐없이 경청하는 것이다. 그리하여 현재의 상황이 어떻고, 이에 대처하려면 어떤 조치를 취해야 하는지를 결정하는 것이다"라고 크란츠는 말한다. 어떻게 보면 크란츠의 세계는 헨리 민츠버그가 묘사하는 경영자의 세계를 쏙 빼닮은 것 같다. 민츠버그는 최고경영자들의 일상을 유심히 관찰한 끝에 다음과 같은 결론을 얻었다. "최고경영자들은 주로 부하직원들과의 친밀한 대화를 통해 업무를 처리한다. 기술적 데이터는 사람을 통해 듣는 정보를 보조하는 참고자료에 불과하다."

'인간 계기판'을 통해 수집한 정보는 크란츠의 경험 체계를 통과하면서 걸러지고 검증되었다. "여러 경로를 통해 얻은 정보는 궁극적으로 나의 지식 체계에 통합된다. 나는 여러 전문가들로부터 정보를 받아들이고, 나름의 기준에 입각하여 타당성을 검증한 다음, 한데 모아 마치 퍼즐조각을 맞추듯 전체적인 그림을 완성한다"라고 크란츠는 말한다.

효과적인 의사결정을 하기 위해서는 참모들의 상충되는 주장들을 거중조정하는 것도 필요하다. 크란츠는 모든 주장들이 일리가 있거나, 심지어 고위층에서 제시된 의견일지라도 조정하는 역할을 포기하지 않았다. 크리스 크라프트, 딕 슬레이턴, 맥스 파제이 등 크란츠보다 서열이 높은 사람들이 각각 다른 주장을 펼쳤을 때, 크란츠는 세 사람 모두에게 동등한 발언권을 주고 그들의 말을 끝까지 경청한 다음, 제3자의 입장에서 최종 결론을 내렸다. 그의 보스 중 두 사람(이중에는 그의 멘토인 크라프트도 포함되어 있었다)이 그의 선택에 대해 강력하게 반론을 폈음에도 불구하고 그는 전혀 주저하지 않았다. "배의 방향타를 잡은 사람이 흔들리지 않아야, 험한 파도를 헤쳐나갈 수 있다"라고 크란츠는 회고했다.

최적의 의사결정을 위한 조직화

유진 크란츠는 팀원들에게 항상 신속하고 정확한 의사결정을 촉구했지만, 그는 팀원들의 노력만을 일방적으로 강요하지는 않았으며, 팀원들이 효율적으로 일할 수 있도록 조직적 기반을 마련해 주는 일도 소홀히 하지 않았다. 폭발이 일어난 후 몇 시간 동안 그가 무슨 행동을 했는지 상기해 보라. 첫째 그는 자신이 이끄는 화이트팀을 타이거팀으로 개명하고 새로운 임무를 부여했다. 화이트팀의 임무는 우주인 구조작전의 진행과정에서 발생하는 문제점을 총체적으로 해결하는 것으로, 앞으로 4일 동안 발생할 수천 가지의 활동들을 통합하는 역할이 배정되었다. 둘째, 그는 화이트팀의 인원을 보다 전문적인 엔지니어로 교체하여, 보다 우수한 인재에게 보다 어려운 임무를 맡겼다. 셋째, 그는 그밖에 크리스 크라프트에서 시작하여 켄 매팅리에 이르기까지 수백 명의 인물들을 동원하여 타이거팀의 의사결정을 지원했다.

조직화도 중요하지만, 일단 조직을 설립하여 구성원들에게 임무를 맡긴 다음에는 더 이상 자질구레한 간섭을 하지 않는 것이 중요하다. 크란츠는 오딧세이의 동력절감 문제를 해당 분야의 최고 전문가(존 애런)에게 일임함으로써, 오딧세이를 지구의 대기권에 진입시키는 데 성공했다. 그러나 크란츠가 좀생원처럼 애런을 다그치지 않았다고 해서 그를 완전히 자유롭게 내버려 둔 것은 아니다. 그는 애런이 해결책을 도출하는 동안 그의 작업이 진행되는 과정을 계속 모니터링해 왔다.

크란츠는 자신의 역할을 '모든 구성원들을 지휘하고, 문제점을 인식하며, 업무의 기본방향을 제시하는 것'으로 규정했다. 그는 구성원들을 불러 업무의 진행과정을 설명하게 하고, 그들의 말을 경청한 다음, 제 자리로 돌려보내는 과정을 반복했다.

아무리 훌륭한 문제해결책이 나왔더라도, 선택가능한 옵션의 목록에 그 해결책이 존재하지 않는다면 아무런 의미가 없다. 이러한 의미에서 동력을 절약하는 것은 나중에 선택할 수 있는 옵션의 범위를 확대시키는 좋은 방법이기도 하다. 예컨대 동력을 절약해 놓으면 우주인들을 대낮에 항공모함 주위에 착륙시킬 수 있는 여유가 생기지만, 동력이 부족할 경우 이와 정반대의 선택을 강요받아야 할 수도 있다. "비행기 조종사들은 가능한 한 많은 활주로가 눈 앞에 펼쳐져 있기를 바란다. 그래야만 필요에 따라 수시로 방향을 바꿀 수 있기 때문이다. 이와 마찬가지로 우리는 가능한 한 많은 선택옵션을 확보해 놓아야 한다. 그것은 마치 다차원 체스 게임을 하는 것과 마찬가지다. 말 하나를 옮길 때마다 다양한 경우의 수를 고려해야 한다"고 크란츠는 말한다.

짐 러벨의 말에 의하면, 폭발이 일어나기 전까지만 해도 아폴로 13호는 역대 우주비행 계획 중에서 가장 순조롭게 진행되고 있었다고 한다. 폭발이 일어나기 불과 몇 시간 전, 우주선과의 교신을 담당하는 조 커윈은 "그동안 흘렸던 땀방울이 헛되지 않았다"는 메시지를 보냈을 정도였다. 그러나 우주비행 계획의 성공이 예상되던 그 순간에도, 크란츠는 잠깐 동안의 여유로운 시간을 이용하여 다음 단계의 임무수행을 대비하고 있었다. "우리는 모든 일이 순조롭게 진행되고 있는 동안에도, 일분 일초를 아껴 다음에 벌어질 일을 대비하는 데 사용하려고 노력한다"라고 크란츠는 말했다. 크란츠의 이러한 정신은 NASA가 제정한 임무수행 수칙에도 잘 나타나 있다. "모든 팀원들은 갑작스러운 상황변화에 의해 프로젝트의 결과에 결정적 영향을 미치는 역할을 맡게 될 경우를 항상 대비하라." 크란츠는 미래를 대비하는 것이 자신의 역할이라고 항상 생각해 왔다며 "우주비행은 모든 것이 한치의 오차도 없이 완벽하게 진행되어야 하는 분야다. 그러기 위해서는 프로젝트의 진행상황을 수시로 체크하고, 돌발상황에 대처하기 위해 항상 준비를 게을리하지 말아야 한다"라고 강조한다.

> ### Leadership Point
> 만일의 사태를 대비하여 문제해결 전담팀을 평소에 미리 구성하라. 팀을 구성할 때는 배경이나 정실(情實)과는 관계 없이 분야별로 최고의 자질을 가진 사람만을 선발하라.

팀은 힘이 세다

낙관주의를 유지하고 잘못된 의사결정을 예방하려면, 조직화 외에 또 다른 기반이 필요하다. 낙관주의란 현실(what is)과 당위(what should be)의 복합체 위에 성립된 집단적 세계관이다. 한편 의사결정 역시 집단적 개념이어서, 어떤 개인도 자신의 개인적 문제를 넘어서는 문제에 대해 의사결정을 내리는 것은 곤란하다. 따라서 역경에 처한 기업이 역경을 극복하려면 구성원들을 하나로 묶어 주는 팀워크가 필요하다. 팀워크를 보유한 조직만이 개인의 단순한 합보다 더 큰 힘을 발휘할 수 있다.

유진 크란츠는 두 가지 기본원칙에 입각하여 팀을 운영했다. 첫 번째로, 그는 가상적 위기(simulated crisis)를 반복적으로 도입하는 훈련을 통하여 팀원들의 동료애와 상호이해를 증진시켰다. 크란츠는 감독관들로 하여금 스트레스 하의 팀을 관찰하여, '팀이 효율적으로 운영되는지'와 '기술적으로 완벽한 의사결정에 도달하는지'를 평가하게 하였다. 감독관들은 명확한 의사소통을 하지 못하는 팀원이 있는지, 가족 문제 때문에 업무에 집중하지 못하는 팀원이 있는지, 아니면 단순히 업무를 태만히 하는 팀원이 있는지의 여부를 면밀히 관찰했다. 그리하여 일정 수준에 도달하지 못하는 팀원들은 신속히 교체되었다.

리더에게 결정은 운명이다

훈련이 끝날 때쯤 되자 팀원들은 하나로 뭉쳤고, 그들은 어려운 상황에서 서로의 약점을 보완해 주는 능력을 터득했다. 아무리 어려운 문제라도 팀원들이 협동하여 단 몇 초 만에 해결할 수 있는 수준에 이른 것이다. "팀원들은 의사소통 및 데이터 평가방법을 배우고, (적절한 형식과 권위를 갖춘) 의사결정을 내리는 방법을 익히며, 자신의 약점을 인정하고 동료에게 도움을 요청하는 방법을 깨우치게 되었다"라고 크란츠는 말했다. 크란츠의 팀은 드디어 그가 바라 마지않던 능력, 즉 '매우 짧은 기간 동안 100퍼센트 정확한 의사결정을 내리는 능력'을 보유하게 되었다. "팀은 개인의 연약함을 초월하는 강력한 힘을 보유하고 있다. 개인은 실패할 수도 있지만, 팀은 실패할 수 없다. 팀은 고립화된 개인의 실패를 예방해 준다"라고 크란츠는 말했다. "고립된 개인은 나약하지만, 팀 안에 소속된 개인은 모두 영웅이 될 잠재력을 지니고 있다. 그들은 영웅정신을 발휘할 기회가 오기를 기다리며, 항상 준비를 게을리하지 말아야 한다"라고 그는 덧붙였다.

두 번째로, 크란츠는 조직 전체의 상호이해와 협동정신을 배양하기 위해 '여러 개의 하위팀으로 이루어진 팀'을 구성하였다. 그가 구성한 네 개의 팀(화이트, 블랙, 골드, 머룬)은 동일한 보직을 갖는 팀원들로 이루어져, 조직 전체로는 하나의 보직을 네 명의 구성원들이 공유하는 형태를 띠었다. 이러한 방식은 조직이 위기를 헤쳐나가는 데 있어서 강점을 발휘했다. 예컨대 각 팀에 소속된 네 명의 전기 엔지니어들은 서로가 서로를 잘 알고 있었기 때문에, 전압부족의 문제를 해결하는 데 있어서 의사소통과 상호신뢰가 잘 이루어질 수 있었다. 또한 팀이 교대할 때마다 의사결정의 일관성이 유지되어 업무의 흐름이 단절되지 않았고, 대(對) 우주인 관계에서도 일관성을 유지할 수 있었다.

"내가 팀을 구축하는 방식은 다음과 같다. 먼저 공동배치(co-location)의 원칙에 따라 팀을 구성했다. 즉, 함께 일하는 유사한 사람들을 팀의 기본단위로 보는 것이다. 그 다음으로는 여러 직급의 구성원들을 하나의 그룹으로 묶은 다음, 여기에 외주계약자(outside contractors)들까지도 한데 묶어 더욱 큰 그룹을 형성했다"라고 크란츠는 설명했다. 크란츠의 팀 구성 방식은 종종 공무원 조직법과 상충되는 경우도 있었지만, 관련기관으로부터 시정요구를 받는 경우 적절한 우회방법을 강구하여 문제를 해결했다.

팀 구축의 핵심목표는 팀원들을 이심전심의 경지에 오르게 하는 것이었다. "말이 필요없는 의사소통 방법을 배우게 되면 '이 친구가 문제를 해결하려면 시간이 얼마쯤 더 필요하겠구나'라는 감(感)이 생긴다. 그러다 보면 상대방을 위하여 업무처리 절차를 변경할 수도 있다. 예컨대 여러 컨트롤러들의 의견을 취합하여 의사결정을 해야 할 경우, 특정 컨트롤러에게 생각할 기회를 더 주기 위해 다른 컨트롤러의 의견을 먼저 묻게 될 것이다"라고 크란츠는 설명했다.

크란츠가 팀워크 강화를 위해 택한 마지막 방법은 화이트, 블랙, 골드, 머룬팀 간의 팀 대항 야구게임이었다. 그는 비행관리팀과 우주인팀 간의 미식축구 경기도 추진했으며, 때로는 유도와 같이 격렬한 스포츠까지도 도입했다.

팀 구축의 긍정적 효과는 210호실에서 뚜렷하게 나타났다. 210호실에서 일하는 40여 명의 식구들은 비행과 관련된 수십 가지의 연관된 문제를 해결해야 했는데, 그러기 위해서는 수백 가지의 단계들을 거쳐 하나의 커다란 틀을 만들어 내야 했다. 그들은 얼기설기 엉켜 있는 기술 시스템들을 재구성해야 했는데, 그중의 한 시스템에 미세한 변화가 일어나기만 해도 다른 시스템을 엉망으로 만들 수 있어, 어디부터 손을 봐야 할지 모르는 난감한 상황이었다. 예컨대 한 컨트롤러가 '엔진을 잠깐 점화하여 오딧세이의 궤도를 제어하자'고 제안하면, 다른 컨트롤러가 나서서 '그렇게 하면 오딧세이에 아직 붙어 있는 아쿠아리우스의 항로유도 시스템이 망가진다'고 난색을 표했다. 설상가상으로 비행역학, 항로유도, 역추진 컨트롤러들은 로켓 분사가 우주선의 궤도를 변경시킬 수 있다고 일제히 반대의사를 표명했다. 그러나 그들은 신속한 협의를 통하여 효과적인 해결책을 도출해 냈는데, 이는 크란츠가 그동안 공들여 추진해 온 시뮬레이션(가상위기)과 팀워크 강화정책 덕분이라고 해도 과언이 아니다.

리더에게 결정은 운명이다

부단한 훈련과 연습을 통해 팀(또는 '여러 개의 하위팀으로 이루진 팀')을 구축하면, 구성원들 사이에 이심전심의 분위기가 싹튼다. 이심전심의 의사소통은 신속하고 정확한 의사결정을 가능케 함으로써 위기에 처한 조직을 구원할 수 있다.

리더십의 양면성

유진 크란츠는 '모든 일은 결국 올바른 방향으로 해결될 것'이라는 굳건한 믿음으로 위기를 견뎌냈다. 그의 낙관론은 그가 2년 전 아폴로 프로젝트의 지휘봉을 잡은 이래 구축해 온 의사결정기구에 대한 낙관적 평가에서 기인한다. "나는 우리의 팀이 어느 문제든지 해결할 수 있는 집단지성(collective intelligence)을 보유하고 있다는 것을 믿는다"라고 그는 말한다. 크란츠의 리더십 중 절반이 팀과 전문가들을 석설히 엮어내는 능력에서 나온다면, 나머지 설반은 팀과 전문가들로부터 낙관론과 정확성을 이끌어 내는 능력에서 나온다고 할 수 있다.

관리자들은 관리자로 임명되는 순간부터 특정 분야에 대해 일정한 권한(예: 예산편성, 인력배치, 인사고과)을 위임받는다. 〈그림 1〉에 나오는 맨 밑의 직사각형은 크란츠가 나사의 문에 발을 들여 놓은 순간, 조직으로부터 넘겨받은 권한을 나타내고 있다. 그러나 크란츠는 여느 성공한 관리자들과 마찬가지로 '조직에서 위임받은 권한은 장차 내가 도약하기 위한 발판에 불과하다'는 사실을 깨닫고 있었다. 리더십이란 주어진 권한을 단순히 관리하는 것이 아니라

그림 1. 리더십의 기초

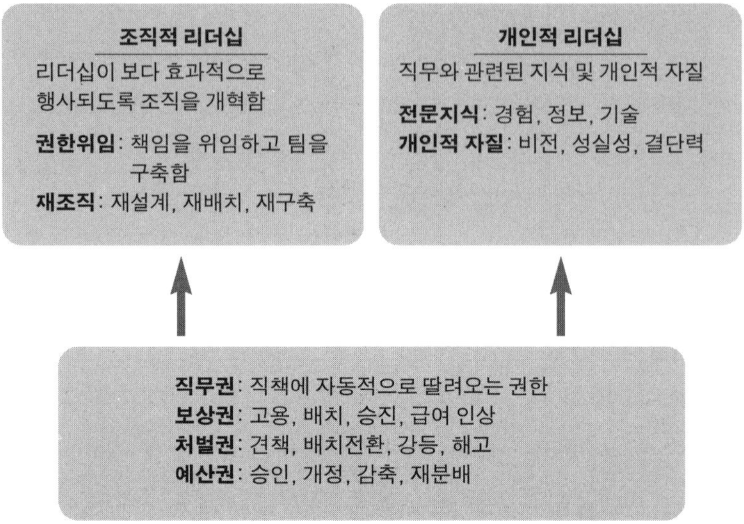

조직적 리더십

리더십이 보다 효과적으로
행사되도록 조직을 개혁함

권한위임: 책임을 위임하고 팀을
구축함
재조직: 재설계, 재배치, 재구축

개인적 리더십

직무와 관련된 지식 및 개인적 자질

전문지식: 경험, 정보, 기술
개인적 자질: 비전, 성실성, 결단력

직무권: 직책에 자동적으로 딸려오는 권한
보상권: 고용, 배치, 승진, 급여 인상
처벌권: 견책, 배치전환, 강등, 해고
예산권: 승인, 개정, 감축, 재분배

리더에게 결정은 운명이다

(그림 1의 윗부분에 있는 두 개의 정사각형처럼) 자신에게 주어진 권한을 개인적·조직적으로 확장시키는 것이다.

개인적 리더십은 리더 자신의 개인적 자질을 발휘하는 것이다. 예컨대 유진 크란츠가 신속·정확한 의사결정을 강조하고 성공에 대한 낙관론을 견지한 것은 개인적 리더십에 속한다. 이에 반해 조직적 리더십은 다른 사람의 변화와 발전을 도모하는 것이다. 예컨대 크란츠가 임무를 수행하기 전에 팀을 구축하고 임무수행 중에 팀을 재구성한 것은 바로 조직적 리더십에 해당한다. 요컨대 리더십이란 조직이 당신에게 부여한 것을 확장하여 훨씬 더 많은 것을 성취하는 능력을 말한다.

두 가지 리더십은 태어날 때부터 갖고 나오는 것이 아니다. 양자는 모두 학습되는 것이며, 이 학습과정은 일생 동안 이루어진다.

사회생활 초기에 일찌감치 두 가지 리더십을 모두 이해하고 있는 멘토를 만나 리더십을 전수받는 운 좋은 경우도 있다. 유진 크란츠의 경우 조직생활 초기에 많은 '재능있는 스승들'을 만나 일생 동안 지속되는 교훈을 얻을 수 있었다.

- **맥도넬 항공 근무 시절의 데스크 매니저** 그는 책임을 강조했다. "자네가 항공기의 출발을 승인하는 순간, 자네는 그 항공기에 탑승한 승무원의 생명과 항공기의 가치와 맥도넬 항공의 미래에 대해 책임을 지게 된다."
- **맥도넬 항공 근무 시절의 기장** 그는 크란츠에게 열정을 가르쳤다.
- **수석 비행교관** 그는 주위에 있는 사람들을 항상 조심하라고 가르쳤다. "안전비행을 원한다면 비행 동선의 주변에 있는 모든 사람들을 주시하라."
- **크리스 크라프트**(NASA의 전임 비행감독) 그는 가장 직접적인 방법으로 위험에 대해 가르침을 주었다. 크란츠는 우주비행계획 초기에 크라프트의 휘하에서 근무했다. 그는 아무런 간섭이나 경고도 없이 비행관리에 대한 전권을 크란츠에게 맡겼던 적이 있는데, 크란츠는 자신을 갑작스럽게 둥지에서 벗어나게 했던 크라프트의 결정이 매우 귀중한 경험이었다고 술회하고 있다.

아폴로 13호가 태평양에 성공적으로 착수한 다음 날, 《뉴욕타임스》는 사설을 통해 다음과 같이 논평했다. "3일 반 동안 세 명의 우주인들은 고장난 우주선 속에서 생명을 잃을 위기에 직면해 있었다. 우주선 안의 보급품은 거의 고갈되어, 인간이나 장비 중 어느 하나라도 오류를 일으킬 경우 우주인들의 생명은 보장할 수 없었다. 우주인들이 생환한 것은 거의 기적이라고 할 수 있으며, 이는 우주인들 자신의 침착성, 용기, 뛰어난 기술과, NASA 전문가팀의 신기에 가까운 상황대처능력이 없이는 불가능한 일이었다."

유진 크란츠는 그 자신이 달에 가는 것을 꿈꿨던 인물이다. 고등학교 시절 그는 달 비행의 전술에 관한 학기말 리포트를 썼고, 대학 시절에는 항공공학을 전공했다. 그리고 공군장교 시절에는 제트기 조종사로 근무했다. 머큐리 우주비행 프로그램에서 구인광고를 냈을 때, 그는 첫 번째 지원자 중 한 명이었지만 우주비행사로 선발되지 못했다. 그러나 1970년 그는 NASA의 '우수 서비스메달'과 미국 대통령의 자유메달을 수상했다. 3년 후 40대에 접어들 무렵, NASA는 그에게 '탁월한 리더십 메달'을 수여했다.

알렌 블럼Arlene Blum,
여성 최초로 안나푸르나를 등정하다

알렌 블럼은 여성으로만 구성된 최초의 히말라야 등반대를 이끌고,
위험하기로 이름난 안나푸르나를 등정하는 데 성공했다.

THE
LEADERSHIP
MOMENT

"등반대는 독재자가 아닌 강한 리더를 필요로 한다."

알렌 블럼은 매서운 바람과 엄청난 눈사태를 용감하게 극복하며 세계에서 가장 험한 산 중에 하나인 안나푸르나의 정상을 향해 한걸음씩 나아가고 있었다. 그녀가 자신의 등반팀을 안나푸르나 정상에 올려놓겠다고 마음먹은 것은 자기 자신이나 등반팀 자체가 아니라 전 세계의 여성을 위해서였다. 블럼이 위험천만한 산봉우리로 이끌고 올리기고 있는 것은 등반팀이 아니라 하나의 대의명분이었던 것이다.

히말라야 산맥에 속하는 봉우리 중 해발 8,000미터 이상의 봉우리만을 골라 '히말라야 14좌'라고 부르는데, 안나푸르나는 바로 이 히말라야 14좌에 속한다. 1950년 이전까지만 해도 히말라야 14좌 중에서 인간의 발 아래 굴복한 것은 하나도 없었지만, 1950년 모리스 엘조그가 프랑스 팀을 이끌고 안나푸르나 정상에 올랐으며, 3년 후 뉴질랜드의 에드먼드 힐러리와 네팔의 텐징 노르게이가 히말라야 최고봉인 에베레스트를 정복했다.

등산이 모험과 위험을 즐기는 스포츠라면, 원정등반은 극한의 모험과 위험을 즐기는 스포츠라고 할 수 있다. 1970년대 중반까지 알렌 블럼은 아드레날린과 동료애에 이끌리고, 깎아지른 암벽이나 산소가 희박한 고지대가 선사하는 장엄한 풍경과 도전정신을 즐기는 여성이었다. 그녀는 이미 알래스카와 에베레스트를 등정했고, 마침내 1978년 10월 여성 등반대를 이끌고 안나푸르나에 도전하게 되었다.

히말라야 등반대를 조직한다는 것은 극한조건 하에서 여러 달 동안 야외에서 일할 수십 명의 풀타임 근로자를 모집하는 것과 같아서, 이것저것 쓸 데 없는 것 챙기랴 인력관리하랴 실행계획 세우랴 여간 골치아프고 짜증나는 일이 아니다. 게다가 히말라야라는 곳이 본래 발을 살짝만 잘못 디뎌도 천길 낭떠러지나 크레바스(빙하 속의 깊이 갈라진 틈) 속으로 곤두박질치기 십상인 곳이다. 따라서 제법 능숙한 산악인들에게도 히말라야 등반은 결코 녹록지 않은 일일진대, 하물며 그 등반대를 이끄는 등반대장으로 나선다는 것은 더 말할 나위도 없다. 그러나 알렌 블럼은 조금도 주눅들지 않았다. 그녀는 열 명의 정예 등반가를 모집하고 235명의 포터 및 셰르파를 고용한 다음, 6톤의 장비를 챙겨 싣고 안나푸르나 등반길에 올랐다.

등반가들마다 산에 오르는 동기는 제각각이다. 특정한 목표달성을 염두에 두는 사람들이 있는가 하면, 자연의 장관을 감상하려는 사람들도 있고, 단결심을 고취하거나 신체적 도전을 즐기려는 사람들도 있다. 그러나 전통적으로 등반가들은 하나의 궁극적 목표를 공유하고 있는데, 그것은 '정상에 오른다'는 것이다. 영국의 유명한 등반가로서 1920년대에 에베레스트 등정을 세 번이나 시

1978년 사상 최초로 여성 등반대를 이끌고 안나푸르나를 정복한 알렌 블럼.

도한 조지 맬러리는 한 기자로부터 "에베레스트산에 오르려고 하
시는 이유가 뭐죠?"라는 질문을 받고 "왜냐하면 산이 거기 있으니
까(Because it is there)"라는 네 단어의 말로 대답함으로써 문제의 핵
심을 찔렀다(맬러리는 두 번의 등정에 실패한 후 1924년 세 번째 등정에 나섰다가
에베레스트 정상 부근에서 실종되었는데, 그의 실종 원인은 등반가들 사이에서 영원한
미스터리로 남아 있다).

등반의 문외한들에게는 '산이 거기 있으니까'라는 대답은 어처
구니없거나, 심지어 어리석은 것처럼 들릴 수 있다. 그러나 등반
가에게 있어서 세상의 꼭대기에 발을 올려 놓고 사방에 펼쳐진 천
하를 내려다보는 것만큼 성취욕구를 만족시키는 것은 없다. 힐러
리와 텐징이 에베레스트 정복에 성공하기 1년 전에 에베레스트 정
상 150미터 이내까지 접근했던 스위스의 레이몬드 램버트는 '에
베레스트 정상에 도달하지는 못했지만 가장 근접했던 등반가'로

기억되고 있다. 그가 죽은 뒤 한 신문에 난 부고(訃告) 기사에는 "그는 자신의 실패가 힐러리의 성공에 토대가 되었다는 사실을 알고 난 후 땅을 치며 통곡해야 했다. 그는 불멸의 지점에 불과 150미터 가까이 접근했던 인물이다"라고 적혀 있다.

알렌 블럼과 그 동료들은 불멸의 지점에 150미터 근처까지는 접근하지 못했지만, 안나푸르나의 무시무시한 정상에 거의 다가와 있었다. 살인적인 눈사태가 앞길을 막고, 맹렬한 폭풍우가 그들의 생명을 위협하고 있었다. 알렌 블럼은 정상을 향해 계속 올라갈 것인지, 아니면 발길을 돌려야 할 것인지를 선택해야 하는 기로에 서 있었다. 정상을 정복할 것인가, 아니면 패배를 인정하고 물러날 것인가?

등반대 조직

히말라야는 성스러운 봉우리로 가득 차 있다. 네팔 제2의 도시 포카라 위로 마터호른(스위스와 이탈리아 국경에 있는 알프스 산맥의 봉우리)처럼 뾰족하게 솟아 있는 마차푸차레는 신(神)들이 사는 봉우리로, 모든 인간들의 접근이 금지된 곳이다. 해발 6,993미터의 마차푸차레는 전세계의 어느 등반가도 올라 보지 못한 몇 안 되는 봉우리 중의 하나다. 한편 에베레스트를 비롯한 다른 봉우리들은 덜 중요한 신들이 사는 곳이며, 많은 봉우리들은 관련된 신의 이름을 따서 명명되었다. 예컨대 안나푸르나는 수확의 여신을 의미하는데, 수확의 여신은 힌두교에서 섬기는 자비로운 신 중에 하나로 영양분과 풍요로움을 상징한다.

알렌 블럼에게는 안나푸르나 정상에 도전할 기회를 부여받았다는 사실 자체가 끊임없는 도전의 결과로 획득한 값진 선물이었다. 여성 산악등반은 이미 오랜 역사를 갖고 있었다. 일찍이 1808년 마리 파르디는 유럽의 최고봉인 몽블랑을 등정함으로써 여성 등반시대의 서막을 열었지만, 1970년대까지만 해도 세계의 산악인들 사이에는 여성 산악인들을 탐탁지 않게 여기는 분위기가 팽배해 있었다. 심지어 1975년 일본의 가정주부인 준코 타베이가 여성 최초로 에베레스트를 등정한 후에도 사정은 나아지지 않았다. 일본의 한 신문은 그녀가 남편과 아이들을 집안에 팽개쳐 두고 개인적 취미를 추구한다고 비판할 정도였다.

블럼의 경우에도 예외는 아니었다. 그녀는 1969년 아프카니스탄 원정대에 지원했지만, 그녀의 화려한 고봉 등반 경력이 무색할 정도로 퇴짜를 맞고 말았다. "만년설이 덮인 고산준령에서 남성 아홉 명 속에 여성이 한 명 끼어 있다는 것은 어쩐지 어색하다. 등반의 묘미 중 하나는 남성 간의 우의를 돈독히 하는 것인데, 여성이 끼어듦으로써 격이 떨어진다"는 것이 심사위원의 평이었다. 그로부터 1년 후 그녀는 알래스카의 맥킨리봉(데날리로 더 잘 알려져 있음)에 오를 등반대원을 모집한다는 광고를 보았는데, 여성도 참여는 가능하지만 베이스캠프에서 요리만 하고 정상에는 오르지 않는다는 단서가 붙어 있었다. 등반대장에게 연락하여 이유를 물어보니, '여성은 너무 나약하여 필요한 장비를 운반할 수 없고, 너무 심약해서 스트레스를 견딜 수 없기 때문'이라는 답변이 돌아왔다. 그녀와 함께 산을 오르는 남성 동료조차 "해병대에 입대하고, 사냥을 하고, 카 레이스를 즐기는 남자들의 세계에 여자가 함부로 끼어들면 안돼"라고 하며 만류할 정도였다.

블럼이 등반에 입문하게 된 계기는 우리가 어떤 취미를 갖게 되는 과정과 별반 다르지 않다. 아이오와 주에서 태어나 시카고의 도회에서 유년시절을 보낸 그녀는 도회지와는 거리가 먼 오리건 주의 리드 칼리지에 다니는 평범한 여대생이었다. 평소 건강이 별로 좋지않았던 그녀는 대학 3학년 시절인 1965년, 우연히 화학실험 파트너 남학생의 제안을 받아 인근의 후드산을 함께 등정하게 된다. 후드산은 캐스케이드 산맥에 속하는 휴화산으로 해발 3,429미터의 정상은 빙하로 덮여 있다. 그들은 학교 도서관에서 밤늦도록 공부하다가 새벽 2시에 등반길에 올랐다. 칠흑 같은 어둠을 뚫고 등반을 강행한 덕분에 그들은 정상에서 차란한 일출을 맞이할 수 있었다. 후드산 정상에서 떠오르는 휘황찬란한 태양을 바라보는 순간, 블럼은 그대로 산에 매혹당했다.

'여성은 데날리봉에 오를 수 없고 뒷바라지만을 해야 한다'는 말에 오기가 발동한 블럼은, 1970년 여성만으로 구성된 등반대에 참여하여 기어코 데날리봉을 정복하고야 만다. 데날리봉은 해발 6,194미터로 북미 최고봉이다. 그후 블럼은 여세를 몰아 네팔로 진출하여 데날리보다 더 높은 산들을 차례로 정복하고 아프가니스탄까지 행동반경을 넓혀 갔다. 블럼은 아프가니스탄의 한 봉우리를 등정하던 중 영국의 앨리슨 채드윅을 만나게 되는데, 두 사람은 의기 투합하여 1975년 여성만으로 구성된 등반대를 조직, 해발 8,091미터의 안나푸르나를 등정하기로 결의한다. 그런데 네팔 정부는 자국의 유명한 산들에 대한 등반을 일 년에 두 번씩으로 엄격하게 제한하기 때문에, 블럼과 채드윅은 자신들의 결의를 당장 실

리더에게 결정은 운명이다

행할 수 없었다. 1976년 블럼은 미국 등반대(건국 200주년 기념 등반대)의 일원으로 에베레스트 등정을 위해 네팔을 다시 찾게 되는데, 이때 자신이 신청했던 안나푸르나 등정 일정이 1978년으로 잡힌 것을 확인하게 된다. 바야흐로 그녀가 후드산에서 일출의 장관을 목격한 후 10년이 훨씬 지나, 순수하게 여성으로만 구성된 등반대를 이끌고 그보다 4,800미터나 더 높은 세계적 고봉에 도전하게 된 것이다.

히말라야 14좌 중에서 가장 먼저 정복된 산이기는 하지만, 안나푸르나는 등반가들 사이에서 여전히 만만치 않은 봉우리로 알려져 있었다. 6,000미터 이상의 고지대에 오랫동안 머물 경우 인체가 정상기능을 발휘하지 못하기 마련인데, 안나푸르나의 정상은 그보다도 수천 미터나 더 높은 곳에 있었다. 정상에 다가감에 따라 기온은 영하로 곤두박질치고, 벼락같은 눈사태가 등반대를 덮치기도 한다. 최초로 안나푸르나를 정복했던 등반대도 하산길에 기상이 악화되어 능글이 오싹해진 적이 있다. 모리스 엘조그는 성상에서 장갑을 잃어 동상에 걸리는 바람에, 나중에 손가락을 잘라내야만 했다. 프랑스 등반계의 두 거목인 리오넬 테레이와 가스통 레뷔파는 바람에 날려 크레바스에 빠졌다가 기적적으로 살아났지만, 눈(雪)에 반사된 강한 햇빛을 받아 시력을 잃었다. 그때까지 안나푸르나에 도전한 열세 팀 중 네 팀만이 정상 등정에 성공했으며, 아홉 명의 등반가들이 등반 도중 사라졌다. 설사 정상에 올랐던 등반가들이라 할지라도 열 명 중 한 명은 지상으로 내려오지 못했다.

블럼은 여성만으로 구성된 히말라야 등반대를 꾸리는 데 있어서, 실제로 6,000미터 이상 등정 경험이 있는 베테랑 등반대원들을 원했다. 그러나 여성 산악인들의 저변이 두텁지 않던 시절이라, 정예 여성 등반대원을 선발하기란 하늘의 별따기였다. 그럼에도 불구하고 블럼은 아홉 명의 쟁쟁한 멤버들을 모을 수 있었다. 그중에는 그녀의 오랜 친구인 베라 왓슨과 아이린 밀러도 포함되어 있었다. 왓슨은 마흔여섯 살의 컴퓨터 과학자였고, 밀러는 IBM에 근무하는 마흔두 살의 물리학자로 열두 살과 열여섯 살 난 딸을 둔 엄마였다. 그밖의 멤버는 조안 피레이(49세, 미술가이자 물리치료사), 피로 크라머(40세, 의사), 앨리스 채드윅(36세, 미술가), 베라 코마코바(39세, 생물 생태학자), 엘리자베스 클로부시키(34세, 영어 교사), 애니 화이트하우스(21세, 대학생), 마지 러스모어(20세, 대학생)로 채드윅(영국)과 클로부시키(독일)를 제외하면 모두 미국에 거주하고 있는 여성들이었다.

히말라야는 등반의 메카로, 대부분의 등반 매니아들은 히말라야 등반을 꿈꾼다. 히말라야 등반가들의 전성기를 30대로 볼 때, 히말라야 여성 등반대에 합류한 대원들 중 상당수에게는 이번이 히말라야 도전을 위한 마지막 기회가 될 수도 있었다. 블럼과 그녀의 대원들은 15,000장의 티셔츠를 팔아 안나푸르나 등반에 필요한 비용(8만 달러)을 마련했다. 그들이 판매한 티셔츠에는 이번 원정의 슬로건인 "여성의 자리는 정상에 있다"는 문구가 아로새겨졌다.

등반대는 네팔의 수도이자 히말라야의 관문인 카트만두로 날아간 다음, 약 130킬로미터의 구불구불한 산길을 자동차로 달려 안나푸르나의 그늘이 드리운 도시 포카라에 도착했다. 차에서 내린 대원들은 다시 130킬로미터를 도보로 여행해야 했다. 그들은

리더에게 결정은 운명이다

알렌 블럼이 조직한 히말라야 여성 등반대.

세계에서 가장 깊은 협곡들을 천천히 지나 열흘 후 안나푸르나의
기슭에 도착했다. "8,000미터 상공에 까마득히 떠 있는 구름 위로
안나푸르나의 정상이 살며시 고개를 내밀고 있었다. 그 거리가 너
무 아득해 보여, 그 위에 발을 디디고자 하는 우리의 욕망이 거만
하게 느껴졌다"고 블럼은 회고했다. 그들은 앞으로 6주 동안 베이
스캠프와 정상 사이에 다섯 개의 캠프를 설치하고, 텐트, 식량, 슬
리핑백, 등반장비, 산소탱크 등 일체의 장비들을 실어나를 예정
이었다.

등반대의 핵심과제는 더치립이라는 좁은 공간 위에 캠프를 설
치하는 것이었다. 더치립은 얇은 바위와 얼음으로 이루어진 곳으
로, 안나푸르나의 낮은 빙하지역(일명 빙하 고속도로)과 높은 설원지
역을 연결하는 핵심 루트였다. 더치립에 도달하려면 거대한 고드
름이 주렁주렁 매달린 암벽을 한참 기어올라야 했기 때문에, 고난

이도의 등반기술이 필요했다. 더치립의 구불구불한 산등성이 위에 설치되는 텐트는 일종의 중간기착지로서, 필요한 물자를 올려보내고 지친 대원들을 내려보내는 역할을 하는 중요한 곳이었다. 그곳에는 좌우로 300미터에 달하는 텅 빈 공간이 자리잡고 있어서 지형적으로는 쓸 만했지만, 위치가 불안하다는 것이 문제였다(그로부터 1년 후 세 명의 미국 등반가들이 동일한 장소에 텐트를 설치했다가, 허리케인을 동반한 눈사태가 불시에 산등성이를 덮치는 바람에 목숨을 잃고 말았다). 그러나 등반대는 더치립을 최적의 중간기지로 생각하고, 그곳을 3번 캠프로 지정했다. 따라서 더치립에 텐트를 설치한 다음에도, 앞으로 두 개의 텐트를 더 설치해야만 정상공격을 바라볼 수 있었다.

리더에게 결정은 운명이다

눈사태를 피하라

매일 내린 눈이 온 산을 두껍게 뒤덮고 있었다. 30도 이상의 슬로프(경사면)를 오르다 보니, 약간이라도 방심하는 날에는 곧바로 미끄러져 눈 구덩이에 처박히기 일쑤였다. 눈사태를 만나는 경우, 등반가는 눈, 얼음, 공기가 뒤섞인 집채만한 덩어리에 휩쓸려 산비탈 아래로 곤두박질치게 되는데, 등반가들은 이것을 '헤엄친다'고 표현한다. 눈사태를 타고 '헤엄치는' 것도 위험한 일이지만, 정작 위험한 일은 눈사태가 멈출 때 일어난다. 다행히 눈사태의 꼭대기에 위치한 사람은 눈덩이에서 극적으로 탈출할 수도 있지만, 아랫부분에 있는 사람은 눈 속에 완전히 갇혀 버리는 신세가 된다. 수 톤의 눈이 위에서 짓누르기 때문에 공기가 위로 밀려 올라가, 아래쪽의 눈에는 공기가 희박해진다. 간혹 눈 사이사이에 작은 틈

새들이 있어 약간의 공기를 품고 있을 수도 있다. 그러나 설사 많은 공기를 품고 있는 틈새라 할지라도 위에서 짓누르는 눈의 압력으로 인해 20분 이내에 모든 공기를 빼앗기기 때문에, 그 속에 갇힌 사람은 결국 질식사하게 된다. 눈사태가 갖고 있는 무기는 눈과 얼음뿐만이 아니다. 눈사태는 시속 약 322킬로미터의 강풍을 일으켜 마치 파성퇴(성문이나 성벽을 두들겨 부수는 데 쓰던 무기)나 거대한 낫처럼 강철로 된 다리를 망가뜨리거나 멀쩡히 서 있는 나무를 부러뜨리는 괴력을 발휘한다.

눈사태는 히말라야 등반가들이 가장 두려워하는 대상 중에 하나이며, 특히 안나푸르나는 눈사태가 많기로 악명 높은 곳이다. 1970년 영국-네팔 등반대를 이끌고 시클 루트(엘조그가 20년 전에 사용한 루트)를 통해 안나푸르나에 올랐던 헨리 데이는 블럼이 이 루트를 경유할 예정이라는 소식을 듣고 다음과 같이 충고했다. "시클 루트는 눈사태가 굉장히 많이 일어나는 곳이라 바람직한 루트가 아닌데……. 나 같으면 차라리 다른 루트를 택하겠소. 더구나 이제 나는 두 아이의 아빠란 말이오."

블럼이 택한 경로에서 가장 위험한 지역은 2번 캠프와 더치립 사이의 빙하지역이었다. 빙하는 눈사태를 아래로 내려보내는 슈트, 즉 활송장치(사람이나 물건을 미끄러뜨리듯 이동시키는 장치)의 역할을 하기 때문에, 그 지역을 지나가는 등반대를 향해 눈사태를 연거푸 내려보낼 가능성이 있었다. 일부 지역의 경우 기온이 낮은 오전에는 눈사태가 뜸하기 때문에, 리듬만 잘 맞추면 눈사태의 위험을 피할 수 있었다. 그러나 블럼이 택한 경로의 경우, 눈사태가 시도 때도 없이 무작위로 발생한다는 것이 문제였다. 슈트의 폭은 800미

안나푸르나에서 내려다본 더치립.

터, 슈트를 상향통과하는 데 걸리는 시간은 30분(하향통과할 때는 15분) 이상이었다. 따라서 해발 5,640미터의 고지대에서 한 사람이 18킬로그램 정도의 배낭을 메고 이 지점을 통과하는 동안 눈사태를 만나지 않는다는 것은 거의 불가능해 보였다. 그러나 이미 전체적인 등반루트가 결정된 이상, 이 지역을 지나가지 않을 수는 없었다. 이 지역을 지나가는 모든 대원의 안전에 대한 최종책임은 물론 블럼에게 있었다.

등반 과정은 전반적으로 별일 없이 진행됐지만, 하루하루를 뜯어보면 위기일발의 연속이었다. 하루는 여섯 명의 대원들이 아무

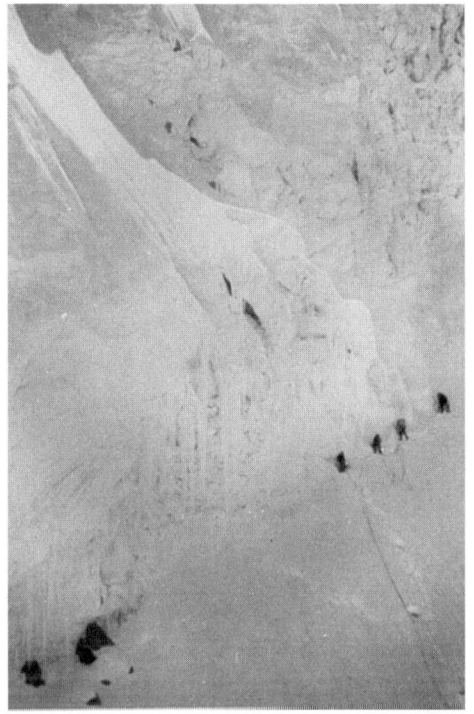

더치림을 클로즈업한 모습.

런 사고 없이 코스를 통과한 직후, 갑자기 눈사태가 휩쓸고 지나가 앞서 간 대원들의 발자취를 말끔히 지워 버렸다. 잠시 후 나머지 세 명의 대원들이 눈사태가 지나간 지역에 접근했을 때, 애니 화이 트하우스가 무서운 광경을 목격했다. 그녀는 그날의 일기에 이때 의 상황을 다음과 같이 적었다.

"나는 눈사태가 남긴 둔덕을 막 지나려는 순간, 시클 루트의 오른쪽 에서 한 무더기의 눈과 얼음이 소리 없이 쏟아져 내려오는 것을 보았 다. 나는 앞서 간 세 명의 동료가 이 눈사태에 휩쓸려 간 것이 틀림 없다고 생각했다. 엄청난 양의 눈이 구름떼 같이 몰려와 동료들이 있었던 자리를 삽시간에 삼켜버렸다고 판단한 것이다."

그러나 앞서간 동료들은 눈사태가 도착하기 전에 불과 몇 미터 차이로 그 자리를 벗어난 뒤였다. 그야말로 기적이었다. 그러나 안도의 한숨을 채 내쉬기도 전에 또 한바탕의 눈사태가 밀려와, 더치럽 아래에 폭탄이 터져도 끄떡없다고 장담할 정도로 고이 파묻어 뒀던 비상용 등반장비를 흔적도 없이 쓸어가 버렸다.

눈사태의 변덕이 얼마나 심했으면, 블럼은 슈트를 지나기 직전에 이런 생각까지 했을 정도였다. "만일 내가 이 슈트를 지나가기 전에 잠깐 멈춰서서 아이젠을 손본다면, 그로 인해 간발의 차이로 눈사태를 피하게 될까, 아니면 간발의 차이로 눈사태를 만나게 될까?" 그녀는 멈추지 않고 통과하는 쪽을 택했고, 그녀가 슈트를 통과한 지 불과 5분도 지나지 않아 눈사태가 슈트를 휩쓸고 지나갔다. 그야말로 순간의 선택이 평생을 좌우한 것이다. 어느 날 오후에는 마치 산 전체가 무너져 내리는 것처럼 몇 분 간격으로 눈사태가 꼬리를 물고 내려오더니, 그중의 하나가 여섯 명의 대원이 머물고 있던 1번 캠프를 덮쳤다. 눈사태의 위협이 얼마나 심각했던지, 블럼은 생각해서는 안 될 일을 생각하고 말았다. 그것은 '당장 보따리를 싸는 것'이었다. 블럼은 여러 텐트에 나뉘어져 있던 동료들을 불러모아 의견을 물었다.

블럼 "지금 발생하고 있는 눈사태가 장난이 아닌 것 같아. 여러분은 우리가 여기에 계속 있어도 안전할 거라고 생각해?"

리더에게 결정은 운명이다

긴 침묵이 흘렀다.

블럼 "여기서는 도저히 생각할 수도 없는 일들이 하루에 두 번씩 일어나고 있어. 누군가 '너희 중에 한 명이 죽기 전에 빨리 단념하라'는 경고 메시지를 보내는 것 같아."

다시 한 번 긴 침묵이 흘렀다.

화이트하우스 "그런 얘기는 하고 싶지 않아요. 나는 그저 이 산을 오르고 싶을 뿐이에요."

밀러 "나는 20년 동안 등반을 해 왔지만, 상황이 이렇게 불안정한 경우는 처음이야. 눈사태가 완전히 무작위적으로 들이닥치고 있어. 이런 상태에서 등반을 계속한다는 것은 윤리적으로도 어긋나는 일이야."

블럼 "우린 산을 오를 능력을 충분히 갖고 있고, 이제까지 모든 일을 잘 처리해 왔다고 생각해. 우리가 잘못한 게 있다면 안나푸르나를 선택한 것밖에 없어. 우리는 이미 가장 어려운 고비를 넘겼지만, 앞으로 3주 이상 여기에 더 머물면서 무너져 내리는 경사면을 계속 오를 경우, 누군가 희생되지 말라는 보장은 없어."

밀러 "나는 지금껏 눈사태의 위험 때문에 안나푸르나를 기분 나쁘게 생각해 왔어. 나 역시 우리가 다른 봉우리를 골랐더라면 더 좋았을 거라고 생각해. 그러나 우리는 지금 여기 안나푸르나에 와 있어. 여기에 온 이상 계속 전진해야 한다고 생각해."

그 이후로도 눈사태는 조금도 수그러들지 않았고, 대원들의 꺼림칙한 마음도 전혀 개운해지지 않았다. 그럼에도 불구하고 보따리를 쌀 것인가 말 것인가의 문제는 더 이상 논의되지 않았다. 대원들의 움직임에는 가속도가 붙어, 눈사태가 난무하는 곳을 지날 때도 포기하거나 멈칫거리는 사람이 하나도 없었다. "우리가 안나푸르나를 떠나지 않았던 것이 현명한 일이었는지 또는 칭찬받을 만한 일이었는지 확신할 수 없다. 그러나 그것이 영웅적인 일이었다는 것만은 분명하다"고 블럼은 술회했다. 클로부시키는 교사일 때문에 도중에 독일로 돌아가야 했는데, 환송회 자리에서 이렇게 고백했다. "솔직히 말해서, 여러분들처럼 독한 사람들은 처음이에요."

리더에게 결정은 운명이다

정상공격조 선발

산악 등반은 모든 대원들이 서로의 어깨를 딛고 일어서야 하는 '인간 피라미드'와 같다. 모든 대원들이 함께 노력하지 않으면 아무도 정상에 오를 수 없다. 그러나 다른 한편, 모든 대원들이 정상에 오르고 싶어한다. 사실 정상에 오르는 것이 스포츠의 매력이며, 대원들이 눈보라의 위험을 기꺼이 무릅쓴 것도 알고 보면 정상에 오르기 위해서라고 할 수 있다. 리더로서의 알렌 블럼이 느꼈던 고민은 '정상에 오를 인원이 제한되어 있다'는 점이었다. 물론 이 말이 정상에 여러 명이 오를 수 있는 물리적 공간이 부족하다는 것을 뜻하지는 않는다. 아무리 뾰족한 정상이라도 그 정도의 공간은 있다. 그러나 해발 8,000미터의 환경은 너무나 열악하기 때문에, 그 위에 올라가 실감나는 사진을 찍을 수 있는 사람은 단 두 명뿐이다. 엘조그와 루이 라슈날이 안나푸르나의 정상에 올랐을 때, 그리고 힐러리와 텐징이 에레베스트의 정상에 올랐을 때 십여 명의 대원들이 아래에서 그들을 지원했지만, 그들은 정상 근처에는 얼씬하지도 못했다.

블럼의 시각에서 볼 때, 정상에 대한 대원들의 집착은 가공할 만한 문제였다. 고봉 등정에 승자독식(a winner-take-it-all)의 원칙이 적용된다면, 즉 정상에 오름으로써 받는 보상이 다른 모든 기여를 상쇄하고도 남는다면, 대원들 사이에서 정상공격조에 선발되기 위한 다툼이 생길 것이다. 그러면 모든 대원들이 정상에 오르는 기회를 얻기 위해 그녀에게 로비를 할 것이며, 때로는 이러한 움직임이 팀의 화합을 깨는 상황을 유발할 수도 있다. 그리하여 일단 정상공격조가 확정되고 나면, 다른 대원들의 사기가 저하되어 성공적인 등반과 하산에 막대한 영향을 끼칠 수 있다. 블럼은 처음 등반을 기획할 때부터, "정상에 오를 사람이 누구인지를 끝까지 밝히지 않음으로써, 모든 대원들이 똑같은 영광을 누릴 수 있게 해 볼까?"라는 생각을 했던 적이 있다.

역시의 기록을 결정하는 데는 소소힌 재미라는 깃이 큰 몫을 한다. 예컨대 '누가 건강했고, 누구의 활약이 컸으며, 날씨가 쾌청한 날은 언제였나' 등의 문제가 중요한 기여요인으로 간주되는 것이다. '마지막으로 정상에 오를 사람이 누구인가?'는 가장 중요한 문제였으며, 이를 결정하는 것은 대장의 전권으로 간주되고 있었다. 따라서 알렌 블럼은 등반순서와 관련하여 두 가지 중대한 의사결정을 내려야 했다. 그녀는 그후 몇 년 동안 이 두 가지 결정의 내용을 곱씹어 보며, 그것이 옳았는지 글렀는지에 대해 고민하게 된다.

블럼의 첫 번째 의사결정은 1차 정상공격조를 구성하는 것이었다. 블럼은 이 결정이 다른 대원들의 의사를 무시하고 독단적으로 이루어져서는 안 된다는 것을 잘 알고 있었다. 그녀는 대원들에게 "1차 정상공격조는 세 명으로 구성되며, 10월 14~16일 사이에 정상에 오르게 될 것"이라고 말했다. 두 번째 정상공격은 1차 공격이 끝난 후 이틀 뒤에 두 명의 대원과 두 명의 셰르파에 의해 시도되며, 마지막으로 남은 대원 중에서 정상에 오르고 싶은 대원이 있을 경우 3차 정상공격조를 추가로 구성할 예정이었다.

앨리슨 채드윅은 1차 정상공격조의 구성원을 늘려야 한다고 반발했다. 현실적으로 3차 정상공격이 성사될 가능성은 희박하며, 2차 정상공격조차도 성공한다는 보장이 없었다. 1차 정상공격이 끝나고 나면 대원들의 모멘텀(추진력)이 급격히 하락하기 마련이라는 것을 채드윅은 잘 알고 있었다. 공격을 마친 대원들은 정신적 신체적으로 지쳐 더 이상 모험을 하려고 하지 않으며, 정상 등정보다는 하산이 지상과제로 등장하게 된다. 그들보다 앞서서 안나푸르나 등정에 성공했던 네 팀의 등반대들은 하나같이 두 명의 정상공격조만을 정상에 올려보냈다.

채드윅은 다음과 같이 주장했다. "나는 가능한 한 모든 대원들에게 정상에 오를 기회를 줘야 한다고 생각해. 모든 대원들이 무거운 짐을 등에 짊어지고 위험을 무릅쓰면서 3번 캠프까지 올라온 이상, 그들 모두가 정상에 오를 기회를 보장받아야 해. 1차 공격조와 2차 공격조의 인원을 모두 합쳐 봐야 다섯 명밖에 안돼. 그럼 나머지는 뭐가 되는 거지?" 그녀는 2차 공격조를 세 명의 대원과 한 명의 셰르파로 구성하고, 3차 공격의 의미를 '가능하면'에서 '확실히'로 격상시켜야 한다고 주장했다. 블럼은 "3차 공격은커녕 2차

공격도 보장해 줄 수 없어. 동료들을 위해 보급품을 짊어지고 눈사
태가 난무하는 슈트를 지나온 대가로 정상 등정을 요구할 생각이
었다면, 아예 3번 캠프에 올라오지 말았어야지"라고 맞받았다.

셰르파들도 논쟁에 끼어들어 독자적인 목소리를 냈다. 그들은
티벳 출신의 한 종족으로, 등반에 관한 전문 훈련과정을 이수하고
풍부한 경험을 쌓았을 뿐만 아니라 힘과 인내력까지 뛰어나, 대부
분의 히말라야 등반대에게 없어서는 안될 귀중한 존재였다. 블럼
은 진정한 의미의 여성 등반대를 구성하기 위해 처음에는 '셰르파
를 완전히 배제할까?'라는 생각도 해 봤지만, 고봉 등반이라는 현
실적인 문제를 감안하여 두 명의 셰르파니(여성 셰르파)와 세 명의 셰
르파를 고용하기로 방침을 정했다. 그러나 결국 셰르파니를 구하
는 데는 실패하고 말았다. 셰르파들은 자신들에게도 정상에 오를
기회를 달라고 요구했다. 그것은 셰르파로서 자존심의 문제이기
도 했지만, 미래를 위해 몸값을 올리기 위한 방편이기도 했다.

셰르파이 우두머리('시다'라고 함)인 롭상 체링은 '소수정예로 이루
어진 팀만이 정상정복에 성공할 수 있다'며, 1차 공격조를 여성대
원 한 명과 셰르파 한 명으로 구성할 것을 제안했다. 나아가 그는
'정상공격은 한 번이면 충분하다'고 덧붙였다. "안나푸르나는 매
우 위험한 곳입니다. 너무 많은 사람들이 한꺼번에 우르르 정상에
오르는 것은 바람직하지 않아요. 한 명의 대원과 한 명의 셰르파만
정상에 올라가도 우리는 모두 행복하게 집으로 돌아갈 수 있어요"
라고 그는 주장했다. "그렇지만 우리 대원들은 모두 안나푸르나
정상에 오르는 것을 간절히 원해 왔어요"라고 블럼은 양해를 구했
다. 그러자 체링은 이렇게 대꾸했다. "당신은 리더예요. 당신은 리

1사 정상공격조로 안나푸르나 징상에 오른 아이린 밀러.

더로서, 모두가 정상에 오를 수 있는 것은 아니라는 점을 대원들에게 분명히 말해 줘야 해요."

블럼은 기상조건이 양호한 틈을 타서 1차 공격을 감행하기로 하고, 아이린 밀러, 베라 코마코바, 피로 크라머를 1차 정상공격조로 선발했다. 그녀는 처음에 구상했던 2차 공격과 3차 공격을 반드시 실시할 것이며, 각 팀에는 두 명의 대원이 포함될 것이라고 약속했다. 아울러 마지막 팀의 경우에는, 정상에 오르고 싶어하는 다른 대원들과 셰르파 체왕 린징과 밍마 체링도 합류시킬 계획이라고 말했다(블럼은 개인적으로 여건이 허락할 경우 1차 공격조에 셰르파 한 명을 포함시킬 생각을 갖고 있었고, 대원들에게 이 사실을 미리 귀띔해 주었다).

1차 공격조는 정상을 불과 800미터 앞둔 해발 7,300미터의 캠프에 도달하였다. 그들은 린징, 체링을 대동하고 있었는데, 두 사람을 모두 정상까지 데리고 갈 생각이었다(그들 중 한 명만을 정상에 데리고 갈 경우, 다른 사람도 데리고 가야 한다고 고집부릴 것이 뻔했다).

세 명의 대원은 10월 15일 새벽 3시에 일어나, 네 시간 동안 마지막 등정을 위한 준비를 마쳤다. 캠프 밖으로 나가 아이젠을 조이고 배낭을 메는 순간, 크라머는 자신의 오른쪽 둘째 손가락이 장갑의 뚫린 구멍을 비집고 나와 하얗게 얼어붙은 것을 발견했다. 안과의사인 그녀는 불구가 되는 위험을 감수하고 싶지 않아 뒤에 남기를 자원했다.

그날 오후, 안나푸르나 정상 아래 1,600미터 지점에 머물러 있던 알렌 블럼은 눈사태 다발지역을 여느 때처럼 조마조마한 마음으로 지나가고 있었다. 그때 건너편 지역에서 무전기를 들고 정상과 교신하는 대원의 모습이 눈에 들어왔다. "그들이 해냈을까?" 블럼이 소리쳤다. 그 대원은 긍정의 표시로 고개를 끄덕였다. 밀러, 코마코바, 그리고 두 명의 셰르파는 오후 3시 30분에 안나푸르나의 정상에 발을 디디는 데 성공한 것이다. 아이린 밀러는 그날 밤 일기에 이렇게 썼다. "우리가 도착한 곳보다 더 높은 곳은 없었다. 우리는 목표를 달성했다." 블럼은 감정이 북받쳤다. "나의 마음 속에서는 만감이 교차했다. 정상을 정복했다는 승리감, 마지막 경사면을 무사히 올라갔다는 안도감, '이제 또 어떻게 하산해야 하나?'라는 긴장감…… 그러나 무엇보다도 내 마음을 가득 메운 것은 '여성의 자리는 정상'이라는 사실을 입증했다는 뿌듯함이었다"라고 블럼은 회상했다. "안나푸르나의 정상에 오른 것은 내 인생에서 가장 힘든 일이었다"고 밀러는 말했다.

두 번째 의사결정

블럼의 두 번째 의사결정은 첫 번째 의사결정과 같은 날에 내려졌다. 그것은 1차 공격조의 정상정복을 얼마 앞두지 않고 내려진 결정이었는데, 결정의 결과가 참담한 현실로 다가온 것은 그로부터 이틀 뒤였다. 2차 공격조는 앨리슨 채드윅, 베라 왓슨, 애니 화이트하우스로 구성될 예정이었다. 네 번째 멤버로 마지 러스모어가 거론되었지만, 발의 동상 때문에 눈물을 머금고 뒤로 물러났다. 세 명의 대원은 더치립의 3번 캠프에서 대기하고 있었는데, 정상에서 3번 캠프까지는 이틀밖에 걸리지 않았으며, 4번, 5번 캠프들은 이미 잘 준비되어 있었다.

"4번 캠프에 올라갈 생각을 하니 너무 흥분되는걸!" 왓슨은 다른 대원들도 그렇게 생각하기를 바라며 감격스럽게 외쳤다. 채드윅의 생각도 왓슨과 마찬가지였으며, 이날 따라 날씨 또한 매우 좋았다. 그러나 화이트하우스는 이상하게 마음이 갈팡질팡했다. 그녀는 2차 공격조가 정상에 올라갔다 내려오는 동안 충분한 지원을 받을 수 있는지를 확신할 수 없었다. "지난밤 한숨도 못 자고 곰곰이 생각해 봤는데, 우리 팀은 2차 정상공격을 할 만큼 강하지 못한 것 같아요. 이번 정상등반은 안전하지 않다고 생각해요"라고 그녀는 말했다.

화이트하우스의 폭탄 발언에 왓슨은 풀이 죽었고 채드윅은 쇼크를 받았다. "멍청한 소리 하지 마, 애니. 우리만 따라오면 돼. 우린 할 수 있다구"라고 채드윅이 말하자, 화이트하우스는 괜한 셰르파를 의심했다. "만일 일이 잘못될 경우, 셰르파가 도와주지 않으면 끝장이에요. 그들은 5번 캠프에서 우리를 기다려 주지 않을

리더에게 결정은 운명이다

아이린 밀러와 함께 안나푸르나에 오른 베라 코마코바.

거예요. 정상까지 데려다 주지 않는 건 물론이고요." 화이트하우
스와 채드윅이 실랑이를 벌이고 있는 그 순간, 두 명의 셰르파는 1
차 공격조와 함께 징싱에 오를 재비를 하고 있었다. 그들은 '한 명
의 셰르파만 정상에 올라가도 모두 행복하게 집으로 돌아갈 수 있
다'는 셰르파 우두머리의 말을 생각해 냈다. 1차 공격조에 가담했
던 체링은 다음날 짐을 꾸려 2번 캠프로 내려가, "카트만두로 가서
파티를 벌이자"고 말할 것이다. 채드윅은 다른 셰르파가 남아 줄
것이라고 믿고 있었지만, "설사 그들이 도와주지 않아도 우리끼리
할 수 있어"라고 자신만만하게 말했다. 그러나 화이트하우스는 고
개를 절레절레 흔들었다. "날씨는 몇 시간만 지나면 얼마든지 바
뀔 수 있어요. 그러면 어떡하죠? 산소도 없고 셰르파도 도와주지
않으면, 우리는 절대로 무사할 수 없어요."

블럼은 화이트하우스를 2차 정상공격조에 배정했지만, 그녀에게 정상등정을 강요하지는 않았다. 더욱이 다른 대원들에게도 화이트하우스의 등정을 강요하지 말라고 경고했다. "애니 스스로 결정하게 내버려 둬요. 어떤 사람을 설득해서 위험으로 몰아넣는 건 잘못된 일이에요. 그녀의 판단을 존중해야 해요." 화이트하우스는 결국 정상등정을 포기하겠다는 뜻을 분명히 밝혔다.

한 명의 팀원이 빠지고 셰르파의 지원이 부족하다는 사실을 알면서도 채드윅과 왓슨은 의연했다. 그들은 자신들만의 힘으로 정상을 오르겠다는 각오가 되어 있었다. 그들에게는 최고봉 대신 제2봉(해발 7,937미터의 봉우리로, 이 역시 어느 누구의 발길도 닿은 적이 없는 곳이었음)에 오르거나, 아니면 아예 돌아서는 대안이 있었지만, 그들은 '한번 시도해 보는 것'을 중요하게 여겼다. 사실 어떤 의미에서 보면, 지원이 부족하다는 것이 그들에게는 더 잘된 일일 수도 있었다. 언젠가 채드윅은 블럼에게 이렇게 말한 적이 있다. "이번 안나푸르나 등정이 정말로 의미있는 것이 되려면, 셰르파 없이 우리 힘만으로 도전해 볼 필요가 있어." 그녀는 3년 전 히말라야의 거봉 중 하나인 가셔브룸 3봉에 산소 없이 단독으로 도전하여 7,900미터 가까이 올라간 적이 있었다. 왓슨 역시 남아메리카 최고봉인 아르헨티나의 아콩카과(해발 6,960미터)를 여성으로는 처음으로 단독 등정한 기록을 보유하고 있었다.

10월 15일 오전 11시 30분, 3번 캠프를 떠나는 채드윅과 왓슨에게 블럼은 이렇게 말했다. "조심해. 절대로 무리할 필요 없어." 기세등등하던 왓슨은 어느새 풀이 죽어, 이제는 개인 최고 등정기록(약 7,000미터)를 경신하는 것이 목표라고 슬그머니 말을 바꿨다. 이와 대조적으로 채드윅의 낙관론은 확고했다. 그녀는 가능한 한 최고의 높이까지 올라가겠노라고 전의를 불태우며, "괜찮아, 아무 일 없을 거야"라는 말을 남기고 정상을 향해 출발했다.

1차 공격이 성공한 다음날인 10월 16일, 채드윅과 왓슨은 4번 캠프를 지나 위로 올라가다가, 기진맥진한 채 하산하고 있는 1차 공격조와 마주쳤다. 그러나 1차 공격조와 함께 있는 셰르파들은 2차 공격조에 합류하여 등정을 도와줄 생각이 전혀 없어 보였다. 채드윅과 왓슨은 어느새 안나푸르나 제2봉을 등정하기로 마음을 고쳐먹고, 블럼에게 무전을 쳐서 가이드북에 있는 사진을 보고 지형을 설명해 달라고 부탁했다. 블럼은 "정상 근처에 가파른 암벽이 있는데, 두 사람이 오르기에는 무리야"라고 경고했다.

다음 날 아침 나머지 탐험대들은 모두 3번 캠프 이하로 내려가 있어, 4번 캠프 이상의 지역에는 유사시 채드윅과 왓슨을 도와줄 대원이 아무도 남아 있지 않았다. 블럼은 무전을 통해 채드윅과 왓슨에서 최후통첩을 보냈다. "셰르파의 도움 없이 더 이상 올라가지 않는 것이 좋겠어. 너희들은 이미 큰 일을 해냈으니까, 이제 내려와도 좋아." 그러나 채드윅과 왓슨은 고집을 꺾지 않았고, 그날 저녁 늦게 등정대의 촬영팀은 두 사람이 5번 캠프를 행해 다가가는 모습을 카메라에 담았다. 5번 캠프는 정상 바로 밑에 있는 마지막 캠프였다.

그날 밤 대원들이 저녁식사를 하는 동안, 알렌 블럼은 두 사람과 교신을 시도했지만 연락이 되지 않았다. 매우 낮은 온도에서 통신이 두절되는 것은 흔한 일이었기 때문에 블럼은 그러려니 하고 하룻밤을 보냈다. 다음날 촬영팀이 고성능 망원렌즈를 이리저리 돌려 봐도, 5번 캠프 주위에서는 움직이는 물체가 전혀 포착되지 않았다. 두 사람과의 통신이 두절된 채로 다시 하룻밤이 지나고, 움직이는 물체를 포착하지 못한 채 다시 한나절이 지났다.

체링과 다른 한 명의 세르파가 수색을 위해 위로 올라갔다. 몇 시간이 지난 후 불안한 기색이 역력한 세르파들의 목소리가 무전기를 통해 지지직거리며 들려왔다. 4번 캠프 근방에서 붉은색 재킷을 하나 발견했는데 채드윅의 것과 비슷하다는 내용이었다. 크레바스가 가로막고 있어 가까이 접근할 수는 없지만, 50미터 전방에서 목격된 상황으로 미루어 볼 때, 최악의 상황이 벌어진 것이 분명했다. 두 사람은 5번 캠프로 가는 도중에 가파른 얼음길에서 미끄러져 넘어진 것 같았다. 그 길은 너무 미끄러워, 내려올 때는 여러 명이 서로를 자일로 엮은 다음 조심해서 내려와야 하지만, 올라가는 경우에는 별도의 보호장비 없이 그대로 올라가는 것이 보통이었다. 산을 바라보며 경사면을 올라가는 것은 산을 등지고 경사면을 내려가는 것보다 안전하기 때문이다. 그러나 아무리 그렇더라도 신발에 장착된 아이젠이나 미끄럼 방지장치가 떨어져 나갈 경우 안전을 보장할 수 없었다. 이유야 어찌됐든 두 사람은 300미터 아래로 굴러떨어진 것 같았다.

얼음으로 뒤덮인 경사면에서 발을 약간이라도 헛디디는 것은 곧 재앙을 뜻한다. 설사 세르파가 동행했더라도 채드윅과 왓슨에게는 별로 도움이 되지 않았을 것이다. 십중팔구 세르파는 자기들끼리만 서로 로프로 묶고, 등반대원들과는 로프를 연결하지 않았을 것이다(이것은 오랜 등반을 통해 형성된 그들의 관행이었다). "나는 비디오테이프를 거꾸로 돌리듯 과거로 돌아가 모든 기록을 되돌리고 싶었다. 등반 대상, 등반대장, 정상공격조, 심지어 '8,000미터급 고봉을 등정하고 싶다는 욕망'까지도 모두 되돌리고 싶었다. 그러나 이미 엎질러진 물을 주워담을 수는 없었다"고 블럼은 회고했다.

리더가 된다는 것

리더십이란 학습을 통해 얻어지는, 일종의 기술이다. 이러한 의미에서 리더로서의 경험이 일천한 알렌 블럼이 히말라야 여성 등반대장을 맡은 것은 '직접 경험'이라는 이름의 학교에 입학한 것이나 마찬가지다. 물론 그녀가 완전한 백지상태에서 출발한 것은 아니다. 그녀는 여섯 명의 여성만으로 구성된 데날리 등반대를 이끌었던 경험이 있었으니 말이다. 하지만 그녀는 처음부터 데날리 등반대의 리더는 아니었다. 데날리 정상에서 등반대장이 고산병으로 초죽음이 되는 바람에 혼비백산한 동료들을 이끌고, 힘들고 위험한 산길을 앞장서서 내려왔을 뿐이다. 더욱이 히말라야 14좌에 속하는 안나푸르나는 데날리와 스케일부터 다르며, 등반 과정에 수반되는 '인간적 도전'과 '자연적 위험'이라는 면에서 데날리와는 게임이 안 된다.

이러한 상황에서 블럼이 안나푸르나 등반을 시작한 것은 무에서 유를 창조하는 것이나 마찬가지였다. 그녀는 '8,000미터급 고봉을 등정한다'는 거창한 비전을 인허가, 팀조직, 텐트치기 등의 일상적 문제로 구체화시켜야 했다. 많은 사람들이 창업을 꿈꾸지만 대부분 구름을 잡는 데 그칠 뿐이며, 실제로 자신의 구상을 현실로 옮기는 사람은 드물다. 등반대를 조직하는 것도 이와 마찬가지다. 어쨌든 1978년 10월 9일, 좌충우돌 끝에 용케도 조직된 히말라야 여성 등반대는 카트만두 공항의 검색대를 통과하여 히말라야로 달려간다. 그날은 '직접경험 학교'의 첫 등교일이었다.

한 무리의 등반대원들을 문명세계에서 야만의 세계로 이끌기 위해서는 기민하면서도 당찬 성격이 필요하다. 그러나 블럼은 선천적으로 이러한 성격을 갖고 태어난 인물은 아니었다. 그녀는 동료애와 협동을 선호했지만 명령과 통제에는 젬병이었다. 이 같은 성격은 등반대를 무정부상태로 만들 것이 뻔했기 때문에, 카트만두에서 각종 장비를 구입하고 포터와 셰르파를 모집할 때부터 그녀는 자신의 성격을 개조해야 할 필요성을 느끼게 된다. 그녀는 이때의 상황을 "나는 현실을 배위가고 있었다. 마치 군대의 지휘관처럼 변해가고 있었던 것 같다"고 묘사했다. 그러나 그녀는 대원들로부터 암묵적으로 인정받은 조직을 이끌고 있었기 때문에, 보다 과감하게 조직을 장악할 필요가 있었다.

블럼이 겪은 최초의 시련은 조안 피레이와의 신경전이었다. 피레이는 다년 간의 등반경험을 지닌, 자부심 강한 여성이었다. 블럼은 그녀의 낙관적 성격과 정확한 판단력을 높이 평가하여, 그녀에게 식품공급의 책임을 맡겼다. 등반대는 네팔 시내에서 많은 양의 쌀, 과일, 고기를 구입해야 했는데, 그녀의 알뜰한 성격 때문에 가정에서 간단히 먹기에는 충분할지 몰라도 대식구가 산에서 먹기에는 부족한 양의 식량이 준비되었다.

우연히 냉장고를 들여다본 블럼은 "이러다가는 대원들이 모두 영양실조에 걸리겠구나"라는 생각에 가슴이 덜컹했다. 그녀는 경험을 통해 "해발고도가 높은 곳에서 인간의 에너지는 식량공급에 비례하며, 식량이 풍족해야 대원들의 사기가 오른다"고 생각하고 있었다. 그러나 피레이의 생각은 달랐다. 그녀는 "기존에 보유하고 있는 식량에 식생활을 맞추면 된다"는 입장이었다. 블럼은 피레이의 생각을 용납할 수 없어, 그만 "조안, 오늘 당장 식량을 더 사 오도록 하세요. 나는 먹을 것이 부족해 등반에 실패하는 꼴을 볼 수 없단 말이에요"라고 호통을 치고 말았다.

나중에 미국에서 열린 임상심리학자들과의 면담에서, 피레이는 그 당시의 심경을 다음과 같이 고백했다. "나는 블럼의 리더십을 믿을 수 없어 차라리 내가 등반대장이 되는 게 낫겠다고 생각했어요. 하지만 다른 대원들이 블럼을 싸고도는 바람에 실패하고 말았죠." 대원들은 블럼을 옹호하여 등반대장의 자리를 지켜 줬지만, 이를 계기로 그녀의 권위가 땅에 떨어지고 팀원의 발언권이 강화되면서 팀의 딜레마가 심화되는 결과가 초래되었다. "그들은 나에게 강하고 결단력 있는 리더십을 원했다. 그러나 그와 동시에 팀의 중요한 의사결정에도 참여하고 싶어했다"라고 블럼은 회고했다. '구성원을 강력하게 리드한다'는 원칙과 '구성원이 조직의 의사결정에 참여한다'는 원칙은 현대인의 감성에 잘 부합하지만, 문제는 이러한 원칙들을 현실에 적용하기가 만만치 않다는 데 있었다. "각자 자신의 목소리를 내고 싶어하는 열 명의 맹렬 여성들을 리드하는 강력한 리더십이란 것이 과연 가능할까?"라고 블럼은 반문했다. 강력한 리더십과 참여적 리더십 간의 상충은 그녀가 풀어야 하는 영원한 딜레마였다.

등반대는 두 개의 파벌로 분열되었다. 카리스마와 결단력을 지닌 조안 피레이는 일찌감치 분열의 한 축을 이루었다. 다른 한편은 블럼에게 호의를 가진 대원들로 구성되었다. 블럼은 그동안의 등반경험을 통해, '등반의 목적은 대원의 자기이해를 높이고 동료애를 고양하는 것'이라는 나름의 소신을 갖고 있었다. 그러나 반대파 대원들은 블럼의 소박한 취지에 만족하지 않았다. 보다 큰 책임이 존재하는 상황에서는 보다 큰 목표가 필요했다. "등반대의 1차 목표는 등반에 성공하는 것이지, 우애를 돈독히 하는 것이 아니다"라고 그들은 주장했다.

대원들이 해발 5,640미터의 2번 캠프에 이르러 등반이 본격적으로 시작되면서, 블럼의 문제해결 방식은 처음으로 시험대에 오르게 된다. 그녀는 더치립을 공략한다는 방침을 발표하고, 숙련된 빙벽등반 전문가인 코마코바, 클로부시키, 크라머, 채드윅을 앞장 세우고 두 명의 셰르파로 하여금 그들을 보조하게 했다. 나머지 대원들은 보급품을 운반하는 임무를 맡았다. 그녀가 정한 순서는 일부 대원에게 불안감을 조성하기는 했지만, 전체적으로 볼 때 등반대원 전원의 이익을 위한 것임이 분명했다. 그러나 블럼의 지시에 대해 모든 대원들은 차가운 침묵으로 반응했다. 그날 저녁 블럼은 다른 캠프에서 새어나오는 불만의 소리를 들었다. "알렌의 머릿속에는 온통 셰르파와 잘 지내야 한다는 생각밖에 없는 것 같아. 왜 여성 대원들에게 등반기회를 주지 않는 거지?"

다음 날 아침식사 시간에는 더욱 노골적인 불평불만이 쏟아져 나왔다. 먼저 포문을 연 것은 크라머였다. "우리 팀 내에서 의사결정이 이루어지는 과정에 대해 한번 의논해 봐야 하지 않을까?" 기다렸다는 듯이 왓슨이 맞장구쳤다. "나는 등반계획이 비민주적으로 결정됐다고 생각해. 모든 대원이 한번씩 앞장설 수 있도록 계획을 바꿔야 할 것 같아. 항상 누군가가 내려준 로프를 잡고 산을 올라가면 내 스스로 산을 올라왔다는 느낌이 들지 않는 법이거든." 때를 놓치지 않고 피레이가 거들었다. "우리 중에서 많은 사람들이 의사결정 과정에 대해 불만을 갖고 있어." 분을 삭여가며 잠자코 듣고만 있던 블럼에게 마침내 응원군이 나타났다. "대부분의 팀원들은 알렌이 얼마나 힘든 일을 하고 있는지를 까먹고 있어." 밀러였다. "우리가 알렌을 충분히 돕지 못하고 있다는 생각은 안 해 봤어? 그녀는 우리 말고도 다른 문제들 때문에 매일, 아니 매시간 엄청난 스트레스를 받고 있단 말야."

몇 시간 동안에 걸쳐 고성이 오가는 격론이 벌어졌다. 점심식사 시간이 다 돼서는 '셰르파들을 너무 봐주는 게 아니냐'는 불만이 터져 나왔다. 셰르파들은 방금 세탁을 끝낸 후, 입을 옷이 없어서 그날의 등반에 참여할 수 없다고 통보한 상태였다. 그제서야 블럼은 어렴풋이 깨닫게 되었다. 자신의 계획에는 문제가 없지만 과정이 잘못 되었다는 것을. "나는 리더십이 뭔지를 배웠다. 사전에 토론을 통해 의견을 수렴했다면, 큰 대가를 치르지 않고 내 뜻을 관철시킬 수 있었을 것이다"라고 그녀는 회고했다. 그녀는 '어디로 가야 할 것인가?'는 알고 있었지만 '어떻게 갈 것인가?'에 대한 확신이 부족했던 것이다. "나는 내 계획이 옳다고 확신했지만, 정작 다른 대원들을 설득할 자신이 없어서 그것을 공론에 붙이지 못했다"라고 그녀는 고백했다.

블럼은 앞으로는 대원들과 보다 많은 대화를 하겠다고 약속하며 지루한 논쟁을 마감했다. 같은 캠프에 있는 대원들과는 직접 대화를 통해, 다른 캠프에 있는 대원들과는 무전을 통해 의견을 나눌 생각이었다. 그러나 그날 아침에 쏟아져 나온 의견 중에는 참여적 의사결정의 부작용을 우려하는 소리도 포함되어 있어 관심을 끈다. 마지 러스모어는 대원 중에서 제일 나이가 어리지만 여간내기가 아니었다. 그녀는 고등학교 때부터 등산에 빠져들어, 열일곱 살 때는 북미 최고봉 데날리 등정에 성공하여 최연소 여성등반이라는 기록을 세운 바 있었다. 나이가 어리다고 해서 통찰력이 없을 리 없었다. "모든 사람이 등반대를 이끌 수는 없어요. 우리 모두가 프리마돈나가 될 수는 없잖아요? 등반계획이 전반적으로 옳다면, 사소한 의견차이는 접어두고 대장의 계획에 따라 줘야 한다고 생각해요." 먼 훗날, 블럼이 내려야 했던 운명적인 결정들을 회상하면서, 밀러는 이런 말을 남겼다. "블럼이 맞닥뜨렸던 의사결정은 대부분 등정을 계속할 것인가, 그만둘 것인가에 대한 것이었다. 내가 그런 결정을 내릴 위치에 있지 않았다는 것이 얼마나 감사한 일인지 모르겠다."

정상 등정을 눈앞에 두고 정상공격조를 선발할 때, 블럼은 대원들과 그 어느 때보다도 많은 이야기를 나눈 후 의사결정을 내렸다. 그녀는 대원들의 걱정, 기분, 스태미너 등을 종합적으로 고려하여 정예요원을 선발했다. 채드윅과 체링(셰르파)이 '보다 많은 사람들에게 기회를 달라'고 이의를 제기했지만 논란은 곧 가라앉았고, 대원들의 전반적 분위기는 우호적이었다. 화이트하우스가 2차 정상공격조에서 빠지고 채드윅과 왓슨 둘이서만 정상에 올라가기로 한 것은, 모두 참여적(대화적) 분위기에서 본인들의 의사를 최대한 존중하여 결정된 사항이었다. 블럼이 안나푸르나의 척박한 땅에서 6주 동안 공들여 쌓아올린 것은 바로 참여적 리더십의 전형이

리더에게 결정은 운명이다

었다. 해발 4,270미터에서 쭈뼛거리던 그녀가 리더십의 ABC도 모르는 애송이였다면, 해발 6,400미터에 우뚝 선 그녀는 리더십의 모든 것을 터득한 달인이었다.

> **Leadership Point**
>
> 리더십이란 학습을 통해 얻어지는, 일종의 기술이다. 처음 리더의 자리에 오르면 모든 것이 막막하지만 차츰 경험이 축적된다. 경험은 약이 될 수도, 독이 될 수도 있다. 경험이 약이 되게 하려면, 리더십의 성과에 대한 부단한 피드백이 필요하다.

동기 관리

모든 조직은 개인의 목표와 조직의 목표를 합치시켜야 하는 공통의 과제를 안고 있다. 이 과제는 개인의 목표가 조직의 목표를 향해 일렬로 늘어설 때, 다시 말해서 개인의 목표와 조직의 목표가 조화를 이룰 때 달성될 수 있다. 과학자들은 빛의 결맞음(coherence) 현상을 이용하여 레이저라는 강력한 광선을 만들어 냈지만, 리더들은 인간의 결맞음 현상을 유도하여 강력한 조직을 만들어 내기 위해 노심초사하고 있다. 인간의 결맞음을 유도하는 것은 '인간의 동기를 어떻게 유발할 것인가'의 문제로 귀결되는데, 조직 구성원의 동기유발과 관련하여 생각해 보아야 할 두 가지 쟁점은 아래와 같다.

동기유발과 관련된 첫 번째 쟁점은 동기의 다양성, 즉 개인이 조직에 참여하는 동기는 매우 다양하다는 것이다. 히말라야 여성 등반대의 경우, 모든 대원들이 정상에 발을 디디고 싶어했지만, 그들이 정상에 오르고 싶어하는 이유는 제각기 달랐다. 예컨대 블럼의 목표는 여성도 세계적 고봉에 오를 수 있다는 것을 '증명'하는 것이 아니라, 그러한 메시지를 전 세계에 '알리는' 것이었다. 왓슨의 목표는 히말라야의 고봉에 올라 보는 것이었고, 채드윅은 남자나 산소 없이도 히말라야에 오를 수 있다는 것을 입증하고 싶었다.

인간의 행동을 매우 좁은 범위로 한정하더라도, 인간의 행동을 유발하는 동기는 매우 다양하다. 가장 명확하게 정의된 운동경기 중 하나인 남자 '1마일 달리기'(1,600미터 달리기)를 예로 들어 생각해 보자. 로저 배니스터가 '마의 4분대' 벽을 깬 이후, 십여 명의 선수들이 연속적으로 세계기록을 갈아치웠다. 언뜻 보면 그들이 세계기록을 세우기 위해 견뎌내야 했던 역경은 비슷한 것 같다. 끊임없는 훈련, 고통, 자기부정 등이 그것이다. 그러나 그들의 언론 인터뷰 내용을 살펴보면 그들의 개인적 동기가 매우 다양했다는 것을 알 수 있다(표1).

(알렌 블럼을 포함한) 모든 리더들의 관심사는 구성원들의 다양한 동기를 인식하고, 이해하고, 유발하는 것이다. "모든 사람은 경쟁에서 승리하기를 원한다. 그러나 승리하기를 원하는 동기는 사람마다 다르다"고 아메리칸 에어라인의 CEO인 로버트 크랜달은 갈파했다. 블럼은 안나푸르나 등정 일정이 거의 끝나갈 때쯤에 이르러서야 비로소 모든 진실을 깨달았다. 채드윅이 그녀의 정상공격조 선발계획에 반기를 든 이유가 무엇인지, 그리고 그녀가 셰르파 없이 2차 정상공격을 감행한 이유가 무엇인지를.

동기유발과 관련된 두 번째 쟁점은 공간의 제한성, 즉 '정상에

리더에게 결정은 운명이다

표 1. 1마일 달리기 기록보유자들의 인터뷰		
이름	**기록**	**인터뷰 내용**
로저 배니스터	1954년, 3분 59초	"육상은 판단력, 스피드, 스태미너를 테스트하는 완벽한 방법이다."
존 랜디	1954년, 3분 58초	"육상은 내가 얼마나 노력했는지를 소수점 이하 단위까지 정확히 측정해 준다."
데릭 이버트슨	1957년, 3분 57초	"내가 형보나 낫다는 것을 아버지에게 보여주기 위해 달렸다."
허브 엘리엇	1958년, 3분 54초 5	"나는 모든 사람들을 가능한 한 무자비하게 이겨 버리려고 맨 앞에서 달렸다."
피터 스넬	1962년, 3분 54초 4	"나는 인정받기 위해 달렸다."
미첼 제이지	1965년, 3분 53초	"나는 알제리 전투에 참전하지 않기 위해 달렸다."
짐 리언	1965년, 3분 51초	"나는 등번호가 새겨진 자켓과 여자친구를 얻기 위해 달렸다."
세바스찬 코	1981년, 3분 47초	"나는 달리기 위해 태어난 사람이다."
누레딘 모르셀리	1993년, 3분 44초	"나는 위대한 육상선수로 영원히 알려지기 위해 달린다."

올라설 수 있는 사람의 수에는 제한이 있다'는 것이다. 모든 대원들은 정상에 오른다는 기치를 내걸고 모였지만, 사실 정상에 1차로 오를 수 있는 사람의 수는 애초부터 제한되어 있었다. 그런데 1차 정상공격조가 정상 등정에 성공했다면, 2차 공격조는 정상에 오르든 말든 아무런 의미가 없다. 엘조그와 라슈날이 안나푸르나에 처음 올랐을 때, 또는 힐러리와 텐징이 에베레스트를 처음으로 정복했을 때, 다른 대원들이 그들에 이어 2차로 등정에 성공했다고 가정해 보자. 그들의 2차 등정은 안나푸르나와 에베레스트 처

녀등정이라는 역사적 업적에 아무런 기여를 하지 못했을 것이다. 모든 것은 1차 등정에서 이미 결론이 난 상황이기 때문이다. 만일 2차, 3차 등정 과정에서 큰 사고라도 난다면, 되레 정상정복의 의미를 반감시키거나 큰 오점을 남기기 십상이다. 사실 첫 번째 조가 등정을 마친 다음에는 대원들의 기분이 해이되고 모멘텀이 떨어지는 것이 인지상정이다. 여기에 셰르파의 지원 감소까지 겹칠 경우 시간이 경과할수록 사고발생의 위험은 더욱 높아질 수밖에 없다.

이상에서 언급한 동기유발의 두 가지 쟁점을 고려할 때, 히말라야 등반대의 리더로서 블럼이 수행해야 할 역할은 '정상을 포함한 모든 루트에 대해 대원들의 동등한 참여기회를 보장하여 그들의 다양한 성취동기를 만족시키는 것'이었다. 동등한 참여기회를 보장한다는 것은 공개경쟁(open contest)을 통한 인원선발을 의미한다. 정상공격과 각종 루트 개척에 나설 수 있는 기회가 누구에게나 열려 있다면, 등반기간 내내 대원들의 에너지가 식을 겨를이 없었을 것이다. 이러한 관점에서 볼 때, 대장 직권으로 네 명의 숙련된 빙벽등반 전문가에게만 더치립 루트 개척을 맡긴 것은 블럼의 실수였다. 대원들은 조직에 의해 자신들의 욕구 충족이 제한되는 것을 용납하지 않았다. 등반이 성공하려면 모두 대원들이 슬로프를 오르고 반복된 위험에 맞닥뜨릴 각오가 되어 있어야 했다. 그러나 대원들로 하여금 이러한 각오를 다지게 위해서는, '누구든 그날의 컨디션에 따라 루트 개척의 선발대나 정상공격조에 뽑힐 수 있다'는 가능성을 모든 대원들이 공감할 수 있어야만 했다.

채드윅과 왓슨이 돌아오지 못할 길을 떠난 후, 블럼은 리더로서

할 일을 다했다는 만족감에 젖어 들었다. 등반이 가능한 몸 상태를 유지하고 있는 이해관계자(셰르파 포함) 중에서, 정상등정을 원하는 모든 이들에게 기회가 돌아갔기 때문이다. 셰르파들은 두 명의 동료들을 정상에 올려 보냄으로써 소기의 목적을 달성했다. 밀러와 코마코바는 정상에 올라갔고, 화이트하우스는 주어진 기회를 스스로 포기했다. 크라머와 러스모어는 동상에 걸려 등반이 불가능했고, 블럼을 포함한 나머지 대원들은 정상 등정을 원하지 않았다. 비록 첫 번째 의사결정(더치립 루트 개척)에서는 실패했지만, 블럼은 '능력과 의향을 모두 갖춘 모든 대원들'에게 정상 공격의 기회를 부여함으로써 리더의 사명을 완수하는 데 성공한 것이다.

Leadership Point

구성원들을 조직에 헌신하게 하려면, 첫 번째 단계로 그들의 다양한 참여동기를 인정해야 한다. 두 번째 단계로는 그들의 동기가 어떠한 것이든 간에 그 동기가 충족될 수 있는 기회를 만들어 줘야 한다. 이 두 가지 원칙은 정상에 있는 자리가 몇 개 안 되는 경우에도 유효하다.

불확실성 관리

정상 정복의 과정에서 나타나는 기상의 불확실성은 인간의 힘으로 어찌 해 볼 도리가 없는 통제불가능 변수다. 사실 이러한 불확실성이 없다면 정상이 그렇게 신비스럽게 보일 리 없다. 문제는 불확실성의 정도가 시시각각으로 변한다는 것이다. 어떤 날은 정상 정복이 식은죽 먹기로 보이는가 하면, 어떤 날은 이와 정반대의 상황이 벌어지기도 한다. 햇빛이 밝게 비치고 바람이 잔잔하고 손발의 움직임이 자유스러운 날은 긍정적인 생각이 강해지지만, 폭설이 내리고 바람이 강하게 불고 손발에 동상이 걸린 날은 부정적인 생각이 고개를 든다. 심지어 정상 정복의 가능성이 시시각각 바뀌는 경우도 있다.

1996년 5월 10일, 《아웃사이드》지의 작가인 존 크라우어는 10여 명의 동료 등반대원들과 함께 에베레스트 정상에 다가가고 있었다. 그날따라 날씨가 매우 청명하여 정상 등정은 무난해 보였다. 그러나 오후 늦게부터 매서운 폭풍이 정상을 급습하여 체감온도를 영하 73도로 급강하시키는 바람에, 그날 밤 절반의 대원들이 목숨을 잃고 말았다.

희망과 절망은 주기적으로 사이클을 그리며 반복되는 경향이 있다. 그런데 희망과 절망의 사이클이 이상하게도 사이클과 정반대되는 사건을 잉태하는 경우가 있으니, 최고조에 이른 낙관론과 자신감이 스스로 몰락해 버리는 경우가 바로 그것이다. 인체의 아드레날린 농도는 최고조에 이른 후 하향곡선을 그리게 되는데, 이 순간 인간은 집중력이 떨어지고 해서는 안 될 일을 저지르게 된다. '등반과정에서 가장 위험한 순간은 정상에 오른 직후이다'라는 말이 있다. 등반대원의 집중력이 가장 떨어질 때는 승리의 기쁨을 만끽하는 순간이라는 것이다. 이와 반대로, 비관론과 실망이 자기를 스스로 제한하는 경우도 있다. 승산이 있음에도 불구하고 지레 겁을 먹고 도전을 포기하는 경우가 바로 그것이다.

극단적인 낙관론과 비관론은 역효과를 낳을 수 있기 때문에, 양자를 모두 경계하는 것이 필요하다. 2번 캠프와 3번 캠프 사이에

리더에게 결정은 운명이다

서 벌어진 토론에서, 대원들이 '눈사태의 위험이 예상했던 것보다 훨씬 더 크다'는 것을 공공연히 인정하기를 꺼렸던 것은 바로 이 때문이다. 눈사태의 위험에 대해 언급할 경우, 주관적 인식이 객관적 상황에 너무 근접하게 될 위험이 있었다. 그들은 이러한 언급을 회피함으로써 현실을 과소평가하는 호기를 부릴 수 있었고, 그 덕택에 등반에 계속 몰입할 수 있었다. 그러고 보면 대원들이 블럼의 질문에 침묵으로 대응한 것은 위험으로부터 자신을 방어하기 위한 일종의 헷징(hedging, 위험회피) 행위였던 셈이다. 토론이 끝난 후 채드윅은 블럼에게 "우리가 눈사태의 위험을 인정하고 이성적으로 토론했다면, 아마도 안나푸르나 등반을 그만두자는 쪽으로 결론이 났을 것"이라고 말했는데, 이는 그 당시 대원들의 집단적 심리상태가 어땠는지를 잘 설명해 준다.

나중에 블럼은 1차 공격조를 따라 4번 캠프까지 동행하게 되는데, 사나운 바람이 대원들의 얼굴을 때리는 통에 앞길이 잘 보이지 않을 정도였다. 블럼은 밀러와 코마코바에게 "이만 돌아갈게"라고 말했는데, 아이린 밀러는 그 말의 속뜻을 이해할 수 있었다. "이 바람이 너희들을 힘들게 하겠구나." 두껍게 쌓인 눈을 헤치고 나아가느라 얼굴이 창백해진 밀러는 기어이 운명론적인 심리상태를 드러내고 말았다. "돌아오지 못할 걸 대비해서, 2번 캠프에 친구들에게 보내는 편지를 남기고 왔어. 친구들에게 꼭 전해 줄거지?" 블럼은 '그러마'고 했지만, 밀러의 나약한 마음까지 용납하지는 않았다. "아이린, 넌 괜찮을 거야." 블럼은 밀러에게 초콜릿을 주며 다독였다. "넌 이제까지 아주 잘해 왔으니까, 앞으로도 잘할 수 있을 거야. 내려오는 길에도 보름달이 환히 비춰줄 테니 걱정 마." 그리고 마지막으로 흔들리는 마음을 다잡아 주었다. "앞으로 며칠 동안은 날씨가 괜찮을거야."

블럼은 2차 공격조에게는 1차 공격조와 다른 메시지를 전달했다. 앨리슨 채드윅에게는 정상에 오를 때의 위험을 상기시키면서, 과도한 낙관주의로 인해 위험을 오판하지 말라고 훈계했다. 한편 화이트하우스가 채드윅, 왓슨과 2차 공격에 나서는 것을 망설이자, 채드윅은 그녀에게 이렇게 말했다. "네가 우리와 함께 히말라야로 왔을 때 이 정도 위험은 각오했던 거잖아. 눈사태 나는 슬로프를 지나 여기까지 오는 동안, 너는 이미 수많은 위험을 겪었어. 앞으로 네가 겪을 위험은 이제껏 겪은 것보다 더 크지 않아. 하지만 정상 등정의 대가로 얻는 보상은 그 위험보다 훨씬 클 거야." 그러나 블럼이 화이트하우스에게 건넨 말은 채드윅의 말과는 정반대였다. "네게 지원을 제대로 못해 줘서 미안해. 만일 셰르파들의 도움을 받지 못하는 것이 확실하다면 정상 도전을 포기하는 게 좋겠어."

채드윅과 왓슨이 3번 캠프를 출발할 때, 채드윅은 그 어느 때보다도 낙관적인 태도로 블럼에게 "별로 걱정할 것 없어"라고 큰소리쳤다. 채드윅은 오래 전부터 처녀봉에 오르기를 열망해 왔던 터였다. "나와 왓슨이 세계 최초로 7,937미터의 안나푸르나 제2봉에 오른다고 생각해 봐. 전세계 산악인들이 눈이 휘둥그래져서 벌떡 일어날 걸, 안 그래?" 블럼은 다시 한 번 채드윅을 타일렀다. "내 말 명심해, 컨디션이 안 좋거나 날씨가 변할 것 같으면 더 이상 올라가지 말라구."

대원의 사기를 꺾는 듯한 블럼의 말은 언뜻 보기에 리더십의 원칙에 위배되는 것처럼 보인다. 사기가 올랐을 때 여세를 몰아 정상에 오르라고 권면하는 것이 리더의 임무가 아닐까? 그러나 객관적 상황의 역해석(counterinterpreting objective condition)이 때로는 '권면'이나 '경고'보다 더 큰 힘을 발휘한다는 것을 잊어서는 안 된다. 그것은 생존을 위한 필살기이다. 1963년 미국의 한 등반대가 세계의 지붕이라 불리는 에베레스트를 정복하기 위해 등반길에 올랐다. 그런데 그중 두 명은 힐러리와 텐징이 개척한 루트를 따라 정상 등정에 성공했고, 다른 두 명은 그보다 훨씬 어려운 서쪽 능선을 따라 정상을 정복함으로써 새로운 루트를 개척했다. 그 바람에 미국 등반대는 두 달이 넘는 기간 동안을 베이스캠프 위쪽에서 보내야 했는데, 그동안 이루 말할 수 없는 참혹한 상황을 겪었다. 그런데 이들의 등반과정을 연구한 학자들에 의하면, 역경 속에서 이들을 지탱해 주었던 가장 강력한 무기는 상황과 반대되는 집단심리 (countercyclical collective psychology)였다고 한다. 즉 객관적 상황이 낙관적일 때 그들의 집단심리는 신중론 쪽으로 흘렀고, 반대로 상황이 비관적일 때 그들의 집단심리는 낙관론 쪽으로 흘렀다고 한다. 덕분에 그들은 희비가 엇갈리는 상황 속에서 중용을 지킬 수 있었고, 어이없는 실수를 저지르거나 절망에 빠지지 않고 위기를 잘 넘길 수 있었다.

불확실한 객관적 상황에 대한 구성원 개인의 주관적 해석이 양극단으로 치우칠 경우, 팀 전체의 현실인식에 큰 영향을 미쳐 치명적인 결과를 초래할 수 있다. 블럼은 고비 때마다 '권면'과 '경고'를 통해 대원들의 집단심리가 양극단(극단적 비관론 또는 극단적 낙관론)으로 흐르는 것을 막아, 조직을 위기로부터 구해낼 수 있었다.

구성원들을 조직에 헌신하게 하려면, 첫 번째 단계로 그들의 다양한 참여동기를 인정해야 한다. 두 번째 단계로는 그들의 동기가 어떠한 것이든 간에 그 동기가 충족될 수 있는 기회를 만들어 줘야 한다. 이 두 가지 원칙은 정상에 있는 자리가 몇 개 안 되는 경우에도 유효하다.

리더에게 결정은 운명이다

의미 관리

이번 등반의 슬로건(여성의 자리는 정상에 있다)과 등반대의 이름(히말라야 여성 등반대)에는 특별한 의미가 담겨 있다. 이번 등반의 목표가 단지 '정상을 정복하는 것'이 아니라 '여성들만의 힘으로 히말라야의 고봉을 오르는 것'이라면, 이번 등반의 성공은 세계 등산계에 큰 반향을 일으킬 것이며, 여성들이 등반계의 주류에 당당히 편입될 수 있는 토대를 마련하게 될 것이 분명했다.

히말라야 여성 등반대가 장도에 오르기 몇 달 전, 《워싱턴 포스트》의 론 브로드만과 빌 커리 기자가 쓴 기사를 보면 이번 등반이 지니는 의미를 능히 짐작할 수 있다.

"오직 여성만으로 구성된 히말라야 등반대가 세계 10위의 고봉 안나푸르나 등정을 목표로 하여 오는 8월 출범한다. 알렌 블럼이 이끄는 열 명의 등반대는 난이도 높은 루트를 통해 안나푸르나 정상을 공략할 예정이다. 그들이 이번 등반에 성공한다면 해발 8,090미터의 고봉에 발을 디딘 최초의 미국 등반대로 기록될 것이다."

이 기사가 나간 직후 미국 전역에서 수많은 전문직 여성들이 법률 및 회계와 관련된 자문을 제공하겠다고 자원했으며, 홍보 전문가들은 등반기금을 모금해 주겠다고 발벗고 나섰다. 블럼은 여성만으로 이루어진 촬영팀을 구성했으며, 등반을 도울 셰르파도 남성이 아닌 여성(셰르파니)만으로 충원할 계획이었다.

하지만 기대가 크면 리스크도 크기 마련이다. 너무 많은 것을 쏟아 부었던 만큼, 실패로 인한 후유증 역시 심각할 수 있기 때문이다. "우리는 세계인의 모든 시선이 우리에게 쏠려 있는 것을 느꼈다"고 블럼은 술회했다. 이번 등반이 실패할 경우 미국인들의 사기가 저하될 것이다. 그러나 더욱 중요한 것은 여성들의 사기가 땅에 떨어질 수 있다는 점이었다. 그러나 이 세상에서 리스크를 부담하지 않고 얻을 수 있는 것은 아무것도 없다. 더욱이 이번 등반은 '여성의 평등권을 신장하는 데 일조한다'는 대의명분을 걸고 기획된 것이 아니었던가. 하지만 우리는 어떤 프로젝트가 내포한 구조적 위험이 구성원들의 오기를 발동시켜, 그들로 하여금 '어떠한 리스크도 감내하겠다'는 의욕을 불태우게 하는 사례를 종종 본다. 세계적인 고봉을 등정한다는 것은 매우 위험한 시도임에도 불구하고, '이번 등반의 결과가 여성에 대한 사회적 평판을 바꾸게 된다'는 생각이 등반대원들을 '일단 한번 저질러 보자'라는 유혹에 빠뜨릴 수 있다.

이번 등반을 준비하는 과정에서, 블럼은 이와 관련된 부작용을 미리 예견했다. 그녀는 히말라야로 떠나기 4개월 전에 대원들에게 이렇게 경고한 바 있다. "나는 일찍부터 이번 등반의 문제점을 우려하고 있었어. 만일 남성이 고봉 등반에 실패할 경우, 어느 누구

알렌 블럼과 안나푸르나. 히말라야 여성 등반대의 안나푸르나 등정 성공은 세계인들에게 여성의 평등함을 널리 알리는 상징적 메시지로 받아들여졌다.

도 '남자는 고봉 등정을 할 수 없어'라고 말하지 않을거야. 그러나 우리가 실패한다면 사정이 달라집니다. 세상 사람들은 일제히 '역시 여자는 안돼'라고 떠들어 대겠지." 그녀는 세인들의 기대가 대원들에게 부정적인 압력으로 작용하는 것을 차단하기 위해, 매스컴의 과도한 관심을 진정시키려 애썼다. "너무 많은 사람들이 우리를 주시하고 있는 것이 문제라면 문제야. 사실 정상 등정은 고사하고, 모든 대원이 살아서 돌아오는 것만도 큰 성공인데 말이지." 훗날 엄청난 눈사태의 위협에 직면하여, 대원들과 등반을 계속할지의 여부에 관해 토론하는 자리에서도 블럼은 "우리 중에서 한 명이라도 목숨을 잃으면 이번 등반은 의미가 없어"라고 말했다.

자기 자신과 대원들의 판단력이 흐려지는 것을 막기 위해, 블럼은 상황에 휘둘리지 말고 냉철하게 판단할 것을 주문했다. 2차 공격의 실시 여부를 의논하는 자리에서 채드윅은 이렇게 주장했다. "2차 공격이야말로 이번 등반의 진수라는 사실을 명심해야 해요. 셰르파의 도움을 받지 않고 순수하게 여자들끼리만 정상에 오르는 겁니다, 더구나 산소도 없이." 그러나 블럼은 마지막 순간까지 신중론을 굽히지 않았다. '전세계 산악인들이 눈이 휘둥그래져서 벌떡 일어나게 하겠다'는 일념에 사로잡힌 나머지, 고봉 등반의 위험을 얕잡아보는 채드윅의 태도가 못미더웠기 때문이다.

기대했던 대로, 여성 히말라야 등반대의 안나푸르나 등정 성공은 세계인들에게 여성의 평등함을 널리 알리는 상징적 메시지로 받아들여졌다. 《보스턴글로브》지의 니나 매케인의 표현대로 알렌 블럼은 "1978년 여성만으로 구성된 등반대를 이끌고 미국 최초로 안나푸르나를 등정한 세계적 등반가"로 자리매김했다. 안나푸르나를 세계 최초로 등정했던 모리스 엘조그는 "이번 성공을 계기로 이제껏 금녀의 영역으로 여겨졌던 모험, 탐험, 탐사 등의 분야에서 여성들의 승전보가 계속 울려 나오기를 바란다"고 말했다.

아직도 성에 대한 편견에 사로잡혀 있는 사람들은 이들의 성공을 '남성이 이루어 놓은 것을 고작 따라잡은 정도'로 폄하할지도 모른다. 그러나 사상 최초로 여성 등반대를 지휘하여 안나푸르나 정상에 올려 놓는 과정에서 블럼이 보여줬던 일련의 행동들은 '세

간의 이목이 집중된 일을 처리하는 데 있어서 조직이 당면하는 리스크는 무엇인지', 그리고 '리스크를 관리하고 조직의 성과를 높이기 위해 리더가 해야 할 일은 무엇인지'를 우리에게 일깨워준다.

영원한 유산

알렌 블럼은 안나푸르나 외에도 많은 산들을 등반했다. 1981~82년에는 장장 4,000킬로미터에 달하는 히말라야 트레킹 코스를 밟았으며, 1987년에는 네 살배기 딸 애널리즈를 데리고 두 달 동안 약 965킬로미터에 이르는 알프스 횡단 하이킹 여행을 다녀왔다. 그녀는 아멜리아 에어하트(비행사), 메리 리키(고고학자), 마거릿 미드(문화인류학자)와 함께 미국 여성지리학자 협회가 수여하는 금메달을 수여받기도 했다. 한편 블럼은 생화학자로서 발화지연제(fire-retardant)인 트리스(Tris)가 발암물질이라는 것을 밝혀내는 데 중요한 역할을 함으로써, 트리스를 어린이용 잠옷에 사용하지 못하도록 하는 미국 정부의 결정을 이끌어 내는 데 기여했다.

그러나 그녀가 서른세 살의 나이에 '저지른' 안나푸르나 등반은 그녀의 인생을 송두리째 바꿔 놓았다. 안나푸르나를 등반하기 전까지 그녀는 과학자이자 등반가였지만, 이제 그녀는 작가이자 리더십개발 전문가이다. 나이가 들어 아이엄마가 되면서, 그녀는 개인적인 위험부담을 점점 더 꺼리게 되더란다. "젊었을 때는 누구나 불가능에 도전하려고 하죠. 그건 자기의 인생이 영원하다고 착각하기 때문이에요. 하지만 나는 이제 그렇게 생각하지 않아요"라고 그녀는 실토한다.

블럼에게는 기존에 안나푸르나를 등반했던 다른 등반가들과 색다른 구석이 많다. 그녀는 개인보다는 하나의 팀이 정상에 오르는 것을 꿈꿨으며, 자기의 개인적 생각을 모든 이의 염원으로 승화시켰다. 그녀는 자신의 신념을 지속적으로 추구했으며, 수천 개의 작은 걸음들을 하나씩 모아 거대한 발걸음을 내디뎠다. 본래 겁이 많고 우정에 이끌리는 성격인 그녀는, 확신에 찬 의사결정을 내리는 방법과 타인의 협조를 이끌어내는 비상한 기술을 터득했다. "나는 '보통 사람들이라도 비전을 공유하면 놀랄만한 변화를 일으킬 수 있으며, 불가능하다고 여겨졌던 일들을 이룰 수 있다'는 것을 배웠다. 누구나 자신의 목표를 보고, 느끼고, 맛볼 수 있으면, 그것이 이루어지는 것을 눈으로 확인할 수 있을 것"이라고 그녀는 말한다.

필자의 강의를 듣는 중간관리자들 중 한 명이, 수업이 끝나고 필자를 찾아와 자신이 모시는 팀장에 대한 이야기를 털어놓았다. "그는 '계산된 모험가(calculating adventurer)'로, 리스크를 부담한 다음 그에 대한 보상이 나타나는 것을 보면서 스릴을 느끼는 인물입니다. 그는 늘 새로운 꿈을 꾸고 구성원들에게 비전을 제시하는데, 그의 비전을 제시받은 팀원들은 자신도 모르게 최선을 다하게 됩니다. 그는 팀원들에게 '여러분이 하는 일은 이제껏 아무도 하지 못한 일'이라고 강조하면서 그들의 성취동기를 유발합니다. 그의 모든 언행 뒤에는 그 자신과 (그를 믿고 따르는) 팀원에 대한 강한 믿음이 깔려 있습니다." 이 팀장은 알렌 블럼과 마찬가지로 자기의 비전을 팀원들에게 투사(投射)하는 능력을 보유한 리더라고 판단된다. 이러한 리더들은 신뢰와 확신을 통해, 팀원과 팀 전체가 목표를 향해 나아갈 수 있는 환경을 조성한다. 히말라야의 험난한 슬로프에서나 불확실한 기업환경 속에서나, '계산된 모험'을 즐기는 리더는 늘 가시적인 성과를 거두기 마련이다.

5

조슈아 로렌스 챔벌레인Joshua Lawrence Chamberlain,
리틀라운드탑 고지를 방어하다

조슈아 로렌스 챔벌레인은 궤멸상태에 빠진 군대를 이끌고
리틀라운드탑 고지를 지켜냄으로써,
남북전쟁사의 한 획을 그은 게티스버그 전투를 승리로 이끌었다.

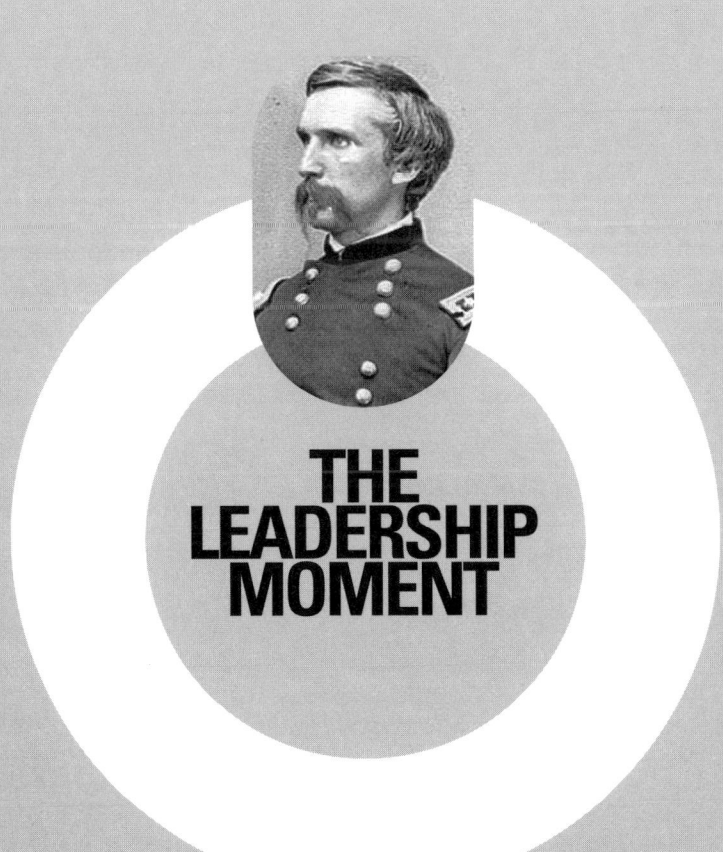

**THE
LEADERSHIP
MOMENT**

"우리는 미래를 알 수 없고, 따라서 계획도 세울 수 없다.
그러나 모종의 위기가 닥쳤을 때 우리가 어떻게 행동해야 하는지쯤은
미리 생각하고 결정해 둘 수 있다."

18 63년 5월 24일, 북군의 조슈아 로렌스 챔벌레인 대령은 메인 주 출신의 지원병으로 이루어진 보병 20연대를 이끌고 나흘 동안 꼬박 행군을 계속해 왔다. 열여덟 살에서부터 마흔다섯 살에 이르기까지 다양한 연령대로 구성된 그의 병사들은 북군의 일원으로 '사악한 남군'과 교전을 치르기 위해 버지니아를 가로질러 기는 중이었다. 교착상태에 빠진 전쟁은 바야흐로 세 번째 여름을 맞고 있었고, 그날 아침 그의 머릿속에는 '분리독립'이나 '노예제 폐지'와 같은 쟁점 현안 따위는 들어 있지도 않았다.

보좌관 하나가 희소식을 전해왔다. 인원이 부족한 그의 연대에 120명의 요긴한 병력이 추가로 투입된다는 소식이었다. 메인 20연대는 천 명의 병력으로 출발했지만, 1년 남짓한 기간 동안 다섯 번의 격전을 치르면서 낙오, 탈영, 부상, 전사 등이 누적되어, 현재 358명의 초라한 병력을 보유하고 있었다. 그들이 치른 전투 중에는 그 유명한 프레데릭스버그와 챈슬러스빌의 전투도 포함되어 있었다.

그러나 희소식은 그만한 대가를 치러야 했다. 새로운 병사들은 항명자였던 것이다. 그들이 속했던 메인 2연대는 해산되어 다른 연대로 뿔뿔이 흩어졌는데, 이 120명의 병사들은 다른 연대로 배속되는 것을 거부했기 때문에, 북군 사령부는 무장병력을 내세워 이들을 감시해 왔다. 항명자들은 아직 군복 차림이었지만, 지치고 굶주린 데다가 남루한 옷을 입고 있어 몰골이 말이 아니었다. 북군 장교들은 그들의 기를 꺾기 위해 사흘 동안 식량을 공급하지 않았다.

항명자들을 메인 20연대에 공식적으로 인계하기에 앞서서, 포토맥군 5군단장인 조지 미드 장군은 챔벌레인에게 "그들에게 집총(총을 집음)을 명령하고, 만일 명령에 복종하지 않을 경우 즉시 사살하라!"고 지시했다. 그 당시는 전시였기 때문에, 항명자들은 군법회의에 회부되어 사형을 선고받는 것이 통례였다.

챔벌레인은 상부의 지시에 따라 항명자들을 받아들일 수밖에 없었지만, 몇 가지 옵션을 행사할 수 있었다. 첫 번째 옵션은 무장병력으로 하여금 그들을 계속 감시하게 하는 것이었고, 두 번째 옵션은 그들을 설득하여 메인 20연대에서 복무하게 하는 것이었다. 그리고 마지막 옵션은 그들에게 집총을 명한 다음, 명령을 이행하지 않을 경우 총살하는 것이었다.

세 가지 옵션 중 가장 실현 가능성이 낮은 것은 마지막 옵션이었다. 그 이유는 그것이 가장 잔인한 방법이기 때문만은 아니었다. 항명자들은 메인 주에서 소집된 사람들이며, 그중 일부는 챔벌레인의 고향과 가까운 뱅거 출신이기 때문에, 그들을 총살시킬 경우 챔벌레인은 전쟁이 끝난 후 고향에 돌아갈 수가 없었다. 그러나 나

리더에게 결정은 운명이다

남북전쟁 당시 리틀라운드탑에서 메인 20연대를 지휘하여 게티스버그 전투를 승리로 이끈 북군의 조슈아 로렌스 챔벌레인 대령.

머지 두 가지 옵션 역시 실행이 어려운 것은 마찬가지였다. 그렇잖아도 병력이 부족한 마딩에 항명자들을 계속 감시한다는 것은 엄청난 병력 낭비였다. 또, 그들의 거부 의사가 워낙 확고해 그들을 설득하여 다시 총을 잡게 하는 것은 사실상 불가능했다.

그러나 어느 누가 짐작이나 했으랴, 그로부터 40일 후 챔벌레인이 이들을 이끌고 남북전쟁 사상 최대의 전투인 게티스버그 전투에 참전하게 된다는 사실을! 챔벌레인이 그날 항명자들을 섣불리 처리했을 경우, 그것은 회유책이든 강경책이든 곧 벌어질 게티스버그 전투의 결과에 치명적인 영향을 미쳤을 것이다.

게티스버그의 충돌

북군이 남군의 영토인 버지니아로 밀고 들어오자, 남군의 로버트 E. 리 장군은 7만 명의 북버지니아군을 이끌고 포토맥강을 건넌 다음 메릴랜드를 지나 펜실베이니아로 진군했다. 1863년 6월 28일 현재, 리 장군 휘하의 3개 군단 중 하나가 리차드 이월의 지휘 하에 해리스버그(펜실베이니아의 주도)를 위협하고 있었고, 다른 두 개의 군단은 각각 A. P. 힐과 제임스 롱스트리트의 지휘 하에 게티스버그 서쪽에 진을 치고 있었다.

에이브러햄 링컨 대통령과 헨리 W. 핼렉 참모총장의 끈질긴 성화에 못이겨, 북군의 조지프 후커 장군 역시 포토맥군(7개 군단, 총 9만 명)을 북쪽으로 이동시켰다. 후커 장군에게 내려진 명령은 '적군의 동태를 감시하고 워싱턴을 적군의 위협으로부터 보호하되, 리(Lee)를 넓은 곳으로 끌어낼 수 있다고 판단될 경우에는 공격을 해도 좋다'였다. 그러나 링컨과 핼렉은 '파이팅 조(후커 장군의 별명)'의 전투의지를 의심하여, 6월 28일 그를 보직에서 해임하고 조지 미드를 새 사령관으로 임명했다. 미드는 마흔일곱 살의 펜실베이니아 출신 군인으로서 그 지역을 잘 안다는 장점이 있었고, 조심스러운 성격이지만 '늑대거북'이라는 별명으로 불릴 정도로 강단 있는 인물이었다.

게티스버그에 집결한 포토맥군의 엄청난 덩치에 비하면 메인 20연대의 규모는 그야말로 '새발의 피'에 불과했으며, 미드(포토맥군 사령관)의 작전계획에서 차지하는 조슈아 로렌스 챔벌레인(메인 20연대장)의 비중은 더욱 볼품 없었다.

챔벌레인은 메인 20연대가 창설되던 1862년 늦여름부터 메인

남북전쟁 당시 남군의 사령관이었던 로버트 E. 리 장군.

20연대와 함께 해 왔다. 그는 북군이 처음 지원병을 모집할 때, 뱅거에서 열린 한 연설회에서 "조국의 부름에 응답하여 궐기하라. 당신에게 맡겨진 임무를 수행하라"고 외쳐 청중들의 뜨거운 호응을 받았다. 그리고는 자기 자신부터 솔선수범하여 조국의 부름에 응답하기 위해, 재직 중이던 보든 칼리지에 징병휴가 신청서를 제출했다. 그러나 보수적인 보든 칼리지 당국은 젊은(당시 33세) 종교학 교수의 충정을 받아들이지 않고 그의 휴가 신청서를 반려했다. 그의 반대파들은 심지어 주지사에게 사람을 보내 "챔벌레인은 투사가 아니며, 온순한 성격을 가진 평범한 샌님일 뿐"이라고 해코지했다.

그럼에도 불구하고 메인 주지사는 챔벌레인의 입대를 승인하고, 그를 새로 창설되는 메인 연대의 중령으로 임명했다. 그의 입

남북전쟁 당시 북군의 포토맥군을 지휘하던 조지 G. 미드 사령관.

대 사실이 포틀랜드 신문에 게재되자 대학 동료들은 분노했지만, 그의 입대를 기정사실로 받아들일 수밖에 없었다.

1862년 9월, 챔벌레인은 부인 패니, 세 살배기 아들 윌리스, 다섯 살배기 딸 데이지와 작별하고, 메인 20연대의 장병들과 함께 워싱턴으로 떠났다. 그로부터 불과 며칠 후, 메인 20연대는 메릴랜드 주 앤티텀으로 진격하여 남북전쟁 사상 가장 피비린내 나는 격전(하룻동안 벌어진 전투 기준)을 치른다. 앤티텀 전투에서 챔벌레인이 이끄는 메인 20연대는 핵심적 역할을 하지는 않았지만, 이 전투를 통해 북군은 로버트 리 장군의 메릴랜드 침입을 막아내는 데 성공한다.

챔벌레인은 웨스트포인트(미국 육사)를 나오지 않았고, 정식 군사 훈련도 받지 않았으며, 어떤 조직도 관리해 본 적이 없다. 그러나 북군에 입대한 지 9개월이 지난 1863년 5월 24일, 챔벌레인은 중령의 계급으로 메인 20연대를 지휘하면서, 메인 2연대에서 인계받은 120명의 항명자들까지 떠맡아야 하는 처지에 놓이게 되었다. 사실 챔벌레인은 왕초보 연대장이었다. 불과 나흘 전, 전임자의 승진으로 연대장 자리가 공석이 되면서, 연대 내 서열 2위인 그가 그 자리를 승계한 것이다.

120명의 항명자

1863년 7월 링컨이 영도하는 북부연합은 가장 중대한 시련 중 하나에 봉착하게 된다. 그러나 이에 앞서서 그해 5월 챔벌레인이 직면한 도전은 '발등에 떨어진 불'이라는 점에서 훨씬 시급한 문제였다. 챔벌레인은 항명자들을 어떻게든 무마해야 하는 과제를 떠안고 있었던 것이다. 병사 한 명이 아쉬운 상황에서 120명이나 되는 병력은 매우 소중한 자원이었으며, 그들이 끝까지 집총을 거부한다면 메인 20연대에 크나큰 손실이 아닐 수 없었다. 메인 20연대장인 챔벌레인의 체크리스트에 적힌 1호 과제는 '항명자들을 구워삶아 병력으로 활용하는 것'이었다.

항명자들은 한 명을 대변인으로 뽑아 자신들의 입장을 챔벌레인에게 전달하게 했다. 그들의 대변인이 챔벌레인에게 무슨 말을 했는지는 알려져 있지 않지만, 게티스버그 전투를 묘사한 『살인천사들(The Killer Angels)』로 퓰리처상을 받은 마이클 샤라의 설명을 들으면 그 내용을 어느 정도 짐작할 수 있다. 필자 역시 1993년에 상영된 영화 〈게티스버그〉가 그러했듯이 샤라의 책을 근거로 하여 그 당시의 상황을 재구성하려 한다. 다만 잊지 말아야 할 것은, 샤라의 책이 역사적 사실을 정확하게 묘사한 것으로 정평이 나 있기는 하지만, 1975년 그가 받은 퓰리처상은 논픽션 부문이 아니라 픽션 부문이었다는 점이다.

항명자들의 대변인은 "북군 사령부는 우리를 굶김으로써 굴복시키려 했습니다"는 말로 포문을 열었다. 그리고는 이러저러한 불만사항을 토로했는데, 모두, 딱히 설득력은 없지만 그럭저럭 이해할 만 했다. "나는 지금껏 열한 번의 전투에 참전하면서 웬만한 북군의 장교들을 다 겪어 봤습니다. 그중에는 물론 멍청이 미드도 포함돼 있죠. 북군 장교들은 죄다 썩어빠진 데다가 무뇌충 배불뚝이들이라서, 우리 같은 멋쟁이 병사들을 지휘할 능력이 없습니다. 우리도 알고 보면 좋은 놈들입니다. 멋진 군기(軍旗)도 갖고 있고요." 그런데 그의 말을 가만히 들어 보니, 항명자들이 증오하는 대상은 북군 전체가 아니라 메인 2연대 하나뿐인 것 같았다. 그는 3년 동안 복무하는 조건으로 북군에 소집되었다. 그러나 메인 2연대의 다른 병사들 중에는 그보다 복무기간이 짧거나, 심지어 벌써 제대해서 집으로 돌아간 사람들도 있었다. 이런 상황에서 북군이 연전연패를 하다 보니, 군복무를 계속하고 싶은 마음이 생길 리 없었다. "우리는 이 전쟁에 이길 수 없습니다, 절대로. 왜냐구요? 웨스트포인트 출신의 얼간이 자식들 때문이죠, 빌어먹을 놈의 장교들."

챔벌레인은 '병역비리에 인한 불만과 패전으로 인한 사기저하가 군 수뇌부에 대한 불신으로 이어져 항명사건이 터졌다'고 결론지었다. 그러나 그들이 조직적으로 군기를 문란하게 한 것만은 분명했다. 챔벌레인은 여느 지휘관들과는 달리 '햇볕정책'을 이용하여 그들의 단결심을 서서히 와해시키는 전략을 택했다. 그는 항명자들의 이름을 메인 20연대의 병사 명단에 정식으로 등록시킨 다음, 그들을 모아 놓고 설득에 나섰다. 그는 대변인으로부터 전해 들은 그들의 애로사항에 대해 하나씩 해명한 다음(그들의 첫 번째 요구 사항은 '메인 2연대와 함께 고향으로 돌아가게 해 달라'는 것이었다), 마지막으로 메인 20연대가 그들을 필요로 하는 이유를 설명하고 동참을 호소했다.

1863년 5월 24일, 조슈아 로렌스 챔벌레인이 120명의 메인 2연대 출신 항명자들에게 한 말(재구성)

내가 너희들을 위해 무슨 일을 할 수 있을지 모르겠다. 그러나 내가 할 수 있는 일은 다 해 볼 생각이다. 너희들이 말하는 애로사항은 가능한 한 모두 조사해 보고 신속하게 조치하겠다. (중략) 그러나 내가 오늘 당장 해 줄 수 있는 일은 없다. 우리는 몇 분 후 밖으로 나가 하루 종일 행군해야 하고, 여차하면 큰 전투가 벌어질지도 모른다.

나는 상부로부터 너희들이 말을 안 들으면 다 사살해도 좋다는 승락을 받았다. 그러나 너희들도 잘 알겠지만, 나는 그럴 생각이 없다. 나도 너희들과 같은 메인 주 출신이다.

지금 현재의 상황이 어떤지를 말해 주겠다. 나는 너희들을 메인 20연대에 편입시키라는 명령을 받았다. 나의 임무는 바로 그것이다. 필요하다면 무장 병력을 동원해 너희를 감시할 것이다. 그러나 너희들이 원한다면 라이플을 주어 전선에 투입하겠다. 사실, 우리는 현재 적군과 대치하고 있기 때문에 한가하게 이런 이야기를 나눌 시간이 없다. 잘 들어 둬라. 우리는 너희들을 꼭 활용하고 싶다. 우리의 전력은 절반 이하로 떨어졌다. 우리는 너희들의 도움이 절대적으로 필요하다.

우리 메인 20연대는 작년 가을 메인에서 결성되었다. 우리 중의 일부는 북부연합을 위해 자원한 사람들이다. 어떤 사람들은 고향에서 지내는 것이 따분해서 여기에 왔으며, 군 생활이 체질에 맞는다고 말하기도 한다. 어떤 사람들은 조국을 위해 나서지 않는 것을 수치스럽게 여겨 여기에 왔다. 대부분의 사람들은 여기에 오는 것이 옳은 일이라고 생각해서 여기에 왔다.

이번 전쟁은 다른 전쟁들과 질적으로 다르다. 역사를 살펴보면 돈, 여자, 전리품을 노리고 전쟁에 참가했던 사람들도 있다. 땅이 필요해서, 왕이 그렇게 시켜서, 사람 죽이는 것을 좋아해서 전쟁에 참여한 사람들도 있다. 그러나 우리가 여기에 온 것은 새로운 목표 때문이다. 이 목표는 세계 역사상 유례가 없는 것이다. 우리는 '다른 사람을 해방시키기 위한 전쟁'에 참여하고 있는 것이다.

여기에는 너희들이 할 일이 많다. 여기에는 너희가 바라는 '집'을 지을 공간이 있다. 내가 말하는 '집'이란 땅을 의미하는 것이 아니다. 땅은 옛날에도 얼마든지 있었다. 그건 다음과 같은 이상(理想)을 말한다. "우리 모두는 가치를 지니고 있으며, 너와 나, 그리고 우리 모두는 존귀한 존재이다." 우리는 궁극적으로 '우리 모두'를 위해 싸우는 것이다.

우리가 이번 전투에서 지면 전쟁은 끝장이다. 부탁이다. 너희들이 우리 부대에 합류해 주면 정말 고맙겠다.

챔벌레인의 설득 때문인지, 식량공급을 재개했기 때문인지, 아니면 그들에게 무기를 보여줬기 때문인지, 그후 며칠 사이에 소수의 과격분자를 제외한 대부분의 항명자들은 잠잠해졌다. 그들은 메인 20연대에 통합되어 무기를 들고 북군의 대열에 합류했다. 그들은 '군복무 재개'라는 어려운 결정을 내림으로써 메인 20연대의 전투력을 3분의 1이나 증강시켰다.

리틀라운드탑

남북전쟁 개전 후에 내려진 수많은 작은 의사결정들이 꼬리에 꼬리를 물고 이어진 끝에, 마침내 북군과 남군의 주력부대는 '펜실베이니아 주 게티스버그'라는 지도 상의 한 지점에서 마주쳐 운명의 일전을 치르게 된다. 1863년 6월 30일 오후, 북군의 존 버포드 장군은 기병들을 이끌고 리(Lee)의 군대를 찾아 게티스버그를 동쪽에서 서쪽으로 가로질러 가며 수색하던 중, 마을 끝에 이르러 불과 1,500미터도 떨어지지 않은 곳에서 뿌얀 흙먼지가 이는 것을 발견한다. 눈이 휘둥그래져서 살펴 보니, 그곳에서는 남군의 보병대가 게티스버그를 향해 힘차게 달려오고 있었다. 이윽고 그 다음 날 남군이 서쪽과 북쪽에서 몰려오고 북군이 남쪽에서 치고 올라오면서, 남북전쟁 사상 가장 치열한 전투가 본격적으로 막을 올린다.

챔벌레인의 연대는 포토맥군 5군단과 함께 북쪽으로 빠르게 행군하여 7월 1일 오후 이른 시간에 펜실베이니아로 들어갔다. 그들의 앞에서는 포성이 연신 들리고, 길가에는 기병대의 말이 죽어 널브러져 있었다. 병사들은 겁먹은 듯 숨을 죽였다. 초저녁이 되자 게티스버그 남쪽 25킬로미터 지점에 도착한 챔벌레인과 5군단은 저녁을 준비하고 야영할 텐트를 치기 위해 행군을 멈췄다. 그러나 저녁 준비와 텐트 설치를 막 시작할 무렵, 날랜 말을 탄 전령이 급한 전갈을 갖고 들이닥쳤다. 북군의 두 개 군단이 게티스버그 근방에서 남군을 맞아 하루 종일 교전을 벌이고 있으니, 5군단은 즉시 출동하라는 내용이었다.

메인 20연대의 병사들은 달빛이 내리비추는 시골길을 따라 북진(北進)을 계속했다. 오랜 행군으로 인한 피로감이 그들의 발길을 무겁게 할 법도 하건만, 곧 벌어질 전투에 대한 야릇한 기대감이 그들의 발길을 재촉했다. 펜실베이니아 토박이로서 챔벌레인의 직속상관인 스트롱 빈센트 대령은 옆에 가는 다른 장교에게 "사내 대장부로 태어나 고향인 펜실베이니아 땅에서 적과 싸우다 죽는 것만큼 영광스러운 일이 또 있을까?"라고 말하여 불길한 예감을 드러냈다.

한밤중이 되자 챔벌레인은 병사들에게 행군을 멈추고 길가에서 잠깐 휴식을 취하라고 명령했다. 그로부터 세 시간 후 기상나팔 소리가 병사들의 단잠을 깨웠다. 이제부터 메인 20연대는 아침식사도 커피도 없이 수천 미터를 행군하여 다음 날(7월 2일) 아침 7시까지 게티스버그에 도착해야 했다. 전선은 게티스버그 바로 남쪽에 형성되어 있었다. 〈그림 1〉에 나타난 바와 같이 북군은 일명 낚싯바늘(fishhook)이라고 불리는 수비대형을 취하고 있었다. 병사와 대포는 낚싯바늘의 북쪽 끝인 컬프스힐과 세머테리힐, 그리고 남쪽으로 뻗어내린 세머테리릿지를 따라 배치되었다. 낚싯바늘의 남쪽 끝에는 리틀라운드탑(Little Round Top) 고지가 봉긋 솟아 있었다. 그다지 높지도 않고 나무도 별로 우거지지 않은 리틀라운드탑은 전투 초반에는 별로 주목을 못 받지만, 7월 2일 후반에 가면 낚싯바늘의 눈(핵심)으로 부상하게 된다.

7월 2일 조지 미드는 병사들에게 '방위선(defensive perimeter) 뒤의 참호 속에 잠복해 있으라'고 지시했지만, 로버트 리는 공격할 준비가 되어 있었다. 그는 롱스트리트에게 북군의 왼쪽(낚싯바늘의 최남단)을 공격하라고 지시했고, 오후 4시가 되자 롱스트리트가 이끄

그림 1. 1863년 7월 2일의 게티스버그 전투

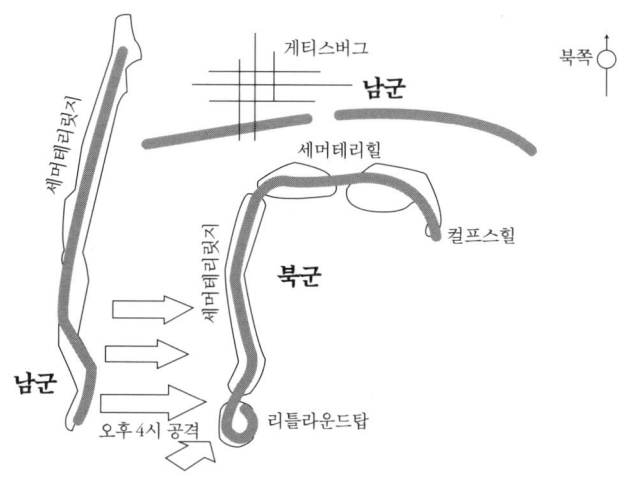

는 군단은 공격을 개시했다. 미드는 하루 종일 그의 휘하에 있는 일곱 개 군단 사이를 끊임없이 이동하며 위치를 바꿨다. 오후가 깊어 가며 롱스트리트의 대량 공세가 이어지자, 미드는 붕괴되고 있는 북군의 앞쪽을 지원하기 위해 5군단을 전진배치했다. 5군단이 전진하는 과정에서, 스트롱 빈센트 대령은 자기 휘하의 여단(메인 20연대, 그리고 미시간, 뉴욕, 펜실베이니아에서 각각 1연대씩)에게 리틀라운드탑 서쪽의 밀밭으로 이동하라고 지시했다.

챔벌레인이 밀밭에 도착함과 동시에, 서른세 살의 가버너 K. 워런 준장은 군세(軍勢)를 관찰하기 위해 리틀라운드탑에 올랐다. 그는 북군 최고의 지형학 엔지니어로서 전략적 위치를 짚어내는 탁월한 감각을 지니고 있었는데, 리틀라운드탑에 올라서는 순간 소스라치게 놀랐다. 리틀라운드탑 바로 아래의 숲 속에 남군들이 득

실거리고 있는데도 불구하고, 리틀라운드탑에는 아무런 방어진지도 구축되어 있지 않았기 때문이다. 후에 워런은 이 상황에 대해 "그때 나는 오싹 소름이 끼치며 간담이 서늘해졌었다"고 회상했다. 그 당시 리틀라운드탑과 그 자매고지인 빅라운드탑을 맡았던 남군의 지휘관 역시 그 고지의 전략적 중요성을 너무나 잘 알고 있었기 때문에 깜짝 놀란 건 마찬가지였다. "만일 내가 포병대를 빅라운드탑에 보내 그 위의 나무들을 베어 버리면, 우리 군사보다 열배나 많은 적군을 방어할 수 있는 견고한 요새를 만들 수 있었다"고 그는 회상했다.

워런은 군단장에게 급히 부관을 보내 리틀라운드탑을 점령하라고 전했다. 두 개의 고지가 모두 중요하지만 리틀라운드탑이 전략적으로 더 중요하며, 잠시라도 지체할 경우 남군의 수중에 떨어질 가능성이 있었기때문이다. 워런의 부관인 레이널드 맥켄지 대령은 전쟁터를 샅샅이 뒤진 끝에 가까스로 조지 사이크스 장군을 찾아냈다(사이크스는 6월 28일 미드가 포토맥군 사령관으로 승진함에 따라 미드의 후임으로 5군단장에 오른 인물이었다). 사이크스는 맥켄지에게 5군단의 1사단장인 제임스 반스를 데려오라고 지시했다. 그러나 맥켄지는 반스를 찾지 못하고 스트롱 빈센트를 만나게 되는데, 공교롭게도 빈센트 역시 보고할 사항이 있어 반스를 찾던 중이었다.

"군단장님의 지시사항이 뭡니까, 제게 말해 주시면 안되겠습니까?"라고 빈센트가 물었다. 맥켄지는 처음에는 망설였지만, 곧 군단장(사이크스)이 사단장(반스)에게 내린 지시사항을 빈센트에게 말해 줬다. "1사단 예하의 여단 하나를 보내 저기 있는 고지를 점령하라십니다." 빈센트는 자기가 직접 받은 지시는 아니지만 사태의 긴급성을 감안하여 "제가 하겠습니다"라고 선언했다. 그는 자신의 여단을 리틀라운드탑으로 진격시킴으로써, 자신이 내린 의사결정에 대해 무한책임을 지는 길을 택했다.

메인 20연대와 앨라배마 15연대

빈센트는 메인 20연대와 3개의 다른 연대를 지휘하여, 리틀라운드탑의 서쪽 능선 바로 아래쪽에 사분원(quarter circle) 형태로 진을 쳤다. 챔벌레인의 병사들은 대열의 왼쪽 끝에 배치되어, '세머테리릿지―세머테리힐―컬프스힐―리틀라운드탑'으로 이어지는 북군의 방어선을 지탱하는 닻(anchor)의 역할을 맡게 되었다. 만일 계곡에서 우글거리는 남군들이 힘을 모아 리틀라운드탑을 에워싸 버린다면, 빈센트의 여단은 앞뒤에서 적의 협공을 받아 오도가도 못하는 신세가 될 수 있었다(그림 2 참조).

빈센트는 메인 20언대를 대열의 끝에 배치하면서 챔벌레인에게 지시했다. 그의 얼굴에서는 결연한 의지가 엿보였다. "나는 귀관의 부대에게 이곳을 맡긴다. 귀관도 알다시피 이곳은 북군 방어선의 최남단이다. 몇 분 후면 적의 필사적인 공격이 시작될 것이다. 모든 위험을 극복하라. 어떤 희생을 치르더라도 이 진지를 사수하라." 빈센트의 말마따나 리틀라운드탑이 함락되면 북군은 끝장이었다. 남군이 이곳에 포대를 설치한다면 세머테리릿지를 겨냥할 수 있기 때문에, 그렇잖아도 롱스트리트가 이끄는 군단의 맹렬한 공격에 시달리던 세머테리릿지는 사면초가에 몰릴 수밖에 없었다. 더욱이 남군의 입장에서 볼 때, 고지대에 설치된 포대는 북군

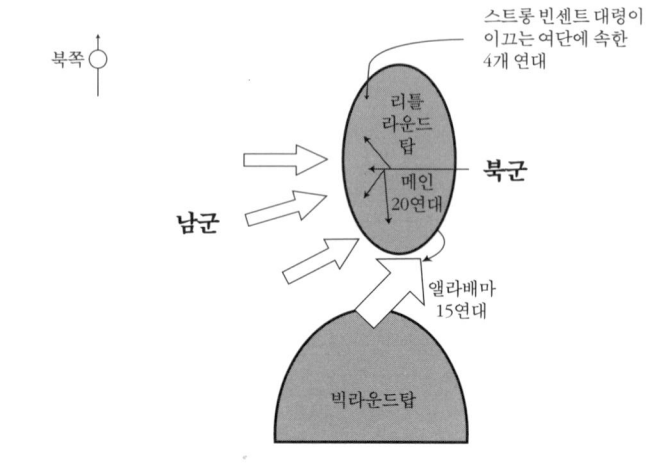

그림 2. 1863년 7월 2일의 리틀라운드탑 전쟁터

스트롱 빈센트 대령이
이끄는 여단에 속한
4개 연대

북쪽○

리틀
라운드
탑

북군

메인
20연대

남군

앨라배마
15연대

빅라운드탑

의 낚싯바늘을 내려다보며 그중에서 취약한 부분만을 골라 집중
적으로 공격할 수 있다는 장점이 있었다.

　그러나 더욱 중요한 것은, 하나의 전투에 이기고 지는 것보다 전
쟁의 전체적인 판세였다. 그 전날 포토맥군(북군)은 북버니지아군
(남군)에게 이미 한 번 밀린 바 있었다. 만일 이번에 한 번 더 밀린다
면 포토맥군은 치명타를 맞게 되며, 북버지니아군의 로버트 리는
결정적인 승기를 잡게 된다. 남부연합의 제퍼슨 데이비스 대통령
은 벌써부터 펜실베이니아에서 들려올 리의 승전보를 기다리며,
북부연합의 에이브러햄 링컨 대통령에게 평화회담을 제의할 준비
를 하고 있었다.

　리틀라운드탑에서 챔벌레인의 메인 20연대와 맞붙은 남군의 군
대는 윌리엄 C. 오츠가 이끄는 앨라배마 15연대였다. 700명의 정

예군인으로 구성된 앨라배마 15연대가 메인 20연대의 왼쪽으로 우회해 들어와 진을 치면서 바야흐로 전운이 감돌기 시작했다. 챔벌레인은 병사들에게 간격을 벌려 넓은 방어대형을 갖추라고 지시했다. 이것은 어지간한 훈련과 규율 없이는 구사하기 힘든 매우 까다로운 전법이었지만, 챔벌레인은 자신이 있었다. 오츠는 병사들에게 북군의 왼쪽 방어망을 측면에서 공격하라고 지시했지만 북군의 왼쪽 방어선은 예상보다 길었고, 그들을 기다리고 있는 것은 북군 병사들의 총구에서 뿜어져 나오는 시뻘건 불줄기뿐이었다. "그들은 내 평생 듣도 보도 못한 강력한 화력을 뿜어댔다"고 오츠는 회고했다.

앨라배마 15연대는 새벽 3시부터 행동을 개시했음에도 불구하고 끈질기게 메인 20연대의 방위선을 공략했으며, 양측 간에는 밀고 밀리는 접전이 계속되었다. "북군과 남군 병사들은 자욱한 흙먼지를 날리며 일진일퇴를 거듭했다"고 챔벌레인은 회상했다. 그러니 두 시간 동안 다섯 번의 전투가 벌어졌음에도 불구하고 북군의 방어선은 심하게 손상되었을지언정 붕괴되지 않았다. "사람이라면 모름지기 나아갈 때와 물러설 때를 알아야 하는 법이다. 그러나 나는 절대로 물러서지 않는다"고 챔벌레인은 말했다. 오츠가 군사를 물려 대열을 재정비하는 동안, 챔벌레인 역시 전열을 가다듬으며 피해상황 집계를 지시했다. 메인 20연대의 병사들은 3분의 1이 사망하거나 부상당했으며, 살아남은 병사들은 개인별로 지급된 60회분의 탄약을 다 소비한 상태였다.

오츠는 엄청난 손실을 입었음에도 불구하고, 생존자들을 모아 또 한 번의 공격을 준비하고 있었다. "적은 우리의 약점을 이미 간

1863년 7월의 리틀라운드탑 풍경.

파했으며, 조만간 잔여병력을 모아 공격을 재개할 것이다"라고 챔벌레인은 병사들에게 말했다. 그러나 말을 마친 챔벌레인이 병사들의 얼굴을 하나씩 쳐다보는 동안, 병사들은 마지막으로 사용한 빈 탄약통을 내보이며 근심스러운 표정을 지었다. "아뿔싸!" 챔벌레인은 '모든 위험을 극복하라'는 빈센트의 명령이 떠올랐다. 물론 그는 끝까지 물러서지 않을 각오가 돼 있었다. 그러나 탄약이 없으면 임전무퇴의 각오도 아무런 소용이 없었다. "탄약이 없으면 적은 우리를 짓밟고 지나갈 것이다." 챔벌레인은 가슴이 뜨끔했다.

챔벌레인은 순발력을 발휘하여, 총알보다 파괴력은 적지만 아직 쓸 만한 무기 하나를 생각해 냈다. 그것은 바로 총검이었다. 그는 이제까지 취해 왔던 방어 위주의 전술을 탈피하여 총공세를 펼치리라 마음먹었다. 공격은 최선의 방어라는 말이 있다. 적에게

밀리지 않으려면 살아남은 200여 명의 병사들을 총동원하여 백병전이라도 감행해야 했다. 챔벌레인은 병사들 전원에게 "착검!" 명령을 내렸다. 그런데 챔벌레인은 이와 함께 한 가지 특이한 명령을 내렸다. 그것은 대열의 맨 오른쪽을 고정축으로 하여 전체 병사들이 마치 거대한 경첩처럼 크게 회전하라는 것이었다.

오후 6시 30분, 돌격 신호와 함께 총에 칼을 꽂은 푸른 옷(북군의 군복)의 병사들이 거대한 원호를 그리며 언덕 아래로 밀려 내려갔다. 북군 병사들이 떼지어 내려오자, 언덕을 향해 달려오던 회색 옷(남군의 군복)의 병사들은 움직임이 느려졌다가 잠시 주춤거리더니 이내 퇴각하기 시작했다. 이때 챔벌레인이 왼쪽 숲 속에 매복시켜 뒀던 병사들이 갑자기 나타나 총을 쏘자, 남군 병사들은 혼비백산하여 줄행랑 치기에 바빴다. "우리 엘라배마 15연대 병사들은 마치 사자에게 쫓기는 들소떼처럼 뿔뿔이 흩어졌다"고 오츠 대령은 실토했다.

충검 돌격이 채 끝나기도 전에 북군 병사보다 두 배나 많은 남군 병사들이 포로로 잡혔고, 메인 20연대는 리틀라운드탑 주변에서 남군을 완전히 몰아낼 수 있었다. 게티스버그에서 친동생까지 잃은 오츠는 후에 이렇게 말했다. "그때 1개 연대 병력만 더 있었더라도, 우리는 북군의 측면을 확실히 돌파하여 리틀라운드탑을 손에 넣을 수 있었다. 그렇게 되면 북군의 왼쪽 날개는 전멸했을 것이다." 그러나 그는 다음과 같은 말을 덧붙이는 것을 잊지 않았다. "메인 20연대 병사들보다 강인한 전사들과, 그들의 연대장보다 용감한 지휘관은 이 세상 그 어디에도 없을 것이다."

전쟁은 하룻동안 더 계속되었고, 7월 3일이 다 지날 무렵 약 5만 명의 병사들이 죽거나 심각한 부상을 입었다. 1863년 11월 19일, 에이브러햄 링컨은 게티스버그에 새 묘역을 조성한 것을 기념하는 연설에서 이렇게 말했다. "세상은 오늘 우리가 이 자리에서 한 말에 관심을 갖지 않을 것이며 오래 기억하지도 않을 것입니다. 그러나 그날 그들이 여기서 행했던 일만큼은 오래도록 잊지 않고 기억할 것입니다."

리
더
에
게
결
정
은
운
명
이
다

항명자 끌어안기

당신이 메인 20연대의 연대장이라고 가정해 보자. 처음 만난 메인 주 출신의 항명자들과 몇 분 동안 면담할 시간이 주어졌다면, 당신은 그들에게 무슨 이야기를 어떻게 할 것인가? "나는 너희들을 사형에 처할 권한이 있다"고 말할 것인가, 아니면 "우리 같은 고향 출신이니 잘 해보자"라고 말할 것인가? 아니면 전쟁의 대의명분을 설명해 줄 것인가? 당신이 어떤 말을 어떻게 하느냐에 따라 항명자들은 북부연합의 공권력에 계속 반기를 들 수도, 정의 실현을 위한 전쟁에 동참하게 될 수도 있다.

남북전쟁이 끝나고 몇 년 후, 챔벌레인은 그때의 상황을 이렇게 설명했다. "나는 항명자들을 모두 소집해 놓고, 다음과 같이 상황 설명을 해 줬던 것으로 기억한다. 첫째, 너희들은 미 합중국 법령에 의해 군적(軍籍)에 등록되어 있으므로, 나는 너희들을 민간인이 아닌 군인으로 대우하겠다. 둘째, 너희들이 내 명령에 순종하면 군인으로서의 권리를 보장하고, 너희들의 애로사항을 해결하기 위해 노력해 보겠다(실제로 챔벌레인은 메인 주지사에게 두 번이나 편지를 보내,

챔벌레인의 메시지 요약	
챔벌레인의 말	**메시지**
나는 상부로부터 '너희들이 말을 안 들으면 다 사살해도 좋다'는 승락을 받았다.	나는 너희들의 생사여탈권을 쥐고 있다.
너희들도 잘 알겠지만, 나는 그럴 생각이 없다. 나도 너희들과 같은 메인 주 출신이다.	우리는 동향사람이므로, 나는 무력에 의존하지 않을 생각이다.
우리의 전력은 절반 이하로 떨어졌다. 우리는 너희들의 도움이 절대적으로 필요하다.	나는 너희들을 필요로 한다.
대부분의 사람들은 여기에 오는 것이 옳은 일이라고 생각해서 여기에 왔다.	우리의 소명은 고귀하다.
우리는 '다른 사람을 해방시키기 위한 전쟁'에 참여하고 있는 것이다.	우리의 대의명분은 정의롭다.
우리는 궁극적으로 '우리 모두'를 위해 싸우는 것이다.	우리는 서로 밀접하게 연관되어 있다.
우리가 이번 전투에서 지면 전쟁은 끝장이다.	우리는 현재 심각한 도전에 직면해 있다.
너희들이 우리 부대에 합류해 주면 정말 고맙겠다.	나는 너희들의 도움을 높이 평가한다.

메인 2연대의 해산과 관련된 그들의 불만을 해결해 달라고 요청한 바 있다. 그러나 메인 주지사는 이에 대해 아무런 반응도 보이지 않았다).” 이처럼 챔벌레인은 한편으로는 자신의 권한과 군의 명령체계를 강조하면서, 다른 한편으로는 “지금 다시 무기를 들면 나중에 군법회의에 회부되는 것을 피할 수 있다”고 회유함으로써 채찍과 당근을 병행해 가며 항명자들을 다뤘던 것으로 보인다. 마이클 샤라가 당시의 상황을 재구성한 문장을 분석해 보면, 챔벌레인의 말 속에 어떤 메시지가 내포되

어 있는지를 어렴풋이 짐작할 수 있다.

　그런데 전쟁이라는 특수한 배경을 논외로 하면, 필자가 지금 언급하고 있는 상황은 기업의 경영자들이 종종 겪는 상황과 별반 다르지 않다. 당신이 근무하는 회사가 어떤 회사를 인수하고 나서 당신이 특정 부서의 부서장으로 발령 받았다고 생각해 보자. 일부 전임자들은 떠나 버렸고, 남아 있는 사람들 사이에서는 불안한 기운이 감돌고 있다. 당신은 별 준비도 없이 부하직원들과 처음으로 만났다. 그들 중에는 낯익은 사람들도 있고, 피인수회사에서 넘어온 뉴페이스들도 있다. 어떤 사람은 인수합병을 반대하고 어떤 사람은 해고될까 봐 두려워하며, 많은 사람들이 당신의 리더십에 회의를 품고 있다. 당신이 앞으로 부서를 잘 이끌어 나가기 위해서는, 그들의 수동적인 도움보다는 진심어린 헌신이 필요하다. 그들의 에너지를 자발적으로 분출시키지 못하면, 당신의 경력관리와 조직의 성과에는 빨간불이 켜질 것이다. 모든 것은 당신의 말과 행동거지에 달렸다.

　1995년 6월 12일, IBM의 CEO인 루이스 거스너가 바로 그런 상황을 겪었다. 바로 전날 IBM은 로터스 디벨롭먼트사를 35억 달러에 인수하겠다고 발표했다. 로터스의 짐 P. 만지 회장은 처음에는 M&A에 저항하다가 마침내 손을 들었다. 깔끔하기로 유명한 컴퓨터 업계의 강자 IBM이 자유분방하기로 이름난 신흥 소프트웨어 회사 로터스를 인수하게 된 것이다. 누적적자에 시달리던 로터스는 한 달 전 원가절감 및 다운사이징 프로그램을 실시한다고 발표하고, 사외이사 리처드 브래덕에 의뢰하여 관리직 15퍼센트 감축과 5,000만 달러의 예산절감 작업을 추진해 왔다.

리더에게 결정은 운명이다

6월 12일, 거스너는 보스턴의 다운타운가에 위치한 왕센터에서, 로터스 직원 2,200명을 모아놓고 일장연설을 했다. 그들은 캠브리지에 있는 로터스 본사건물에서 버스로 실려 왔으며, 거스너의 옆에는 짐 만지 회장이 배석하고 있었다. 거스너는 연단에 올라, 새로 맞아들인 식구(로터스의 직원)들의 반감을 잠재우고 그들의 에너지를 IBM으로 결집시키는 연설을 해야 했다. 그의 연설은 간단했고, IBM과 로터스가 손을 맞잡고 어디로 나아가야 하는지에 대한 비전을 제시했다. 그는 경쟁자(특히 빌 게이츠가 이끄는 마이크로소프트)와 싸우기 위해 무기를 들자고 역설했고, 모두가 힘을 합쳐 앞으로 전진하자고 호소했다.

1995년 6월 12일, IBM의 CEO 루이스 거스너가 2,200명의 로터스 디벨롭먼트사 직원들에게 한 말

나는 지금부터 몇 분의 시간을 할애하여, 여러분께 로터스와 IBM의 결합이 갖는 중요한 의미를 설명해 드리려고 합니다.

바야흐로 세계는 신개념의 컴퓨팅 환경에 진입하고 있으며, 이에 따라 많은 업체들이 새로운 모델을 구상하느라 여념이 없습니다. IBM 역시 두 가지의 상이한 모델을 놓고 어떤 것을 선택할 것인지 고민해 왔습니다. 하나는 로터스가 주도하는 모델이며, 다른 하나는 (내가 바라는) 'IBM-로터스 모델'입니다.

향후 몇 년 동안 우리는 컴퓨터 업계의 판도를 놓고 경쟁자들과 엄청난 전쟁을 치러야 합니다. 나는 지난 20년 동안 이 분야에서 고객의 역할을 해 왔기 때문에, 그동안의 경험을 통해 고객이 진정으로 원하는 것이 무엇인지 자신있게 말씀드릴 수 있습니다. 그것은 개방형 플랫폼입니다. 나는 로터스와 IBM이 힘을 합치면 그 기준을 충족시킬 수 있다고 생각합니다. 이는 우리가 그 기준을 원해서가 아닙니다. 고객이 그것을 원하기 때문입니다.

컴퓨터 업계의 트렌드를 이끌어가는 것은 우리의 책임이자 기회입니다. 나는 이것이 IBM 단독으로, 또는 다른 회사와의 통합을 통해서는 불가능하며, 오로지 로터스와 IBM의 결합을 통해서만 이루어질 수 있다고 생각합니다. 따라서 나는 오늘 이 자리에 서게 된 것을 매우 기쁘게 생각합니다. 여러분은 지금까지 소프트웨어 업계의 근본적 변화를 선도해 왔습니다. 이제 여러분의 능력과 우리의 자원을 합친다면, 우리는 아무것도 두려울 게 없다고 생각합니다.

내가 로터스에 거는 기대는 매우 간단합니다. 나는 로터스가 시장에서 승승장구하기를 바랍니다. 나는 로터스가 우리의 경쟁자들을 이겨 주기를 바랍니다. 나는 로터스가 신속하게 성장하기를 바랍니다. 나는 로터스가 다양한 전략들을 멋지게 구사하여, 우리 모두의 염원을 이루어 주기를 바랍니다.

우리는 로터스를 구조조정하기 위해 인수하지 않았습니다. IBM은 이미 구조조정을 성공적으로 끝낸 상태입니다. 로터스를 다운사이징하는 방법으로는 우리가 투자한 35억 달러를 회수할 수 없습니다. 우리는 로터스의 모든 부문이 급속도로 성장하여 우리의 경쟁자들을 압도해 주기를 바랍니다. 경쟁자들은 10가지 전략을 동시에 고려할 정도로 발빠르게 움직이고 있지만, 고객의 수요를 제대로 파악하지 못하고 있습니다. IBM과 로터스는 하나의 팀으로 뭉쳐 상생의 길을 찾아야 합니다. 우리는 이 과정에서 로터스 고유의 조직과 문화를 절대로 파괴하지 않을 것입니다.

거스너의 메시지를 유심히 살펴보면 챔벌레인의 것과 매우 흡사하다는 것을 알 수 있다.

챔벌레인과 거스너의 메시지 비교	
챔벌레인	**거스너**
나는 너희들을 필요로 한다	"여러분은 지금까지 소프트웨어 업계의 근본적 변화를 선도해 왔습니다."
우리의 대의명분은 정의롭다	"우리가 그 기준을 선택한 것은 고객이 그것을 원하기 때문입니다."
우리는 서로 밀접하게 연관되어 있다	"IBM과 로터스는 하나의 팀으로 뭉쳐 상생의 길을 찾아야 합니다.
우리는 현재 심각한 도전에 직면해 있다	"향후 몇 년 동안 우리는 컴퓨터 업계의 판도를 놓고 경쟁자들과 엄청난 전쟁을 치러야 합니다."

거스너는 여기에 몇 가지 메시지를 덧붙였다. "인력감축 계획은 없습니다.→우리는 로터스의 모든 부문이 급속하게 성장하기를 원합니다." "나는 여러분의 자율성을 보장합니다.→IBM은 로터스 고유의 조직과 문화를 절대로 파괴하지 않을 것입니다."

조슈아 로렌스 챔벌레인과 루이스 거스너는 '냉담한 동맹군'의 마음을 움직임으로써 전략적 비전을 현실로 바꾼 사람들이다. 챔벌레인과 거스너는 비전을 실현하기 위해 그들의 도움이 절실히 필요했으며, 그들은 그럴 만한 능력을 갖고 있었다. 1961년 존 F. 케네디 미국 대통령도 이들과 같은 도전에 직면했었다. 그는 집권 초기에 다음과 같은 비전을 제시했다. "미국은 1960년대가 지나가기 전에, 인간을 달에 착륙시켰다가 지구로 무사히 돌아오게 하는 목표를 달성하는 데 총력을 기울여야 합니다. 이 시기에 추진되는 그 어떤 우주계획도 이보다 인류를 감동시키고 (장기적인 우주탐사 계획을 진행하는 데) 중요한 의미를 갖지는 못할 것입니다. 또한 이보다 어렵고 비용이 많이 드는 목표도 없을 것입니다." 그리고 그의 비전은 마침내 실현되었다. 1960년대의 마지막 해인 1969년 7월 20일, 마이클 콜린스가 아폴로 11호 우주선을 타고 달의 궤도를 돌고 있는 동안, 닐 암스트롱과 버즈 올드린은 전 인류를 대표하여 달 표면에 위대한 첫걸음을 내디딘 것이다.

Leadership Point

조직의 핵심그룹에게 지지를 호소할 때는, 먼저 당신과 그들이 궁극적으로 동일한 목표를 지향한다는 점을 인식시키는 데서부터 출발하라. 나아가 당신과 그들은 정의로운 대의명분과 고귀한 소명을 갖고 있으며, 현재 심각한 도전에 직면해 있다는 점을 강조하라. 마지막으로, 그들의 열정적인 참여가 없이는 공동의 목표를 달성하는 것이 불가능하다는 점을 상기시키라.

위대한 가치를 만들어낸 작은 행동

조슈아 로렌스 챔벌레인은 1863년 5월 28일 항명자들을 처리하면서, 자신의 행동이 며칠 후 또는 몇 주 후에 어떤 결과로 나타날지 전혀 예측하지 못했다. 그의 행동은 엄청난 결과를 초래할 수도, 남북전쟁이라는 큰 틀 속에서 일어난 하찮은 해프닝으로 끝날 수도 있었다. 혹시 누가 알겠는가? 챔벌레인의 솔로몬적 지혜를 가상히 여긴 조물주가 역사를 움직여, 항명자들이 실력 발휘할 수 있는 '작은 기회'라도 한 번 마련해 줄지. 그러나 역사가 챔벌레인과 항명자들에게 제공한 것은 '작은 기회' 정도가 아니었다.

챔벌레인이 120명의 항명자를 처리해야 하는 부담감을 벗어 버린 지 정확히 40일 만에, 메인 2연대 출신의 천덕꾸러기들은 메인 20연대의 병사들과 어깨동무를 하고 리틀라운드탑 위에 버티고 서 있었다. 챔벌레인의 결단에 의해 '무거운 부채'에서 '전략 자산'으로 변신한 그들은, 이제 메인 20연대에 없어서는 안 될 정병(精兵)으로 거듭나 있었다. 그들은 북군이 구축한 방어선의 최남단을 구성하는 인간사슬로서, 낚싯바늘의 약점을 노리고 덤벼드는 북버지니아군을 온몸으로 막아냈다. 700명의 정예군인으로 구성된 앨라배마 15연대도 그들이 일으키는 자욱한 흙먼지를 돌파할 수는 없었다. 총검으로 무장한 북군 병사들이 언덕 아래로 돌격할 때, 메인 2연대 출신의 병사들도 그들과 함께 내달렸다. 병사 중 3분의 1이 죽거나 다치고 실탄이 바닥난 상태에서, 그들의 가세는 북군의 전력에 큰 보탬이 되었다. 방어에 치중하던 북군이 착검을 하고 공세로 전환한 것만으로도 전세를 뒤집기에 충분했다.

Leadership Point

예기치 않은 위기의 순간을 대비하여, 평소에 부하들의 신임을 얻어 두는 것은 우량주에 투자하는 것과 같다. 위기는 예고 없이 찾아온다. 위기가 닥쳤을 때, 지휘관의 성패는 부하(반대파 포함)에게 투자했느냐의 여부에 의해 결정된다.

챔벌레인의 골치를 썩이던 항명자들이 40일 만에 리틀라운드탑의 일등공신으로 변신한 것은, 리더의 의사결정이 얼마나 큰 후폭풍을 일으킬 수 있는지를 여실히 보여준다. 위기의 순간에는 평소에 뿌려 뒀던 씨앗들이 불쑥불쑥 싹을 틔우기 마련이다. 지금은 하찮게 보이는 작은 행동일지라도 조직의 미래에 좋든 나쁘든 지속적인 영향을 미칠 수 있다. 챔벌레인이 제공한 따뜻한 밥 한 끼, 짧은 위로의 말, 애로사항 해결 등 그 당시에는 대단치 않아 보였던 행동들이 가장 필요한 시기에 120명 병사들의 마음을 움직인 것이다. 리틀라운드탑 전투는 그날 벌어진 많은 전투 중의 하나에 불과하지만 북군의 방어선을 유지하는 데 결정적인 역할을 했고, 게티스버그 전투를 승리로 이끄는 데 크게 기여한 것으로 평가된다. 챔벌레인에게 패한 앨라배마 15연대의 오츠 대령은 훗날, 리틀라운드탑의 패전이 갖는 전략적 의미를 이렇게 말했다. "커다란 사건은 종종 작은 일에서 비롯된다."

Leadership Point

오늘의 일상적 행동 중에서 어떤 것은 미래에 큰 영향을 미치지만, 어떤 것은 별 영향을 미치지 않는다. 그러나 어떤 행동이 나중에 큰 결과를 초래할지를 미리 판단하기는 매우 어렵다. 따라서 현재의 일 중 어느 하나도 소홀히 하거나 무시해서는 안 된다.

책임 부담

스트롱 빈센트는 챔벌레인이 이끄는 메인 20연대를 급히 리틀라운드탑에 배치했다. 부하들이 거친 숨을 몰아쉬고 있는 동안 챔벌레인은 바위 위에 올라가 적의 동태를 살폈다. 불과 10~15분 정도 걸리는 거리에서 회색 군복을 입은 남군 병사들이 허겁지겁

달려오고 있었다. 그들과 리틀라운드탑 정상까지 달리기 시합을
하더라도 북군이 이기리라는 보장이 없을 정도였다. 롱스트리트
는 나중에 북군의 예비역 장성들과의 대화에서 "우리는 당신들보
다 3분 늦게 리틀라운드탑에 도착했소. 만일 우리가 먼저 도착했
더라면 우리가 당신들을 이길 수 없었던 것처럼 당신들은 우리를
이기지 못했을 거요"라고 말했다.

빈센트가 리틀라운드탑을 선점한 것은 상관의 명령이 아닌 자
체적 판단에 의해서였다. 그가 전쟁터에서 만난 워런의 부관은 그
에게 명령을 내릴 권한이 없었다. 물론 빈센트에게도 독자적인 작
전 수행권이 없기는 마찬가지였다. 그러나 빈센트는 부관에게 자
신의 여단을 리틀라운드탑에 보내겠노라고 말하고, 자신의 책임
하에 즉시 행동을 개시했다. 그는 군의 명령체계와 규율을 잘 알고
있었지만, 명령이 하달되기를 기다리며 시간을 지체할 수가 없었
다. 상황이 그의 재량권을 요구하고 있는데도 불구하고 그가 재량
권을 행사하지 않았다면, 롱스트리트가 그보다 3분 먼저 리틀라
운드탑을 점령했을 것이다.

Leadership Point

조직의 명령체계는 구성원의 의사결정이 조직의 목표달성에 기여할 수
있도록 조율해 주는 역할을 한다. 그러나 때로는 조직의 명령체계가 구
성원의 합리적 의사결정에 걸림돌이 되는 경우도 있다. '자율적 의사결
정이 필요한 상황이 언제이고, 그러한 상황에서 어떻게 행동해야 하는
지'를 판단하는 힘을 기르면, 구성원과 조직 모두에게 큰 힘이 된다.

리더십 수업

1863년 7월 1일 아침, 헨리 헤스가 이끄는 남군 보병사단은 존 버포드가 이끄는 북군 기병사단을 압도함으로써 게티스버그 전투의 서막을 열었다. 7월 3일 오후, 조지 피켓이 이끄는 남군 보병사단은 돌격작전에 실패함으로써 게티스버그 전투에 종지부를 찍었다. 그 사이에 조지 A. 커스터가 이끄는 기병여단은 북군의 배후에 침투한 남군을 격퇴했다. 헤스, 피켓, 커스터 세 사람은 모두 각자의 분야에서 능력을 인정받은 장군들로, 게티스버그에서 주어진 병력을 이끌고 나름 용맹을 떨쳤다. 그러나 공교롭게도 이들은 모두 웨스트포인트를 꼴등 졸업한 것으로 유명한 사람들이다.

챔벌레인은 이들보다 훨씬 더 내세울 것 없는 인물이었다. 그는 사관학교에 입학한 경력이 없음은 물론, 어떠한 형태의 장교 훈련도 받아 본 역사가 없었다. 그러나 아무런 해결책이 없는(혹은 없어 보이는) 군사적 위기 상황에서, 그는 병법에 정통했다고 자부하는 장군들을 궁지에 빠뜨리는 기발한 전술을 생각해 냈다. 5군단장 사이크스 장군은 챔벌레인에게 "귀관이 리틀라운드탑을 사수한 것은 오늘의 전투에서 가장 빛나는 업적이었다"고 치하했다. 7월 3일 아침, (리틀라운드탑에서 치명적 부상을 입은 빈센트를 대신하여 여단장에 오른) 제임스 라이스는 챔벌레인에게 "당신의 용맹은 참으로 눈부셨소. 당신의 전술과 침착성이 우리 모두를 살렸소"라고 극찬했다.

5군단의 공식 전사(戰史)는 리틀라운드탑 방어에 많은 페이지를 할애하여 비중있게 다루고 있다. 역사가 윌리엄 H. 파월은 "빈센트와 챔벌레인이 한 순간이라도 지체하거나 임무를 소홀히 했다면 피켓의 돌격도 없었을 것이요, 게티스버그는 '추락한 국민적 여망'의 무덤이 되었을 것이다. 롱스트리트가 리틀라운드탑 고지를 점령했을 경우, 북군의 배후를 효과적으로 공략할 수 있는 핵심위치를 차지함으로써 향후 전투의 주도권을 장악할 수 있었기 때문이다"라고 평가했다. 미국 의회는 챔벌레인에게 명예훈장을 추서하여 그의 충성심과 감투정신을 기렸다. 그와 맞서 싸웠던 적장(敵將) 윌리엄 오츠는 "챔벌레인의 전술과 끈기, 그리고 그가 이끄는 병사들의 용맹성은 리틀라운드탑과 포토맥군을 패전의 위기에서 구했다"고 평가했다.

'리틀라운드탑 방어가 과연 게티스버그 전투의 승리에 결정적 영향을 미쳤는가?'라는 의문이 제기되는 경우는 종종 있지만, 챔벌레인의 탁월한 전술, 침착성, 끈기, 의지가 그날(7월 2일) 전투의 하이라이트였다는 점에 대해서는 이론의 여지가 없다. 침착성, 끈기, 의지라는 세 가지 덕목은 리더의 자질을 거론할 때 자주 언급되는 단골메뉴로, 전문적 훈련이나 경험 없이도 충분히 연마할 수 있다.

그러나 그날 챔벌레인이 구사한 '탁월한 전술'은 경우가 좀 다르다. 절체절명의 군사적 위기상황에서 그 어떤 지휘관도 생각해내지 못한 '탁월한 전술'을 챔벌레인은 어디서 어떻게 습득했을까? 리더의 역할을 수행하는 데 필수적인 '정식 훈련'을 받지 않고 경험도 없는 사람이 회사나 조직의 리더를 맡아 숙고된 결정(informed decision)을 하는 것이 어떻게 가능할까?

결론부터 말하자면, 챔벌레인은 철저한 독학파였다. 메인 주지사가 그를 메인 20연대의 대령으로 임명한 것은 그의 애국적 열정과 전문가적 소양을 높이 평가해서였을 뿐, 그의 전술적 능력이나 참전 경험을 고려했기 때문은 아니었다. 그러나 일단 군복을 입은 후, 챔벌레인은 온갖 군사전략과 전쟁전술을 습득하기 위해 전력을 기울였다. 그는 독서, 질문, 관찰, 귀동냥을 총동원하여 전략과 전술을 공부하고, 현장실습(on the job training)을 통해 실전감각을 익혔다. 챔벌레인이 처음 북군에 지원했을 때 메인 주지사에게 했던 말을 상기해 보자. "나는 지금까지 군사학에 대해 많은 관심을 갖고 있었습니다. 나는 현재 그 분야에 문외한이지만, 앞으로 '무엇을 어떻게 배워야 하는지'는 잘 알고 있습니다." 그는 결국 주지사와의 약속을 지킨 것이다.

챔벌레인은 처음 몇 달 동안 메인 20연대의 초대 지휘관인 아델버트 에임스를 멘토로 삼아 리더십 수업을 받았다. 에임스는 1861년 웨스트포인트를 5등으로 졸업한 엘리트로, 1차 불런 전투에서 부상을 입고 미 의회로부터 명예훈장을 받은 인물이었다. 에임스는 이론과 경험을 겸비한 지휘관이었다. 챔벌레인은 연대의 2인자로, 에임스와 같은 텐트를 쓰며 지속적으로 그의 지도를 받았다. 그는 에임스로부터 『전쟁의 기술』(바롱 데 조미니 저)과 『보병전술』(사일러스 케이시 저)을 빌려 탐독했다.

Leadership Point

충분한 경험과 사전대비 없이 리더의 자리에 오른 사람이라도, 마음만 있으면 다양한 방법(독서, 관찰, 질문, 면담, 사례연구 등)을 통해 리더십 수행에 필요한 전략과 전술을 학습할 수 있다.

백문이 불여일견

조슈아 로렌스 챔벌레인은 게티스버그에서 활약한 300여 명의 연대장들 중 한 명이었다. 모든 북군 지휘관들의 행동에는 우리의 인생살이에 도움을 주는 교훈이 담겨 있다. 그러한 교훈을 깨닫는 가장 좋은 방법은 게티스버그 전쟁터를 몸소 한번 방문해 보는 것이다.

필자는 매년 봄 와튼스쿨 최고경영자과정의 학생들을 위해, 가족 및 친지들과 함께 게티스버그 전쟁터를 방문하는 프로그램을 진행하고 있다. 리더십의 문제점을 연구하는 두 명의 전문 가이드들과 함께, 우리는 북군과 남군의 지휘관들이 계급의 고하를 막론하고 운명의 순간을 맞아 '어떤 의사결정을 어떻게 내렸는지'를 이해하려고 노력한다. 우리는 챔벌레인의 돌격이 성공한 현장과, 피켓의 돌격이 실패한 현장을 두 눈으로 직접 확인한다.

남군의 로버트 E. 리 장군은 휘하의 지휘관들을 신뢰하고 그들에게 광범위한 자율권을 부여한 것으로 정평이 나 있다. 그러나 부하 지휘관들에게 지나치게 광범위한 자율권을 부여한 것이, 게티스버그에서 기병대를 효율적으로 이용하는 데는 오히려 마이너스 요인으로 작용했던 것으로 보인다. 왜냐하면 기병대장 젭 스튜어트가 기병대를 거느리고 너무 멀리까지 원정한 것이 게티스버그 전투의 패전에 빌미를 제공한 것으로 평가되고 있기 때문이다.

그렇다면 우리는 이런 질문을 던져 볼 수 있다. "리 장군의 리더십 스타일이 결정적 순간에 그를 눈멀게 한 것은 아닐까?" 또 이런 질문도 던져 볼 수 있다. "조지 미드는 전투를 불과 며칠 앞두고 북군의 총사령관으로 임명되었다. 미드가 게티스버그 전투에서 매우 신중한 리더십 스타일을 보인 것이 혹시 '신임 사령관으로서 느끼는 생소함' 때문은 아니었을까?" 또는 조금 더 비약하여 "미드의 신중한 리더십 스타일이 플러스 요인으로 작용하여, 전투의 마지막 날에 참모들과 진지한 논의를 거쳐 필승전략을 도출하게 한 것은 아닐까?" 한편 우리는 리틀라운드탑 주변을 서성이며 이러한 생각을 할 수도 있다. "챔벌레인과 오츠는 상부로부터 동일한 고지(리틀라운드탑)를 점령하라는 지시를 받았다. 그러나 그들은 상부로부터 구체적인 지침을 하달받지 않았기 때문에, 자신들의 자율권을 최대한으로 활용하여 최고의 명승부를 펼칠 수 있었던 것이 아닐까?"

미드가 병사들을 배치했던 곳에 가서 서 보고, 피켓이 돌격을 이끌었던 장소를 걸어 보고, 챔벌레인이 점령했던 고지에 올라가 보면, 그들이 각각 운명의 순간에 어떤 생각을 했는지 상상할 수 있다. 물론 게티스버그 전쟁터를 찾기 전에 소설 『살인 천사들』을 읽거나, 영화 〈게티스버그〉를 보거나, 남북전쟁에 대한 각종 자료들을 찾아보면 현장을 이해하는 데 많은 도움이 될 것이다. 그러나 챔벌레인과 다른 북군 지휘관들이 결정적인 순간에 내렸던 의사결정을 평가하려면, 그들이 서 있던 역사적 장소에 직접 가서 서 보는 것보다 더 좋은 방법은 없다.

애포매톡스, 그 이후

피켓 돌격대의 선봉이 빗발치는 총격을 뚫고 세머테리릿지의 북군 방어선에 들이닥쳤을 때, 그들은 북군이 쌓은 방어벽(돌담)의 모퉁이를 파괴하고 일시적으로 목표물에 진입하기는 했지만, 그곳을 점령하는 데는 실패했다. 북군의 지원병력이 금세 몰려와 그들을 돌담 밖으로 내몰았기 때문이다. 피켓의 병사들은 대부분 목숨을 잃었고, 생존자들은 언덕 아래로 쫓겨 내려가 들판을 가로질러 도망가기에 바빴다. '피켓의 돌격'이 실패한 후 남군은 전의를 상실하고 포토맥강 너머로 후퇴했으며, 그로부터 21개월 후 리 장군은 버지니아주 애포매톡스 법원에서 항복문서에 서명하게 된다.

북군의 방어벽을 파괴한 남군의 선봉에는 루이스 아미스테드 장군이 버티고 서 있었다. 그는 총검 위에 모자를 꽂고 돌격을 외쳤지만, 소란의 와중에서 몇 미터도 전진하지 못했다. 그가 북군으로부터 포획한 대포의 주둥이에 손을 갖다 대는 순간 치명적인 부상을 입었기 때문이다. 아미스테드 장군이 넘어진 곳은 '남군이 점령했던 최고지점(high water mark)'으로 오늘날까지 기억되고 있다.

게티스버그 전투가 끝난 후 몇 달 동안 챔벌레인은 포토맥군 5군단에 계속 복무한다. 그는 1864년 6월 피터스버그 전투에서 기의 치명적인 부상을 입었지만 곧 회복하고, 1865년 4월 준장으로 승진한다. 북군의 총사령관 율리시즈 S. 그랜트 장군은 애포매톡스에서 리 장군으로부터 항복을 받아내고, 챔벌레인에게 영광스럽게도 4월 12일의 항복의식(북버지니아군 보병으로부터 군기를 거둬들이는 의식)을 주관하는 일을 맡긴다.

북군 3개 여단이 도열한 가운데 항복의식의 시작을 알리는 나팔소리가 울리자, 군기를 든 남군 병사들이 앞으로 나와 기다리고 있던 챔벌레인에게 군기를 바쳤다. 챔벌레인은 북군 병사들에게 '차려' 자세를 취하게 한 후 곧이어 '받들어 총'을 명했다. 패장인 존

B. 고든 장군은 깜짝 놀라 병사들에게 '받들어 총'으로 답례하게 했다. 남군의 마지막 군기를 넘겨받고 나서 마침내 긴 항복의식이 끝나자, 챔벌레인은 고든 장군에게 말했다. "귀하의 고귀한 정신을 존중합니다만, 군기를 간직하도록 허용할 수 있는 권한이 나에게 없음을 안타깝게 생각합니다."

챔벌레인이 '받들어 총'을 명하고 고든 장군에게 위로의 말을 전했다는 소식은 남부 전역에 퍼져나갔다. 군 복무를 마치고 예편한 후, 챔벌레인은 남부와 북부 모두에서 크게 존경을 받았다. 그의 마지막 계급은 소장이었고, 그의 마지막 훈장은 리틀라운드탑을 방어한 공로로 미 의회로부터 받은 명예훈장이었다.

리더에게 결정은 운명이다

6

클리프턴 와튼 Clifton Wharton,
교원연금을 개혁하다

클리프턴 와튼은 변화를 거부하고 독점체제에 안주하던
500억 달러 규모의 초대형 연금기금을 구조조정하여,
경쟁자와 고객들의 품으로 돌려보냈다.

THE
LEADERSHIP
MOMENT

"여기 스스로 아는 것보다 더 많은 문제를 가진 조직이 있다."

19 76년을 기점으로 하여 미국의 연금기금(pension fund)은 '노후를 위한 단순한 저축수단'에서 '미래를 위한 재테크 수단'으로 탈바꿈했다. 이는 가히 혁명적인 변화라고 할 만했다. 그러나 이 변화는 너무나 조용히 이루어졌기 때문에 아무도 눈치채는 사람이 없었다. 그래서 피터 드러커는 이것을 '보이지 않는 혁명'이라고 불렀다.

그러나 그후 10여 년이 지나도록 미국 최대의 연금기금인 교원연금(TIAA-CREF)은 혁명의 대열에서 비켜나 있었다. 교원연금은 미국 전체의 대학교수들을 대상으로 하는 퇴직연금 운용기관으로, 참여기관 3,950개, 계좌 보유자 89만 명, 자산규모 520억 달러를 자랑하는 초대형 금융기관이었다. 그러나 교원연금은 '잠자는 거인'이라는 별명이 무색하지 않게 변화의 사각지대에 머물러 있었다. 직원들은 음침한 막사와 같은 공간에서 일하고 있었고, 고객들은 경직된 약관에 대해 불만을 터뜨렸다. 한 퇴직자는 교원연금 이사회에 보낸 항의서한에서 이렇게 말했다. "나는 교원연금이 미국판 인투어리스트(러시아의 여행사)라고 생각합니다. 나는 오랫동안 많은 대형회사들이 소비자의 욕구에 대응하여 변신을 꾀하는 것을 봐 왔습니다. 물론 항공사, 통신회사 등도 예외는 아니었죠. 그러나 교원연금과 인투어리스트만은 요지부동이었습니다."

1986년 스탠퍼드 대학교는 학계와 언론계에 배포한 연구자료에서 "교원연금의 계좌 보유자들은 자신의 퇴직기금이 운용되는 데 대해 아무런 실질적 영향력도 행사하지 못한다"며, 교원연금의 폐쇄적 업무관행을 신랄하게 비판했다. 뱅가드, 티 로우 프라이스 등의 경쟁업체들은 고객들의 요구에 발빠르게 대응하여, '고객의 자산이 어디에 투자되는지' '고객의 자산을 운용하는 펀드매니저는 누구인지' 등에 관한 자료를 공개하고 있었다. 이에 따라 교원연금 내부에서도 뭔가 변화가 필요하다는 자성의 목소리가 간간이 흘러 나왔지만, 문제는 '누가 개혁의 총대를 메고 앞장설 것인가?'였다.

클리프턴 R. 와튼 주니어는 미국 유수의 학교법인인 뉴욕 주립대(SUNY)를 이끄는 교육 전문가였다. SUNY는 SUNY 버팔로, SUNY 빙햄턴, SUNY 뉴팔츠, SUNY 스토니브룩을 비롯한 64개 대학교에 30만 명의 학생들을 거느린 학교법인으로, UCLA와 UC 버클리라는 간판대학을 거느린 캘리포니아 대학보다 규모가 컸다. 이처럼 교육가로서의 외길을 걷고 있는 와튼이었지만, 1986년 여름 그의 친구이자 컨설턴트인 앤드류 F. 브리머가 귀띔해 준 이야기에 귀가 솔깃했다. 이야기의 내용인즉, 교원연금이라는 거대 금융기관이 헤드헌터 업체를 통해 개혁을 추진할 새로운 CEO를 공모하고 있는데, 와튼의 이름이 거론되고 있다는 것이었다.

미국 최대의 연금기금인 교원연금의 회장 겸 CEO 클리프턴 R. 와튼.

뜻밖의 이야기를 전해들은 와튼은 놀라기는커녕 새로운 분야에 도전할 수 있으리라는 기대감에 가슴이 설레었다.

와튼은 시카고 대학에서 개발경제학으로 박사학위를 취득한 후, 10년 6개월 동안 록펠러 재단에서 운영하는 농업발전이사회(캄보디아, 라오스, 말레이시아, 필리핀, 태국, 베트남에 지사를 둔 비영리법인)에 근무하면서 개발도상국의 농업발전을 위해 일했다. 반전운동이 한창이던 격동기에는 미시간 대학교의 총장을 역임했고, 그후 약 10년 동안 뉴욕 주립대 총장으로 일해 왔다. 그는 거대한 조직을 관리하는 데는 익숙했지만, 펀드관리 분야에는 문외한이었다. 그곳은 수십만 달러나 되는 고객의 돈을 주식과 채권에 투자하고, 순간의 판단으로 인해 성공과 파멸이 결정되는 위험천만한 곳이었다. 그는 브리머와 함께 에퀴터블 생명보험(Equitable Life Insurance)의 이

사로 13년 동안 재직한 경험이 있었지만, 금융회사나 보험회사를 직접 경영해 본 경험은 전혀 없었다. 그러나 그는 대규모 조직을 굴러가게 하는 방법을 잘 알고 있으며, 교원연금의 핵심고객인 대학 조직에 정통하다는 강점을 보유하고 있었다. 1986년 12월, 와튼은 헤드헌터를 통해 세계 최대의 민간 연금기금 운용기관인 교원연금(TIAA-CREF)의 CEO직에 정식으로 도전한다.

60세의 와튼은 이미 미국 사회에서 최고의 위치에 오른 아프리카계 미국인이었다. 흑인으로서는 처음으로 백인들이 다니는 주요 대학과 주립대학의 총장을 지낸 그가, 이번에는 500억 달러 이상의 고객 자산을 주무르는 교원연금의 회장 겸 CEO로 취임해 달라는 요청을 받은 것이다. 시대의 흐름을 따라잡지 못하는 교원연금은 이미 고객과 시장으로부터 외면받고 있어, 근본적인 개혁 없이는 앞날이 불투명한 상태였다. 와튼에게 맡겨진 사명은 교원연금을 위에서부터 아래까지 송두리째 개혁하여, 21세기를 지향하는 새로운 금융기관으로 환골탈태시키는 것이었다. 그러나 그러기에는 분야가 너무 낯설었고, 내부의 반발이 만만치 않았으며, 증상이 매우 심각했다. 그 당시 존스홉킨스 대학 본부에서 인사/급여 팀장을 맡고 있었던 로버트 윌슨은 고객을 대표하여 교원연금을 이렇게 평가했다. "교원연금은 제자리에 얼어붙어 있다. 그들은 고객의 소리에 귀를 기울이지 않는다. 그들은 자기영속적 위계질서(self-perpetuating hierarchy)에 의해 움직이기 때문에 시대의 흐름에 발맞추지 못한다." 사정이 이렇다 보니, 와튼은 교원연금의 모순이 너무 고착화되어 해결이 불가능할 수도 있겠다는 의구심을 품게 되었다. "교원연금이 많은 문제를 안고 있는 조직이라는 것은 분명했다. 그러나 문제는 '과연 교원연금이 개혁될 수 있을 것인가?'였다"라고 와튼은 회고했다.

와튼은 고심 끝에 교원연금 측의 제안을 받아들였다. 그러나 '과연 교원연금이 개혁될 수 있을까?'라는 의구심이 완전히 가신 것은 아니었다. "나는 일단 시도해 보기로 결정했다. 그러나 내가 정말로 교원연금을 개혁할 수 있을지 확신할 수 없었으며, 개략적인 방법론조차 구상하지 않은 상태였다"라고 와튼은 술회했다.

교원연금이 걸어온 길

클리프턴 와튼이 교원연금의 회장 겸 CEO로 취임할 당시, 교원연금은 퇴직연금에서부터 생명보험에 이르기까지 다양한 금융상품을 판매하고 있었으며, 다양한 비영리기관들을 고객으로 확보하고 있었다.

교원연금의 기원은 1918년으로 거슬러 올라간다. 1918년 카네기 재단은 '직장 이동의 자유'를 기치로 내걸고 100만 달러의 기금을 모집하여 교원보험연금(TIAA)을 설립한다. TIAA에 가입한 교수들은 직장을 옮기더라도 이미 가입한 퇴직연금을 해약하지 않고 그대로 유지할 수 있었다. 그러나 '직장 이동의 자유'는 '인출의 자유'를 담보로 한 것이었다. 개인이든 기관이든 일단 펀드에 입금한 돈은 절대로 인출할 수 없었다. 카네기 재단이 두 번째로 내세운 원칙은 '기관별 유연성'의 개념이었다. '기관별 유연성'이란 TIAA에 참여한 기관(대학)들로 하여금 퇴직연령과 프리미엄률을 각각 다르게 설정하도록 허용하는 것을 말한다. TIAA의 세 번째 특징은, 다른 퇴직연금 업체들이 확정급여형 연금지급방식 (defined-benefit plan)을 채택했던 것과는 달리, 확정기여형 연금지급 방식(defined-contribution plan)을 채택했다는 점이다. 확정급여형(DB형)이란 개인별 기여액(적립금액)과 무관하게 미리 확정된 퇴직연금을 지급하는 방식을 말한다. 이에 반해 확정기여형(DC형)이란 미래의 급여수준을 미리 확정하지 않고 개인과 사용자가 적립한 금액을 그대로 지급하며, 펀드 투자로 이익이 발생했을 경우 그 이익금까지도 추가로 지급하는 방식이다.

 TIAA는 영업 첫 해에 30개 기관으로부터 입금된 100만 달러 중 70만 달러를 철도채권에 투자했다(철도채권 중에는 만기가 1997년인 뉴욕 센트럴 철도회사의 채권도 포함되어 있었다). 그후 30여 년 동안 TIAA는 '주식에 투자하지 않는다'는 원칙을 지켰으며, 1929년의 주가 대폭락 (the Great Crash)은 이러한 원칙을 재확인하는 계기로 작용했다. 그러나 1952년 젊은 나이에 부사장으로 취임한 윌리엄 C. 그린하우스는 '장기적으로 볼 때 주식은 건전한 투자대상'이라고 주장했다. 그린하우스는 나중에 TIAA의 CEO로 승진하는데, TIAA는 그린하우스의 주장에 따라 대학퇴직 주식펀드(CREF)를 설립하고 회사의 이름을 TIAA-CREF로 바꾼다. 그후 1986년까지 교원연금 (TIAA-CREF)은 고객의 자산을 주식과 채권에 절반씩 투자하는 원칙을 고수하였고, 이에 따라 1986년 현재 TIAA에는 270억 달러의 채권(국채, 주택담보부 증권, 부동산담보부 증권 등)이, CREF에는 250억 달러의 주식이 편입되어 있었다.

 1986년까지 교원연금은 퇴직연금 시장을 장기적으로 지배해 왔다. 교원연금의 지배체제가 너무 공고하여, 상당수의 대학에서 교원연금에 맞서는 경쟁업체는 나타나지 않았다. 일부 대학들은 주(州)에서 운영하는 연금에 가입하거나 다른 연금회사들과 거래하기도 했지만, 여러 대학에 출강하는 교수들은 모두 교원연금에 퇴직연금 관리를 맡겼다. 교원연금과 퇴직연금 계약을 할 때, 교수들은 퇴직기금을 TIAA(채권)에 맡길 것인지 CREF(주식)에 맡길 것인지를 결정해야 했다. 그런데 이 경우 투자대상을 변경하는 것은 가능했지만, 주식에서 채권으로 옮기는 것만 허용되고 그 반대의 경우는 허용되지 않았다. 게다가 투자대상 변경이 가능한 날은 매월 말일뿐이었다. 한편 주식을 팔아 매매차익을 실현한 다음, 주식매각 대금을 미술품이나 희귀주화 등에 투자하고 싶은 사람들은 퇴직 때까지 기다려야 했다. 그러나 퇴직 후에라도 TIAA-CREF에 예탁된 자산을 반환받는 방법은 연금수령밖에 없었다. 따라서 퇴직 전이든 퇴직 후든, 교원연금에 투자된 자산을 한꺼번에 인출하여 다른 곳에 재투자하는 방법은 없었다. 가입자가 일단 교원연금에 돈을 입금했다면, 목돈을 인출할 생각은 꿈도 꾸지 말아야 했다. 한마디로, 가입자는 교원연금에 완전히 얽힌 것이다.

이처럼 해괴한 업무처리 방식에도 불구하고, 교원연금의 독점체제는 60여 년 동안 유지되었다. 교원연금의 이 같은 독점체제는 AT&T의 경우와 유사한 점이 많다. AT&T는 상품구색이 다양하지 않음에도 불구하고 초기의 독점체제를 그럭저럭 유지할 수 있었지만, 1984년 MCI 등의 경쟁업체가 등장하면서 AT&T의 독점체제는 종언을 고한다. 교원연금도 마찬가지였다. 1980년대에 들어 투자회사들이 우후죽순처럼 등장하면서, 그들이 공급하는 뮤추얼펀드는 교원연금을 궁지에 몰아넣게 된다. 1980년에 564개

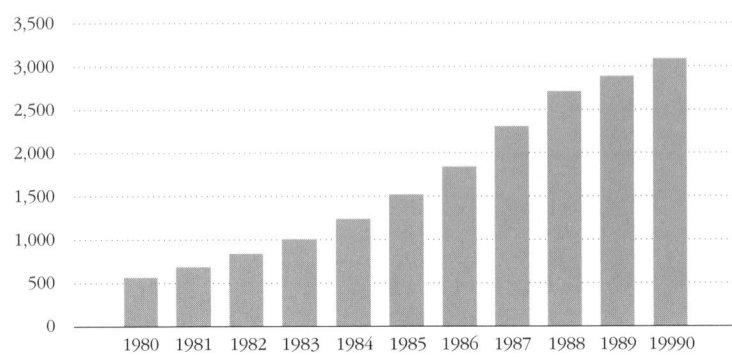

그림 1. 뮤추얼펀드의 수(1980~1990)

출처 : 미국 투자회사협회

그림 2. 뮤추얼펀드의 자산규모(1980~1990)

(억 달러)

출처 : 미국 투자회사협회

리더에게 결정은 운명이다

에 불과했던 뮤추얼펀드는 10년 동안 폭발적으로 증가하여, 1990
년에는 3,105개에 이르게 된다. 1980년에 1,350억 달러였던 뮤추
얼펀드의 금액은 1990년에는 1조 670억 달러로, 자그마치 여덟
배나 급증한다(그림 1, 그림 2). 뮤추얼펀드가 하나의 거대산업으로

자리잡으면서, 수익에 굶주린 수천 명의 펀드매니저들은 비영리 법인인 교원연금이 완전히 장악하고 있는 광대한 황금시장에 눈독을 들이게 된다.

이와 동시에 일부 대학교수들은 '수천 개의 대안이 등장하고 있음에도 불구하고 우리의 연금 시스템이 다른 대안을 허용하지 않는 이유는 무엇일까?'라는 의문을 품기 시작한다. CREF는 미국의 블루칩에 투자하는 하나의 주식펀드를 운영하고 있었지만, 개성이 강한 교수들은 자신들이 불입한 퇴직기금에 다른 종류의 투자 전략을 적용하고 싶어했다. 어떤 사람들은 '고성장-고위험 업종'을, 어떤 사람들은 멕시코나 말레이시아와 같은 신흥시장을, 어떤 사람들은 소셜펀드(담배회사나 무기회사 등을 제외한 소위 '착한 기업'에 투자하는 펀드)를 원했다. 또한 그들은 특정 뮤추얼펀드의 수익률이 CREF의 투자수익률을 훨씬 능가한다는 점에 주목했다. 예컨대 피터 린치가 운용하는 피델리티 인베스트먼트의 마젤란 펀드는 1980년대에 연평균 29퍼센트의 수익률을 올린 데 반해, 1982 - 1987년 동안 CREF가 올린 수익률은 연평균 18퍼센트였다. 물론 18퍼센트도 상당한 수익률이기는 하지만, 교수들은 11퍼센트의 수익률 차이를 더 중요하게 여겼다. 10만 달러의 금액을 10년 동안 18퍼센트로 운용하면 523,000달러가 되지만, 29퍼센트로 운용한다면 1,276,000달러가 되기 때문이다.

교원연금의 뉴욕 본사는 고객의 동요를 감지했지만 적어도 표면상으로는 이것을 적신호로 받아들일 이유가 없었다. 왜냐하면 교원연금은 과거 70여 년 동안 고학력층 고객들을 지배해 왔고, 게다가 최근 10년 동안 CREF의 수익률은 펀드업계의 벤치마킹

표 1. CREF의 수익률 (단위:%)			
비교기간	CREF의 연평균 수익률(A)	S&P 500지수 상승률(B)	A-B
1987	5.1	5.1	0
1985-1987	19.3	17.9	1.4
1983-1987	17.3	16.3	1.0
1978-1987	15.6	15.2	0.4

기준인 S&P 500지수 상승률을 꾸준히 능가해 왔기 때문이다(대부분의 전문 펀드매니저들은 펀드의 수익률을 비교평가할 때, 슈퍼스타(수익률 1위 펀드)를 비교대상으로 삼지 않는다. 그들이 비교대상으로 삼는 수익률은 '펀드의 자산을 S&P 500지수 편입종목에 분산투자했다고 가정할 경우에 나오는 수익률'이다). 소위 블랙 먼데이(Black Monday) 사건이 터졌던 1987년을 제외하면, CREF의 최근 3개 년, 5개 년, 심지어 10개 년 수익률은 S&P 500지수 상승률을 각각 1.4퍼센트p, 1.0퍼센트p, 0.4퍼센트p씩 앞질렀다(표1).

CREF의 성공은 교원연금의 경영진에게 "우리의 전문 펀드매니저들이 고객의 자산을 현명하게 투자하고 있다"는 확신을 심어 주었다. 그들은 "정보력이 부족한 교수들에게 투자를 맡길 경우 그들은 수익률이 높아 보이는 상품에 투자할 것이다. 예컨대 그들 중에는 안정된 수익을 보장해 주는 채권(예: 미 재무부 채권)을 모두 매각하여 고수익상품(정크본드, 신규상장 주식 등)에 올인하는 사람들도 있을 것이다. 하지만 그런 상품들은 이익은 고사하고 원금까지 까먹을 위험이 매우 높다"고 생각했다.

'세상 물정 모르는 샌님들의 손에 퇴직기금 운용을 맡겼다가는 깡통구좌가 속출할 수 있다'는 고정관념은 교원연금 경영진의 머릿속에만 있는 것은 아니었다. 상당수 대학의 재무책임자와 총장들은 교원연금 관계자들에게 '교수들의 투자대상 선택권을 제한하라'고 은밀히 경고해 왔다. 그들은 "투자에 서투른 교수들에게 퇴직기금 운용을 맡기면, 퇴직금을 모두 날린 교수들이 대학 당국을 상대로 '퇴직 후의 생활을 보장하라'는 소송을 제기할 수 있다"는 두려움에 휩싸여 있었다. 전직 교원연금 이사인 조지 카우프만은 당시의 분위기를 이렇게 증언했다. "대학 당국은 굶주린 교수들이 본부건물의 계단을 기어올라와, '나는 지난 30년 동안 이 학교에 충성을 바쳤지만, 내 호주머니 속에는 땡전 한 푼도 남아 있지 않소'라고 말하는 장면을 상상하며 몸서리쳤다." 그러나 실증분석 결과 이러한 두려움은 근거가 희박한 것으로 밝혀졌다. 1996년 교원연금 가입자들을 대상으로 실시된 연구에서, 교수들이 선택한 투자 포트폴리오와 교원연금의 전문 펀드매니저가 권고한 투자 포트폴리오 사이에는 수익률의 차이가 거의 없는 것으로 밝혀진 것이다. 그러나 1986년까지만 해도 대학 관계자들은 교수들의 재테크 능력을 과소평가하고 있었다.

1987년 가을 블랙먼데이로 인하여 주식시장이 붕괴되자, 투자대상 선택권을 요구하는 교수들의 목소리는 더욱 높아졌다. "나는 이미 1987년 8월부터 주식시장이 과열됐다는 사실을 알고 있었다. 그래서 부랴부랴 CREF에 편입된 자산을 몽땅 TIAA로 옮겼다"라고 텍사스 대학의 법학교수이자 교원연금 가입자인 로버트 W. 해밀턴은 탄식했다. 해밀턴의 갈아타기 타이밍은 절묘했다. 1987년 10월 19일, 다우존스 산업평균지수가 하루 만에 500포인트 폭락하면서, 5,000억 달러의 시가총액이 증발해 버렸고, 그후 5거래일 동안 CREF의 시장가치는 74억 달러나 폭락했다. 그러나 그 다음이 문제였다. '주식→채권 교체'만 인정하고, '채권→주식 교체'는 인정하지 않는 교원연금의 경직된 규정 때문에, 나중에 주가가 회복되어 사상 최대의 활황장세가 지속되는 상황에서도 해밀턴은 먼산만 바라볼 수밖에 없었다. "나는 TIAA에 완전히 엮인 것이었다. 투자자의 자유로운 선택을 제한한다는 것은 한마디로 언어도단이다"라고 해밀턴은 분통을 터뜨렸다.

블랙먼데이의 파고가 월가를 휩쓸고 지나간 지 며칠 후인 11월 어느 날, 스탠퍼드 대학은 교원연금을 미국 증권거래위원회(SEC)에 고발했다. 스탠퍼드 대학은 고발장에서 "교원연금은 가입자들에게 시대착오적이고, 가부장적이고, 일방통행적인 규정을 준수하라고 강요함으로써 증권거래법을 위반했다"고 주장했다. 스탠퍼드 대학의 고문변호사인 존 J. 슈위츠는 교원연금의 시대착오적 발상을 이렇게 꼬집었다. "미합중국과 같은 자유민주주의 국가에서, 교원연금과 같은 민간단체가 개인의 자산을 완전히 지배하던 시대는 이미 지난 지 오래다." 뮤추얼펀드 업계를 대표하는 투자회사 협의회는 별도로 제출한 고발장에서 "교원연금과 뮤추얼펀드 간의 자유로운 경쟁을 허용하지 않는 것은 증권거래법에 위배된다"고 주장했다. 투자회사 협의회의 고문변호사는 "교원연금에 가입한 대학은 교원연금의 포로나 다름없다"고 말하여 교원연금을 신랄하게 비판했다.

교원연금의 잠재적 경쟁자들은 24시간 영업과 현금상환제도를 도입하고 있었으며, 고객들은 굳이 영업점에 방문할 필요 없이 수

신자부담 전화를 이용하여 업무를 처리할 수 있었다. 그러나 교원연금은 고객의 선택권을 제한하고 있었기 때문에 업무량이 별로 많지 않았다. 따라서 교원연금의 입장에서는 굳이 24시간 영업을 실시할 이유가 없었고, 심지어 정규 영업시간에도 객장을 찾는 고객이 별로 없을 정도였다. 급기야 여름 휴가철에는 전직원이 금요일을 제껴 버리는 황당한 일도 종종 벌어졌다. 이는 직원들의 사기진작에는 좋을지 몰라도, 고객서비스 측면에서 보면 도저히 묵과할 수 없는 일이었다.

교원연금 본사의 직원들은 지저분하고 비좁은 공간에서 근무했으며, 건물 5층에 있는 직원식당에 가려면 느린 엘리베이터를 타야만 하기 때문에 매우 불편했다. 하위직 직원 중 4분의 1이 매년 직장을 떠났는데, 이 같은 이직률은 패스트푸드점보다는 낮았지만 금융서비스를 제공하는 조직 치고는 매우 높은 수준이었다. 컴퓨터 시스템이 너무 구식이다 보니, 다른 경쟁업체들이 일상적으로 제공하고 있는 일별 자산평가 서비스조차 제공하지 못했다. 교원연금은 약 백만 명의 고객들로부터 엄청난 돈을 거둬들여 투자하고 그 성과를 분배하는 일을 했지만, 1952년 이후 도입한 신상품은 단 한 건도 없었다.

교원연금 개혁

1980년대 후반은 거대기업과 그 CEO들에게 호된 교훈을 남긴 시기였다. 과거에 큰 성공을 거두어 모든 기업들의 귀감이 된 GM과 IBM은 고객의 불만과 경쟁자들의 등장으로 인해 위기에 몰렸다. 그러나 GM의 CEO인 로버트 스템펠과 IBM의 CEO인 존 에이커스는 문제점을 조기에 발견하지 못했으며, 시장점유율이 곤두박질치고 사상 최대의 적자를 기록할 때까지 아무런 조치도 취하지 않았다. 공룡처럼 몸집이 불어난 GM과 IBM에는 관료제가 고착화되어, 발걸음이 더디고 출혈이 발생해도 신속히 응급조치를 취할 수가 없었다. 결국 이사회가 앞장서서 스템펠과 에이커스를 퇴진시키고 잭 스미스와 루이스 거스너라는 맹장을 기용한 후에야, 두 회사는 최종 손익을 흑자로 겨우 돌려놓을 수 있었다.

1986년말에 접어들면서 교원연금도 GM이나 IBM과 똑 같은 상황에 직면했다. 퇴직연금 시장의 공룡인 교원연금은 외부로부터의 강력한 개혁요구에 직면했지만, 교원연금 내부에는 문제점을 스스로 인정하지 않는 분위기가 팽배했다. 이에 교원연금이사회는 긴급 이사회를 소집하여 개혁의 가능성을 타진한 결과, "교원연금은 이미 자체적인 개혁능력을 상실했으며, 난국을 타개하기 위해서는 외부에서 새로운 CEO를 영입하여 전면적인 분위기 쇄신을 꾀하는 수밖에 없다"는 결론이 채택되었다. 오랫동안 교원연금에 경영자문을 제공해 온 유진 E. 제닝스는 기자들과의 대화에서 "내 평생에 교원연금과 같은 골수 관료주의집단은 처음이다"라고 말했을 정도였다.

교원연금이사회는 새로운 CEO의 임명을 담당할 지명위원회(nominating committee)를 구성하고, CEO 영입에 관한 권한 일체를 위임했다. 지명위원회는 헤드헌터에게서 넘겨받은 CEO 후보자들의 명단을 면밀히 검토한 끝에 와튼 한 명만을 골라 이사회에 지명했고, 와튼은 이사회와의 면담을 거쳐 1987년 2월 1일 교원연금의

CEO로 정식 취임했다. 교원연금 사상 최초로 외부에서 영입된 CEO가 탄생한 것이다. "그는 권위와 소신을 지닌 강력한 리더였다"라고 지명위원회의 공동의장을 맡았던 존 H. 빅스는 회고했다. "우리는 그가 교원연금의 개혁을 이끌 수 있는 적임자라고 생각했다. 그는 복잡한 조직을 다뤄 본 경험이 많은 노련한 경영자이기 때문에, 우리는 그가 기존에 축적해 놓은 방대한 데이터를 이용하여 가시적 성과를 낼 수 있으리라 믿었다"라고 또 한 명의 공동의장인 데이비드 알렉산더는 말했다.

와튼의 개혁작업은 조직 구성원의 다양한 의견을 듣는 것으로부터 시작되었다. 그는 비판자들을 직접 찾아가, 복도를 거닐며 많은 의견을 나눴다. 그리고는 다양한 기업의 임원과 대학 총장으로 재직했던 노하우를 살려, 개혁을 전담할 특별위원회와 이를 지원할 태스크팀을 발족시켰다. 태스크팀은 교원연금의 직원으로 구성되며, '변화하는 투자시장에서 교원연금의 변화방안'에 대한 외부의 권고와 내부의 제안을 종합히여 특별위원회에 보고하는 임무를 맡았다. 특별위원회는 3명의 대학 행정가, 한 명의 경영대학 교수, 한 명의 컨설턴트, 교원연금의 이사진, 한 명의 증권회사 임원, 한 명의 펀드매니저, 그리고 두 명의 은행가로 구성되며, 태스크팀으로부터 보고받은 사항을 종합적으로 검토하여 개혁의 마스터플랜을 작성하는 임무를 부여받았다. 와튼은 특별위원회의 의장을 맡아 개혁의 선봉에 나섰다. 그는 엄격한 개혁 일정표의 작성을 주문했다. 개혁 일정표는 1987년 6월에 처음으로 골격이 작성되어 9월 특별위원회 전체회의에 상정되었고, 최종 마무리를 거쳐 11월 교원연금이사회에 제출되었다. 한편 와튼은 교원

교원연금의 미래 아젠다를 논의하고 있는 특별위원회(1987).

연금의 새로운 영업전략을 마련하는 데도 심혈을 기울였다. 연금
운용시장을 둘러싼 금융환경의 변화(뮤추얼펀드의 급성장, 금융서비스 혁
명)를 감안할 때, 교원연금의 영업전략은 근본적으로 재검토되어
야 했다.

　와튼은 특별위원회를 향해 신속한 행동을 취하라고 수시로 압
박을 가했다. 한 위원은 와튼이 가장 많이 쓰는 표현이 "이 문제를
빨리 종결지읍시다"였다고 회상했다. 마침내 특별위원회의 '미래
아젠다' 보고서의 초고가 완성되어 와튼의 손에 들어오자, 와튼은
유례없는 조치를 취했다. 그는 전략계획을 실행하기에 앞서서 그
것을 일반에 공표하여 광범위한 의견을 수렴하라고 지시했다. 이
는 관리적 목적으로는 적당하지만, 영업 측면에서는 경쟁자들에
게 교원연금의 전략을 노출하는 무모한 시도였다. "정상적인 상황
하에서는 우리의 전략을 경쟁자에게 노출하지 않는 것이 상식입

니다. 그러나 이번 조치의 핵심 취지는 '고객들에게 우리의 속살을 내보인다'는 것입니다"라고 와튼은 설명했다. 일부 이사들은 이같은 정보공개 정책을 들어 본 적이 없다고 반대했다. 그러나 와튼은 반박했다. "우리의 선택권은 단 두 가지, '고객의 의견을 받아들일 것인가', 아니면 '거부할 것인가'입니다. 우리는 '미래 아젠다'를 고객들에게 다 보여주고, 고객의 의견에 귀를 기울여야 합니다. 고객의 반응은 매우 중요합니다. 때로는 고객의 제안이 우리의 정책을 바꾸는 귀중한 정보가 될 수도 있습니다."

와튼은 교원연금의 조직개편에도 눈을 돌렸다. 1987년 4월 그는 8개월마다 두 명씩 젊은 인재를 뽑아 자신을 지근거리에서 보좌하게 하는 제도를 만들었다. 이 인사(人事)의 기본 목적은 젊은 인재들의 경험을 확대하고 경력을 개발하는 것이었다. 그러나 8개월 동안 와튼을 보좌하고 현업에 복귀하는 직원들은 사장실과 임원실에서 일어나는 일을 훤히 알게 되므로, 회사의 경영방침을 회사 전체에 퍼뜨리는 부수적인 효과가 있었다. 한편 회사의 경영진이 전략점검과 문제해결에 적절히 개입하지 못하는 것을 간파한 와튼은, 기업을 이끌어 나가는 3개의 그룹을 선정하여 협의체를 구성했다. 첫 번째 그룹은 12명의 최고경영진으로 구성된 경영내각(Executive Cabinet)으로 매주 모임을 가졌다. 두 번째 그룹은 70명의 경영자로 구성된 경영위원회(Executive Council)로 매월 모임을 가졌다. 세 번째 그룹은 300명의 간부로 구성된 간부그룹(Officer Group)으로 분기마다 모임을 가졌다. 이 세 가지 그룹에서는 모두 쌍방향 커뮤니케이션을 통해 문제해결, 정보수집, 전략도출이 이루어졌다.

와튼은 고객 서비스에 대한 책임을 명확하게 하기 위해 조직구조를 재정비했다. "교원연금은 현대적 조직이 아니라, 마치 60년대나 70년대의 구식 조직 같았다"라고 그는 회고했다. 그는 부즈 앨런 & 해밀턴의 컨설팅 보고서에 기초하여, 기능에 중점을 두는 고전적 조직분류 방식(예: 데이터 처리, 재무회계 등)을 폐지하고 책임단위(accountability center)에 중점을 두는 새로운 조직분류 방식을 도입했다. 이렇게 하여 교원연금에는 채권투자, 주식투자, 연금서비스, 보험서비스라는 4개의 책임단위가 탄생했다. 각각의 책임단위는 별도의 인사관리 및 컴퓨터 시스템을 보유할 뿐만 아니라 상당한 수준의 자율권을 행사할 수 있었다. 그러나 자율권에는 그에 상응하는 책임이 뒤따랐다.

와튼은 직원들로 하여금 '내게 월급을 주는 사람은 누구인가?'라는 점을 실질적으로 깨닫게 하기 위해, 업무성과와 고객 서비스에 초점을 둔 보상시스템, 일명 상황적 보상시스템(contingent compensation system)을 설계하였다. 1990년 새로운 보상제도가 실시되면서, 하급관리자들은 자신들의 보상이 본인의 업무수행 결과에 의해 결정된다는 것을 처음으로 깨달았다. 그들의 총급여 중 업무수행과 직접 관련이 없는 부분은 9퍼센트에 불과했다. 한편 상급관리자들의 경우 급여의 3분의 1 이상이 직접적 업무수행과 연동되도록 설계되었다. 결국 상급 관리자든 하급 관리자든 '급여를 많이 받으려면 장기적 재무성과(financial performance)와 서비스를 향상시킴으로써 가입자의 만족을 증가시켜야 한다'는 공감대가 형성되었다(와튼이 재무성과와 서비스를 평가하기 위해 도입한 지표는 투자수익률, 기업성장률, 서비스의 질, 원가절감 등이었다). 32명의 최고경영자의 경우, 회사의 연간 실적은 물론 다년간의 추세(예: 대형 뮤추얼펀드와 비교한 영업 비용의 추이, 독립기관에 의해 평가된 고객인지도 추이)도 급여에 영향을 미쳤다. 마지막으로, 와튼 자신의 급여는 50퍼센트가 회사의 성과와 연계되도록 설계되었는데, 이는 주요 기업들의 CEO에게 적용되는 방식으로서, 교원연금 역사상 CEO의 급여가 이러한 방식으로 결정된 것은 유례가 없는 일이었다.

상황적 보상시스템이 자리를 잡으려면 그 근간을 이루는 평가시스템이 효율적이어야 한다. 이를 위해 와튼은 상급 관리자에 대한 연간 평가시스템을 도입하고, 자기 자신도 이 시스템에 의해 평가받도록 했다. 와튼은 관리자들 간의 수평적 상호평가(lateral assessment) 방식도 도입했는데, 와튼은 모든 관리자들에게 다른 관리자를 평가하는 설문지를 배포한 다음, 그들에게 각각 '동료들은 당신을 어떻게 생각할까요?'라는 제목의 보고서를 나눠줬다(이러한 피드백을 처음으로 받아본 관리자들은 자신의 특정 행동이 오랫동안 다른 관리자들에 의해 '조직에 적합하지 않은 행동'으로 간주되어 있다는 사실에 충격을 빋았다). 한편 와튼은 합리적인 승진계획을 도입하여, 매년 일반직원, 중간관리자, 최고관리자 중에서 눈에 띄는 유망주들을 발굴하여 그들의 성과와 가능성을 지속적으로 체크했다.

이상과 같은 와튼의 노력 덕분에, 약 3,000명의 교원연금 직원들은 고객의 전화를 받을 때마다 상냥한 목소리로 "감사합니다, 교원연금입니다. 무엇을 도와드릴까요?"라고 응대하게 되었다. 와튼은 직원들의 고객지향 마인드를 유지하기 위해, 열두 명의 인사/직원교육 책임자들로 구성된 자문위원회를 구성하여 매 분기마다 회의를 갖고, 일 년에 한 번씩 이사진으로 구성된 상품/서비스 위원회에 보고하게 하였다. 또한 와튼은 옴부즈만 제도를 도입하여, 고객의 입장을 내부에서 대변하는 임무를 부여했다. 교원연금의 지점장인 토머스 윌리엄스는 "직원들의 수동적 태도가 능동적 태도로 전환되었다"고 반색했으며, 전직 이사인 피터 번스타인은 "와튼이 연금기금을 '금융기관'에서 '회사'로 탈바꿈시켰다"고 평가했다.

그러나 뭐니뭐니해도 와튼의 가장 큰 업적은 오랫동안 신성불가침의 영역으로 여겨져 왔던 '제한된 투자옵션'에 철퇴를 가했다는 것이다. 와튼은 몇 년 동안에 걸쳐 다양한 투자옵션을 제공함으로써 고객의 선택권을 확대해 갔다. 그리하여 교원연금은 채권펀드, 공격적 주식펀드, 방어적 주식펀드, 해외 주식펀드, 사회적 선택펀드(일명 '착한 기업 펀드'), MMF 등의 다양한 투자옵션을 보유하게 되었다. 또한 와튼은 고객들이 오랫동안 고대해 왔던 종목교체(transferability)의 문제를 해결하였다. 이제 고객들은 '채권→주식 전환'을 포함하여 모든 투자옵션 간의 전환이 가능하게 되었으며, 더욱이 월말뿐 아니라 아무 때나 원하는 시기에 투자대상을 전환할 수 있게 되어 고객의 편의가 대폭 증진되었다. 와튼은 계약자들에게 분기별 투자보고서를 보내주고, 대학당국과 퇴직 교수들에게 상담 서비스를 제공하는 등 부가서비스를 강화하고, 신상품 개발을 위한 연구개발 투자도 늘렸다.

와튼은 대학들과 협력하여 그동안 캠퍼스에서 교원연금이 누려왔던 독점적 지배구조를 스스로 완화시켰다. 와튼이 교원연금의 CEO로 취임한 지 2년 만에, 교원연금과 거래하던 252개의 대학들은 다른 경쟁업체들에게도 문호를 개방했고, 교원연금에 개설된 기존의 구좌를 다른 업체로 이전하는 것을 허용했다. 이제 대학교수들은 교원연금이 아닌 다른 업체들을 자신의 펀드매니저로 지정할 수 있게 되었다. 1989년이 되자 교원연금에 예탁된 고객자산 중 3억 5,000만 달러가 티 로우 프라이스로, 7억 5,000만 달러가 뱅가드로, 10억 달러가 피델리티 인베스트먼트로 이전되었다. 얼라이언스캐피탈 매니지먼트의 회장이자 와튼이 구성한 특별위원회의 멤버인 데이브 H. 윌리엄스는 와튼의 개혁을 이렇게 요약했다. "와튼이 교원연금에서 실시한 개혁은 사상 유례가 없을 만큼 광범위한 것이어서 도저히 믿기지 않는다."

개혁을 위한 워밍업

직업외교관의 아들로 태어나 어려서부터 외국생활을 한 덕분에 스페인어에도 능숙했던 클리프턴 와튼은, 1943년 보스턴의 엘리트 공립고등학교인 리틴스쿨을 졸업하고 1947년 히비드대 역사학과를 졸업했으며, 1958년 시카고 대학에서 경제학 박사학위를 취득했다. 와튼은 대학졸업 후 경제개발 전문가로 변신하여 20여 년 동안 개발도상국의 농업발전을 지원하는 일을 하면서 많은 저서를 남겼다.

와튼은 인생의 전기(轉期)가 되는 사건을 여러 번 경험하는데, 그 첫 번째 사건은 1970년에 일어난다. 그는 1970년 미시간 주립대학의 총장으로 선임된 후, 난생 처음 광대한 캠퍼스의 운영을 책임지게 되었다. 그러나 미시간 대학의 총장직을 수행하는 것은 마치 불벼락을 맞는 것과 같았다. 선출직 이사 여덟 명 중 세 명이 전 총장 G. 메넨 윌리엄스를 지지하며 와튼의 직무수행을 방해했기 때문이다. 그들은 와튼에게 "당신을 반드시 쫓아내고야 말겠소"라고 대놓고 말했다. 그리고 매달 열리는 이사회에서 와튼이 내놓는 시책을 사사건건 반대했다. 그 당시 미시간 대학의 이사회는 여느 대학의 이사회보다도 가장 후진적인 집단으로 악명이 높았다. 와튼은 교수회의의 지원을 받아 간신히 대학을 운영해 나갈 수 있었다. 그러던 중 와튼이 하버드 대학의 유력한 총장 후보로 거론되고 있다는 기사가 신문에 나면서 상황이 달라지기 시작했다. 하루는 교수회의의 대변인이 와튼에게 찾아와 간곡히 부탁했다. "총장님, 여기를 떠나시면 안 됩니다. 총장님이야말로 저 바보천치들로부터 대학을 지킬 수 있는 유일한 분이십니다." 그후 이사회에서 와튼을 지지하는 세력이 많아져 대부분의 표결에서 반대파를 제압할 수 있었고, 와튼은 8년 동안 미시간 대학의 총장직을 잘 수행할 수 있었다. 덕분에 와튼은 미시간 대학교에서 크고 논란많은 조직을 관리하는 노하우를 터득할 수 있었다.

1978년 뉴욕 주립대(SUNY)의 총장으로 영입된 후에도 와튼의 고난은 그치지 않았다. 그것은 SUNY의 캠퍼스가 미시간 대학보다 열 배나 크기 때문만은 아니었다. 그 당시 미국에서는 막강한 파워를 지닌 본사 조직이 계열사를 통제하는 지배구조가 유행하고 있었는데, SUNY 역시 이러한 트렌드의 영향을 받아 주정부로부터 강력한 통제를 받는 중앙집권적 지배구조를 유지하고 있었던 것이다. 예컨대 특정 SUNY 캠퍼스의 체육관 마룻바닥에서 물이 새는 것을 수리하는 데만도 엄청난 결제라인을 거쳐야 했다. 주의 예산부서, 감사부서, 회계담당자, 법무담당관, 주의회, 심지어 주지

사까지 쫓아다니며 결재를 받다 보면, 이미 체육관 마룻바닥 전체
가 망가져 있는 경우가 허다했다. "SUNY를 에워싸고 있는 관료주
의적 장벽은 도저히 믿을 수 없을 만큼 두터웠다"고 와튼은 술회
했다.

그러나 주정부의 과도한 간섭으로부터 대학의 자율권을 지켜내
는 것은 그리 만만한 작업이 아니었다. 어떤 분권화(권한위임)도 주
지사 이하 많은 공무원들의 권력을 약화시킬 수 있기 때문에, 그들
의 반발과 교묘한 방해작전을 감수해야 했다. 와튼은 기회를 보면
서 자신의 지지기반을 서서히 구축해 나갔다. 64개의 대학 캠퍼스
를 방문하고 뉴욕 주의 모든 신문사들을 찾아다니며 편집인들을
만났다. 시장, 카운티의 중요인사, 대학 관계자들을 만나 불필요
한 통제의 사슬을 끊어야 한다고 역설했다. 그러던 중 마침 기회가
찾아왔다. 한 지방자치단체의 의회가 뉴욕 주 전역을 돌며 주정부
의 권한이양에 대한 청문회를 개최한다는 소식이 들려온 것이다.
청문회에 참석한 대학 총장, 지역사회의 리더, 교수 대표들은 이
구동성으로 대학 운영의 자율화를 주장했고, 지방의회 의원들은
분권화가 거역할 수 없는 시대의 조류라는 사실을 절실히 깨닫게
되었다.

와튼에게 교원연금의 개혁작업을 위한 워밍업 기회를 제공한
세 번째 기회는 미시간 주립대학의 총장에 취임한 지 몇 년 후에
찾아왔다. 미시간 대학의 총장 직무를 수행하면서 포드 자동차의
사외이사로 위촉되어, 기업경영에 참여하는 기회를 얻게 된 것이
다. 그는 이전에도 에퀴터블 생명보험을 비롯한 몇 개의 기업체에
사외이사로 참여한 경험이 있었지만, 포드 자동차의 경우에는 남

다른 의미가 있었다. 미국 전역에서 기업의 구조조정이 한창 진행되던 1980년대 중반까지, 와튼은 구조조정 작업의 현장에 초대되어 기업의 CEO들이 '구닥다리 발동기'를 '최신 터보엔진'으로 바꾸는 과정을 두 눈으로 지켜보는 행운을 누렸다. 그는 소비자 중심의 조직단위(customer-focused unit)가 기능 중심의 부서(functional division)를 대체하는 것을 목격했다. 또 성과 중심의 급여체계가 연공서열형 급여체계를 대체하고, 역동적인 기업문화가 타성에 젖은 이데올로기를 몰아내는 과정을 경이로운 눈으로 지켜보았다. 이상과 같은 관찰과 경험을 통해, 와튼은 '변화에 저항하는 덩치 큰 조직'을 개혁하는 방법을 마스터할 수 있었다.

솔직히 말해서, 와튼은 앤드류 브리머로부터 교원연금의 영입 제의를 알리는 전화를 받는 순간 이미 '내가 적임자'라는 생각이 번뜩 들었다고 한다. "그것은 내가 무언가를 시도해 볼 수 있는 좋은 기회였다. 교원연금은 일반적인 기업과는 달랐다. 나는 교원연금이라는 조직이 제기하는 커다란 도전에 마음이 끌렸다"라고 와튼은 당시의 심경을 털어놓았다.

> **Leadership Point**
>
> 다양한 분야의 관리자로 일하며 다양한 수준의 의사결정을 경험하면, 생소하고 책임부담이 큰 조직을 이끌 수 있는 실력과 자신감이 배양된다. 이러한 실력과 자신감은 보다 다양하고 원대한 과업을 수행할 수 있는 밑거름이 된다.

개혁 인정받기

와튼은 제2차 세계대전의 명장 조지 패튼처럼 거침없는 행동주의자는 아니었다. 세계 최초로 여성 히말라야 산악등반대를 이끌었던 알렌 블럼이 안나푸르나의 슬로프에서 리더 수업을 받았던 것처럼, 와튼 역시 미시간 주립대 교정에서 총장 수업을 받아야 했다. 미시간 주립대의 교정은 안나푸르나의 미끄러운 경사면과 마찬가지로, 규정에 의한 권한행사(authority by decree)와 명령에 의한 행동(action by order)이 먹혀들지 않는 난코스였다.

와튼은 '지시를 덜 내릴수록 조직의 성과가 높아진다'는 원칙을 깨친 사람이었다. 그는 '상대방의 의견을 듣는 것이 의사결정만큼 중요하다'고 믿었고, '협의 없이 결정하느니, 아예 결정을 하지 않겠다'는 신념을 갖고 있었다. 미국의 유력 고등교육기관 협의체인 미국 교육협의회(American Council on Education)의 로버트 애트웰 회장은 와튼의 이러한 성향을 다음과 같이 증언한다. "그는 쟁점현안이 등장할 때마다 주저없이 우리 사무실로 찾아와 나의 의견을 물었다." 또 다른 유력 교육기관 협의체인 미국 대학행정관리자협의회의 카스파 해리스 부회장은 이렇게 말한다. "조지 오웰식의 빅브라더는 교육계에서 더 이상 발을 붙일 수가 없다. 그는 상대방의 의견을 경청할 줄 아는 인물이었다."

"변화의 시기를 맞아, 모든 조직 구성원들은 지위의 고하를 막론하고 개혁의 목표와 과정에 몰입해야 한다"라고 와튼은 말한다. "조직 구성원들은 자신이 개혁의 과정에 공헌하고 있다는 것을 알아야 한다. CEO가 모든 행동방침을 결정하고 앞장서서 지휘하는 시대는 지났다. 우리가 범하기 쉬운 가장 큰 실수는 '모든 지혜가

정점(apex)에서 나온다'고 믿는 것이다." 그는 모든 미국 대학 총장들과의 모임을 통해, 변화의 시기에 걸맞는 새로운 CEO의 마인드를 가져야 한다고 역설했다.

그 역시 평범한 인간인지라, 처음 교원연금의 CEO직을 맡았을 때 가능한 한 빨리 개혁의 청사진을 제시해야 한다는 압박감에 시달렸다고 한다. 그러나 곧 그는 자신의 생각이 잘못됐다는 것을 깨달았다. 모든 사람들의 의견을 들어 보지도 않고서 마스터플랜을 내놓는다는 것은 위험하기 짝이 없는 일이었다. 그는 이때의 상황을 이렇게 설명했다. "낯선 회사에 새로 입사한다는 것은 한 발을 모래수렁 위에, 다른 한 발을 지뢰 위에 올려 놓은 것과 같다. 행동을 조심하지 않으면 모래수렁 속으로 빠지거나 지뢰 폭발로 큰 타격을 받게 된다. 물론 당사자는 그런 사실을 전혀 모르고 있지만." 그러면서 그는 이렇게 덧붙였다. "새로 취임한 CEO들은 자신의 능력을 과시하기 위해 마스터플랜을 미리 제시하곤 한다. 그것은 모래수렁에 스스로 발을 들여놓거나 지뢰를 밟는 것과 같은 위험천만한 행위다. 물론 단박에 마스터플랜을 내놓을 수 있는 능력을 가진 CEO도 있을 수 있다. 그러나 나는 아니다."

3개월 동안의 탐색기간을 거친 후, 와튼은 교원연금이 앓고 있는 고질병에 대한 진단 결과를 이사회에 제출했다. 민감한 사안에 대해 자유로운 토론이 이루어질 수 있도록, 와튼은 전임 CEO에게 잠깐 자리를 피해 달라고 양해를 구했다(전임 CEO는 대표이사 자리에서 물러나 평이사로 재직하고 있었다. 와튼은 별도의 자리를 마련하여, 자신이 이사회에 보고한 사항을 전임 CEO에게도 브리핑했다). 와튼이 많은 대학 관계자들 및 교수들과의 면담을 통해 청취한 교원연금의 이미지는 이러했다.

리더에게 결정은 운명이다

"건방지다. 가부장적이다. 시대에 뒤떨어진다. 변화에 저항한다. 관료주의적이다. 비전이 없어 보인다. 초심을 잃었다. 혁신 의지가 부족하다. 고객과의 커뮤니케이션이 부족하다. 서비스가 형편없다." 와튼은 "교원연금은 개혁에 등을 돌림으로써 신상품을 개발하지 못했고, 그 결과 시장의 신뢰를 잃었습니다"라고 포문을 열었다. 그리고는 "피델리티를 비롯한 경쟁업체들이 대공습을 준비하고 있습니다"라고 경고했다. 와튼은 교원연금의 내부적인 문제로 '노후화된 컴퓨터시스템' '계획기능의 부재' '비효율적인 보고시스템' 등을 들었다. 그는 또한 교원연금 조직 전반에 만연해 있는 벙커심리(bunker mentality)를 꼬집었다. 벙커심리란 '포탄이 비 오듯 쏟아지는 전쟁터에서, 위험스럽게 머리를 내밀지 말고 사태가 진정될 때까지 안전하게 머리를 수그리고 있자'는 심리를 말한다. 와튼은 벙커심리가 구성원의 비판을 억제하고 창의력을 억누른다고 강하게 질타했다. "내가 관리자들에게 '그 일을 왜 그런 방식으로 하죠?'라고 질문한 결과, 대부분의 관리자들이 '지금껏 그렇게 해 온 걸요'라고 대답했다"라고 그는 말했다.

과거를 비판하는 것은 보다 나은 미래를 설계하기 위한 필수적 과정이다. 그러나 미래를 향해 나아가는 것 못지 않게 지금껏 지나온 과거를 존중하는 것 역시 중요하다. 교원연금의 미래를 창조할 사람들이 교원연금의 직원들인 것과 마찬가지로, 교원연금의 과거를 이룩한 사람들 역시 교원연금의 직원들이다. 그들의 재능과 에너지가 없이는 미래의 장밋빛 청사진도 나올 수 없다. 따라서 와튼은 이사회에 제출한 보고서에서 교원연금이 보유한 인적 자원의 가치를 극찬했다. "교원연금의 직원들은 인간적으로는 충성심이 강하고, 업무적으로는 전문능력이 뛰어납니다. 펀드매니저의 수준도 최상급입니다." 개혁을 이끌어 나가기 위해서는 직원들의 충성심이 절대적으로 필요하다. 그러나 와튼은 교원연금 사상 최초의 외부영입 CEO였기 때문에, 한 명의 '충성스러운 부하'도 없이 개혁을 진두지휘해야 하는 핸디캡을 안고 있었다. 그는 빠른 시일 내에 직원들의 충성심을 얻기 위한 묘안을 짜내는 데 골몰했다. 그는 개혁에 대한 관리자들의 불안감을 해소해 주는 한편, 그들에게 개혁 추진에 필요한 아이디어를 제시하게 했다. 그는 모든 직위의 직원들을 초대하여 점심식사를 하며 격의없는 대화를 나누고, 직원들과의 간담회 결과를 사내 뉴스레터를 통해 모든 직원들에게 알렸다. 그는 '교원연금의 개혁을 담당할 주체는 바로 현재의 직원들'이라는 사실을 잘 알고 있었던 것이다.

와튼은 특별위원회를 매개체로 하여 교원연금 개혁의 시동을 걸었다. 그는 특별위원회의 권고사항을 참고하여 개혁의 불을 지폈다. 한편 와튼은 특별위원회의 위원들을 처음부터 개혁작업에 광범위하게 개입시켜, 그들로 하여금 개혁이 목적했던 방향으로 진행되고 있는지를 점검하게 했다. 외부에서 위촉된 일부 위원들은 자신들이 그런 뒤치다꺼리까지 하게 될 줄은 몰랐다고 불만을 표시하기도 했다. 와튼은 개혁안의 초안을 고객과 비판자들에게 모두 배포하여, 그들로 하여금 교원연금의 개혁에 관심을 갖게 했다. 그는 고객들에게 보내는 서한에서 "교원연금은 애초부터 평범한 연금보험 회사를 지향하고 탄생한 조직이 아닙니다. 우리는 이제 고객들과 밀접하게 연관된 조직으로 다시 태어나 본래의 길을 가려고 합니다. 따라서 우리는 우리의 전략계획 초안을 고객들에게 널리 배포하고 광범위한 의견을 수렴하고자 합니다"라고 말했다. 그는 스탭들을 미국 전역의 대학 캠퍼스에 파견하여 풀뿌리 민심을 알아오게 했다. 스탭들은 600번 이상의 대학 방문을 통해, 대학의 행정당국자 및 교수들로부터 800건 이상의 개혁 아이디어를 수집해 왔다. 그들이 수집해 온 아이디어들은 개혁 청사진을 최종 확정하는 데 유용하게 사용되었다.

개혁의 당위성에 회의를 품는 사람들에게 개혁을 인정하게 하고, 개혁의 실현 가능성에 의구심을 품은 사람들에게 개혁을 믿게 하려면, 그들과 대화하는 것만 갖고서는 부족했다. 문제는 와튼 자신이었다. 그가 개혁을 가시적, 공격적, 활동적으로 추진하지 않으면, 외부의 회의론자들과 내부의 저항세력이 개혁에 브레이크를 걸 것이 분명했다. 비판론자들은 "와튼이 과연 '유연성이라곤 전혀 없는 구닥다리 괴물'을 변화시킬 수 있을까?"라는 의구심을 거두지 않았다. 와튼 자신이 비판론자들의 비판을 겸허히 수용하고 개혁에 헌신하지 않을 경우, 그들을 돌아서게 할 수 없다는 점을 와튼은 잘 알고 있었다.

미시간 주립대학에서 총장으로 재직하던 시절, 총장직무 수행을 사사건건 반대했던 반대파들과의 전쟁 경험을 통해, 와튼은 '맹렬한 저항세력을 다루는 데 필요한 인내심'을 기를 수 있었다. 뉴욕 주립대에서 총장으로 재직하던 시절, 뉴욕 주를 상대로 벌였던 분권화(권한위임)운동을 통해, 와튼은 '총장이 발벗고 나서지 않으면 학내 개혁은 이루어지지 않는다'는 값진 교훈을 얻었다. 또한 다양한 기업체에 사외이사로 참여한 경험을 통해, 'CEO의 실천 여부가 개혁의 성패를 결정한다'는 진리를 깨달았다. 수 개월에 걸쳐 각계각층의 의견을 수렴한 끝에, 와튼은 마침내 자신의 비전을 세일즈하기 위한 행동에 착수했다. 그는 대학 관계자들과 교수들을 대상으로 한 강연에서 교원연금의 달라진 점(다양한 투자 옵션, 주식과 채권 사이의 자유로운 이동)을 역설하고, 많은 대학의 총장들을 만나 교원연금의 개혁을 홍보했다. "나는 CEO인 내가 이 일에 몸소 헌신하고 있다는 것을 대학 총장들에게 직접 보여주고 싶었다"라고 그는 말했다.

Leadership Point

개혁의 영향을 받는 모든 이해관계자들이 개혁의 당위성과 실현가능성을 받아들이면 개혁에 탄력이 붙는다. 개혁을 인정받기 위해서는, 그들과 상의하고, 그들에게 호소하고, 그들을 개혁에 참여시켜야 한다.

변화를 즐겨라

조직을 개혁한다는 것은 매우 부담스러운 작업이다. 조직 내부에서는 업무 재배치나 해고를 염려하는 구성원들의 스트레스가 감지된다. 조직 외부에서 개혁을 요구하는 목소리가 높아지고 있다면 문제는 더욱 심각해진다. 그러나 내부의 불안감과 외부의 긴장감이 아무리 높아진다 하더라도, 클리프턴 와튼에게 있어서 교원연금을 개혁한다는 것은 마냥 즐거운 일이었다.

"나는 개혁을 즐겼다. 나는 전혀 흔들리지 않고 목표를 향하여 나아갔다. 몇 달이 지나자 '내 자신이 어디로 가기를 원하는지' '목적지에 도달하려면 어떻게 해야 하는지' '내가 성취하고자 하는 것이 무엇인지' '목표를 성취하기 위해 내가 해야 하는 일이 무엇인지'를 뚜렷이 알게 되었다. 개혁을 전담하는 특별위원회는 개혁을 추진하는 데 큰 도움이 되었다. 위원들은 전력을 다해 나를 보좌하고 나와 함께 개혁에 몰입했다. 경쟁업체들의 존재로 인한 날카로운 긴장감도 개혁을 추진하는 데 큰 힘이 되었다"라고 와튼은 회고했다.

과거와 현재를 비교할 때 와튼의 기쁨은 두 배로 커진다. 과거 17년 동안 대학교 총장을 역임하면서 와튼이 느꼈던 가장 큰 불만은 '의사결정 속도가 너무 느리다'는 점이었다. 예컨대 대학교 총장 시절에는 그가 "뛰어!"라고 지시를 하면, "얼마나 높이요?"라는 질문이 되돌아왔다. 그러나 지금은 달랐다. 그는 조직의 파워와 권위주의적 규정에 의존하지 않더라도, 구성원들의 신속한 행동을 이끌어낼 수 있었다. "대학의 경우 시급한 현안이 발생할 때마다 이를 해결하기 위한 위원회가 구성된다. 이 위원회는 해당분야의 최고 전문가들로 구성되는데, 그들은 토론에 토론을 거듭하여 최고의 해결책을 도출해 낸다. 그들의 통찰력과 집중력은 가히 감탄할 만한 수준이다. 그러나 문제는 의사결정 속도가 너무 느리다는 것이다. 문제가 제기된 후 해결책이 나올 때까지 몇 달이 걸리는 경우가 비일비재하다"라고 그는 말했다.

일반인이 보기에는 즐거움을 느낄 만한 객관적 상황이 아님에도 불구하고, 와튼은 긍정적 사고방식을 견지하고 부정적 태도를 철저히 배격한다. "나는 항상 유머감각을 유지하려고 노력한다. 그러지 않으면 개혁 스트레스에 시달려 무기력증이나 우울증에 빠질 수 있다"라고 그는 강조한다. 개혁에 대한 그의 지론은 이것이다. "(개혁을) 즐길 수 없다면, 아예 시작하지도 마라."

> ### Leadership Point
> 리더로서 개혁을 이끌어가는 것은 버킹브롱코(야생마 놀이기구)를 타는 것
> 과 같다. 놀이가 재미 없으면 다른 말로 바꿔 타고, 그래도 재미 없으면
> 아예 놀이를 그만두는 것이 낫다.

벽을 넘어서

하버드 대학 재학 시절, 클리프턴 와튼은 학생회에서 운영하는 라디오 방송의 아나운서를 맡은 최초의 흑인학생이었다. 그러나 그것은 그에게 붙은 '최초의 흑인'이라는 수식어의 시작일 뿐이었다. 그에게 '최초의 흑인'이라는 꼬리표를 달아 준 직위는 다음과 같다. 주요 보험회사 이사, 주요 재단(록펠러 재단) 회장, 주요 대학 총장, 주요 주립대학 총장, 《포춘》지 선정 500대 서비스업체의 CEO. 그가 이 모든 경력을 쌓는 데는 아버지 클리프턴 와튼 시니어의 보이지 않는 영향력이 크게 작용했던 것으로 보인다. 와튼 시니어는 미국 최초의 흑인 외교관으로, 미 외교부의 주요 직위를 두루 거친 후에 1964년 노르웨이 주재 미국대사를 끝으로 공직에서 물러났다.

어떠한 인종적 편견도 와튼의 앞길을 막는 걸림돌이 될 수는 없었지만, 간혹 그의 자존심을 건드려 주먹을 불끈 쥐게 하는 경우는 있었다. 그는 1946년 어느 날 워싱턴 D.C.의 한 호텔 로비에서 당했던 수모를 지금도 생생히 기억하고 있다(그 호텔은 백악관 근처에 위치

한 윌러드 호텔로, 워싱턴을 방문한 고위관리들이 단골로 머무는 곳이었다. 많은 전현직 대통령들이 묵기도 했던 이곳은, 1861년 에이브러햄 링컨 전 미국 대통령이 취임식 전까지 숙식을 해결했던 곳으로 유명하다). 1946년까지만 해도 윌러드 호텔은 백인들만이 이용할 수 있는 시설이었다. 그날 와튼은 아무 생각 없이 그 호텔의 로비에서 친구를 기다리던 중, 호텔 직원으로부터 '당장 꺼져!'라는 모욕적인 언사를 들어야 했다. 그로부터 40여 년이 지난 어느 날, 급변하는 서비스업의 영업 환경에 적응하지 못한 윌러드 호텔은 도산의 위기에 처하게 된다. 이에 호텔의 이사회는 대규모 리노베이션을 결정하고 자금 조달을 위해 여러 금융기관의 문을 두드리게 되는데, 그 금융기관 중에는 공교롭게도 교원연금이 포함되어 있었다. 윌러드 호텔은 갖은 우여곡절을 거친 끝에, 마침내 교원연금의 투자를 유치하여 리노베이션을 완료하고 재개점에 성공하는데, 이 투자안의 승인을 최종적으로 확정지은 사람은 아이러니하게도 와튼 자신이었다.

Leadership Point

개인의 능력은 개인의 자질에 의해 결정되며, 인구통계학적 변수(인종, 성별, 국적 등)와는 아무런 관련이 없다. 모든 구성원들에게 인종, 성별, 국적과 관련 없이 동등하게 자질을 발휘할 수 있는 기회를 부여하지 않으면, 개인은 물론 조직의 미래도 보장할 수 없다.

두 얼굴의 사나이

클리프턴 와튼은 1993년 교원연금을 떠나 클린턴 행정부의 국무차관에 임명되어, 흑인 최초로 미국의 대외정책 총괄부서의 2인자에 등극한다. 그러나 그의 관직생활은 오래 지속되지 못한다. 국무차관에 임명된 지 불과 10개월 만에 워싱턴의 강한 정치바람을 이기지 못하고 사임하게 되기 때문이다. 와튼은 그 이전에도 정부로부터 고위직을 제의받았었지만, 한사코 '아니오'를 고수해 왔다. 그러나 이번에는 얼떨결에 '예'라고 대답하는 바람에 그의 경력에 씻을 수 없는 오점을 남기고 말았다. "공명심 때문에 관직에 나가는 것이 아니다. 나는 많은 사람들에게 도움이 되고 싶다"라는 고별사를 남기고 재계를 떠난 그였다. 하지만 《뉴욕타임즈》의 칼럼니스트인 A. M. 로젠탈은 와튼의 사임에 대해 "그는 어둠 속에서 칼을 맞았다"고 논평했다. 와튼은 지금껏 과거를 후회해 본 적이 없지만, 워싱턴 관가 진출에 실패한 일에 대해서는 "보다 신중히 생각했어야 했다"고 말하며 아쉬움을 숨기지 않는다.

와튼이 미시간 주립대의 총장에 임명된 직후, 그의 출신고교는 그를 '모교를 빛낸 올해의 인물'로 선정함으로써 테오도어 H. 화이트(언론인, 소설가), 레너드 번스타인(작곡가)과 같은 반열에 올려 놓았다. 교원연금의 개혁에 성공한 지 5년 만에 와튼의 두 번째 모교인 하버드 대학교는 그에게 명예 박사학위를 수여하며, 그의 업적을 이렇게 칭송했다. "그의 현명한 리더십 덕분에 우리의 퇴직연금이 잘 관리되고 있다. 우리는 이제 안심해도 된다." 한편 하버드 대학 측에서는 와튼의 다재다능함에 대해서도 칭찬을 아끼지 않고 있다. "그의 이름은 인명사전의 여러 분야에 동시에 등재되어 있어 우리는 클리프턴 와튼이라는 이름을 가진 유명인사가 세 명인 양 착각하게 된다."

리
더
에
게
결
정
은
운
명
이
다

실제로 와튼이 만난 사람들 중에는 '클리프턴 와튼'이라는 이름을 가진 사람이 여러 명이라고 생각하고 있는 사람들이 적지 않았다. 이와 관련된 재미있는 에피소드 하나를 소개한다. 와튼이 모 대학에서 수여하는 명예박사 학위를 수여받기 위해 가운을 입고 있는 동안, 그 대학의 교수 한 명이 다가와 와튼에게 물었다. 다음은 그 교수와 와튼 간의 대화 내용이다.

교수 "와튼 박사님! 박사님께서는 저를 모르시겠지만, 저는 박사님이 교원연금에서 실시하신 개혁에 대해 늘 감사하고 있습니다. 그건 정말 굉장한 업적입니다. 그건 그렇고, 아버님께서 쓰신 책은 제 강의교재로 잘 사용하고 있습니다."

와튼 "제 아버님께서는 책을 쓰신 적이 없는데요?"

교수 "『생존농업과 경제발전』이라는 책인데요?"

와튼 "그건 제 아버님이 아니라 제가 쓴 책입니다."

교수 "그래요? 그렇다면 박사님은 누 얼굴의 사나이시로군요."

와튼이 교원연금을 떠난 1993년, 교원연금은 모든 면에서 현대화된 체제를 갖추게 되었고, 퇴직연금 시장의 독점체제가 붕괴되어 교수들은 마음에 드는 퇴직연금 운용자를 자유롭게 선택할 수 있게 되었다. 와튼은 '교원연금의 개혁은 그 자체가 최종목적이 아니며, 새로운 시작을 위한 출발점일 뿐'이라는 확신을 갖고 있었다. 각종 통계수치가 와튼의 이 같은 신념을 증명했다. 여론조사 결과 고객들은 교원연금에 대해 변함없는 신뢰감을 표시하는 것으로 밝혀졌다. 이에 따라, 펀드 운용사의 자유로운 선택이 허용된 후 교원연금을 떠난 고객은 1퍼센트 미만이지만, 서비스 개선 등의 이유로 인해 새로 유입된 고객은 떠난 고객의 수를 훨씬 상회하는 것으로 나타났다. 와튼이 교원연금의 CEO로 재직한 6년 동안, 교원연금에 가입한 교육기관의 수는 3,950개에서 5,000개로 늘어났으며, 계좌 보유자 수는 89만 명에서 150만 명으로 증가했다. 그리고 자산보유고는 520억 달러에서 1,140억 달러로 불어났다.

AT&T, GM, IBM과 마찬가지로, 교원연금은 한때 자신들이 독점적으로 지배했던 시장에서 경쟁자로 살아가는 법을 배웠다. 와튼은 경쟁의 기반과 모멘텀을 제공했으며, 이 두 가지 요소는 그가 떠난 후에도 교원연금의 영원한 전실로 남았다. 1997년 교원연금의 계좌 보유자는 200만 명, 자산보유고는 2,000억 달러로 증가했다. 미국 최대의 연금운용 기관을 우물 안에서 끌어내어 '보이지 않는 혁명'의 전선에 배치함으로써, 클리프턴 와튼은 교원연금의 영원한 변화를 일궈낸 것이다.

리더에게 결정은 운명이다

7

존 굿프로인트 John Gutfreund, 살로먼을 잃다

존 굿프로인트는 월가의 일류기업을 그로기 상태에 빠뜨린 금융 스캔들에 신속하게 대처하지 못함으로써 살로먼을 잃고 말았다.

THE LEADERSHIP MOMENT

"실수를 눈감아 주지 않는 냉정한 세상이지."

존 H. 굿프로인트는 월가에서 가장 잘나가던 기업 중의 하나인 살로먼의 회장 겸 CEO였다. 그는 영리한 채권 트레이더인 동시에 능력있는 주식 브로커로 명성이 높아, '월가의 제왕'이라는 커다란 활자와 함께 《비즈니스위크》지의 표지를 대문짝만하게 장식했던 인물이다. 마이클 루이스는 월가의 내밀한 속살을 파헤친 『라이어스 포커(Liar's Poker)』에서, "그의 성공 공식은 아침에 일어나 곰의 엉덩이를 물어뜯을 채비를 하는 것"이라고 묘사한 바 있다.

그러나 1991년 중반, 존 굿프로인트의 지위는 한 부하직원의 부적절한 행동에 의해 위협받고 있었다. 그는 아홉 명의 IB(투자은행) 담당 부회장 중 한 명인 존 W. 메리웨더로부터 '그해 2월 채권 트레이더인 폴 모저가 고객 몰래 미 재무부 채권을 임의매입했다'는 사실을 보고받은 바 있었다. 그로부터 3개월 후인 5월, 모저는 다시 한 번 부정행위를 저질렀다. 이번에도 역시 연방법에 규정된 상한액을 초과하는 정부 채권을 몰래 사들여 채권시장을 혼란에 빠뜨린 것이다.

채권 트레이딩은 오랫동안 살로먼과 (그 핵심 자회사인) 살로먼 브러더스를 먹여 살리는 젖줄 노릇을 해 왔으며, 모저는 살로먼 브러더스에서 국채 거래를 총괄하는 우두머리였다. 1980년대 후반 내내 살로먼은 상위 3~4위에 속하는 국채 딜러(인수자)로 활약해 왔으며, 연간 400억 달러 규모의 채권을 매매해 왔다. 1990년 살로먼이 올린 59억 달러의 수익 중에서 채권 트레이딩이 차지하는 비중은 약 20퍼센트였다. 아홉 명의 IB담당 부회장 중 일곱 명은 채권 트레이딩 덕분에 회장으로 승진할 수 있었다. 존 메리웨더는 월가 최고의 채권 트레이더 중 한 명으로 통하는, 거의 전설적인 인물이었다. 존 굿프로인트와 살로먼이 잘나가고 있는 것은 순전히 메리웨더와 그 휘하의 트레이더들 덕택이라고 해도 과언이 아닐 정도였다. 1990년에 그들이 회사를 위해 벌어들인 돈은 4억 달러였다.

그러나 미 재무부의 채권입찰 규정은 일개 증권사에 의해 유린될 만큼 그리 녹록하지 않았다. 재무부 관리들은 일찌감치 살로먼의 국채 트레이딩 책임자인 모저를 주시하고 있었다. 1990년 살로먼이 그날의 채권발행 총량을 초과하는 금액이 적힌 응찰 신청서를 내자, 재무부에서는 '한 딜러가 전체 입찰물량의 35퍼센트 이상을 신청해서는 안 된다'고 주의를 환기시켰다. 그러나 살로먼의 무리한 채권 응찰을 주도한 모저는 적반하장격으로 관련규정을 맹비난함으로써 재무부 관리들의 심기를 건드렸다.

메리웨더는 1991년 2월 모저가 저지른 부정행위를 까맣게 모르고 있다가, 4월 말에 가서 그로부터 모든 잘못을 실토받은 후에야

1980년대 월가 최고의 채권 투자은행 살로먼 브라더스의 회장 겸 CEO 존 굿프로인트.

부랴부랴 굿프로인트에게 보고함으로써, 재무부 내에 흐르는 부정적인 기류를 최고경영진에게 제때 전달하는 데 실패했다. 더욱이 그 당시 굿프로인트와 메리웨더는 '이 같은 부정행위로 인해, 향후 살로먼이 정부 당국으로부터 불필요한 주목을 받게 될 것'이라는 데 의견을 같이했음에도 불구하고 아무런 조치도 취하지 않았다. 그런데 1991년 5월 모저는 다시 한 번 국채 발행시장을 교란하는 행위를 저질렀고, 살로먼 측은 그후 몇 주가 지나도록 이 사실을 정부 당국에 신고하지 않았다. 직원의 위법행위를 관계당국에 늑장신고할 경우, 시간이 경과함에 따라 법인과 CEO가 치러야 하는 대가는 눈덩이처럼 불어나기 마련이다. 이제 존 굿프로인트는 시한폭탄 위에 앉아 있는 것이나 마찬가지였다. 시한폭탄의 시계바늘은 째깍째깍 소리를 내며 파국을 향해 줄달음치고 있었다.

후에 미국 증권거래위원회(SEC) 의장 리처드 브리든은 이때의 상황을 "폭풍전야의 긴 침묵"이라고 표현했다.

입찰 부정

미 재무부는 매주 300억 달러 규모의 채권을 새로 발행하는데, 그중에는 만기 90일짜리 단기채권도 있고 30년 만기 장기채권도 있다. 재무부가 새로 발행하는 채권은 1차 시장(발행시장)에서 딜러들에 의해 인수되고, 딜러들은 이것을 다시 2차 시장(유통시장)에 매각하여 유통시킨다. 2차 시장에서는 2조 4,000억 달러 규모의 국채가 쉴 새 없이 매매된다. 미국 정부가 발행하는 채권은 보유자에게 큰 수익을 가져다 주지는 못하지만, '불면의 밤'을 초래하지도 않는다. 이러한 의미에서 미 재무부 채권은 무위험자산(risk-free asset)으로 간주되며 투자의 표준으로 인정받고 있다.

새로 발행되는 미 재무부 채권은 1차 시장에서 수천 명의 새 주인을 맞아들인다. 그러나 이들이 모두 재무부로부터 직접 채권을 매입하는 것은 아니며, 재무부로부터 이러한 자격을 인정받은 딜러들은 39개 증권사에 불과하다. 이들을 1차 딜러(primary dealer)라고 부르는데, 이들은 자신의 계산으로 또는 타인을 대리하여 재무부로부터 채권을 인수한다. 1차 딜러들은 재무부로부터 특권을 부여받은 대가로 모든 채권입찰에 참가해야 하며, 인수한 채권을 반드시 타인에게 재판매해야 한다. 채권 유통시장의 거래량은 엄청나다. 채권 유통시장에서 매일 거래되는 채권의 금액은 1,100억 달러로, 뉴욕 주식시장의 거래량보다 10배나 많은 금액이다.

월가에서는 많은 증권사들이 수십억 달러의 정부채권을 매매함으로써 생계를 유지하지만, 살로먼은 그중에서도 가장 미더운 회사 중의 하나였다.

미국 연방준비은행(FRB)은 재무부를 대신하여 국채의 입찰을 진행하는데, 응찰 신청서에는 채권의 종류(만기), 희망 매입 금액, 희망 수익률(일드)을 기재하도록 되어 있다. 폴 모저는 1991년 2월 21일 살로먼을 대표하여 제출한 응찰 신청서에, 그날 발행되는 5년 만기 국채 90억 달러 중 35퍼센트를 연 7.51퍼센트의 수익률로 매입하겠다고 기재했는데, 잠시 후 모저는 자신의 응찰전략이 유효적절했다고 쾌재를 부르게 된다. 그날의 숨가빴던 입찰 과정을 좀더 자세히 설명하면 다음과 같다.

살로먼은 채권입찰 마감시간(오후 1시) 몇 분 전까지 고객들로부터 주문을 접수했다. 모저는 고객들의 주문내용을 고려하여 그날 매입할 채권의 종류, 금액, 수익률을 결정한 후, 뉴욕 FRB 로비에 파견돼 있는 직원들에게 응찰 내용을 전화로 통보했다. 모저의 전화를 받은 직원들은 주문서에 응찰 내용을 적어 FRB에 마련된 투표함 모양의 응찰접수 박스에 집어 넣었다. 몇 초 후 FRB 직원들이 박스를 봉인하여 안으로 가지고 들어갔고, 그로부터 두 시간 후 FRB는 그날의 낙찰자를 발표했다. 발표 결과, 모저는 그날 발행된 5년만기 국채의 19퍼센트를 낙찰받는 데 성공한 것으로 밝혀졌다. 이 정도의 입찰 성적은 꽤 준수한 편에 속했다.

채권입찰 과정에서 1차 딜러의 성패를 결정하는 핵심요소는 희망 수익률이다. 시장의 경쟁성과 투명성 때문에, 응찰자들이 적어낸 최고 수익률과 최저 수익률의 차이는 0.02~0.03퍼센트(즉

2~3bp)에 불과한 것이 보통이다. 자기 자신과 고객을 위해 채권입찰에 응찰하는 1차 딜러들은 가능한 한 높은 수익률(싼 가격)을 써 내려고 노력한다. 그러나 너무 높은 수익률을 써 내면 채권 물량을 확보하지 못할 위험이 높아진다. 이와 반대로 너무 낮은 수익률(비싼 가격)을 써 내면 채권 물량은 많이 확보되겠지만, 고객들에게 판매하기가 어려워진다. 그런데 더욱 어려운 점은 높은 수익률과 낮은 수익률 사이의 차이가 너무 미세하다는 것이다.

그러나 FRB는 1차 딜러들과 정반대의 이해관계를 갖고 있다. FRB는 재무부를 대신하여 채권을 판매하는데, 가능하면 낮은 수익률(비싼 가격)에 팔고 싶어한다. 따라서 FRB은 가장 낮은 수익률을 제시한 딜러에게 먼저 물량을 배정한 다음, 남은 물량을 그 다음으로 낮은 수익률을 제시한 딜러에게 배정한다. 이러한 순차적 배정방식은 그날 발행된 채권물량이 모두 소진될 때까지 계속되는데, 채권물량이 소진되는 시점에서 적용된 수익률을 마감수익률(stop-out yield)이라고 한다. 따라서 마감수익률은 특정 입찰에 대해 FRB가 받아들인 가장 높은 수익률이 되는 셈이다. 그런데 딜러들은 가능한 한 높은 수익률을 써 내려고 하며, 그들이 써 낸 수익률의 간격은 매우 조밀하다. 따라서 마감수익률을 써 낸 딜러는 여러 명일 가능성이 높으며, 그들이 써 낸 응찰서의 물량을 모두 합치면 남아 있는 채권의 물량을 초과하게 되는 것이 보통이다. 달라는 사람은 많고 줄 물량은 없을 때 가장 공평한 분배방법은 무엇일까? 그것은 경쟁률에 따라 안분배정하는 것이다. 예컨대, 채권의 잔여물량이 1억 달러이고 마감수익률을 써 낸 응찰서의 물량 합계가 4억 달러라면 경쟁률은 4:1이며, 마감수익률을 써 낸 딜러들은

표 1. 1991년 2월 21일의 미 재무부채권 입찰 현황			
응찰 수익률 (%)	응찰물량(A) (십억 달러)	배정물량(B) (십억 달러)	배정률(B/A) (%)
7.50	3.9	3.9	100
7.51	9.4	5.1	54
7.52	15.8	0	0
합계	29.1	9.0	

응찰금액 1억 달러당 0.25억(1/4 = 0.25) 달러씩의 채권을 배정받으면 된다.

1991년 2월 21일에 실시된 미국 재무부채권의 입찰 현황은 〈표 1〉과 같다. 이 표를 보면 채권입찰에서 마감수익률이 얼마나 중요한지를 알 수 있다. 이날 가장 낮은 수익률인 7.5퍼센트를 적어 낸 딜러들은 자신들이 응찰한 39억 달러의 물량을 모두 받아 갔다. 이날 발행된 채권의 총 물량은 90억 달러이므로, 남은 물량 51억 (90-39=51) 달러는 그 다음으로 낮은 수익률인 7.51퍼센트를 적어 낸 딜러들에게 돌아갔다. 그런데 7.51퍼센트를 적어 낸 딜러들(모저 포함)이 신청한 물량의 합계는 94억 달러이므로, FRB는 남은 물량을 딜러들에게 경쟁률에 따라 안분배정할 수밖에 없었다. 결국 이날의 마감수익률을 적어 낸 딜러들은 응찰금액 1억 달러당 0.54(51/94 = 0.54) 달러씩의 채권을 골고루 나눠 가졌다. 그러나 이날 7.52퍼센트의 수익률을 적어 낸 딜러들은 바로 앞 단계인 7.51퍼센트에서 채권물량이 모두 소진되어 한 푼의 채권도 배정받지 못했다. 겨우 0.01퍼센트(1bp)의 수익률 때문에 희비가 엇갈렸던 것이다.

지난 10년 동안 미 재무부는 특정 딜러가 그날 발행된 채권을 독점하는 것을 막기 위해, 한 딜러가 인수할 수 있는 채권의 물량을 총 발행물량의 35퍼센트로 제한해 왔다. 그러나 살로먼을 비롯한 많은 딜러들은 가능한 한 35퍼센트에 근접한 물량을 배정받기 위해, 실제로 원하는 물량보다 훨씬 많은 양의 채권을 신청해 왔다. 재무부가 정한 35퍼센트의 상한선은 배정물량에만 적용되며 응찰물량에는 적용되지 않았기 때문이다. 예컨대 채권의 총 발행물량이 100억 달러인 경우 딜러 1인당 인수한도는 35억 달러지만, 경쟁률이 2:1이라면 한 딜러가 70억 달러를 신청하더라도 최종 배정물량은 35억 달러에 불과하기 때문에, 재무부가 정한 상한선을 넘어서지 않을 수 있었다. 이처럼 실제로 원하는 물량보다 많은 물량을 신청하는 '초과응찰' 전략은 마감수익률을 적어 낸 딜러들이 흔히 사용하는 관행으로 굳어졌다.

살로먼은 초과응찰의 효과를 톡톡히 본 축에 속했다. 1986~1990년 사이에 실시된 230건의 재무부 채권입찰에서, 살로먼과 그 고객들이 총 발행물량의 절반 이상을 가져간 건수는 무려 30건에 달했기 때문이다. 급기야 1990년 6월 27일 살로먼이 적어 낸 입찰물량이 그날의 채권발행 총량을 넘어서는 사건이 발생했다. 그러나 사건은 여기서 끝난 것이 아니었다. 그로부터 2주 후 살로먼은 무려 300억 달러의 물량을 신청하는 기염을 토했는데, 그날 발행된 채권물량은 100억 달러에 불과했다.

살로먼의 극단적 행동은 채권거래 시장이라는 역동적 환경에서 능히 발생할 수 있는 일로 치부될 수도 있었지만, 외부에서 이를 지켜보는 사람들의 눈에는 악질이라고까지 말할 수는 없을지라도

리더에게 결정은 운명이다

매우 기이한 행동으로 비쳐질 수 있었다. 결국 모저는 미 재무부의 국내금융담당 부차관보인 마이클 바샴에게 불려가 '시장 교란행위를 중단하라'는 훈계를 들어야 했다. 그러나 모저가 말을 듣지 않자, 바샴은 "채권 입찰시장의 경쟁체제를 유지하기 위해, 채권 발행물량의 35퍼센트를 넘는 물량이 기재된 응찰 신청서는 접수하지 않겠다"고 선언했다. 이에 모저는 "재무부의 조치는 대형 딜러의 손발을 묶는 경솔한 조치"라고 강력히 비난하며, 재무부에 정식으로 항의하겠다고 으름장을 놓았다. 모저의 막말은 바샴의 가슴에 대못을 박았고, 두 사람은 1990년 가을 이후 서로 말을 하지 않는 사이가 된다. 그러나 살로먼과 재무부의 공식적 관계는 그대로 유지되었고, 채권 트레이딩 업계에서는 '단일 딜러의 응찰물량을 35퍼센트로 제한하는 원칙'을 "모저/바샴 원칙"이라는 별명으로 부르게 된다.

1991년 2월 21일, 모저는 자신의 이름이 붙여진 '응찰물량 제한의 원칙'을 다시 한 번 유린하는 만행을 저지른다. 앞에서 언급한 바와 같이 이날 발행된 재무부 채권의 금액은 90억 달러였는데, 모저는 먼저 살로먼의 이름으로 90억 달러의 35퍼센트에 해당하는 31.5억 달러의 응찰 신청서를 접수시켰다. 여기까지는 아무런 문제가 없었다. 그러나 문제는 그 다음이었다. 모저는 31.5억 달러의 응찰 신청서를 또 한 장 접수시켰는데, 이 응찰 신청서의 신청인 난에는 S. G. 워버그라는 이름이 떡하니 적혀 있었다. 워버그는 살로먼의 고객 중 하나였으며, 워버그 측에서는 모저가 자사의 명의로 국채 입찰에 참여한다는 사실을 모르고 있었다. 살로먼과 워버그 명의로 된 응찰서에는 모두 마감수익률인 7.51퍼센트가

실로민의 국채 트레이딩 책임자 폴 모서. 그는 국채 입찰 규직의 맹점을 이용해 입찰 부정을
저질러 살로먼을 위기에 빠뜨린다.

적혀 있었고, FRB는 살로먼과 워버그 모두에게 31.5억의 54퍼센
트(채권발행 총액 기준으로는 19퍼센트)인 17억 달러의 채권을 배정했다.
입찰이 끝난 후 모저는 부하 직원들에게 "채권 입찰에 워버그의
이름이 도용된 사실을 그들에게 알리지 말고, 워버그 구좌에 입고
된 채권을 살로먼 구좌로 모조리 이체"시킬 것을 지시했다. 살로
먼과 워버그에 배정된 채권의 물량을 모두 합치면 34억 달러로, 2
월 21일에 발행된 채권의 38퍼센트에 달하는 금액이었는데, 이로
써 살로먼은 지난 10년 동안 채권 트레이딩 시장에서 금과옥조로
여겨져 온 '단일 딜러의 인수물량을 35퍼센트로 제한하는 원칙'을
위반하게 되었다. 3퍼센트라는 초과비율은 그리 크지 않았기 때
문에, 모저는 자신의 약삭빠른 부정행위가 발각되지 않을 것이라

굳게 믿었다.

그러나 문제는 엉뚱한 곳에서 터졌다. 2월 21일 워버그는 모저가 모르는 사이에 1억 달러의 응찰신청서를 접수했는데, 이로 인해 워버그의 응찰 총액은 모저의 것을 합해 32.5억 달러가 되었던 것이다. 32.5억 달러는 채권발행 총액(90억 달러)의 36퍼센트에 해당하며, 이는 입찰물량 제한의 원칙에 어긋나는 금액이기 때문에 재무부의 관리들이 이 사실을 놓칠 리 없었다. 그들은 "워버그가 자체적으로 1억 달러의 응찰 신청서를 내면서, 별도로 살로먼에게 위탁하여 31.5억 달러의 응찰 신청서를 낸 이유는 무엇일까?"라는 의문을 품고, 이 의문을 해결하기 위해 살로먼의 채권응찰 책임자를 호출했다. 모저는 토머스 머피라는 상무이사를 대신 보내 "워버그 명의의 응찰 신청서는 본래 머큐리의 것이며, 업무 착오로 잘못 제출된 것"이라고 둘러대게 했다. 그러나 거짓말도 앞뒤가 맞아야 하는 법. 머큐리는 워버그의 자회사였다. 낌새가 이상한 것을 눈치 챈 새무부의 관리들은 4월 17일 워버그에 공문을 보내, '두 개의 창구를 통해 응찰 신청서를 제출함으로써 모저/바샴 원칙을 위반한 이유를 해명하라'고 촉구했다. 이와 동시에 살로먼에도 워버그에 보낸 것과 동일한 내용의 공문이 발송되었다. 워버그의 CEO인 찰스 잭슨과 잘 아는 관계인 모저는, 잭슨에게 찾아가 재무부의 공문을 무시해 달라고 부탁했다. 그는 "제가 결과적으로 워버그의 이름을 도용하게 된 것을 심히 죄송스럽게 생각합니다. 하지만 그것은 완전히 업무착오에 의한 것이며, 이 사실이 밝혀질 경우 저는 매우 곤란한 입장에 처하게 됩니다"라고 엄살을 부리며 선처를 호소했다.

그러나 워버그의 책임자는 재무부에 들어가 모든 사실을 있는 그대로 답변했고, 막다른 골목에 몰린 모저가 택한 마지막 방법은 바로 자신의 보스인 메리웨더를 찾아가는 것이었다. 4월 27일 그는 메리웨더의 사무실에 제 발로 걸어 들어가 자신의 죄를 이실직고했다. 모저는 워버그의 이름을 도용한 것은 맞지만, 이러한 부정행위를 저지른 것은 맹세코 이번이 처음이라고 읍소했다. 메리웨더는 모저의 만류에도 불구하고 이 사실을 토머스 W. 스트라우스 사장에게 알렸다. 그리고 다음날에는 살로먼의 총괄고문인 도널드 포이어스타인까지 불러, 세 사람이 머리를 맞대고 대책을 논의했다. 때마침 굿프로인트는 출장 중이어서 자리에 없었지만, 그들은 그에게도 연락하여 이 중대사실을 알렸다. 4월 29일 출장에서 돌아온 굿프로인트는 메리웨더, 스트라우스, 포이어스타인을 한자리에 모아 놓고 자초지종을 캐물었다. 그들은 모저가 과거에 재무부의 바샴 차관보와 다퉜던 일, 그리고 최근 일상적인 업무감사 문제로 살로먼의 감사실장에게 폭언을 했던 사실을 기억해 냈다. 그러나 거기까지였다. 그들은 모저의 부정행위를 처벌하거나 관계당국에 신고하는 등의 문제에 대해서까지는 논의하지 않았다.

살로먼의 최고경영진은 노련한 사람들이었다. 존 메리웨더는 살로먼에서 17년 동안 근무해 온 채권분야의 베테랑이었다. 도널드 포이어스타인은 20년 동안 살로먼의 최고법률책임자(CLO)로 일해 왔으며, 살로먼에 합류하기 전에는 SEC에서 고문변호사 및 자문역으로 활동한 경력이 있었다. 토머스 스트라우스의 근속기간은 28년, 굿프로인트의 근속기간은 38년이었으니, 네 사람의 근속년수를 모두 합치면 자그마치 103년이었다. 굿프로인트는

1953년 한국에서 군복무를 마치고 살로먼에 입사한 이후, 한평생을 살로먼에 바쳤다. 그는 살로먼에 있는 동안 300명에 불과했던 직원수가 9,000명으로 불어나는 놀라운 과정을 목격했다. 그러나 그는 1979년에 입사한 풋내기 폴 모저로 인해 공든탑이 무너질 위기에 처하게 되었다.

또 다른 부정

폴 모저는 1989년, 1990년에 각각 400만 달러, 475만 달러의 연봉을 받았다. 서른네 살의 나이를 감안할 때 이 정도의 연봉은 작은 액수가 아니었지만, 그는 자신의 능력이 저평가됐다고 생각했다. 더욱이 채권 재정거래(arbitrage) 전문가인 로렌스 힐리브랜드가 2,300만 달러의 보너스를 받는다는 사실을 알고 난 다음부터 그는 끝없는 열등감에 시달려 왔다. 그는 1991년에는 기필코 힐리브랜드 수준의 보너스를 받아내겠다고 다짐했다. 그러나 그러기 위해서는 회사의 경영진에게 그의 실력을 보여줘야만 했는데, 마땅한 방법이 떠오르지 않았다. 궁리 끝에 그가 생각해 낸 방법은 국채시장에서 살로먼의 독점적 지위를 강화하는 것이었다.

2월 21일에 저지른 부정행위가 회사에 발각되었음에도 불구하고 아무런 징계를 받지 않자, 의기양양해진 모저는 5월 22일 다시한 번 부정행위를 저지를 궁리를 한다. 그날 발행되는 2년 만기 국채 120억 달러를 독식하기로 마음먹은 것이다. 그는 먼저 살로먼 명의로 40.8억(총 물량의 34퍼센트) 달러짜리 응찰 신청서를 하나 접수시킨 후, 고객인 타이거 인베스트먼트와 퀀텀펀드의 명의로 각각

20.4억 달러(17퍼센트)와 42억 달러(35퍼센트)짜리 응찰신청서를 추가로 접수시킨다. 상당수의 1차 딜러들은 마감수익률이 6.83퍼센트 근처에서 형성될 것으로 생각했지만, 모저는 세 장의 응찰 신청서에 모두 6.81퍼센트라는 낮은 수익률을 적어 넣는 배짱을 부렸다. 다른 딜러들보다 2bp나 낮은 수익률(비싼 가격)을 제시한 모저의 전략은 적중하여, 살로먼은 세 장의 응찰 신청서에 적어 넣은 채권을 모두 배정받아, 결국 그날 발행된 채권의 86퍼센트를 독식하게 된다. 이에 따라 채권을 한 푼도 배정받지 못한 딜러들은 고객들에게 약속한 물량을 제공할 수가 없어 전전긍긍하게 되고, 이들이 앞다투어 채권 확보에 나서면서 채권값은 천정부지로 치솟게 된다.

이러한 와중에서 일부 금융기관들은 살로먼에게 5월 22일자 국채를 빌려달라고 부탁하는 해프닝이 벌어지기도 했다. 예컨대 보트만스 뱅크는 고객에게 1억 2,000만 달러어치 채권을 양도하기로 되어 있었는데 입찰에서 한 푼의 채권도 배정받지 못하자, 살로먼에게 그날 시세로 채권을 매입하여 고객과의 약속을 이행하였다. 다른 트레이더들도 보트만스 뱅크처럼 비싼 가격으로 채권을 매입할 수밖에 없었고, 그중 몇 개 회사는 워싱턴에 전화를 걸어 불만을 토로했다. 이에 재무부와 SEC는 '5월 22일의 채권입찰 과정에서 살로먼이 저지른 비행'을 밝혀내기 위해 비밀리에 내사에 착수했다.

모저는 살로먼에 근무하는 158명의 상무이사 중 한 명이었기 때문에, 그를 해고하거나 처벌할 수 있는 권한을 가진 사람은 CEO인 존 굿프로인트 한 명밖에 없었다. 그러나 굿프로인트는 그해 여

리더에게 결정은 운명이다

름 중반까지 이 '악동 트레이더'를 징계하지 않았다. 또 관련법규에 의하면 증권회사의 CEO는 부하직원의 부정행위를 인지하는 즉시 재무부에 신고하게 되어 있으나, 굿프로인트는 모저가 2월 21과 5월 22일에 저지른 두 건의 불법행위를 알면서도 재무부에 신고하지 않았다. 더구나 그해 6월 굿프로인트는 5월 22일 사태로 소원해진 살로먼과 재무부와의 관계를 개선하기 위해 로버트 글라우버 차관을 방문한 적이 있었지만, 이때도 모저의 행위에 대한 언급은 전혀 없었다.

그런데 살로먼의 자체조사 결과 더욱 놀라운 사실이 밝혀졌다. 모저가 메리웨더에게 했던 '생전 처음'이란 말이 새빨간 거짓말이었던 것으로 밝혀진 것이다. 모저는 1990년 12월의 재무부 채권 입찰에서 살로먼의 명의로 35퍼센트의 물량을 신청한 데 이어, 고객의 명의를 도용하여 11퍼센트의 물량을 추가로 신청한 것으로 드러났다. 그뿐만이 아니었다. 추가조사 결과, 모저는 1991년 2월 11일과 4월에도 고객의 명의로 각각 10억 달러와 25억 달러의 국채를 신청한 것으로 확인되었다. 모저는 그 당시 자신의 비리를 감추기 위해, 입찰이 끝난 직후 낙찰가와 동일한 가격으로 고객의 채권을 매입한 것처럼 서류를 꾸민 것으로 드러났다.

모저의 부정행위를 보고받은 지 3개월이 훨씬 더 지난 1991년 8월 8일 저녁, 굿프로인트는 작심한 듯 굳은 표정으로 뉴욕 FRB의 제럴드 코리건 총재, 재무부의 글라우버 차관, SEC의 리처드 브리든 위원장에게 전화를 건다. 그리고 다음날 살로먼은 "재무부 채권의 입찰을 둘러싼 당사 직원의 변칙업무와 규정위반 사항이 발견되어 관련기관에 보고했다"는 내용의 보도자료를 언론에 배포한다. 8월 14일 살로먼은 한걸음 더 나아가 "당사의 CEO는 2월에 발생한 부정행위를 4월부터 알고 있었음에도 불구하고 지금껏 관계기관에 신고하지 않았다"는 내용의 보도자료를 추가로 발표한다. 이 보도자료의 초안에는 "CEO가 다른 업무로 바빠 신고의무를 소홀히 했다"는 문구가 있었지만, 살로먼의 이사회는 최종 보도자료에서 이 문구를 "CEO가 주의력 부족으로 신고의무를 태만히 했다"고 수정함으로써 CEO의 책임을 보다 확실히 인정하는 쪽을 택했다.

8월 15일 《월스트리트저널》에는 "살로먼의 최고경영진은 채권 입찰 부정을 알고 있었다"는 제목의 1면 머리기사가 실렸다. 그러자 이 사건의 이면에 CEO의 주의부족보다 더욱 심각한 원인이 있을 것이라고 판단한 살로먼의 회사채 보유자들은, 살로먼 측에 자신들이 보유한 회사채를 중도상환해 줄 것을 요구했다. 평소에 회사채의 중도상환을 환영해 왔던 살로먼이었지만, 중도상환을 신청하는 사람들의 물결이 홍수처럼 밀려들자 7억 달러의 긴급자금을 투입해야 했다. 결국 자금압박을 견디다 못한 살로먼은 오후 들어 중도상환을 중단하고 채권거래 정지를 선언해 버렸다.

1991년 초, 굿프로인트는 "내 소망은 여기 살로먼에 뼈를 묻는 것이다"고 말한 바 있었다. 그러나 8월 15일자 《월스트리트저널》의 헤드라인 기사를 읽는 순간, 그는 그것이 실현 불가능한 소망인 것 같다는 예감이 퍼뜩 들었다. 후에 그는 "그때 나는 마치 내 부고 기사를 읽는 듯한 기분이었다"라고 술회했다. 살로먼의 보도자료 발표에 대해 관계당국은 한결같이 불쾌한 반응을 보였다. 재무부 관리들은 그것을 '관계당국의 조사결과 발표를 염두에 둔 물타기

수법'으로 평가절하했다. 한편 코리건은 8월 8일 굿프로인트와의 전화통화에서 'FRB는 살로먼의 1차 딜러 자격 박탈을 고려하고 있다'고 말한 바 있었다. 8월 16일 아침, 사면초가에 몰린 굿프로인트는 모든 것을 체념하고 살로먼의 회장 및 CEO 자리에서 조용히 물러났다.

새로운 경영진

살로먼의 최대주주는 투자의 귀재이자 미국 최고의 부호 중 한 명으로 알려진, 전설의 인물 워런 버핏이었다. 그가 오마하에서 운영하고 있는 버크셔해서웨이는 시가 100억 달러 이상의 주식을 보유하고 있었는데, 대부분의 뮤추얼펀드와는 달리 수백 개의 기업에 분산투자하지 않고 몇 개의 회사에만 집중투자하는 것으로 유명했다. 버핏이 보유한 주식 중에는 캐피털시티즈/ABC, 웰스파고 뱅크, 질레트, 워싱턴포스트, 코카콜라, 그리고 살로먼과 같은 쟁쟁한 미국기업들이 포함되어 있었다. 주식투자로 인한 엄청난 수익 덕분에 1956년부터 1990년대 초반까지 버크셔해서웨이의 연평균 성장률은 15퍼센트를 유지해 왔는데, 이는 어떤 기관투자자도 넘볼 수 없는 경이적인 기록이었다. 1991년《포브스》가 선정한 '미국 최고의 부자' 목록을 보면 록펠러, 멜런, 듀퐁 등 미국 자본주의를 상징하는 가문들의 이름이 줄줄이 나온다. 버핏은 이들과 어깨를 나란히 하며 톱 10에 당당히 이름을 올려놓고 있었는데, 당시 그의 재산은 80억 달러(순자산 가치 기준)였다.

버핏과 굿프로인트는 10년 이상 동안 알고 지낸 사이로, 버핏은 굿프로인트가 고객의 복지를 회사의 이익보다 우선하는 것에 깊은 인상을 받았다. 1987년 굿프로인트가 기업사냥꾼 로널드 페럴만의 공격을 방어하기 위해 버핏에게 우호지분 투자를 요청했을 때, 버핏은 살로먼의 주식 7억 달러어치를 인수하고 12퍼센트의 의결권을 인정받았다. 버핏의 오랜 동료인 찰리 멍거도 버핏과 함께 살로먼의 이사로 참여했다. 버핏의 경영참여를 우려하는 일부 이사들에게, 굿프로인트는 '회사를 운영하는 데 큰 도움이 될 사람'이라고 강조하며 버핏을 적극 옹호했다. 버핏은 굿프로인트를 신뢰하는 만큼 회사의 경영에 '밤 놔라 대추 놔라'는 식의 간섭은 일절 하지 않았지만, 굿프로인트 쪽에서 먼저 조언을 구할 때만은 예외였다. 굿프로인트는 종종, 때로는 일 주일에 두 번까지도 버핏에게 전화를 걸었다. "나는 회사 내부에서 마땅한 조언자를 찾을 수 없을 때마다 그에게 전화를 걸어 훌륭한 답변을 얻어내곤 했다. 버핏에게 거는 전화가 나에게는 긴급 상담전화였던 셈이다"라고 굿프로인트는 회고했다.

1991년 8월 16일 오전 7시 45분, 굿프로인트는 버핏에게 전화를 걸었다. 그러나 이번 전화는 긴급 상담전화가 아니었다. 그는 자신과 스트라우스가 사임할 예정이니, 버핏에게 위기에 처한 회사를 맡아 달라고 했다. 버핏은 잠시 생각할 기회를 달라고 하며 전화를 끊었다. 그로부터 한 시간 후, 버핏은 굿프로인트에게 전화를 걸어 살로먼의 대표이사직을 수락했다. 그러나 그의 말에는 '잠시 동안만'이라는 단서가 붙어 있었다. 그날 하루 동안 살로먼의 주식거래는 정지됐으며, 모든 영업활동 및 내부업무도 중단되었다. 굿프로인트는 정오에 성명을 발표하여 버핏이 살로먼의 새로운 CEO로 임명되었음을 알렸다. 그러나 그날 저녁 굿프로인트와 버핏이 제럴드 코리건 뉴욕 FRB 총재를 만났을 때, 버핏은 코리건 으로부터 '최악의 상황을 각오하라'는 경고를 들어야 했다.

굿프로인트가 살로먼의 권좌에서 물러난 지 열두 시간 후에, 구 소련의 미하일 고르바초프 대통령이 (무산된) 쿠테타에 의해 일시 적으로 실각하는 사태가 발생했다. 모스크바에서 발생한 역사적 사건 덕분에, 살로먼을 둘러싼 잡음은 대중의 관심권에서 잠시 멀 어지는 듯 했다. "신문의 1면에서 밀려나는 방법에는 여러 가지가 있다. 그러나 살로먼이 붉은 군대(구 소련의 정규군)에게 밀려난다는 것은 짐작조차 할 수 없었던 일이다"라고 살로먼의 한 영업사원은 증언했다. 그러나 군사 쿠테타가 3일 천하로 막을 내리면서, 잠시 한숨을 돌렸던 살로먼은 다시 여론의 뭇매를 맞아야 했다.

8월 18일 오전 10시 살로먼의 이사회가 소집되어, 존 굿프로인 트의 사표를 수리하고 워런 버핏을 임시 회장 및 CEO로 임명했 나. 이사회가 소집될 즈음, 재무부의 한 관리가 전화를 걸어 '몇 분 후 살로먼의 국채입찰 참가자격이 정지될 것'이라는 경고사항을 전달했다. 이것은 매우 충격적인 소식이었다. 당시 1조 3,000억 달러의 단기부채를 안고 있는 살로먼은 매일 수십억 달러의 자금 을 변통해야 했는데, '국채입찰 참가자격 정지' 소식이 (가뜩이나 신 경이 민감해진) 고객과 채권자들에게 전해질 경우 살로먼의 도산은 시간문제였다. 그뿐만이 아니었다. 살로먼의 신인도 하락은 다른 IB(투자은행)의 신인도를 하락시켜, 자칫하면 IB의 연쇄도산을 초 래할 수도 있었다. 살로먼의 법률자문을 맡고 있는 로펌(워치텔 립 턴)은 파산신청 절차에 착수했다. 바야흐로 9,000여 명의 종업원이 해고되고, 수만 명의 주주들이 보유한 살로먼 주식이 휴지조각이 될 운명에 처해 있었다. 살로먼에게 있어서 '국채입찰 참가자격 정지' 통보는 사망선고나 다름 없었다.

살로먼의 채권입찰 자격이 정지될 거라는 소문은 금융전산망 단말기를 통해 삽시간에 일파만파로 퍼져나갔다. 버핏은 즉시 니콜라스 F. 브래디 재무장관에게 전화를 걸어 '사망선고를 철회하거나 잠시 보류해 달라'고 압박했다. 그는 월가의 IB들이 줄줄이 도산하는 도미노 효과를 경고하며, 만일 재무부가 입장을 바꾸지 않을 경우 자기도 살로먼에서 손을 떼겠다고 맞불을 놓았다. 그러나 버핏이 강경 일변도로만 나간 것은 아니었다. 그는 몇 시간 동안에 걸쳐 숨가쁘게 진행된 수 차례의 전화통화에서 자신의 명예를 강조했다. "닉, 오늘은 내 인생에서 가장 중요한 날이란 말이오." SEC의 리처드 브리든 의장은 살로먼이 뼛속까지 썩었다고 혹평했지만, FRB의 제럴드 코리건 총재를 비롯한 다른 관리들은 월가의 붕괴를 걱정하는 눈치였다. 마침내 살로먼의 기자회견이 예정돼 있던 오후 2시 30분, 브래디 재무장관은 살로먼에게 국채입찰 참여를 계속 허용하는 방향으로 입장을 선회한다. 다만 그는 '살로먼 명의의 응찰은 허용하되, 고객 명의의 응찰은 불허한다'는 단서를 달았다. "반 조각의 빵이라도 생명을 유지하는 데는 충분하다"고 버핏은 생각했다. 버핏 자신조차 연봉 1달러를 받기로 하고 CEO에 취임한 마당에, 살로먼으로서는 찬밥 더운밥 가릴 입장이 아니었다. 곧이어 벌어진 기자회견에서 한 기자가 던진 "뉴욕의 살로먼과 오마하의 버크셔해서웨이를 동시에 경영해도 아무런 문제가 없을까요?"라는 질문에 대해, 버핏은 다음과 같은 조크로 응수했다. "문제 없습니다. 어머니께서 제 속옷에 (바느질로) '워런 버핏'이라고 새겨 주셨으니까요."

그로부터 일주일 후 살로먼은 자신들이 재무부의 입찰규정을 위반했던 사실을 공식적으로 시인했고, 이에 따라 연방 FRB는 살로먼의 1차 딜러 자격을 박탈할 것인지의 여부를 검토하기 시작한다. 10월에 열린 FRB의 공개시장위원회 회의에서 존 라웨어 연방 FRB 위원은 (입찰부정의 피해자인) 제럴드 코리건 뉴욕 FRB 총재에게 물었다. "제리, 1차 딜러 지정을 취소하면 살로먼이 도산할까요?" 이에 대해 코리건은 어디까지나 추측임을 강조하면서 "네, 국내외의 금융시장 전문가들은 모두 그렇게 생각하고 있습니다"라고 말했다. 바야흐로 FRB 위원들의 중론은 '폐지'보다는 '일시 정지'가 낫겠다는 쪽으로 흘러가고 있었다. 이때 앨런 그린스펀 연방 FRB 총재가 나서서 찬물을 끼얹었다. "1차 딜러 지정을 일시적으로 정지시키는 것은 사실상의 사망선고입니다. 딜러자격 정지로 입은 타격은 나중에 딜러자격을 되찾더라도 복구될 수 없습니다. 그건 사형이 집행된 죄수에게 심폐소생술을 실시하는 것이나 마찬가집니다." 그린스펀 총재의 말이 나온 이후로, 어느 위원도 더 이상의 제재 의견을 내놓지 않았다.

한편 버핏은 살로먼 직원들의 동요를 진정시키는 작업에 착수했다. 그는 CEO에 취임한 지 3일 만에 살로먼의 전 직원에게 보낸 메모에서 "다른 직원이 저지른 위법행위나 도덕적 문제를 발견하는 즉시 대표이사인 나에게 직접 보고하십시오"라고 말하며, 자신의 모든 연락처와 전화번호를 첨부했다(그가 예외로 인정한 단 한 가지 사항은 '주차위반 딱지'였다). 일주일 후 모든 살로먼 직원들을 모아놓고 행한 연설에서, 그는 현재의 어려움을 '좁고 올바른 길을 걸어가는 것'에 비유하고, 좁고 올바른 길을 걸어가는 데는 어려움이 따르기 마련이므로 모든 역경을 이겨내고 앞으로 나아가자고 호소했다.

1991년 8월 26일, 워런 버핏이 살로먼의 직원들에게 한 연설

이제 중요한 것은, 우리 스스로 우리 자신을 올바르게 평가하는 것입니다. 우리가 우리 자신을 올바르게 평가하면, 세상도 우리를 올바르게 평가할 것입니다.

우리는 "최고의 비즈니스는 최고의 방법으로!"라는 JP모건의 정신을 본받아야 합니다. 아침에 일어나 직장에 출근하기 전에, 가슴 속으로 이 말을 한 번씩 외쳐 보기 바랍니다. "최고의 비즈니스는 최고의 방법으로!"

"최고의 비즈니스는 최고의 방법으로!"라는 말은 '비즈니스를 너무 많이 하지 말라'거나, '수익성 있는 비즈니스를 하지 말라'거나, '적극적인 비즈니스를 하지 말라'는 것을 의미하지 않습니다. 나는 여러분이 최고의 비즈니스맨이 되기를 바랍니다. 그러나 최고의 비즈니스맨이 되는 것 못지 않게 중요한 것은 그 방법입니다. 나는 여러분이 정정당당한 방법으로 최고의 비즈니스맨이 되어 주기를 간절히 바랍니다.

여러분이 (내가 버크셔해서웨이에서 그랬던 것처럼) 잘못된 판단으로 인해 회사의 돈을 잃는다면, 나는 여러분을 충분히 이해할 수 있습니다. 그러나 여러분의 부적절한 처신으로 회사의 평판이 나빠진다면, 나는 여러분을 절대로 용서하지 않겠습니다.

살로먼은 앞으로 어떤 종류의 기업이 되어야 할까요? 이 점에 대해, 나는 어느 누구보다도 고상한 비전을 갖고 있습니다. 살로먼은 과거의 찬란한 실적을 계승하는 한편, 고객과 투자자들에게 존중받는 기업이 되어야 합니다.

나는 우리 주변의 모든 사람들이 부자가 되기를 바랍니다. 그러나 나는 그들이 살로먼을 통해 부자가 되기를 바라며, 살로먼과 관계 없이 부자가 되기를 바라지는 않습니다. 좀더 자세히 말하자면, 나는 그들이 우리의 주식에 투자하여 부자가 되기를 바랍니다. 우리의 이 같은 소망이 투자자들에게 알려졌으면 좋겠습니다. 투자자들이 우리에게 듣고 싶어하는 소식은 바로 이런 것들이 아닐까요?

현재 우리가 겪고 있는 어려움은 '좁고 올바른 길'을 찾아가는 과정에서 나타나는 자연스러운 현상입니다. 좁고 올바른 길을 찾아 걸어가다 보면, 우리는 과거 어느 때보다도 더 자랑스러운 살로먼을 건설하게 될 것입니다.

버핏은 10월 29일 주주들에게 보낸 서한에서 "일부 살로먼 직원들이 부정행위를 저질렀습니다"라고 알렸다. 그는 부정행위의 재발을 방지하기 위해, 군기반장(chief compliance officer)의 역할을 자임했다(다른 기업들의 경우, 군기반장 임무는 보통 하위직 관리자에게 맡겨진다). 그는 직원들이 자기 자신의 행동을 평가하는 기준으로 '신문 테스트'라는 방법을 제시했는데, 그 내용은 다음과 같다. "한 지역신문의 기자가 당신의 업무상 행위를 문제삼아, 그 내용을 기사화했다고 합시다. 그 기사를 당신의 아내, 자녀, 친구들이 읽고 당신에게 해명을 요구할 때, 당신은 남편, 아버지, 친구로서 그들에게 떳떳할 수 있습니까?" 그는 기업 경영을 운동경기에 비유하여, 측면돌파보다는 정면돌파를 주문했다. "개인적 생각입니다만, 나는 터치라인을 따라 이 구석 저 구석으로 드리블해서 얻는 점수보다는, 정정당당하게 중앙돌파를 해서 얻는 점수를 훨씬 더 값어치 있게 생각합니다."

버핏은 주주들에게 보낸 서한에서 "굿프로인트가 부하직원의 부정행위를 3개월이나 늑장 보고함으로써, 살로먼은 앞으로 혹독한 대가를 치르게 될 것입니다"라고 경고한 바 있었는데, 그의 경고는 곧 사실로 밝혀졌다. 버핏은 새로운 법률고문 로버트 데넘을 대동하고 정부기관들과 합의를 시도한 결과, 총 2억 9,000만 달러의 금액을 지불하기로 합의하였다. 2억 9,000만 달러의 합의금 중 1억 2,200만 달러는 증권거래법 위반에 대한 벌금으로 재무부에, 6,800만 달러는 법무부에, 1억 달러는 손해배상펀드(restitution fund)에 돌아갔다. 2억 9,000만 달러의 합의금은 금융기관에 부과된 합의금 중 그 당시로서는 사상 두 번째로 많은 금액이었다(사상 최대의 합의금은 1990년 드렉셀버닐램버트가 파산할 때 부과됐던 6억 달러이다). 추가로 살로먼은 1992년 6월~7월에 걸쳐 2개월 동안 채권입찰이 중지되었는데, 이로 인해 약 40억 달러의 채권거래 실적이 감소한 것으로 추정된다.

한편 살로먼의 주주들은 살로먼의 주가가 '자유낙하'하면서 최악의 손실을 입었다. 굿프로인트가 죄를 자백하기 전날인 1991년 8월 8일, 살로먼의 주가는 36달러 이상을 유지했었다. 그러나 그로부터 6주 후 살로먼의 주가는 21달러로 폭락했다. 불과 30거래일 동안 살로먼의 시가총액은 16억 5,000만 달러 감소했으며, 하루에만 5억 달러 이상 감소한 날도 있었다.

살로먼은 채권 부정입찰과 관련된 거래선 이탈로 인해 4억 달러의 기회손실을 입었다. 모저에 의해 명의가 도용된 퍼시픽 투자관리는 살로먼과의 거래를 완전히 끊었다. 캘리포니아 공공근로자 퇴직연금, 메사추세츠주 교원퇴직연금, 위스콘신주 투자위원회,

세계은행은 살로먼과의 거래를 잠정적으로 보류했다. 영국 재무부는 브리티시 텔레콤 주식의 미국 판매를 위한 주간사 명단에서 살로먼을 제외시켰고, 무디스는 살로먼의 신용등급을 하향조정했다. 1991년 상반기 주식 인수 시장에서 살로먼이 차지하는 점유율은 8퍼센트로, 월가 5위의 위치를 고수하고 있었다. 그러나 그로부터 1년 후 살로먼의 주식인수시장 점유율은 2퍼센트로 폭락하여 존재감이 사라졌다. 살로먼의 새 경영진 중 한 명은 이렇게 말했다. "어떤 사물의 가치를 깨닫는 가장 좋은 방법은 그것을 완전히 상실해 보는 것이다."

회사의 운명을 건 도박

'라이어스 포커'는 '아이 다우트 잇(I Doubt It)'이라는 카드게임과 유사한 '이판사판식 공갈협박 게임'이다. 두 사람 이상의 게이머기 1달러짜리 지폐를 가슴에 대고, 각가 자기가 가진 지폐의 일련번호를 다른 사람들에게 말한다. 이 중에서 어떤 사람의 말은 진실이고 어떤 사람의 말은 거짓인데, 게이머들은 서로 다른 사람들의 말이 진실인지 거짓인지를 판단해야 한다. '라이어스 포커'는 '아이 다우트 잇'과 마찬가지로 실제로 판돈을 걸고, 또는 장난삼아 할 수도 있다. 그러나 그것을 실제로 하는 것이 살로먼의 전통이었다. 일설에 의하면, 1986년 어느 날 트레이딩 데스크에 앉아 있는 메리웨더에게 굿프로인트가 다가와, "한 판, 백만 달러, 울기 없음"이라고 속삭였다고 한다. 굿프로인트의 말은 살로먼의 직원들이 '라이어스 포커' 게임을 할 때 사용하는 은어로, 쉽게 풀어 보면 이런 내용이 된다. "라이어스 포커를 한 판 하자. 판돈은 백만 달러이며, 게임에 지더라도 흥분해서 징징거리지 마라." 물론 장난이었다. 굿프로인트의 제안에 대해 메리웨더는 "아니에요, 존. 이왕 게임을 할 거라면 진짜 돈을 갖고 하죠. '천만 달러, 울기 없음.' 이 정도면 어때요?"라고 대답했다고 한다.

졸지에 메리웨더의 천만 달러짜리 내기 제안을 받은 굿프로인트는 얼굴이 우거지상으로 변하더니 이렇게 대답했다고 한다. "자네, 미쳤군!" 굿프로인트는 자기의 개인재산 천만 달러가 왔다갔다하는 상황에 직면하자, 겁에 질려 메리웨더의 도박 제의를 거절한 것이다. 그러나 후에 굿프로인트는 회사의 재산 수십억 달러가 왔다갔다하는 상황에서 모저의 도박 제의를 겁없이 받아들인다.

현실에서 회사의 운명을 건 도박이 벌어지는 사례는 비일비재하다. 다만 우리가 눈치채지 못할 뿐이다. IBM은 메인프레임 컴퓨터의 개발에, 보잉은 새로운 제트 여객기 B747의 개발에 회사의 운명을 걸었다. 그러나 이러한 사례들은 치밀하고 사려깊은 계획에 근거한 전략적 결단이었다. 이에 반해 굿프로인트가 모저의 부정행위를 알고도 즉각 재무부에 신고하지 않고 덮어버린 것은 통찰력 부족에 의한 소인배적 결정이었다. 적절한 타이밍을 놓친 행동은 시간이 지날수록 실행하기가 더욱 더 어려워지기 마련이다. 단지 어색하다는 이유로 제때 전달하지 못한 감사나 고백의 말 한마디가 두고두고 미련으로 남아 마음을 아프게 할 수 있다.

굿프로인트가 중간관리자였다면 그의 직무태만은 회사에 누를 끼칠지언정 치명적 타격을 가하지는 않았을 것이다. 나쁜 소식이란 어차피 다른 경로를 통해 최고경영진에 전달되기 마련이므로,

중간관리자가 임무를 소홀히 했다고 해서 회사가 치명적인 타격을 입지는 않는다. 그러나 굿프로인트의 경우는 달랐다. 그는 회사를 맨 앞에서 이끌고 나가는 CEO였기 때문에, 그가 눈감아 버리면 그걸로 모든 것이 끝이었다. 우리는 여기서 로자베스 모스 칸터의 이론에 귀기울여 볼 필요가 있다. 그녀는 다양한 기업들의 지배구조를 면밀히 분석한 결과 '확실성 체감의 법칙'이 성립한다는 것을 발견하였다. 확실성 체감의 법칙(또는 불확실성 체증의 법칙)이란 "관리자의 책임이 증가할수록, 그의 의사결정이 기업에 미치는 파급효과를 가늠하기가 점점 더 어려워진다"는 것이다. 평사원에서 시작하여 대리, 과장, 차장, 부장으로 승진함에 따라 이 같은 불확실성은 점점 더 증가한다. 이사, 상무, 전무를 거쳐 마침내 정상(CEO)에 등극한다면 불확실성은 최고조에 달한다. CEO의 의사결정 하나가 회사를 번영시킬 수도, 파멸시킬 수도 있다. CEO가 의사결정을 잘 하면 회사를 크게 번영시킬 수 있지만, CEO의 잘못된 의사결정이 한 순간에 회사를 파면시킬 수도 있다. 모저의 부정행위에 관한 정보는 엄청난 파괴력을 지닌 시한폭탄이었다. 굿프로인트는 이 정보의 공개를 가능한 한 뒤로 늦춤으로써, 회사의 운명을 건 도박판을 벌이고 있었던 것이다.

직원의 부적절한 행위를 눈감아 주면 설사 회사의 운명까지 뒤바꾸지는 않더라도 그로 인한 부당이익의 몇 갑절에 해당하는 엄청난 손실을 초래할 수 있다. 후에 살로먼에서는 태스크팀을 구성하여, 그동안 모저가 저질렀던 국채입찰 부정을 추가로 밝혀내고, 그로 인해 살로먼이 얻은 부당이익이 전부 얼마인지를 계산해 보았다. 한 달 동안의 작업 끝에 태스크팀이 내놓은 정답은 고작 330

만~460만 달러에 불과했다. 이는 살로먼이 납부한 벌과금 2억 9,000만 달러의 60분의 1에도 미치지 못하는 하찮은 금액이며, 회사의 이미지 하락이나 거래선 이탈로 인한 유무형의 손실까지 감안한다면 더욱 미미한 금액이다.

모저에게 38퍼센트의 재무부 채권을 몰아줬던 1991년 2월 21일의 부정행위를 분석해 보면, 이를 통해 살로먼이 얻은 부당이익이 얼마나 미미했는지를 잘 알 수 있다. 그날 모저는 살로먼과 워버그의 명의로 각각 35퍼센트의 채권을 신청하여, 19퍼센트씩 총 38퍼센트의 채권물량을 배정받는 데 성공했다. 그러나 굳이 모저가 워버그 명의의 응찰서를 추가로 접수시키지 않았더라도, 살로먼은 자사 명의로 신청한 35퍼센트의 물량을 거의 다 배정받을 수 있었다. 왜냐하면 워버그의 35퍼센트짜리 응찰서가 살로먼의 35퍼센트 응찰서와 경합하여, 살로먼의 배정률을 19퍼센트로 낮추는 결과를 초래했기 때문이다. 결국 모저는 겨우 3퍼센트의 채권을 더 배정받기 위해 회사의 운명을 거는 무모한 도박을 감행한 셈이다.

> ## Leadership Point
> 조직도 상에서 높은 직위로 올라갈수록 의사결정의 리스크와 불확실성이 높아지며, 최고경영자에 이르면 의사결정의 리스크는 최고조에 이른다. 최고경영자의 의사결정은 조직의 흥망을 좌우할 수 있다.

판단 착오

워런 버핏의 지시를 받아 살로먼의 경영을 맡은 데릭 C. 모건은

국채 불법입찰 스캔들로 위기에 직면한 살로먼의 구원투수가 된 워런 버핏(앞)과 데릭 모건.

살로먼의 채권입찰 부정 사건을 "십억 달러짜리 판단 착오"라고 불렀다. 굿프로인트는 지방자치단체의 채권을 많이 취급해 봤기 때문에 국채 거래시장의 생리를 누구보다도 잘 알고 있었다. 1987년까지만 해도 굿프로인트는 재무부 채권의 입찰에 직접 관여했었다. 1991년에는 채권 트레이딩룸에 자기의 책상을 하나 마련해 놓고, 불과 몇 미터의 거리에서 가짜 응찰서가 접수되는 광경을 지켜보았다. 그는 자기 손으로 재무부 채권을 거래하지는 않았지만, '초과응찰'과 '고객명의 도용'이 자행되고 있다는 사실을 알고 있었음에 틀림없다.

그러나 굿프로인트의 지인들은 그가 모저의 부정행위를 용인하거나 허용할 위인이 아니며, 그러한 사실을 입증할 만한 증거도 없다고 주장한다. 1980년대 후반 드렉셀버넘램버트, 이반 F. 보에스키 코퍼레이션, 키더, 피보이앤 컴퍼니, 심지어 골드만삭스까지 내부자 거래로 인해 도산하거나 명예를 더럽히는 와중에서도 살로먼만은 꿋꿋이 제 자리를 지켜 왔다. 《월스트리트저널》의 제임스 B. 스튜어트는 월가의 비리를 연대기적으로 서술한 『도적의 소굴』이라는 저서에서, "철천지 원수인 드렉셀버넘램버트와 함께 놀아나지 않은 것은 오로지 살로먼과 굿프로인트뿐이었다"라고 말한 바 있다. 모저의 국채 불법입찰 사건이 터진 후에도, 살로먼의 상무이사인 리처드 그랑장은 굿프로인트를 "지극히 성실히신 분"이라고 말한 바 있다.

재정거래의 달인인 이반 보에스키는 "탐욕은 미덕이다. 탐욕은 우리를 건강하게 한다"고 말하며 탐욕 예찬론을 외쳤다. 그러나 굿프로인트는 가치관이 왜곡되는 세태에 혐오감을 느껴 왔다. 1991년 초 굿프로인트는 "1980년대에는 기존의 모든 규칙들이 유린되거나 시련을 겪었다. 월가의 모든 기업들이 탐욕의 광기에 휩싸였던 시기에, 오직 살로먼만이 독야청청하며 좋은 성과를 낸 것이 자랑스럽다"라고 말한 바 있다. 그는 가능한 한 투명하고 타의 모범이 되는 방법으로 살로먼을 경영하려 애썼다. 그는 정크본드나 적대적 인수합병 따위에는 아예 손을 대지도 않았다.

그렇다면 굿프로인트의 판단 착오는 어디에서 비롯된 것일까? 그것은 '묵인'이나 '공모'보다는 '민첩성의 결여'에서 비롯되었을 공산이 크다. 살로먼의 일부 관리자들은 굿프로인트의 판단 착오

리더에게 결정은 운명이다

를 리처드 닉슨 전 대통령의 경우와 비교하기도 한다. 닉슨 역시 워터게이트 도청에 관한 정보를 처음 보고받고 난 후 잠재적 파괴력이 엄청난 정보임에도 불구하고 신속한 대응조치를 취하지 않아 엄청난 화를 자초하고 말았다. 살로먼의 한 임원은 "닉슨과 굿프로인트는 똑같은 사람들입니다. 굿프로인트는 모저의 부정행위가 재무부 관리들에게 적발되지 않고 어물쩍 넘어가기를 바라며 잠자리에 들었을지도 모릅니다"라고 분통을 터뜨렸다. 굿프로인트 자신도 인정했듯이, 그는 '전투적 트레이더(combative trader)'이기는 했지만 그다지 '과단성 있는 경영자(decisive manager)'는 아니었던 모양이다.

굿프로인트가 4월 말에 모저를 해고하거나 징계했다면, 5월의 채권입찰 부정은 발생하지 않았을 것이다. 그가 즉시 철저한 조사를 지시했다면, 보고가 지연되는 일은 결코 없었을 것이다. 그가 진작에 뉴욕 FRB의 제럴드 코리건 총재를 만났던들, 나중에 '당국의 조사결과 발표를 염두에 둔 물타기'라는 의심은 받지 않았을 것이다.

Leadership Point

무대책(inaction)은 서툰 대책(inept action)만큼이나 리더십에 치명적 영향을 미친다.

측근 중심의 밀실경영

CEO가 어떠한 사안에 대해 3개월 동안이나 침묵한다는 것은 특정한 경영 스타일과 관련된 문제라고 볼 수 있다. 1978년 CEO에 취임한 이후 1991년 8월 18일 사임하기까지, 굿프로인트는 부하직원들의 모든 행위에 대해 최종적인 책임을 져 왔으며, 그가 가장 선호하는 경영기법은 밀실경영(secrecy)과 측근경영(exclusion)이었다.

굿프로인트는 표면적으로는 전무이사로 구성된 경영위원회를 통해 주요 현안을 결정했지만, 자기 혼자서 은밀히 결정을 내리고 나서 한참 뒤에야 이사회나 경영위원회에 통보하는 경우가 많았다. 살로먼에는 트레이더와 IB 전문가들이 공존하고 있었지만, 그는 트레이더를 편애하여 자신의 측근에 포함시켰다. 그는 몇몇 스타플레이어 중심으로 조직을 운영해 나갔지만, 그들의 오버액션을 제어하는 데는 실패했다. 그는 '성과에 따른 보상'을 최고의 미덕으로 내세웠지만, 정작 1990년 살로먼 브러더스의 순이익이 1억 1,800만 달러 급락했을 때는 거꾸로 보너스 기금을 1억 2,000만 달러나 늘렸다. 그도 간혹 리스크 관리와 법규 준수를 강조한 적은 있었지만, 치밀한 계획과 사전대비보다는 즉흥적 대응에 의존하는 스타일이었다.

살로먼이라는 이름의 은하계에서 찬란히 빛나는 별처럼, 거만함과 허세로 똘똘 뭉친 굿프로인트의 스타일은 '돈과 권력만이 중시되는 기업문화'에는 그런대로 잘 들어맞았다. 그러나 그의 스타일은 '돈과 권력 이상의 것이 요구되는 기업문화'에는 어울리지 않았다. 그의 이러한 스타일은 살로먼을 떠날 때도 유감없이 발휘되었다. 그는 권좌에서 물러나기 직전 상무이사들에게 "어느 누구에게도, 어떠한 문제에 대해서도 변명하지 않겠다"는 짤막한 한마디

리더에게 결정은 운명이다

만을 남긴 것으로 유명하다.

굿프로인트는 자타가 공인하는 월가의 대표선수로, 살로먼의 '원로정치인' 겸 '대변인'의 역할을 자임해 왔다. 그는 특히 살로먼 IB의 글로벌화를 촉진하는 데 열심이었으며, 살인적인 스케줄을 소화해 왔다. 모저가 1991년 2월 말에 저지른 입찰부정을 보고받은 것도 4월 29일 일본 출장에서 돌아온 직후였다. 최고경영진과 함께 30분 남짓한 시간 동안 모저의 문제를 논의한 후, 굿프로인트의 마음은 어느덧 '정치인 모드'로 전환되어 있었다. 그는 경영진과의 대화를 통해 '모저의 행위는 부적절했지만 불법은 아니다'라는 판단을 내렸다. 그리고 누군가 자신을 대신해 모저에게 '당신은 용납할 수 없는 일을 저질렀지만, 없었던 일로 해 둘 테니 앞으로 주의하라'고 경고해 주리라 생각했다.

4월 말 일본 출장에서 돌아온 굿프로인트는 5월 첫째 주까지 살로먼의 연례 주주총회와 이사회를 주재하고, 사외이사의 자격으로 크라이슬러의 이사회에도 참석했다. 그 다음 주에는 스페인 마드리드에서 개최된 세계은행 주최 행사에 찬조연사로 초청되어 멋들어진 연설을 한 다음, 런던과 프랑크푸르트로 출장을 떠났다. 5월 셋째 주에는 플로리다 주 올랜도에서 살로먼의 임원회의를 주재하고, 탬파의 살로먼 사무소를 방문한 다음 아들의 결혼식에 참석했다. 5월 넷째 주에는 세인트루이스에서 몬산토의 회장을 만나고, 올버니에서 키코프의 회장을 만났다. 그리고 주말에는 파리로 날아가 용무를 보고, 다시 도쿄로 기수를 돌려 고객을 만난 다음, 살로먼 브러더스 아시아 지사를 떠나는 데릭 모건의 송별식에 참석했다.

이처럼 굿프로인트가 다른 곳에 정신이 팔려 있는 동안, 다른 최고경영진 역시 폴 모저가 자백한 부정행위가 빙산의 일각이라는 사실을 까맣게 모르고 있었다. 스트라우스, 포이어스타인, 메리웨더는 '2월 21일의 입찰 부정은 난생 처음 저지른 일'이라는 모저의 자백을 액면 그대로 받아들이고, 해고나 정직을 고려하지 않았다. 다만 그들은 모저에게 강력한 경고를 주기로 결정했고, 메리웨더는 모저를 불러 "최고경영진은 자네의 부정행위를 정부에 보고할 예정이라네"라고 귀띔해 줬다.

굿프로인트와 스트라우스는 4월 29일의 대책회의에서, 모저의 입찰부정과 관련된 대외적인 문제를 자신들이 해결하기로 의견을 모았다. 그들은 '직원의 입찰부정에 관한 일을 회사가 정부에 보고할 법적 의무는 없다'고 생각하면서도, 뉴욕 FRB의 제럴드 코리건 총재에게만은 그 사실을 알려 두는 것이 좋겠다고 생각했다. 그러나 두 사람이 함께 코리건의 사무실을 방문할 스케줄을 조율하는 과정에서 실질적인 문제가 발생했다. 굿프로인트와 스트라우스 모두 둘째 가라면 서러워할 정도로 바쁜 몸인 관계로, 5월중 두 사람이 동시에 뉴욕에 머물 수 있는 날이 6일밖에 안 되는 것으로 밝혀진 것이다. 총괄고문인 포이어스타인은 두 사람에게 코리건을 만나야 한다고 수시로 언질을 줬고, 두 사람 역시 여러 차례에 걸쳐 서로에게 주의를 환기시켰다. 굿프로인트는 뉴욕에서 다른 일정을 소화하는 도중에 모임이나 리셉션에서 코리건과 마주칠 것을 기대하며, 그때가 되면 기회를 놓치지 않고 '저와 스트라우스가 총재님께 긴히 드릴 말씀이 있습니다'라고 말하리라 벼르고 있었다. 그러나 뉴욕에서 코리건과 굿프로인트가 우연히 마주치는 기적은 발생하지 않았다. 더욱이 굿프로인트와 스트라우스 모두 '모저의 입찰부정'이라는 항목 앞에 '긴급'이라는 표시를 해 두지 않은 관계로, 모저의 문제는 점점 뒷전으로 밀려 가시권에서 멀어진다. 그러다가 6월 들어 모저의 (5월 22일에 저지른) 2차 부정행위가 발각되고, 이에 화들짝 놀란 살로먼의 경영진이 모저의 여죄를 캐기 시작하면서, 굿프로인트는 생각을 바꾸게 된다. 즉, 모저와 관련된 모든 사실이 밝혀질 때까지 코리건과의 만남을 보류하기로 결정한 것이다.

　그러나 모저의 여죄가 완전히 밝혀진 후에도, 굿프로인트는 그에 관한 정보를 담당 임원들과 공유하지 않는다. 그러다 보니 8월 14일 살로먼의 이사회가 소집되었을 때, 이사들은 2차 보도자료에 실을 문구를 확정하지 못하고 격론을 벌이게 된다. 더욱이 굿프로인트는 8월 13일 뉴욕 FRB가 살로먼의 이사회 앞으로 보낸 서한을 이사회에 넘겨주지 않았다. 그 서한에는 "뉴욕 FRB는 살로먼이 앞으로 뉴욕 FRB와 업무관계를 지속할 수 있는지에 대해 의문을 품고 있으니, 열흘 이내에 이에 대해 자세히 해명해 달라"는 내용이 적혀 있었다. 코리건은 이 서한이 살로먼의 이사들에게 전달되기를 기대했었다. 왜냐하면 이 서한은 'FRB가 굿프로인트를 신뢰하지 않는다'는 속뜻을 담고 있었기 때문이다. 그러나 이 서한은 끝내 이사회에 전달되지 않았으며, 그로 인해 그후 며칠 동안 살로먼의 붕괴가 가속화되는 과정에서도 (FRB의 서한을 받지 못한) 이사회는 FRB에게 아무런 답변도 할 수 없었다. 이는 "살로먼의 이사회가 굿프로인트와 짜고 정부에 대항하려 한다"는 오해를 사기에 충분했다. 당시의 상황을 워런 버핏은 이렇게 회상했다. "항간에 떠도는 이야기에 의하면, FRB는 살로먼의 이사회가 굿프로인트와 합세하여 FRB의 얼굴에 침을 뱉는 것으로 여겼다고 하는데, 이제 와 생각해 보니 FRB가 그렇게 생각한 이유를 충분히 이해할 수 있을 것 같다."

굿프로인트의 대타로 나선 워런 버핏은 주차위반 딱지를 제외한 직원들의 모든 부정행위를 낱낱이 보고하라고 지시했다. 워런 버핏에 의해 살로먼 브러더스의 새 사령탑으로 발탁된 데릭 모건은 "살로먼과 같이 매우 크고 복잡하고 다양화된 조직에서는, 누군가가 나서서 문제를 제기하고 방향을 제시하고 리더십을 발휘해야 했다"라고 회고했다. 두 사람의 말은 기본적으로 다 옳다. 그러나 이보다 더 중요한 것은, 누군가가 나서서 의문을 제기하고 방향을 제시하고 리더십을 발휘하되, 절대권력의 유혹에 넘어가 미세경영(micromanaging, 작은 것까지도 챙기는 일명 '쩨쩨한 경영')이나 과잉통제(overcontrol)의 함정에 빠지지 않는 것이다.

Leadership Point

부하직원들의 에너지를 결집시키려면 책임의식을 고취시켜야 하는데, 이는 부하직원들이 '회사가 나에게 요구하는 행동이 무엇인지'를 납득해야만 가능하다. 부하직원들을 납득시켜 책임의식을 고취하고 에너지를 결집시키기 위해서는, 최고경영자가 자신의 권한을 명확하게 규정하고 일관되게 행사해야 한다. 최고경영자는 절대권력의 유혹을 뿌리쳐야 하며, 측근경영, 밀실경영, 미세경영의 함정에 빠져서도 안 된다.

리더에게 결정은 운명이다

구원투수

워런 버핏의 등장으로 인해 살로먼 사태는 진정국면으로 접어들었지만 문제가 완전히 해결된 것은 아니었다. 1991년 9월 한 신문은 "버핏의 당면과제는 신뢰회복을 통해, 침체된 살로먼에 다시 생기를 불어넣는 것이다"라고 지적했다. 버핏은 자신의 명성, 인맥, 판단력, 영향력을 총동원하여 살로먼의 실추된 이미지를 제고하는 한편, 냉철한 판단력과 탁월한 의사결정 능력을 발휘하여 조직 재건에 나섰다. 버핏은 종업원, 고객, 정부당국, 주주들에게 '살로먼이 되살아나고 있다'는 메시지를 보내기 위해 동분서주했다. "여러분은 투자의 귀재 워런 버핏이 살로먼 따위를 살리기 위해 발벗고 나섰다는 것을 믿지 못하실 겁니다. 그러나 나는 살로먼의 임시회장(interim chairman)을 맡겠다고 자원한 사람입니다. 살로먼을 경영하는 것이 나의 본업은 아니지만, 살로먼의 경영이 정상화될 때까지 최선을 다할 생각입니다"라고 그는 설명했다.

8월 16일 굿프로인드가 사임하면서 바통을 이어받은 비핏은, 자신을 도와 살로먼을 이끌어갈 인물을 물색하느라 토요일 하루를 보냈다. 아직 남아 있는 열두 명의 이사들에게 적임자를 추천해 보라고 하자, 두 명을 제외한 이사들이 이구동성으로 한 인물을 지목했다. 그의 이름은 바로 데릭 모건. 당시 나이 마흔 세 살의 모건은 가난한 광부의 아들로 태어나 런던 정경대학을 졸업한 촉망받는 엘리트로, 살로먼의 IB 부문을 총괄하고 있었다. 일요일 오후 모건은 뉴욕의 트레이딩 플로어에서 도쿄 사무소의 안정화를 위해 노심초사하고 있었다(그 시간 도쿄 증권시장은 이미 개장되어 있었다). 버핏은 엘리베이터에서 내려 모건에게 다가갔다. "자네가 살로먼의 경영을 맡을 적임자일세." 그들은 곧 기자회견장으로 자리를 옮겨, 대기하고 있던 500여 명의 기자와 종업원들에게 '데릭 모건이 살로먼 브러더스의 새 COO(최고운영책임자)로 선임되었다'고 선언한다. 기자회견이 끝난 후, 버핏은 새로 구성된 살로먼 이사회의 진행을 모건에게 맡겼다. 바야흐로 살로먼의 역사가 새로 시작되고 있었다. 살로먼은 BC(before crisis)에 종지부를 찍고 AD(after Deryck)로 이행한 것이다.

다음 날 《월스트리트저널》의 1면에는 버핏이 기다리고 기다렸던 기사가 대문짝만하게 실렸다.

"미스터 진실(Mr. Integrity), 살로먼의 정상에 오르다."

그러나 모건의 미래는 아직 확정된 것이 아니었다. 버핏은 기회가 있을 때마다 자신이 임시회장일 뿐이라고 누누이 강조했기 때문이다. 모건은 영국 재무부에서 10년 동안 근무한 뒤, 4년 동안 골드만삭스 런던 사무소에서 일했다. 그리고 1986년 살로먼으로 자리를 옮긴 이후 줄곧 살로먼 브러더스의 아시아 지사(도쿄 사무소)를 책임져 왔다. 동료 경영자들은 그의 승진에 깊은 감명을 받았다. 30년 동안 살로먼에 근무한 베테랑으로 상무이사직을 맡고 있던 윌리엄 매킨토시는 "모건은 타고난 리더이다"라고 극찬했다. 한때 모건과 도쿄 사무소에 근무했던 리처드 그랑장은 "모건과 이야기를 해 보면, 그가 미래의 CEO이자 회장이라는 것을 알게 된다"고 맞장구쳤다.

굿프로인트의 치명적 약점이 우유부단함이었다면, 모건의 강점은 실행력이었다. "모건은 복잡한 문제의 핵심을 정확히 파악하고, 이를 해결하기 위해 무슨 일을 해야 하는지를 결정한 다음, 결정사항을 실행에 옮기고 결과를 피드백한다. 데릭의 결단력은 타의 추종을 불허한다"고 제임스 매시 부회장은 증언한다.

버핏이 살로먼의 부회장이자 주식부문 총책임자인 스탠리 쇼프콘에게 "누가 살로먼의 미래를 이끌어야 한다고 생각하나요?"라고 물었을 때, 그는 자기 자신을 추천했다고 한다. 그러나 쇼프콘 특유의 '몰아붙이는 스타일'은 살로먼이 추구할 미래지향적 스타일과 맞지 않았다. 모건은 쇼프콘을 물러나게 하고, 상급 관리자들의 자율성을 강화하여 그들에게 손익에 관한 책임을 부여했다. 그는 살로먼의 리서치 기능을 강화하기 위해 십여 명의 애널리스트들을 새로 영업했다. 그는 주식 트레이딩 조직도 재편했는데, 그로부터 1년 후 굿프로인트의 휘하에서 활동하던 열 명의 주식 트레이더 중 단 세 명만이 살로먼에 남았다.

비핏은 살로먼의 임시회장 자리에 오른 지 몇 개월 후 주주들에게 보낸 서한에서 "내가 살로먼의 회장직을 맡은 후에 내린 가장 멋진 의사결정은 데릭 모건을 COO로 임명한 것입니다"라고 결론 지었다. 1992년 미국 정부와 살로먼의 합의절차가 마무리된 직후 버핏이 임시회장직을 사임하자, 살로먼 이사회는 모건을 살로먼 브러더스의 회장 겸 CEO로 승진시키고, 로버트 데넘 총괄고문을 살로먼 그룹의 회장 겸 CEO로 임명한다. 살로먼은 향후 5년 동안 모건과 데넘의 쌍두마차 체제로 운영되다가, 1997년 90억 달러의 돈을 받고 트래블러스 그룹에 매각된다. 그들이 사령탑에 오르는 과정은 그리 순탄치 않았지만, 모건과 데넘은 점진적 개혁을 통해 살로먼의 재무 건전성을 회복하는 데 성공한 것으로 평가된다.

새 술은 새 부대에

살로먼 내부에서는 모저의 행동을 대수롭지 않게 생각했을지 모르지만, 외부에서 볼 때 모저의 행동은 매우 심각한 도덕적 해이(모럴 해저드)였다. 어떤 면에서 보면 모저의 행동을 대수롭지 않게 보는 살로먼 내부의 분위기가 더 큰 문제였다. 살로먼의 핵심 직원이 공공연하게 재무부를 비난하고, FRB를 기만했으며, 연방법을 그것도 여러 번씩이나 노골적으로 위반했으니 말이다. 관점을 달리해 생각해 보면, 모저의 행위는 정부의 비위를 건드린 동시에 고객의 심기를 불편하게 한 것이기도 했다. 사실 미국 정부는 살로먼의 가장 큰 고객이었다. 살로먼은 기업의 채권발행을 도와주는 기업의 투자은행(IB)인 동시에, 미국 정부의 채권을 인수하여 채권시장에 유통시키는 정부의 투자은행이기도 했기 때문이다. 어느 누가 보더라도 살로먼의 최대고객을 능멸한 모저의 죄는 백 번 죽어도 마땅했다.

모든 기업은 '마음이 콩밭에 가 있는' 일부 직원에 의해 심각한 피해를 볼 위험에 노출되어 있으며, 해당 직원이 조직의 핵심적 위치에 있는 경우에는 더욱 그러하다. 따라서 대부분의 기업들은 회계시스템, 감사제도, 규정 등을 도입하여, 견물생심에 의한 직원의 부정행위를 제도적으로 차단하는 전략을 구사하고 있다. 그러나 일부 기업의 경우 작은 과실을 눈감아 주고, 편법을 용인하며, 애매모호함을 인정하는 기업문화가 자리잡고 있어, 구성원의 부정행위를 부추기는 원인으로 작용하기도 한다. 심지어 일부 CEO 들은 '법망을 교묘히 회피할 수 있는 아이디어를 내놓으라'고 직원들을 다그침으로써 그들의 부정행위를 교사하기도 한다. 많은 CEO들이 고의 또는 미필적 고의에 의해 직원들을 금지된 영역 안으로 몰아넣고 있다.

기업문화는 우리가 숨쉬는 공기와 같아서, 우리의 생명을 지탱해 줌에도 불구하고 우리는 그 존재를 전혀 눈치채지 못한다. 기업문화는 동료와 상급 관리자들의 행위를 규정하며, 역으로 그들의 행위가 기업문화를 형성하기도 한다. 1991년 살로먼의 기업문화는 어디에 내놔도 손색이 없을 정도로 잘 정비되었다. 굿프로인트가 메리웨더에게 100만 달러짜리 라이어스 포커를 제안했다는 이야기는 호랑이 담배 먹던 시절의 이야기가 되어 버렸다. 새로 입사한 직원이나 고참직원들에게 있어서, 라이어스 포커 이야기는 '무모하게 고위험만을 추구했던 옛 시절'의 기업문화를 상징하는 소재에 불과했다.

1991년의 사건이 터지기 전까지 3년 동안 살로먼이 모저에게 지급한 보너스는 1,000만 달러였다. 모저가 1990년 올린 성과 속에는 국채입찰 부정으로 인한 채권거래 증가가 포함되어 있으며, 이는 굿프로인트의 암묵적 비호 하에 이루어진 성과이다. 굿프로인트는 모저를 징계하거나 해고하지 않음으로써 그의 부정행위를 승인했다는 비난을 모면할 수 없다. 살로먼의 느슨한 기강 역시 모저의 부정행위를 조장하는 시그널로 작용했다. 2월 21일의 입찰에서 워버그의 명의를 도용했을 때, 모저는 동료 상무인 토머스 머피에게 서류를 조작하라고 사주했다. 그러나 그의 서류조작을 사전 또는 사후에 체크할 수 있는 내부감사 시스템은 존재하지 않았다.

이와 대조적으로, 새로 구성된 살로먼의 이사회는 부정행위를 저지른 직원에 대해 계약에 별도로 언급되지 않은 경우 보너스, 퇴직금, 복리후생비, 소송비용을 지급하지 않았다. 버핏, 데넘, 모건의 지휘 하에서 살로먼이 표방했던 경영방침은 다음과 같다.

- 정부기관과 긴밀히 협조하여 직원의 부적절한 행위를 밝혀냄
- 살로먼 이사회 내부에 근무기강 확립위원회를 별도로 운영함
- 버핏을 최고 근무기강 책임자(일명 '군기반장')로 임명함
- 근무기강 담당자들의 사무실을 본사에서 트레이딩 플로어로 이동시킴
- 직원 스스로 자기를 단속하는 자율적 근무기강 확립제도(self-policing)를 도입함
- 리스크 관리 대상을 정부, 금융, 영업, 환경 분야로 확대함
- 트레이딩 기능을 여러 단계로 분리하여 부적절한 행위의 발생과 은폐를 예방함
- 법무담당자로 하여금 재무부 및 FRB와 주고받은 모든 연락사항을 검토하게 함

사필귀정

1992년 후반 SEC는 존 굿프로인트에게 증권사의 회장이나 CEO로 취임하는 것을 영구적으로 금지하고, 10만 달러의 벌금을 부과했다. 토머스 스트라우스에게는 증권업에 종사할 수 있는 자격을

일시적으로 정지시키고 75,000달러의 벌금을 부과했으며, 도널드 포이어스타인에게는 아무런 징계조치를 내리지 않았다. 존 메리웨더의 경우, 모저의 부정행위를 신속하게 상부에 보고한 공로는 인정되지만, 이 사실을 정부 당국에 보고하도록 상부에 건의하지 않은 잘못이 인정되어 3개월 자격정지와 벌금 50,000달러를 부과받았다. 살로먼 최고경영진의 경우, 모저를 징계하지 않음으로써 감독의무를 심각하게 위반했다는 이유로 전원 경고조치를 받았다.

폴 모저는 1991년 2월 21일의 국채 부정입찰에 대한 조사과정에서 뉴욕 FRB에 거짓증언을 한 혐의가 인정되어 4개월 징역형을 선고받았다. 또한 증권업에 종사할 수 있는 자격을 영구적으로 박탈당함과 동시에 110만 달러의 벌금을 부과받았다. 한편 새로 출범한 살로먼은 굿프로인트에게 스톡옵션을 인정하지 않고 퇴직금 지급을 거절했다.

징부는 실로민 법인 자체에게는 형시고발 조치를 취하지 않았는데, 이는 버핏, 모건, 데넘이 함께 벌인 구명운동과 버핏의 개인적 명성 덕분이었다. 버핏은 채권 부정입찰 사건과 관련된 첫 번째 기자회견에서, 모든 질의 응답이 끝날 때까지 3시간 내내 자리를 지켜 언론과 여론으로부터 좋은 평가를 받았다. 그는 살로먼의 법률자문을 맡고 있는 로펌(워치텔 립턴)의 강력한 반대를 무릅쓰고, 로펌이 작성한 '모저 사건에 대한 법률적 대응방안'이라는 내부 보고서를 정부에 제출했다(변호인이 고객에게 제출한 보고서는 법률에 의해 비밀이 보장되므로, 정부에 제출하지 않아도 무방했다). 그는 조사가 진행되는 동안 PR 전문회사를 고용하지 않았고, 살로먼 워싱턴 사무소의 PR

업무를 중단시켰으며, 대관(對官)업무 컨설턴트를 해고하였다. 그는 채권입찰 부정과 관련이 있는 모든 인적·물적 유산(워치텔 립턴 포함)과 완전한 결별을 선언했다. 그는 다양한 사회구성원들에게 살로먼의 잘못을 솔직히 인정했다. 1991년 9월 4일 개최된 의회 청문회에서는 "우리를 이 자리에 서게 만든 행동을 저지른 것에 대해 깊은 사죄의 말씀을 드립니다. 국가는 모든 국민에게 법률과 규정의 준수를 요구할 권리가 있습니다"라고 말했다.

버핏은 살로먼의 회장으로 임명된 다음 날 SCE의 리처드 브리든 의장을 방문했다(SEC는 연방정부의 '채권입찰 부정사건 조사'를 지휘하는 기관이었다). 브리든이 '한 점 의혹 없는 철저한 조사'를 다짐하자, 버핏은 "어떤 직원이라도 조사에 협조하지 않을 경우 즉시 제게 연락을 주십시오. 20분 이내에 다른 담당자로 교체해 드리겠습니다"라고 대답했다.

미국 정부가 살로먼 법인을 징계하지 않은 것은 살로먼의 회생에 결정적인 도움이 되었다. 펀드매니저들은 범죄를 인정하거나 유죄선고를 받는 경우 증권매매가 금지되는 것이 보통이다. 만일 살로먼이 기소되거나 유죄협상(plea bargain, 피고가 유죄를 시인하는 대가로 검찰 측이 형량을 감해서 구형해 주는 협상) 절차에 들어가는 경우, 제2의 드렉셀버넘램버트 사태로 비화되지 말란 보장이 없었다. 미 법무부와 SEC는 애초에 기소나 유죄협상을 염두에 두고, 4억 달러의 벌금형을 생각하고 있었다고 한다. 그러나 조사기간 동안 버핏이 보여준 성실한 태도가 관계당국의 마음을 움직여, 연방검찰의 의견이 '빈대 잡으려다 초가삼간을 다 태울 수는 없다'는 쪽으로 급격히 기운 것으로 보인다. 살로먼의 협조사례는 정부기관의 조사를 받는 수검기관이 취해야 할 모범사례로 간주되어, 그후 연방검찰이 기업의 기소여부를 결정하는 데 참작하는 중요한 기준으로 자리잡았다.

1991년 8월 18일 오후 살로먼의 새로운 CEO로 임명된 후에 가진 기자회견에서, 버핏은 『라이어스 포커』라는 책을 읽어 봤냐는 질문을 받았다. "아주 오래 전에 읽어 봤습니다"라고 버핏이 대답하자, 기자는 다시 한 번 물었다. "책 내용이 어떻던가요?" "개인적으로, 2판이 안 나왔으면 하는 바람이 있습니다." 버핏의 바람대로 『라이어스 포커』의 2편은 그 이후로 출간되지 않았다.

워런 버핏, 로버트 데넘, 데릭 모건은 몹쓸 병에 걸려 신음하던 살로먼의 건강을 회복시켰다. 그러나 아이러니하게도, 초기의 운명적 의사결정을 통해 살로먼 개혁의 디딤돌을 놓은 장본인은 바로 굿프로인트였다. 버핏을 설득하여 살로먼에 투자하게 하고, 그를 이사로 영입하고, 그에게 수시로 조언을 구한 사람은 바로 굿프로인트였던 것이다. 버핏이 살로먼의 이사가 아니었다면, 버핏이 살로먼의 위기를 몰랐다면, 버핏이 살로먼의 최대주주가 아니었다면, 그가 살로먼의 재건을 위해 발벗고 나서지는 않았을 것이다. 조슈아 챔벌레인이 메인 2연대 출신의 항명자들을 받아들여 리틀라운드탑 전투를 승리로 이끈 것처럼, 존 굿프로인트는 워런 버핏을 영입하여 살로먼을 부도의 위기에서 구해냈다. 굿프로인트는 또한 버핏과의 빈번한 상담을 통해 '살로먼이 필요로 할 때 언제든지 개입할 수 있는 든든한 우군'을 확보해 놓았다. 그러나 굿프로인트는 병마에 신음하는 살로먼의 생명을 살렸지만, 정작 절체절명의 위기에 처한 자신의 커리어만큼은 어찌해 볼 도리가 없었다. 굿프로인트가 평소에 버핏의 말에 좀더 귀를 기울였다면, 살로먼은 물론 자신의 커리어까지도 되살릴 수 있지 않았을까?

리더에게 결정은 운명이다

8

낸시 배리 Nancy Barry, 세계여성은행을 반석에 올려놓다

낸시 배리는 세계은행의 보장된 자리를 박차고 나와 세계여성은행에 합류하여,
제3세계 빈곤퇴치 프로그램을 이끌었다.

THE
LEADERSHIP
MOMENT

"내 삶 전체가 이 일을 위한 준비과정이었다는 생각이 든다."

19 87년 낸시 M. 배리는 세계은행(IBRD)에서 차세대 리더로 손꼽히는 유망주였다. 하버드에서 MBA를 취득하고 세계은행에 발을 들여놓은 지 불과 12년 만에, 쾌속 승진을 거듭하여 세계은행에서 최고 대우를 받는 5명의 여걸 안에 들었으니 말이다. 세계은행은 UN 산하 국제 금융기관인 관계로, 배리의 하버드 동기생들이 다니는 경영 컨설팅 회사나 투자은행처럼 천문학적 연봉을 지급하지는 못했지만, 경제개발 분야에 종사하는 사람들의 세계에서 세계은행은 선망의 대상이었다. 세계은행의 연봉은 나름 후한 편이었고, 매니저 정도면 항공기의 일등석을 탈 수 있었으며, 한눈에 봐도 '중요한 일을 한다'는 티가 났기 때문에, 세계은행 직원들이 느끼는 자부심과 성취감은 대단했다.

낸시 배리의 의사결정은 두 가지 면에서 수만 명의 제3세계 빈민들에게 영향을 미칠 수 있었다. 첫째로, 그녀는 여러 군데의 대상지역 중에서 우선지원 대상을 선정해야 했기 때문에, 그녀의 선택을 받지 못한 지역은 다음 차례를 기다리는 수밖에 없었다. 둘째로, 그녀가 추진하는 프로젝트가 성공할 경우 가난한 사람들에게 숨통을 터 주어 사업을 일으키고 생계를 유지하게 할 수 있었다. 그러나 프로젝트가 실패한다면 그들은 가난의 굴레를 벗어나지 못하고 신음을 계속하는 수밖에 없었다.

배리는 프로젝트 수행을 위해 세계의 구석구석을 누비고 돌아다녔으며, 그녀가 만나는 인물들은 해당지역의 최고위급 인사들이 대부분이었다. 그러다 보니 그녀는 겨우 20대의 나이에 국가의 운명을 거머쥔 거물들과 협상을 벌여야 했다. 그녀가 만난 인물들 중에는 멕시코의 재무장관, 인도의 중앙은행 총재, 콜롬비아 공화국와 대통령 등이 있었다.

배리는 세계은행의 산업개발부서를 이끌고 있었는데, 그녀의 주요 업무는 매년 40억 달러 이상의 예산이 집행되는 대출 프로그램을 관리하는 것이었다. 그러나 그녀가 하는 일의 중요성은 그녀가 주무르는 금액의 크기에 있지 않았다. 그녀는 '가난한 사람들에게 직접 소액대출을 해줌으로써 중소기업을 육성하는 프로그램'을 관리하고 있었던 것이다. 가난한 사람들을 대상으로 한 소규모 직접대출은 현대사회의 중요한 발전동력임에도 불구하고, 그 중요성이 과소평가되어 정계나 금융계의 주목을 받지 못해 왔다.

저개발국의 중소기업 육성을 위한 소액금융(microfinance)을 선도해 온 기관은 세계은행과 방글라데시의 그라민 은행(Grameen Bank)이었다. 그라민 은행은 1979년에 문을 열면서, 42개의 가난한 농가에 30달러씩을 대출해 주었다. 농민들은 대출금을 차질 없이 상환했고 이에 힘을 얻은 그라민 은행은 사업을 계속 확대해 나가, 35,000개 마을의 저소득 여성 200만 명에게 총 10억 달러를 대출하는 야심찬 프로그램을 성사시켰다. 그 결과 97퍼센트의 차입자들이 빚을 갚았고, 빈곤선(poverty line) 밑에서 허덕이던 수십만 명의 빈민들이 빈곤선 위로 올라오는 기적이 일어났다.

세계은행 역시 배리의 적극적 건의에 따라 소액금융 사업을 추진해 왔다. 전통적으로 개발도상국가의 정부는 '경제성장을 가로막는 걸림돌'로 간주되어 왔고, 따라서 세계은행은 개발도상국 정부의 체질을 바꿔 '성장을 견인하는 기관차'로 탈바꿈시키는 데 초점을 맞추고 사업을 전개해 왔다. 그러나 경제성장에 대한 인식이 달라지면서, 세계은행은 관점을 바꾸어 수백만 호의 저소득 가계에 직접 투자하여 '성장을 추진하는 엔진'으로 삼는 쪽에도 관심을 기울이게 된 것이다. 그러나 어느덧 10년의 세월이 흐르면서, 배리는 '세계은행이 가난한 사람들의 어려움을 실질적으로 해결할 수 있는 능력을 보유하고 있는 걸까?'라는 의구심에 사로잡히는 일이 많아졌다.

1980년대 후반에 이르러 소액금융이 경제발전의 강력한 도구라는 사실이 입증됐지만, 배리의 상급자들은 오히려 10년 동안 공들여 온 소액금융으로부터 점차 발을 빼려는 움직임을 보였다. 그녀는 세계은행의 피라미드 구조에서 높은 위치를 차지하고 있었지만, 상급 관리자들은 여전히 그녀가 추구하는 비주류 발전전략에 대해 회의를 품고 있었다. 세계은행은 어느 금융기관과도 비할 수 없을 만큼 엄청난 자원을 보유하고 있었지만 모든 거대조직이 그러하듯 타성에 젖어 있었다. "대규모 수력발전 댐을 건설하고 정부의 역할을 강조하는 전통적 개발론과, 가난한 사람들에게 직접 투자하는 새로운 개발론이 공존할 수는 없는 것일까? 새장처럼 답답한 관료제의 틀 안에서, 과연 내가 원하는 것을 성취할 수 있을까? 장차 지구상에서 빈곤을 뿌리뽑기 위해서는 세계은행보다 훨씬 민첩한 조직이 필요한 것은 아닐까?" 배리의 고민은 깊어만 갔다.

1990년 초 자괴감에 빠져 있는 배리에게 세계여성은행(WWB)의 경영진이 손을 내밀었다. WWB를 창립했던 총재가 자리를 물러남에 따라, WWB의 이사진은 'WWB를 이끌고 20세기 말의 격랑을 헤쳐나갈 수 있는 유일한 인물은 배리뿐'이라는 데 의견을 모았다. 그들은 배리가 세계은행에서 15년 동안 쌓아온 노하우를 WWB에 적용해 주기를 바랐다.

배리에게 있어서 WWB의 러브콜은 거부할 수 없는 강력한 매력을 지니고 있었다. WWB는 1975년 창립된 이래, 인도, 태국, 보츠와나, 브라질에 이르기까지 세계 각국에서 수천 명의 가난한 사람들에게 자금을 대출해 왔다. 배리는 WWB의 활약상을 이미 잘 알고 있었으며, 1981년 이후 WWB의 이사로도 활동해 왔다. 배리가 WWB의 총재를 맡을 경우, 그녀가 그동안 세계은행의 전략과 능력에 대해 품어 왔던 의구심을 말끔히 해소해 줄 수 있을 것 같았다. WWB는 지금껏 가난한 사람들을 위한 소액금융에 헌신해 왔기 때문에, WWB로 자리를 옮길 경우 배리는 자신의 뜻을 마음껏 펼칠 수 있었다. 게다가 WWB는 조직이 단출하여 신속한 의사결정을 할 수 있다는 장점도 있었다.

그러나 국제개발 분야에서 차지하는 비중 면에서 볼 때, WWB의 위상은 세계은행에 비해 초라하기 이를 데 없었다. 1990년 세계은행의 연간 대출 총액은 150억 달러인데 반하여, WWB의 대

전세계 저소득층 여성들을 위해 소액금융을 지원하는 세계여성은행 총재 낸시 배리.

출 총액은 200만 달러였다. 세계은행과 WWB가 취급하는 전형적인 대출 프로젝트의 건당 규모는 각각 2억 5,000만 달러와 250달러였다. 그리고 세계은행의 직원 수는 6,000명인데 반하여, WWB의 직원 수는 전 세계에 펴져 있는 직원들을 다 합쳐 봐야 60명에 불과했다.

솔직히 말해서 배리가 세계은행을 떠나 WWB에 합류하더라도, 경제적 타격은 그다지 크지 않았다. WWB 측이 부가급여(주택보조금)를 제공함으로써 급여 감소분을 보충해 주었기 때문이다. 그러나 그녀는 사회적 위신과 권위의 추락을 감수해야 했다. 세계에서 가장 지명도 높고 영향력 있는 국제 개발기관을 떠나, 듣도 보도 못한 '구멍가게'에 미래를 맡겨야 했기 때문이다. 배리가 은행의 동료들에게 이런 사실을 털어놓자, 모두들 기가 막힌다는 듯 말문을 열지 못했다.

개발금융 전문가가 되기까지

5남매 중 장녀로 태어난 낸시 배리는, 고교시절 여름방학 때 아버지가 맨주먹으로 설립한 컨설팅 회사에서 열심히 아르바이트를 했다. 세 명의 삼촌들도 제각기 컨설팅 업체를 운영할 정도로, 아버지의 형제들 사이에는 낙관주의와 자신감에 근거한 기업가정신이 충만했다. 배리에게는 또 한 명의 삼촌이 있었는데, 그는 카톨릭 사제서품을 받아 신부가 된 인물이었다. 그는 넓은 교구를 관리하는 틈틈이 시간을 내어, LA 전역에서 활발한 사회봉사 활동을 전개했다. 배리는 이처럼 개인적 소명의식과 집단적 대의명분이 공존하는 가풍 속에서 성장했다.

아버지의 사업 성공은 배리의 가족에게 풍요를 선사했다. 1960년대 초반 배리의 가족은 멕시코의 아카풀코 해변에 있는 유원지로 휴가를 떠났다. 그러나 배리는 (왠지 본능적으로) 반짝거리는 해변이나 절벽 다이빙 따위에는 아예 관심이 가지 않았다. 그녀는 대신 근처의 빈민가를 배회했다. 부서진 집, 깨진 하수구, 주민들의 비참한 모습은 호기심 많은 10대 소녀의 마음에 지워지지 않는 흔적을 남겼다. 그 때문인지, 배리는 나중에 부모님과 함께 뉴욕을 여행했을 때도 브로드웨이의 휘황찬란함보다는 할렘가의 문화에 더욱 큰 관심을 보이게 된다.

스탠퍼드 대학 신입생 시절인 1967~1968년 배리는 본래 의사를 지망했었다. 그러나 당시의 다른 대학생들과 마찬가지로 도시 폭동, 정치적 테러, 베트남 전쟁에 관심이 끌렸던 배리는 경제학을 공부하기로 마음을 바꾼다. 학생회장이던 데이비드 해리스는 자신의 징병카드를 찢어 버림으로써 유명인사가 되었고, 많은 스탠퍼드 학생들은 강의실보다는 시위대에 참여하여 많은 것을 배우던 시절이었다. 하지만 배리는 강의를 빼먹지 않았고, 스탠퍼드의 두 비판가들(헨리 M. 르빈, 마틴 카노이)로부터 많은 것을 배운다. 그들은 "교육은 인간을 억압할 수도, 해방시킬 수도 있다. 인간이 만든 제도 역시 인간의 발전을 가로막거나 촉진할 수 있다"고 가르친다.

배리는 대학을 졸업한 후 지갑에 400달러만을 넣고 페루행 화물선에 무작정 몸을 싣는다. 화물선에는 리마(페루의 수도)에 사는 친구의 부모님께 보내는 중고 자동차부품 스무 상자가 실려 있었고, 페루에 도착하더라도 일자리를 얻는다는 보장은 없었다. 리마에 도착한 지 얼마 지나지 않아, 배리는 운 좋게도 자신이 원하던 것을 찾아냈다. 페루 경제는 때마침 발생한 지진으로 인하여 황폐화되어 있었는데, 페루 정부는 지진으로 피해를 입은 중소기업의 재기를 돕기 위해 거국적인 경제개발 프로젝트를 기획하고 있었던 것이다. 배리는 이 일에 뛰어들어, 미국 정부가 페루 정부에 제공한 4,500만 달러의 '중산층을 위한 주택건설 보조금'을 '저소득층을 위한 중소기업 지원자금'으로 전용하도록 도와준다(당시 칠레에는 중산층 자체가 존재하지 않았다). 그녀는 빈민굴 거주자들 중에 근면하지만 신용이 없어서 자립하지 못하는 사람들이 의외로 많다는 사실을 알게 되었다. 또한 아무리 계획이 좋아도 조직과 관리가 따라주지 않으면 원하는 목표를 달성할 수 없다는 것도 깨닫게 된다.

1973년 배리는 그동안 느꼈던 자신의 부족한 점을 메우기 위해 하버드 경영대학원의 MBA 프로그램(2년 과정)에 등록한다. 하버드 경영대학원의 1년차 과정이 거의 끝나갈 무렵, 매킨지앤 컴퍼니의 파트너들이 회사 홍보 및 인턴 선발을 위해 하버드를 방문한다. 매킨지는 세계 톱클라스의 컨설팅 전문회사로, 그들이 노리는 시장은 《포춘》지 선정 500대 기업, 그들이 상대하는 클라이언트는 CEO, 그들이 만드는 제품은 경영전략이다. 약 800명의 하버드 대학원생들이 매킨지의 브리핑에 참석했지만, 여름 인턴십 프로그램에 선발될 수 있는 사람은 단 두 명이었다. 배리는 400:1의 치열한 경쟁을 뚫고 인턴으로 선발되어 매킨지 런던사무소에서 일하는 행운을 거머쥐는데, 이를 계기로 하여 그녀는 매킨지가 주도하는 탄자니아 정부 컨설팅에 참여하게 된다.

1964년 탕가니카와 신생 독립국 잰지바르의 합병으로 탄생한 탄자니아는, 줄리우스 니에레레라는 카리스마 넘치는 지도자에 의해 영도되고 있었다. 니에레레는 동시대의 아프리카 지도자들과 달리, 경제발전에 대한 비전과 실용주의적 태도를 겸비한 인물이었다. 니에레레는 탄자니아의 국가적 토대를 구축하기 위해, 매킨지에 의뢰하여 미래의 청사진을 작성하게 한다. 매킨지는 공익을 위해 일부 서비스를 무료로 제공했지만, 매킨지의 세계적 명성에 금이 가지 않도록 최선을 다했다. 또 서비스 계약의 범위가 워낙 광범위했기 때문에, 탄자니아 정부는 무료 서비스 부분을 감안하더라도 상당한 수준의 자문료를 지불해야 했다. 스물네 살의 배리는 매킨지의 정식멤버 자격으로 개발사(development history) 작성팀에 배치되어, 24시간 동안 오로지 일에만 매달렸다.

탄자니아에서 하버드로 돌아와 MBA 2년차 과정을 수강하던 배리는, 뜻한 바 있어 기업 컨설팅보다는 개발도상국의 개발을 지원하는 쪽으로 진로를 정하기로 결심한다. 매킨지가 기업 컨설팅 분

리더에게 결정은 운명이다

야의 최고봉이라면 개발 분야의 최고봉은 세계은행이기 때문에, 배리는 세계은행이 운영하는 청년 전문가 프로그램(Young Professional Program)에 지원했다. 청년 전문가 프로그램은 전도유망한 관리자를 양성하는 속성과정으로, 매년 8,000명의 지원자를 받아 8명만을 선발한다. 배리는 다시금 1,000:1의 경쟁을 뚫고 8명 안에 드는 데 성공한다. 세계은행에서 하는 일은 분석, 문제해결, 공익적 사고를 복합적으로 요구하는 것이라, 배리의 눈에는 매우 이상적으로 보였다.

1976년 세계은행에 입행한 배리는 저소득층의 소규모 창업을 지원하는 업무를 맡고 싶었다. 그러나 세계은행에는 그러한 프로그램이 아예 존재하지 않았다. 그녀는 포기하지 않고, 자신을 인도로 파견하여 창업지원 프로그램을 연구하게 해달라고 회사를 설득했다. 인도로 날아간 배리는 캘커타의 맨홀 뚜껑 제조회사로부터 카시미르의 카페트 생산공장까지 샅샅이 훑어, 소규모 창업시원 프로그램을 만들어냈다. 그녀는 곧이어 아프리카와 라틴 아메리카에서도 똑 같은 일을 해냈다.

배리는 라틴 아메리카의 공공부문을 관리하는 부서의 책임자로 승진한 후, 1987년에는 산업 개발을 담당하는 부서의 책임자로 승진한다. 그녀는 세계 여러 나라에 대규모 대출을 주선하고 네고하는 과정에서 수십 명의 재무장관 및 중앙은행 임원들과 개인적 유대관계를 맺게 된다. 그리고 그녀는 세계은행 내부에 결성된 대부분의 주요 태스크팀에 최연소로 선발되는 기염을 토한다. 그녀의 솔직하고 활기찬 성격은 '계산된 위험과 가시적 결과를 추구하는 본능'과 맞아떨어져, 그녀를 은행의 핵심인물 중에서도 단연 두드러지는 존재로 부각되게 만든다.

배리는 곧 세계은행의 산업, 무역, 재무정책을 작성하는 대열의
선봉에 서기 시작한다. '세계은행은 기존의 프로젝트 전략을 재검
토하고 개선해야 한다'는 신념으로 똘똘 뭉친 그녀는 25명의 전문
가로 구성된 팀을 이끌고 세계은행의 전략을 분석한 결과, 세계은
행이 지금껏 추구해 온 개발도상국 정부의 구조조정 정책이 기대
했던 만큼의 성장률을 이끌어내지 못했다는 결론을 내린다. 더욱
이 기존의 프로그램 하에서 개발도상국의 대기업들은 세계은행의
대출금을 제때 상환하지 못하고 있으며, 공공부문의 경우 세계은
행으로부터 빌린 돈의 절반밖에 갚지 못하고 있다는 사실을 발견
한다.

배리의 비판을 받은 프로그램의 관리 책임자들은 그녀의 비판
에 대해 맹렬히 반발했다. 조직에서 어느 정도의 자기방어나 영역
다툼은 있을 수 있는 일이므로, 배리는 그 자체에 대해 불만은 없
었다. 그러나 그녀는 편협한 이해관계가 세계은행의 존립 근거를
훼손하는 데 우려를 금할 수 없었다. 그녀의 상식에 의하면, 제대
로 된 사람이라면 국민의 복지에 최우선권을 두고, 그 다음 순서가
은행이며, 개인의 이익은 맨 나중으로 미루는 것이 도리였다. 그
러나 세계은행의 관리자들 중 상당수는 이와 정반대 순서의 우선
순위를 갖고 있었다.

세계은행의 사명은 개발도상국의 경제발전과 자유무역을 통해
전세계인 특히, 저소득층의 삶의 질을 개선하는 것이었다. 이러한
사명은 (적어도 서류상으로는) 배리의 개인적 목표와 완전히 일치했다.
"개인의 목표와 조직의 목표가 완전히 합치되는 경우, 개인은 담

대해지고 보다 큰 것을 생각할 수 있으며 자신의 능력을 초월하는 힘을 발휘할 수 있다. 그러나 조직의 목표가 관료주의적 내분(부서 이기주의)에 의해 침식될 경우, 구성원의 에너지는 헛되이 소모되고 만다. 당시 세계은행의 상황은 후자의 경우에 속했다"라고 배리는 회고했다. 1987년 어느 날 WWB의 관계자가 배리에게 "세계은행을 떠날 의향이 없나요?"라고 물었을 때, 그녀의 마음은 이미 세계은행을 떠나 있었다. WWB가 배리를 스카우트하기로 결정한 이상, 이보다 더 적절한 타이밍을 포착하는 것은 불가능했다.

소액금융의 등장

세계은행을 비롯한 기타 국제기관들은 오랫동안 수백만 달러가 소요되는 개발도상국의 개발 프로젝트에 금융지원을 해 왔다. 이 개발금융 프로젝트의 최종 수혜자는 형편이 어려운 사람들이었지만, 프로젝트의 집행자는 국제기관의 본사에 근무하는 직원들이었다. 그들은 프로젝트의 실행과 관련된 모든 핵심적인 일(투자의 타당성 평가, 지원대상 선정 등)을 도맡아 처리했다.

세계여성은행(WWB)의 존립 근거라고 할 수 있는 소액금융은 이러한 개발금융 프로젝트의 패러다임을 뒤집는 신선한 시도였다. 소액금융의 대전제는 "발전을 추진하는 궁극적 원동력은 풀뿌리 이니셔티브(grassroots initiative)"라는 것이다. 즉, 중소기업은 무(無)에서 부(富)를 창출하기 때문에, 수백만 개의 중소기업에게 동시에 소액자금을 공급할 경우 엄청난 부를 창출할 수 있다는 것이다. 다시 말해서, 철도와 금융산업이 미국의 경제발전을 촉진하기는 하지만, 경제 자체를 일으키는 주체는 빌 게이츠, 샘 월튼(월마트의 창시자)을 비롯한 수천 명의 기업가들이다. 기업가들은 새로운 가치를 창출하기 때문에, 이들이 뭉치면 '정부의 구조조정'이나 '인프라 건설 프로젝트'를 합친 것보다 더 많은 경제성장을 이룰 수 있다. 따라서 기업가의 이니셔티브를 자극하는 방법을 터득한 경제는 활기를 띠며, 그러지 못한 경제는 침체하게 된다.

리
더
에
게
결
정
은
운
명
이
다

중소기업을 경영하는 기업가들에게 있어서, 가장 큰 장벽은 '창의적 아이디어'도 '에너지'도 아니며 오직 '돈'이다. 돈이 있어야 원재료를 구입하고, 돈이 있어야 종업원에게 월급을 줄 수 있다. 결국 '돈'은 '돈'을 수확하기 위한 '비료'인 셈이다. 전통적인 은행들은 규모가 너무 작고 위험하다는 이유로 소규모 창업자들을 상대하지 않았다. 소액금융은 소규모 창업자들을 한데 모아 커다란 차입자 그룹(borrowing groups)을 형성함으로써, '소규모'와 '고위험'이라는 두 개의 장벽을 모두 회피할 수 있게 해 준다. 소규모 창업자들이 하나로 뭉치면 대출금의 규모가 커지고 위험이 줄어들기 때문이다.

소액금융을 세계 최초로 실시한 곳은 방글라데시의 그라민 은행이다. 이 은행의 창립자로서 지난 20년 이상 은행을 이끌어 온 무하마드 유누스는 소액금융의 근간이 되는 많은 기본개념들을 만들어 냈다. 그가 만든 개념들은 오늘날 소액금융의 기본모델로 자리잡았으며, 현재 수십 개 나라에서 수백 개의 금융기관들이 소액금융을 전문으로 취급하고 있다. 볼리비아의 방코 솔리다리오(일명 방코솔)는 그러한 금융기관 중의 하나다. 볼리비아의 다른 은행들은 대출 고객의 4분의 3이 10만 달러 이상의 고액대출자인 데 반해, 방코솔은 1인당 대출 규모가 이보다 훨씬 작은 것은 물론, 대출이자도 훨씬 저렴하다. 이처럼 저리(低利)의 소액 대출이 가능한 것은, 3명 이상의 고객들을 하나로 묶어 자금을 대출해 주기 때문이다(단, 이들은 대출금의 상환에 공동으로 책임을 지고, 은행이 실시하는 자금관리 교육을 받겠다는 서약서에 서명해야 한다). 방코솔의 대출 전략은 큰 성공을 거둔 것으로 평가된다. 방코솔의 전체 대출 고객 중 원리금 상환이 30일 이상 연체된 고객의 비율은 0.04퍼센트인데, 이는 볼리비아 전체 은행 평균의 100분의 1에 불과한 수준이다. 이에 따라 방코솔은 규모와 수익성 부문에서 타은행의 추종을 불허하고 있다. 방글라데시와 볼리비아에서 성공한 소액금융이 다른 나라에서도 성공하지 못할 이유가 없다. 그러나 소액금융의 갈 길은 아직 멀다. 1990년대에 UN이 발표한 추정자료에 의하면, 전세계적으로 하위 20퍼센트에 속하는 저소득층이 은행대출에서 점하는 비중은 0.2퍼센트에 불과하다고 한다.

세계여성은행(WWB)의 등장

WWB는 1975년 UN이 개최한 제 1차 세계 여성회의(World Conference on Women)에서 잉태되었다. 멕시코시티에서 개최된 이 회의에서, 세계 각국에서 모인 여성대표 열 명은 '세계의 가난한 여성들을 돕기 위한 조직을 만들어, 여성 전문가들에게 운영을 맡기자'는 기본원칙에 합의했다. 그로부터 4년 후, 여성 대표들은 네덜란드에 '세계여성은행'이라는 비영리조직을 설립하여 자신들의 구상을 실행에 옮겼다. WWB의 목표는 저소득층 여성의 금융, 정

보, 시장에 대한 접근성을 향상시킴으로써, 그들의 권익과 사회참
여 기회를 확대시키는 것이었다.

전통적 개발주의자들이 제창한 '복지'라는 개념은 '가난한 여
성'을 '사회보장제도의 수동적 수혜자'로 간주하였다. 그러나
WWB는 기존의 복지 개념을 탈피하여, 가난한 여성을 '인권을 가
진 하나의 능동적 경제 주체'로 간주하였다. WWB는 기존의 '외부
에서 주어진 상명하달식 개발 프로젝트'를 거부하고, '지역의 수
요를 감안한 자율적 개발 프로젝트'를 지향했다. 한편 WWB는 가
난한 여성들의 상호책임과 수평적 학습을 강조했다. WWB의 초
대 총재인 미켈라 월시는 개발이나 복지를 전공한 전문가가 아니
라, 투자은행가(investment banker) 출신이었다. 그녀는 거액의 연봉
을 제시하는 월가의 금융기관들을 마다하고 새로 출범하는 WWB
에 합류한 인물이었다.

WWB가 낸시 배리에게 총재 자리를 제의할 때쯤이면, 멕시코
회의가 개최된 지도 15년이 흘러, WWB도 나름의 세계적 네트워
크를 형성하게 된다. WWB는 5개 대륙, 35개 나라에 걸쳐 다양한
기관들과 제휴관계를 맺고 있었다. 예컨대 남아프리카의 여성개
발은행, 네팔의 여성기업가협회, 에콰도르의 에콰도르 여성조합
등이 그런 기관들이었는데, 이들은 독자적인 이사회, 직원, 정책
을 보유하면서 WWB와 제휴하여 소액금융을 취급하였다.

WWB의 가맹기관들은 수천 건의 소액 대출을 제공하거나 보증
해 줬는데, 일반 상업은행 뺨치는 실적을 올리고 있었다. 대부분
의 차입자들은 담보로 잡힐 만한 값진 물건을 갖고 있지 않았기 때
문에, 개인 장신구를 담보로 내놓는 경우가 종종 있었다. WWB의

가맹기관들은 이웃에 사는 차입자들을 하나의 그룹으로 묶어 서로 보증을 서게 하는 경우도 있었는데, 이는 채무불이행을 막는 가장 확실한 방법이었다. 왜냐하면 차입자 그룹 중 한 명의 사업이 어려울 경우, 다른 멤버가 은행에 찾아와 그 정보를 알려 주기 때문이었다. 연대보증은 부실채권을 회수하는 강력한 방법이기도 했다. 연대보증을 선 사람들은 자신들의 신용도를 유지하기 위해, 파산한 다른 멤버의 채무를 대신 떠안을 수밖에 없었기 때문이다.

WWB의 가맹기관들은 대출금을 감면해 주지는 않았다. 왜냐하면 그들은 비영리기관이기는 하지만 자선단체는 아니었기 때문이다. 그들의 금리는 파격적으로 낮은 수준은 아니었으며, 은행의 우대금리보다는 높고 사채금리보다는 훨씬 낮았다(일부 사채업자들은 하루에 10퍼센트의 이자를 요구하는 경우도 있었다). 그들의 금리는 (적자가 나면 안 되므로) 비용을 커버할 정도의 수준으로 책정되었기 때문에, 가난한 사람들에게 충분한 메리트가 있었다. 가난한 사람들이 이용하지 않을 경우 소액 대출은 존립 근기가 사라지기 때문에, 가난한 사람들의 관심을 끈다는 것은 매우 중요한 실질적 문제였다.

전통적 은행은 대기업에게 10만 달러를 대출하기 전에 까다로운 신용조사를 실시하는 것이 상례였다. 그러나 WWB는 영세업자에게 100달러를 대출할 때 별도의 신용조사를 하지 않았다. 대출 신청자가 이미 사업체를 운영하고 있다면 설사 그 규모가 너무 작아 존재감이 거의 없다 해도 대환영이었다. 간혹 대출 신청자가 스스로 "하찮은 물건을 만들어 겨우 수지나 맞추는 정도인데……"라고 하며, 자신의 사업을 '사업'이라고 부르기를 민망해 하는 경우도 있었다. 하지만 WWB는 그 신청자가 일정 기간 동안

낸시 배리 · 세계여성은행을 반석에 올려놓다

사업을 영위했다면 자수성가한 것으로 인정하고, '좀더 훈련을 받고 신용을 쌓으면 더 잘할 수 있다'고 판단했다.

WWB 가맹기관들은 신용도가 높은 차입자들을 사전에 심사하는 능력을 갖고 있지 않았지만, 반복적 위험 재평가를 통해 이러한 단점을 벌충하고도 남았다. 이를 보다 구체적으로 설명하면 다음과 같다. WWB는 '분할상환제도'와 '단기대출'이라는 두 가지 방법을 통해 지급불능 상황이 발생하는 것을 미연에 방지할 수 있었다. 그러나 이러한 대출방식은 대출 규모가 작고 기간이 짧아 여성이 자립하기에는 불충분했기 때문에, 첫 번째 대출을 받아 나름 성공을 거둔 여성들은 WWB를 다시 찾을 수밖에 없었다. 이처럼 소액대출 거래가 반복되면 WWB와 차입자와의 유대관계가 강화되어, WWB는 차입자의 지불능력을 손쉽게 평가할 수 있게 되는 법이다. 이에 따라 WWB는 우수한 사전심사 능력을 갖추지 않고서도 일급 상업은행 수준의 대손율(3퍼센트 미만)을 유지할 수 있었다 (일반 상업은행들은 한 번의 신용조사를 통해 큰 금액을 한 번에 대출하는 방식을 취했기 때문에, 대출금을 떼일 위험이 높았다). '소액을 반복적으로 대출하는 방식'의 효과는 대단했다. 그라민 은행의 대출자들을 대상으로 실시된 한 조사에 의하면, 소액금융의 혜택을 받은 저소득층 중 46퍼센트가 빈곤에서 벗어난 데 반하여, 그렇지 않은 저소득층 중에서는 4퍼센트만이 빈곤을 탈출한 것으로 나타났다. 또한 그라민 은행이 입점한 마을의 임금 수준은 다른 마을보다 높은 것으로 밝혀졌는데, 이는 '소액금융은 개인뿐만 아니라 마을 전체의 부를 증가시킨다'는 가설을 입증하는 좋은 사례라 할 수 있다.

WWB의 가맹기관들은 제한된 자본을 갖고서 어렵사리 소액금융의 포트폴리오를 유지했지만, 필요하다면 '대출 브로커'의 역할도 마다하지 않았다. 기존의 은행들은 30만 달러짜리 대출은 쉽게 하면서도, 1,000명의 사람들에게 300달러씩 대출하는 것은 망설인다. "대부분의 상업은행들은 정장 차림의 여성을 보면 신용등급과 무관하게 흑색, 갈색, 황색 피부의 여성보다 신용이 우수하다고 생각하는 경향이 있다"고 배리는 비판한다. 지역의 은행들이 가난한 여성들을 고객으로 생각하지 않거나 인력이 부족하다는 이유로 소액금융을 취급하지 않는 지역에서, WWB는 '대출 브로커'의 역할을 자임했다. WWB는 지역은행으로부터 자신의 명의로 30만 달러를 대출받아, 이것을 1,000조각으로 쪼개어 단돈 300달러가 아쉬운 1,000명의 고객들에게 대출한 것이다. 이렇게 함으로써 상업은행들은 남루한 옷을 입은 1,000명의 여성들이 객장에서 서성이는 모습을 보지 않으면서, WWB가 대신 받아 주는 이자를 꼬박꼬박 챙길 수 있었다.

소액금융의 액수는 작게는 50달러에서부터 크게는 10만 달러 (태국 낙농협동조합의 경우)까지 다양했지만, 대부분 500달러 정도였다. 한 감비아인의 경우 치약 한 박스를 사서 지나가는 관광객들에게 (비싼 값에) 한 숟갈씩 나눠 팔기 위해 50달러를 대출받았다.

소액금융을 이용하여 가난에서 벗어난 가나 여성 두 명의 사례 역시 소개한다. 첫 번째 여성의 이름은 리조이스 그렛 데쿠쿠인데, 밀랍 염색된 직물을 소량 만들어 생계를 꾸려나갈 생각이었다. 그러나 지역의 은행들이 그녀가 만든 직물의 상품성을 인정해 주지 않는 바람에, 재료값을 조달할 길이 막막했다. 하는 수 없이 비싼 이자를 쳐 주고 재료 공급상으로부터 재료를 외상구입하려

세계여성은행의 고객인 재닛 코나두(아프리카 가나).

는 순간, 지인의 소개로 WWB를 알게 되었다. WWB는 두 번의 소
액금융과 한 번의 자금관리교육을 통해 그녀를 자립시키는 데 성
공했다.

두 번째 여성의 이름은 재닛 코나두였다. 그녀는 몇 년 동안 화
물차 휴게소에서 계란을 팔아 왔는데, 마진이 너무 빠듯해서 재고
를 넉넉히 쌓아 둘 여력이 없었다. 지역의 대부업자들은 단기간에
100퍼센트 이상의 이자를 요구했다. 그러나 WWB는 그녀에게 낮
은 금리로 돈을 빌려줬고, 그녀는 이 자금을 이용하여 선반 가득히
계란을 쌓아 둘 수 있었다. 선반을 가득 메운 계란을 보고 고객들

이 몰려들었고, 1년도 채 지나지 않아 매출이 3분의 2나 늘었다. 그녀는 계란을 팔아 번 돈으로 아담한 집 한 채를 장만하여, 남편, 일곱 명의 아이들과 함께 행복하게 살고 있다.

WWB의 구심점, 뉴욕 사무소

WWB의 뉴욕 사무소는 전세계의 WWB 가맹기관망을 연결하는 구심점으로, 서비스센터와 커뮤니케이션 허브의 기능을 수행하는 동시에, 소액금융 프로그램의 촉매 역할도 담당한다. 낸시 배리는 WWB 뉴욕 사무소에 마련된 총재실에서, 전세계에 퍼져 있는 1,000명 이상의 가맹기관 스탭들을 물심양면으로 지원했다. 그녀는 (포드재단으로부터 시작하여 네덜란드 정부에 이르기까지) 다양한 기부자들로부터 자금을 지원받아 가맹기관들에게 공급했다. 그녀는 가맹기관의 관리자들을 위해 2주간의 교육 프로그램을 마련하여, 재무제표 보는 법과 대출 포트폴리오 관리법을 길렀다. 그녀는 다양한 가맹기관 관리자들 간의 만남을 주선하여, 상호간에 경험과 지식을 공유하도록 배려했다. 케냐와 우간다의 가맹기관 관계자들이 만나, 1주일 동안 서로 조언하고 부족한 점을 채워 주는 시간을 가진 것은 그 대표적 사례였다.

여느 프랜차이즈 시스템과 마찬가지로, WWB의 가맹기관이 되려면 까다로운 자격조건을 갖추어야 한다. 모든 기관은 뉴욕 사무소 이외의 다른 경로를 통해서는 WWB에 가입할 수 없으며, 2만 달러 이상의 자본금이 필요하다. 가난한 여성들을 위해 소액금융을 취급해야 하며, 사업계획서를 제출해야 한다. 일단 WWB의 가맹기관이 된 후에라도 가입조건에 위배되는 사유가 발생한 기관들은, 뉴욕에서 지원받은 자금을 반납하고 WWB를 떠나야 한다. 이에 따라 배리가 총재로 있었던 7년 동안 자격 미달로 프랜차이즈 계약이 해지된 가맹기관은 무려 13개에 달했다(참고로, 배리가 총재로 부임하기 전에는 10년 동안 4개의 가맹기관이 WWB를 떠났다).

WWB 가맹기관들은 뉴욕 사무소의 지원사격 하에, 지역사회의 은행들에게 빈곤층 여성들에 대한 예우를 개선해 달라고 압력을 가했다. 예컨대 케냐의 가맹기관은 바클레이즈 은행 케냐 지사에 압력을 넣어, 여성이 대출을 받을 때 남편의 서명을 요구하는 규정을 폐지하게 했다. 도미니카 공화국의 가맹기관은 중소기업을 경영하는 여성들에게 신용카드를 발행해 주도록 지역사회의 은행들에게 압력을 가했다. 이로 인하여 도미니카 공화국의 여성들은 원재료를 구입할 때 신용카드를 사용하는 등, 소액금융으로 대출받은 금액을 보다 편리하게 사용할 수 있게 되었다. 인도의 가맹기관은 지역사회 은행의 대출 담당자들에게 가난한 여성들을 응대하는 방법을 교육시켰다. 콜롬비아의 가맹기관은 지역사회의 은행들을 설득하여, WWB가 정식 은행으로 인정받고 은행간 대출금리를 적용받도록 하는 데 큰 공을 세웠다(은행간 대출금리를 적용받으면, 보다 저렴한 비용으로 자금을 조달할 수 있다).

WWB가 제창하는 소액금융 아젠다의 근저에는 단순한 대출제도를 뛰어넘는 고도의 개발 전략이 깔려 있다. 남성의 소득은 40퍼센트만이 자녀의 교육과 건강에 투자되는 데 반해, 여성의 소득은 90퍼센트 이상이 자녀의 교육과 건강에 투자된다고 한다. 여성의 손에 보다 많은 가처분소득이 쥐어지면, 그 돈은 보다 똑똑하고

전세계의 WWB 가맹기관을 이끌어 가는 리더들이 한자리에 모였다(1994년 멕시코시티).

건강한 2세를 양육하는 데 투자되어, 보다 우수하고 건강한 미래의 노동력을 탄생시키는 밑거름이 된다. "우리가 소액금융을 실시하는 목적은 단지 가난한 여성의 생계를 돕기 위한 것이 아니다. 우리의 목표는 그녀들은 물론 그녀들의 자녀들까지도 모두 빈곤에서 해방시키는 것이다"라고 배리는 말한다.

조직과 개인의 궁합

낸시 배리는 젊은 시절 탄자니아, 페루, 아카풀코 등지를 둘러보는 동안 '잘못된 것을 바로잡는 일'에 관심을 갖게 되었다. 그리고 세계은행에서 근무하면서 잘못된 것을 바로잡는 구체적인 방법이 무엇인지를 알게 되었다. 그것은 바로 소액금융이었다. 뿐만 아니라 "수백만 명의 저소득층 여성들도 '자원'만 주어진다면 자신의 빈곤 문제를 스스로 해결할 수 있다"고 확신했다. 1980년대 후반, 마침내 배리는 세계은행에서 그러한 '자원'을 마음껏 주무를 수 있는 위치에 오르게 되었다. 세계은행의 거대한 인재풀과 150억 달러의 예산을 적절히 움직일 수만 있다면, 그녀가 품어 왔던 이상을 충분히 실현할 수 있을 것으로 보였다.

그러나 세계은행이 전세계에서 빈곤을 추방하는 사업에 전념하고 있기는 하지만, 세계은행의 상명하달식 조직구조와 경직된 사고방식은 빈곤층에게 효과적인 도움을 주기에 적합하지 않았다. 그녀는 "인류의 미래를 이끌어갈 조직은 크고, 강하고, 경직된 구조물이 아니다. 인류의 미래를 이끌어갈 조직은 유연하고, 반응성이 뛰어나고, 끊임없이 학습하는 조직이어야 한다. 이러한 비전에 가장 적합한 조직 모델은 중소기업이다"라고 생각하게 되었다.

WWB 뉴욕 사무소는 규모가 작았기 때문에, 실제로 '작게' 움직였다. 세계은행에 근무하던 시절의 배리는 25명의 전문가들을 휘하에 거느렸으며, 이들 전문가들은 각각 수십억 달러의 투자금액을 관리하는 일을 맡았다. 그러나 WWB에서 그녀의 지휘를 받는 직원들은 4명뿐이며, 그들이 관리하는 금액은 다 합쳐 봐야 수백만 달러에 불과했다. "나는 WWB의 관계자를 통해 뉴욕 사무소에는 직원이 별로 많지 않다는 사실을 이미 알고 있었다. 뉴욕 사무소에 출근하기 전날, 혹시 하루 종일 파리만 날리다 퇴근하는 것이 아닌지 걱정하며 날밤을 세웠다"고 배리는 실토했다. 다행히 WWB는 이미 600만 달러의 기금을 축적한 만만치 않은 금융기관이었기 때문에 파리를 날리는 불상사는 일어나지 않았다. 그러나 600만 달러의 금액을 갖고서 전세계의 가맹기관들에게 실탄을 공급하고 모든 관리비용을 충당한다는 것은 여간 힘든 일이 아니었다. 사실 세계은행에 있을 때만 해도 배리는 은행 측으로부터 든든한 행정적 지원을 받았기 때문에 업무에만 집중하면 되었다. 그러나 WWB에서는 볼펜 한 자루조차 제때 공급되는 경우가 드물었다. 하지만 배리는 모든 악조건을 무릅쓰고 오직 일에만 전념했다. 한번은 자리를 자주 비우는 직원에게 "직장 일이 우선이에요"이라고 말했다가, "인생을 즐길 줄 아셔야죠"라는 핀잔을 들어야 했다. WWB에서 일하면서 가장 황당했던 일은, 세계은행에서 다루던 숫자보다 '0'이 무려 여섯 개나 적은 숫자를 다뤄야 한다는 것이었다.

WWB가 중점사업으로 추진하고 있는 소액금융은 배리의 세계관과 맞아떨어졌다. WWB의 조직 역시 그녀가 마음속에 품고 있는 이상적 조직구조와 거의 일치했다. 세계은행은 배리가 15년 동안 몸담는 동안 소액 차입자를 위한 대출 프로그램을 0달러에서 33억 달러로 늘렸다. 그러나 배리는 그러한 프로그램이 세계은행의 규모와 구조에 의해 손상되는 것을 항상 안타까워했다. "소액금융의 성공은 올바른 관계(right kind of relationship), 수평적 학습(lateral learning), 결과에 대한 상호책임(mutual accountability for result)과 같은 세 가지 요소가 보장될 때 가능한데, 세계은행과 같은 대규모 조직으로는 이러한 요소들을 이끌어낼 수 없다"고 그녀는 믿었다. 대출 프로그램에 대한 중앙집권적 통제가 문제였으며, 이 문제를 해결할 방법은 분권적 의사결정밖에 없었다. 그녀는 "대출 대상자를 선정하는 권한은 (고객과 밀접한 관계를 맺고 있는) 지역의 담당자에게 맡기는 것이 옳다"고 생각했다. "지역의 담당자는 해당지역의 금융 사정과 사업환경에 정통하고, 고객의 사정을 속속들이 잘 알고 있기 때문에, 가난한 여성기업가들의 자립을 위해 필요한 모든 것을 결정할 수 있다"고 그녀는 주장했다. 그녀가 말하는 '모든 것'에는 대출은 물론, 저축, 직업훈련, 거래선 소개 등이 포함되었는데, "여성이 단순한 생계유지의 차원을 넘어 어엿한 사업자로 발전하기 위해서는 이 모든 것들이 패키지로 제공되어야 한다"고 그녀는 생각했다.

배리는 '변화'와 '안정' 중에서 하나를 택해야 하는 기로에 서 있었다. 세계은행에서 오랫동안 근무하면서 일신의 안일과 영달에 만족하는 자신의 모습을 보며, 그녀는 뭔가 변화가 필요하다고 생각했다. "그동안 내가 동료들 앞에서 말로만 주장해 왔던 것을 실제 행동으로 보여줘야 했다. 내가 40의 나이에 이 일을 하지 않으면, 앞으로 영영 하지 못하게 될지도 모른다고 생각했다"고 그녀는 회고했다. 그녀가 세계은행을 떠나겠다고 하자 한 동료가 물었다. "그렇게 좋은 경력을 쌓아 놓고 떠나려고 하는 이유가 뭐지?" 다른 동료는 그녀의 결정을 '미친 짓'이라고까지 폄하했다. 그러나 배리의 결정을 반기는 동료도 있었다. "WWB가 대세야. 세계은행은 한물갔어." 결정적으로 배리의 힘이 되어 준 사람은 그녀의 아버지였다. 그 자신이 자수성가한 기업가였던 아버지는 그녀의 결정을 존중해 줬고, 배리는 마침내 본인이 진정으로 원하는 직업을 가질 수 있게 되었다.

그러나 곰곰이 생각해 보면 배리와 WWB의 관계는 일방적인 관계가 아니었다. 배리가 자신의 이상을 추구하기 위해 WWB를 필요로 했던 것처럼, WWB 역시 조직의 역량을 강화하기 위해 배리를 필요로 했던 것이다. 먼저, WWB는 '수백만 명의 가난한 여성들을 섬긴다'는 사명을 완수하기 위해 덩치를 키워야 했는데, 덩치를 키우는 과정에서 나타나기 마련인 조직 비대화의 문제점을 해결할 전문가가 필요했다. 배리는 세계은행에서 자신이 추진했던 분권화와 권한이양의 경험을 이용하여 WWB의 문제를 해결할 수 있었다. 그뿐만이 아니었다. WWB의 세(勢)를 불리기 위해서는 많은 기존의 금융기관들을 동맹군으로 편입해야 했는데, 개발금융 전문가로서 배리가 쌓은 인맥과 명성은 WWB의 세를 불리는 데 큰 보탬이 될 수 있었다. 이처럼 WWB는 WWB대로 배리의 개인적·조직적 역량을 모두 필요로 하고 있었으니, WWB와 배리는 찰떡궁합인 셈이었다.

이처럼 낸시 배리와 WWB는 서로가 서로를 필요로 하는 관계였지만, 배리에게 있어서 안정된 직장을 버린다는 것은 위험부담이 커 보였다. 미국의 기업사를 되돌아보면, 배리처럼 '적절한 시기에' '적절한 이유 때문에' 직장을 옮겨 '대박'을 터뜨린 사례를 종종 찾아볼 수 있다. 그러나 그러한 성공사례에 못지않게, 때를 잘못 맞춰 '쪽박'을 찬 사례도 부지기수라는 점을 간과해서는 안 된다.

1996년 AT&T의 2인자였던 알렉스 맨들은 미국 최대의 통신사인 AT&T를 떠나 신생기업인 어소시에이티드 커뮤니케이션(나중에 텔리전트 코퍼레이션으로 이름을 바꿈)으로 자리를 옮긴다고 하여 세상을 놀라게 한다. 어소시에이티드는 중소기업을 대상으로 한 통신 서비스 업체였기 때문에, 많은 사람들은 그가 AT&T의 넘버투로서 누렸던 지위, 명예, 전용비행기 등을 마다하고 고생길로 접어드는 것을 의아한 눈으로 바라보았다. 그러나 오늘날 맨들은 자신의 선택에 대해 이렇게 말한다. "나는 내가 회사에서 하고 있는 일을 '일'이라고 생각하지 않는다. 그건 '일'이 아니라, 나 자신이다. 내 인생 자체인 동시에 나의 미래이기도 한 것이다. 회사의 미래를 전망하고 결정하는 데 몰입하다 보면, 내가 일인지 일이 나인지 전혀 구별할 수가 없다."

이와 대조적으로, 마이클 A. 마일스는 KGF(크라프트 제너럴 푸드)를 경유하여 1991년에 필립모리스 컴퍼니의 CEO 자리에 올랐다. 그러나 말보로 담배는 필립모리스의 주력상품인 동시에 골칫덩어리여서, 의회 및 시민단체의 압력과 각종 소송에 시달려야 했다. 1994년 마일스는 담뱃값 결정, 의회 로비, 회사 구조조정에 대한 의사결정을 둘러싸고 이사진 및 투자자들과 불화를 겪게 된다. 마일스가 식품업종의 라인을 타고 필립모리스의 정상에까지 오른 과정은 화려했지만, 그가 정상에 오른 시기의 기업환경은 그에게 이제까지와는 질적으로 다른 새로운 경영전략을 요구했다(예를 들면, 필립모리스는 날로 거세지는 담배에 대한 사회적 공격에 반격을 가할 뱃심 있는 경영자를 필요로 했다). 결국 3년 동안의 헛발질 끝에 마일스는 제프리 C. 바이블에게 자리를 넘기는데, 바이블은 애연가로서 산전수전 다 겪은 담배업계의 베테랑이었다.

조직에 영구기관을 장착하라

WWB는 소액금융이라는 수단을 이용하여, 빈곤여성들에게 빈곤 탈출을 가로막는 모든 난관을 극복하게 해 주었다. 자본 부족, 능력 부족, 기술 부족 등 그 어떤 요인도 그녀들의 빈곤을 영속화할 수는 없었다. 어떻게 이런 일이 가능했을까? 그것은 소액금융이 가진 영구기관(perpetual-motion machine)적 성격 때문이었다(영구기관이란 외부에서 시동만 한 번 걸어 주면 영원히 멈추지 않고 돌아가는 기관을 말한다). 소액금융은 대출자(WWB)와 차입자(빈곤여성)의 이익을 조화시켜 가면서 WWB를 영원히 존속·발전시키는 원동력(영구기관)으로 자용했다.

먼저 WWB의 입장에서 생각해 보자. WWB는 막연히 빈곤여성들을 성원한 것이 아니라, 그녀들이 성공해야만 자기에게도 이익이 되기 때문에 빈곤여성들을 성원한 것이다. 즉, 그녀들이 성공해서 분할상환을 잘 하고, 상환이 끝난 후에 재차입을 해야만 WWB는 운영비를 충당하고 사업을 확장할 수 있었다. 한편 차입자의 입장에서도 WWB가 성공해야만 하는 이유가 있었다. WWB가 대출금을 회수하고 성장해야만 자기들에게 계속 대출을 해 줄 수 있기 때문이다. 이처럼 WWB와 빈곤여성들은 소액금융을 매개로 하여 서로 이해관계가 연결되어 있었다. WWB가 돈을 많이 벌면 빈곤여성들에게 더 많은 돈을 대출해 그들을 빈곤에서 해방시킬 수 있고, 빈곤여성들이 돈을 많이 벌면 WWB의 대출금을 빨리 갚아 WWB의 사업을 더욱 번창시킬 수 있었다. 현실세계에서 '가진 자'와 '못 가진 자' 간의 이해관계가 이처럼 정확히 맞아떨어지기는 힘든 법이다. 그러나 WWB와 빈곤여성들은 소액금융이라는 영구기관을 매개로 하여, 한쪽의 성공이 다른 쪽의 성공을 견인하는 상호 의존관계를 영구적으로 유지할 수 있었다.

영구기관의 개념이 사회생활에 적용된 사례는 다른 분야에서도 얼마든지 찾아볼 수 있다. 곤충학자인 피터 켄모어는 서남아시아의 녹색혁명의 부작용을 개선하기 위해 영구기관의 개념을 도입하였다. 녹색혁명의 네 가지 접근방법(종자개량, 관개시설 개선, 비료사용 증가, 강력한 살충제) 덕분에, 인도에서부터 인도네시아에 이르기까지 분포된 쌀재배 농가들은 수확량을 두 배로 증가시킬 수 있었다. 그러나 이러한 단기적 수확량 증가는 장기적 재앙을 초래하였다. 살충제는 곤충을 무차별적으로 죽이기 때문에, 벼를 갉아먹는 해충과 함께 그 해충의 천적까지도 박멸해 버린 것이다. 그런데 문제는, 해충 중에서 살충제에 내성을 지닌 돌연변이 해충이 출현하여 살충제의 독성을 이기고 살아남았다는 점이다. 이 돌연변이 해충들은 천적이 사라져 버린 벌판에서 급속히 번식하여 종전보다 더 극성을 부렸고, 농민들은 이 해충들을 박멸하기 위해 더욱 많은 살충제를 뿌려야 했다.

켄모어는 이러한 악순환의 고리를 끊기 위해, 통합해충관리(IPM)라는 방법론을 도입하였다. IPM이란 살충제 대신 해충의 천적을 이용하여 해충을 박멸하는 방법을 말한다. 그런데 IPM을 도입하려면 농부들에게 야외생물학, 곤충학, 수문학(hydrology, 지구상에 있는 물의 분포와 이동을 연구하는 학문)적 원칙을 교육시켜야 했다. 글자도 숫자도 읽을 줄 모르는 수백만 명의 농부들에게 이러한 교육을 시킨다는 것은 끔찍한 일이었지만, 모든 논들의 생태학적 특성이 다르기 때문에 달리 방법이 없었다. 그러나 일단 IPM의 원칙을 어렵사리 마스터한 농부들은 살충제 없이도 종전과 같은 수확량을 올릴 수 있었다. 그 결과 쌀재배 원가의 30퍼센트를 차지하는 살충제 구입비가 절감되자, IPM을 실시한 농민들은 전과 동일한 양의 쌀을 수확하더라도 훨씬 더 많은 가처분소득을 손에 쥘수 있게 되었다. IPM이 자신들에게 이익이 된다는 것을 깨달은 농부들은 누가 시킨 것도 아닌데 자진하여 IPM의 전파에 나섰다. 농민들은 모두 같은 생태계의 일부분을 구성하기 때문에, 다른 농민들의 성공이 나의 성공에도 영향을 미친다는 사실을 잘 알고 있었던 것이다.

영구기관은 물리학적 원칙에 위배된다. 그러나 배리와 켄모어는 WWB와 녹색혁명에 단 한 번의 시동으로 영원히 움직이는 영구기관을 장착했다. IPM과 소액금융이 바로 그것이다. 영구기관은 일단 움직이기 시작하면 '알아서 계속 굴러가는' 성질이 있는데, 영구기관의 요체는 '한 번의 작은 자극으로 가능한 한 커다란 차체(車體)를 움직이는 것'이다. 소액금융과 IPM은 수백만 명의 빈곤여성과 농민의 성취동기를 자극함으로써, '스스로 노력하여 빈곤을 탈출하자'는 자발적인 움직임을 이끌어냈던 것이다.

(저소득 여성이든, 수확량 증대를 원하는 농민이든, 배당에 목말라하는 투자자든) 조직의 핵심 이해관계자들로부터 협조를 얻기 위해서는, 그들이 자발적으로 따라올 수밖에 없는 인센티브를 제공해야 한다. 이해관계자들의 자발적 참여를 유도하는 인센티브를 도입하는 것은 조직에 영구기관을 장착하는 것과 같다.

반대파에게 배워라

상업은행들은 지불능력이 없는 사람들에게 마케팅할 가치를 느끼지 못한다. 이에 반대로 사회운동가들은 빈민구호 활동을 상업화할 가치를 느끼지 못한다. 보수 대 진보, 자립(self-help) 대 국가보조(state aid)라는 두 가지 대립된 이념은 '성장과 이윤' '복지와 형평'이라는 상반된 원칙에 근거를 두고 있다. 낸시 배리는 두 진영 모두에게 "좋은 성과를 얻고 싶으면 반대파에게 배우라"는 메시지를 던진다. 1996년 미국 은행감독원이 주최한 '주류은행가(mainstream bankers)를 위한 포럼'에서 배리는 "여러분들은 저소득층 고객들을 홀대함으로써 이윤창출의 기회를 놓치고 있는 겁니다"라고 일갈했다. 한편 1995년 베이징에서 열린 여성포럼에서 배리는 "저소득 여성들에게 보조금을 지급하는 것은 그녀들의 자립의지를 깔아뭉개는 행위입니다"라고 일침을 가했다.

1960년대에 스티븐 비코와 함께 남아프리카 공화국에서 흑인 계몽운동의 토대를 마련했던 맴필라 램플리는, 흑인 학생들을 백인들이 다니는 대학교에 보내자고 주장하면서 배리와 똑 같은 논리를 내세웠다. 램플리는 의사 출신의 인종차별정책 반대 행동가로서 파란만장한 생애를 보낸 후, 1991년 남아프리카 공화국 최고의 대학인 케이프타운 대학에서 인류학 박사 학위를 취득하고 같은 대학의 교수로 임용된다. 4년 후 인종차별 정책이 폐지되자, 램플리는 케이프타운 대학의 부총장 선거에 도전한다. 그러나 국민적 영웅이라는 그녀의 경력은 선거에 별로 도움이 되지 않는 것처럼 보였다. 학생 중에서 흑인과 백인의 비율은 반반이었지만, 교수평의회는 대부분 백인으로 구성되어 있었기 때문에, 그녀의 당선 여부는 사실상 백인교수들의 손에 달려 있었다. 그녀의 연설을 듣기 위해 많은 흑인 학생들이 모여들었지만, 그들의 반응은 냉담했다. 한 학생은 그녀의 부총장 출마를 '개인의 명예와 봉급 인상을 위한 것'이라고 비판하며, 그녀를 매우 내숭스럽고 불성실한 인물이라고 매도했다. 다른 학생은 "선생님이 지금껏 흑인 학생들을 위해 해 주신 게 뭔데요?"라고 꼬집었다. "선생님은 학교 당국이 오랫동안 고수해 왔던 까다로운 학사기준을 완화하는 데 앞장서지 않음으로써, 흑인 학생들에게 불리한 상황을 그대로 방치해 오신 겁니다"라고 그는 말했다.

램플리는 자신을 겨냥한 비판의견이 쏟아지는 동안 당당한 표정으로 청중을 응시했다. 자신에게 답변할 기회가 주어지자, 램플리는 '타이틀을 노리고 입후보했다'는 비판을 일고의 가치도 없는 말이라고 일축하며, 이렇게 말했다. "흑인과 백인은 똑 같은 전문적 기준에 의해 평가받아야 합니다." 결국 그녀는 학생들로부터 과반수의 표를 얻었으며, 더욱이 백인 일색의 교수평의회로부터도 당선권에 필요한 표를 획득하는 데 성공했다. 몇 주 후 그녀는 케이프타운 대학 역사상 최초의 여성 부총장이자 흑인 부총장으로 취임한다. 선거기간 내내 램플리는 다음과 같은 입장에서 한 발 짝도 물러서지 않았다. "부자들에게도 배울 것은 배워야 한다. 흔 히 알려진 것과는 달리, 가난한 사람들은 목표달성을 위해 일반인 들과 같은 수준의 노력을 기울이지 않는 경향이 있다."

> ## Leadership Point
> 어떠한 편견에도 얽매이지 말고 모든 사람의 (심지어 당신을 가장 반대하는 세력 일지라도) 장점을 수용하라.

큰 생각을 해야 크게 된다

1994년 소액금융의 혜택을 받는 사람의 수는 800만 명이었는 데, 이는 WWB가 추산하는 소액금융 대상자(전세계에서 영세기업 및 소 기업을 운영하는 여성) 5억 명에 비해 턱없이 부족한 숫자였다. 낸시 배 리는 소액금융을 전세계 어디에서나 이용할 수 있는 '보편적 대출 서비스'로 키우고 싶었으나, 그러기 위해서는 보다 많은 자금, 인 력, 시설, 점포망이 필요했다.

이에 따라 WWB의 규모를 키우는 일이 최우선적 과제로 대두되 었다. 배리가 총재를 맡은 처음 7년 동안 WWB의 자본금은 600만 달러에서 3,000만 달러로 증가했고, 뉴욕 사무소의 직원은 6명에 서 30명으로 늘었다. 그리고 전세계 WWB 가맹기관의 직원 수는 100명에서 1,000명으로 늘어났다. WWB 가맹기관의 자체적 역 량을 강화하는 것도 시급한 문제였다. 배리는 가맹기관들에게 '뉴 욕 사무소에 의존하기보다는 자율적으로 행동하라'고 누누이 강조했고, 그 결과 가맹기관의 뉴욕 사무소 의존율은 80퍼센트에서 20퍼센트로 대폭 감소하게 되었다.

한편 소액금융을 WWB 혼자서만 주도하기에는 벅찬 감이 있었기 때문에, 외부 이해관계자들과 협력하여 범세계적인 소액금융 운동을 전개해 나가는 것도 필요했다. 1991년 세계은행이 중소기업 발전을 위한 기부자 위원회(Donor's Committee on Small Enterprise Development)를 발족시키자, WWB도 여기에 가입했다. 1994년 UN은 여성과 금융에 관한 전문가그룹(Expert Group on Woman and Finance)을 구성하고, 배리를 이 모임의 의장으로 위촉했다. 때로 요긴한 협의체가 필요하다 싶을 때는 배리가 직접 나서서 모임을 결성하기도 했다. 예컨대 그녀는 세계 각국의 재무부, 중앙은행, 소액금융기관에서 활약하는 50명의 지도급 인사들을 모아, 빈곤층에 대한 금융서비스를 지원하기 위한 글로벌 정책포럼을 창설하였다.

사실 1975년 멕시코에서 열린 제1차 UN 세계여성회의에서 소액금융은 거의 논의되지 않았다. 이 회의에 참석한 여성대표 중에서 소액금융의 필요성에 공감한 사람들은 열 명뿐이었고, 이들은 나중에 WWB 설립의 핵심인물이 된다. 멕시코 여성회의에서 채택된 최종 코뮈니케(공식 성명)에서 여성과 금융에 대한 내용은 단 한 줄에 불과했다. 1995년 베이징에서 열린 제4차 세계여성회의에서는 소액금융이 가장 중요한 쟁점으로 떠올랐으며, 모임에 참석한 여성 대표들은 '여성의 권익 신장'과 '소액금융 이용기회의 증대'를 요구하는 최종 코뮈니케를 채택하였다. 배리는 소액금융 아젠다를 거대한 역사적 흐름과 연관시켰다. "소액금융 운동은 노예제 폐지와 비견할 만하다. 그것은 경제적 혁명이다"라고 그녀는 말했다.

배리는 국내외 개발기관들의 투자 우선순위를 바꾸는 데도 공을 들였다. "기존의 투자재원을 소액금융 쪽으로 돌리자. 소액금융은 개발도상국 정부를 경유한 투자지출보다 효과적이며 효과도 오래 지속된다. 일단 가난한 사람들의 손에 가처분 소득이 쥐어지면, 그들은 스스로 제 앞가림을 하게 된다"라고 그녀는 주장했다. 그녀의 끈질긴 노력 덕분에, 마침내 거대 개발기관들이 움직이기 시작했다. 1995년 미국 국제개발처(USAID)는 소액금융에 대한 예산을 3배나 증액시켜 1억 4,000만 달러로 확정했고, 세계은행은 빈곤층을 위한 소액금융 프로그램에 2억 달러를 추가로 배정했다.

1997년 소액금융 운동의 물결은 백악관에까지 이르렀다. 당시 영부인이던 힐러리 클린턴이 백악관에서 주최한 세계 소액금융 서밋(World Summit of Microcredit)에, 세계 137개국에서 모인 2,900명의 인사들이 참석한 것이다(힐러리는 공동의장의 자격으로, 배리는 조직위원 중의 한 명으로 이 모임에 관여했다). "남부 아시아의 농촌지역에서든 미국 대도시의 도심지역에서든, 소액금융은 빈곤을 완화하고, 빈곤층의 자립을 지원하며, 낙후된 지역의 경제활동을 촉진하는 가장 가치있는 방법입니다"라고 힐러리는 말했다. 낸시 배리가 기조연설을 했더라도 소액금융의 의의를 이보다 더 명쾌하게 표현하지는 못했을 것이다. 소액금융 서밋에서는 2005년까지 1억 세대의 가난한 가계에 소액금융을 보급하는 것을 목표로, 글로벌 캠페인을 시작하기로 결의하였다.

소액금융 서밋이 야심차게 선포한 글로벌 캠페인은 목표를 너무 크게 잡았다는 구설수에 올랐다. 현재 소액금융을 이용하고 있는 사람들이 800만 명에 불과한데, 이 숫자를 1억 명으로 늘리려면 9,200만 명의 고객이 더 필요하며, 이를 위해서는 기부자들의 지원, 저리 융자, 상업자금 대출을 포함하여 220억 달러의 추가자금을 조달해야 하기 때문이었다. 하지만 고객 한 명에게 대출되는 소액금융의 금액은 일반적인 대출의 기준에서 보면 미미한 금액이었다. 9,200만 명 중 제3세계에 거주하는 8,800만 명에게 돌아갈 1인당 평균 대출액은 200달러였고, 선진산업국에 거주하는 400만 명에게 돌아갈 1인당 대출액은 평균 1,000달러였다. 소액금융 서밋의 캠페인이 목표로 잡은 1억 명이라는 숫자는, 지구상에 거주하는 모든 소액금융 수요자의 5분의 1을 염두에 둔 수치였다.

그러나 낸시 배리는 5분의 1이라는 비율에 만족할 수 없었다. 로이 바겔로스가 회선사상충 치료제 멕티잔을 2,000만 명(지구상의 모든 대상자)에게 공급할 계획을 가졌던 것처럼, 배리 역시 소액금융을 '자금을 필요로 하는 모든 빈곤층'에게 제공할 작정이었다. 배리는 서밋에서 행한 연설에서 "우리가 마치 복음주의 전도자처럼 보이신다면 제대로 보신 겁니다. 우리의 목표는 세상을 바꾸는 것이니까요"라고 말했다.

배리의 말대로 세상은 바뀌고 있었다. 세계은행의 제임스 D. 울펜슨 총재는 소액금융 서밋에서 행한 연설에서 "나는 개인적으로, 절대적으로, 완전히 소액금융에 빠졌습니다"라고 말했다. 이는 배리가 세계은행에 근무할 당시, 그녀가 모셨던 어떤 총재로부터도 들어 보지 못한 말이었다.

조직의 성과를 극대화하기 위해 사업규모의 확대가 필요하다면, 시작이 아무리 미미하더라도 목표를 크게 잡아야 한다. 큰 뜻을 품은 리더만이 큰 목표를 달성할 수 있다.

관계 맺기

"개인의 목표와 조직의 목표가 합치될 때, 조직과 개인 모두 최대의 성과를 거둘 수 있다. 그러나 아무리 생각해 봐도, 세계은행과 나는 서로 궁합이 맞지 않는 사이였다"라고 배리는 회상한다. 표면상으로 배리는 세계은행에서 많은 성공을 거두었지만, 그곳은 그녀가 있을 곳이 아니었다. 그녀가 있어야 할 곳은 바로 WWB였다. 그녀는 세계은행에 근무하던 때 이루지 못했던 많은 것들을 WWB에 와서 이룰 수 있었다. "나는 모든 사람이 모종의 임무를 띠고 세상에 태어난다고 생각한다. 나에게 있어서 그 임무란 '관계 맺기(connected)'라는 한마디 말로 집약된다. 나의 첫 번째 임무는 나와 뜻을 같이 하는 많은 사람들과 관계를 맺는 것이다. 조직은 개인이 할 수 없는 큰 일을 할 수 있다. 나의 두 번째 임무는 가난한 여성들과 관계를 맺고, 그들에게 기회를 열어 주는 것이다. 그리하여 그녀들로 하여금 스스로 운명을 개척하고, 하늘로부터 부여받은 재능을 발휘하게 하는 것이다"라고 그녀는 고백한다.

배리는 소액금융 덕분에 제3세계 개발전략과 관련된 토론회에 으레 초청되는 유명인사가 되었다. 그녀는 자신에게 주어진 발언 기회를 유효적절하게 활용하여 소액금융의 지지세력을 점차 넓혀

낸시 배리와 찬드라 자가리아(인도의 중고의류 판매상, 소액금융 고객).

갔다. 그녀는 때로 전혀 초청할 것 같지 않은 곳으로부터도 부름을
받았다. 예컨대 1994년 그녀는 세계은행에 초청되어, 세계은행의
문제점과 개혁방향을 지적해 달라는 요청에 대해 다음과 같이 대
답했다.

● 정책의 편향성 세계은행의 정책은 정부 주도의 개발 프로그램 쪽
  으로 너무 치우쳐 있다.
● 책임감 결여 세계은행은 자신이 제시한 개발 프로그램이 실패했을
  때도 대출금을 상환받는데, 이처럼 '결과에 대해 책임을 지지 않는
  자세'는 도덕적 해이를 불러일으킬 수 있다.
● 정체된 조직문화 과거와 비교해 볼 때, 세계은행의 조직문화에는
  진실성과 개방성이 부족하다.
● 고객지향 마인드 부재 세계은행의 직원들은 빈곤층의 자립을 돕는

데 총력을 기울이지 않고, 업무 자체를 진행시키는 데 급급하다.

- **관료제형 조직구조** 세계은행의 일체형 조직구조(monolithic structure)는 작고, 강하고, 목적지향적인 격자형 구조(lattice structure)로 개편되어야 한다.
- **창의적 아이디어 부족** 세계은행은 내부의 진부한 아이디어에만 의존하지 말고, 외부로부터 신선한 공기를 불어넣을 필요가 있다.
- **인력배치의 비합리성** 세계은행은 인재를 적재적소에 배치하여, 구성원의 잠재력이 최대한 발휘되게 해야 한다.

배리는 1996년 케냐 나이로비에서 개최된 WWB 가맹기관 회의에서 WWB의 존재 의의를 이렇게 설명했다. "우리기 WWB라는 이름을 걸고 하는 일은 이 세상에서 가장 중요한 일 중의 하나입니다. 우리는 소액금융이라는 간단한 방법을 통하여 저소득 여성 기업가를 자금시장과 연결시켜 주고, 자립에 필요한 재무정보를 제공해 주는 일을 하고 있습니다. 우리가 하는 일은 세상을 바꾸는 일입니다."

배리는 1997년 소액금융 서밋이 개최되기 직전에 아버지를 여의었으나, 바쁜 일정관계로 아버지의 장례식에 참석하지 못했다. 배리는 서밋에 참가한 수천 명의 여성대표들 앞에서 아버지의 부음을 알리며 다음과 같이 말했다. "제 아버지는 매우 영적(靈的)인 분이셨습니다. 그분은 '인간은 혼자 힘으로는 아무것도 할 수 없다'는 이치를 깨닫고, 그 이치에 따라 행동하셨습니다. 아버지는 당신이 하는 일에 대해 소명의식을 갖고 계셨습니다. 아버지의 인생은 작은 행동으로 점철되었지만, 사회적으로 큰 파급효과를 일

으킴으로써 인생의 궁극적 목표를 이루셨습니다." 배리의 설명을
가만히 들어 보면, 그녀의 인생이 아버지의 일생과 너무나 많이 닮
았다는 생각을 하게 된다. '그 아버지에 그 딸'이라는 말은 바로 이
런 경우를 두고 하는 말이 아닐까?

9

알프레도 크리스티아니 Alfredo Cristiani,
엘살바도르 내전을 종식시키다

알프레도 크리스티아니는 10여 년 동안 지속된 엘살바도르 내전을 종결짓는
평화협정을 이끌어냈다.

**THE
LEADERSHIP
MOMENT**

반군들은 엘살바도르의 수도 산살바도르에 난입하여 시가지를 점령했다. 복면을 한 게릴라들이 소련제 AK-47 소총을 거리에 난사하고, 미제 A-37 전투기가 머리 위를 날아다니며 민가를 폭격하는 모습을 보며 주민들은 공포에 사로잡혔다. 취임한 지 불과 5개월밖에 안 된 알프레도 F. 크리스티아니 대통령은 당혹스러웠다. 반군의 격렬한 총공세는 그동안의 지루한 대치상태를 마감하고 모든 것을 끝장내려는 의도임이 분명했기 때문이다.

중앙아메리카의 네 나라(엘살바도르, 과테말라, 온두라스, 니카라과)는 오랫동안 내전에 시달려 왔다. 오랜 내전은 많은 인명을 앗아가고 경제를 거덜내 버렸는데, 엘살바도르의 피해는 다른 나라들보다 더욱 심각했다. 크리스티아니가 대통령에 취임하던 1989년 600만 명의 인구 중 7만 명이 목숨을 잃어, 내란으로 인한 엘살바도르 국민의 사망률은 무려 1.17퍼센트에 달했다. 그런데 1.17퍼센트라는 사망률은 공교롭게도 남북전쟁으로 인한 미국인의 사망률과 일치한다. 즉, 남북전쟁에서 목숨을 잃은 남군과 북군 병사의 수를 모두 합치면 36만 명인데, 이것을 1860년의 미국 인구(3,100만 명)로 나누면 1.16퍼센트가 된다. 결국 엘살바도르 내전은 미국의 남북전쟁에 비견되는 참혹한 동족상잔이었다고 할 수 있다.

특이하게도, 엘살바도르 내전의 당사자는 세 개의 세력이었다. 첫째, 내전의 중심에는 게릴라들이 있었다. 게릴라들은 자신들을 FMLN(파라분도 마르티 민족해방전선)이라고 불렀고, FMLN은 다시 다섯 개의 반군 그룹으로 구성되어 있었는데, 이들은 통일된 명령 체계에 따르면서도 병력만은 따로 보유하고 있었다. 둘째, 엘살바도르 정부는 ARENA(국민공화연맹)에 의해 장악되고 있었는데, ARENA는 장군 출신의 로베르토 도뷔송에 의해 창당된 우익정당으로, 그의 카리스마적 영도력에 힘입어 집권당의 지위를 유지하고 있었다. 셋째, 엘살바도르 군부는 명목상으로는 정부에 예속된 정부군이었지만, 독자적으로 행동하며 호시탐탐 권력 찬탈을 노리고 있었다.

FMLN은 엘살바도르의 북부와 북동부를 지배하면서, 다른 지역에서도 선전하고 있었다. 도뷔송은 암살단과 연결되어 있어 국내외의 평판이 안 좋았기 때문에, 기업가 출신의 알프레도 크리스티아니를 ARENA의 대통령 후보로 내세웠다. 크리스티아니는 정치 경력이 전혀 없는 인물로, 선거기간 내내 'FMLN과 인내를 갖고 대화하겠다'고 밝혔고, 유권자들은 그를 임기 5년의 대통령으로 뽑아 주었다.

그러나 크리스티아니의 취임을 전후로 하여 발생한 일련의 사태들은 대화의 전망을 불투명하게 만들었다. 엘살바도르의 법무

1989년 엘살바도르 대통령에 당선된 알프레도 크리스티아니.

장관 로베르토 가르샤 알바라도는 지프 지붕에 설치된 폭탄이 폭발하여 사망했고, 호세 안토니오 로드리게스 포트 대통령 비서실장은 취임 나흘 만에 암살당했다.

정부와 FMLN은 9월과 10월 멕시코시티와 코스타리카에서 긱각 회담을 가졌지만 이렇다 할 결론을 내지 못했다. 그런데 코스타리카 회담이 끝난 지 며칠 후, 유력 군인의 딸 한 명이 산살바도르의 자택 밖에서 살해당하는 사건이 일어났다. 설상가상으로 그로부터 며칠 후에는, 야당 지도자의 거처가 폭파되고 노동조합 본부가 폭격을 맞아 열 명의 사망자가 발생했다. FMLN은 "우리는 크리스티아니가 우리의 평화조건을 무시하고 전쟁을 획책하고 있는 것으로 간주한다"라고 으름장을 놓았다.

1989년 11월 11일 반군은 총공세에 나서, 산살바도르의 대부분과 전략 요충지를 점령했다. 11월 16일 새벽 도시의 상당 부분이

북부 엘살바도르의 FMLN 전사들(1984).

포위된 가운데, 한 무리의 특공대가 산살바도르에 위치한 중앙아메리카 대학의 교문을 통해 대학 경내로 잠입했다. 군인들은 잠자던 다섯 명의 제수이트 사제들(이그나시오 엘라쿠리아 총장 포함)을 숙소밖으로 끌어내, 땅바닥에 무릎 꿇리고는 뒤통수에 총을 쏘아 살해했다. 학살 장면을 우연히 목격한 다른 세 명(여섯 번째 사제, 관리인 모녀)도 무참히 살해되었다.

국제사회는 분노했다. 많은 이들은 정부군의 수뇌부가 살인을교사했다고 생각했으며, 실제로 이를 입증할 만한 증거들이 속속드러나고 있었다. 엘살바도르 군부는 중앙아메리카 대학을 게릴라의 비호세력으로 의심해 왔다. 미 의회는 엘살바도르에서 발생한 폭력 사태를 맹비난했고, 코네티컷 주 출신의 크리스토퍼 도드상원의원은 크리스티아니 대통령에게 '정부를 장악할 능력이 있다는 것을 보여 달라'고 공개적으로 요구했다. 미국 정부가 엘살바도르 내전에 건 판돈은 엄청났다. 미국은 이미 엘살바도르 정부에 40억 달러를 지원한 데 이어, 매일 140만 달러의 돈을 엘살바도르에 쏟아붓고 있었다.

대규모 커피농장을 경영하는 기업인에서 대통령으로 변신하여 취임 5개월을 겨우 넘긴 알프레도 크리스티아니의 어깨에는, 오랜 내전 끝에 해체의 위기에 빠진 조국 엘살바도르의 운명이 걸려 있었다. 군부에서는 (게릴라들이 잠복해 있는) 민가를 공습해야 한다고 수시로 압박을 가해 왔다. 무장 반군세력은 그를 제거하고, 엘살바도르 정부를 지구상에서 쓸어 버리겠다고 공언하고 있었다.

깊어 가는 갈등

엘살바도르 내전은 남미에서 가장 참혹하고 가장 오랫동안 지속된 것으로 유명하다. 그것은 '부유한 지주 대 가난한 농민' '군부 대 민간인 엘리트' '사본주의 내 사회주의'의 갈등이 중첩된 결과였다.

1979년 10월 미국의 지지를 등에 업은 개혁 성향의 군인들이 쿠데타를 일으켜 극보수 군부세력을 몰아내고, '토지개혁'과 '게릴라 소탕'이라는 두 가지 프로그램을 장기적으로 추진하겠다고 선언했다. 그러나 두 가지 프로그램 중 어느 하나도 성공하지 못했다. 토지개혁의 골자는 커피농장의 60퍼센트를 농민들에게 재분배하는 것이었지만, 대부분의 계획은 무기연기되었다. 군대를 동원하여 반군을 진압하는 것도 뜻대로 되지 않았다. 진보세력들은 '기득권을 움켜쥔 군부가 개혁을 가로막고 있다'고 판단하고 속속 반군에 가담했다. 이에 반해 보수세력들은 '농민들에게 권력이 넘어갈 경우 사회주의 혁명이 일어날 것'이라고 우려하여 점점 더 우익으로 기울었다.

로베르토 도뷔송은 쿠테타 세력에 의해 축출된 극보수 성향의 고위장성으로, 개혁에 불만을 품은 군부와 민간세력을 규합하여 우익단체를 결성했다. 그는 정보부대의 실권자였던 이점을 살려 '좌파와 결탁한 것으로 의심되는 인사들'의 목록을 만든 다음, 암살단을 보내 그들을 제거하는 것으로 악명이 높았다.

1980년 3월 24일, 엘살바도르 카톨릭 교회의 오스카 아르눌포 로메로 대주교는 산살바도르의 디바인프로비던스 병원에서 미사를 집전하고 있었디(로메로 대주교 자신도 이 병원에 입원중이있나). 그는 최근 엘살바도르에서 폭력사태가 빈발하는 것을 꾸짖는 내용의 강론을 했다. "부하에게 살인명령을 내리는 것은 '살인하지 말라'는 하느님의 율법을 어기는 것입니다." 그는 전에 군인들 앞에서 "하느님의 율법에 어긋나는 상관의 명령은 따르지 않아도 됩니다"라고 강론한 적도 있었다. 군부의 입장에서 볼 때 로메로 대주교의 강론은 반란을 선동하는 것이나 마찬가지였다. 결국 로메로 대주교는 강론 도중 신자들 사이에서 날아온 총탄 한 발에 그 자리에서 숨을 거두고 말았다.

메트로폴리탄 성당에서 거행된 로메로 대주교의 장례식은 더욱 큰 참사를 낳았다. 당시 교황 요한 바오로 2세의 사절이 추도사를 거의 다 읽을 무렵, 성당 계단에 모여 있던 3만 명의 추모객들 사이에서 폭탄이 터진 것이다. 이를 신호탄으로 하여 몇 개의 폭탄이 더 터지고 총성이 난무한 끝에 40명이 목숨을 잃었고, 장례식장은

리더에게 결정은 운명이다

산살바도르 시내를 순찰하는 군인들(1988).

아수라장이 되었다.

당시 엘살바도르에서는 매월 무려 750건의 테러 사건이 발생하고 있었다. 1979년 7월 19일 니카라과의 독재자 아나스타시오 소모사 데바일레가 산디니스타에 의해 축출되자, 엘살바도르 지배층의 위기감은 극에 달했다. 산디니스타 정권은 엘살바도르 반군 세력에게는 빛나는 성공사례이자 든든한 동맹자였지만, 이와 반대로 엘살바도르 정부와 미국에게는 기피대상 1호였다. 권좌에서 물러난 나카라과 정부군 인사들이 부귀영화를 뒤로 하고 엘살바도르를 통해 해외로 탈출하는 모습은 엘살바도르 정부군 인사들에게 지워지지 않는 인상을 남겼다. 당시 로널드 레이건 미국 대통령은 "니카라과에서 마이애미(소모사의 망명지)까지의 거리는 마이애미에서 워싱턴까지의 거리보다 가깝다"고 경고했다. 그렇다. 엘살바도르에서 텍사스까지의 거리는 텍사스에서 매사추세츠까

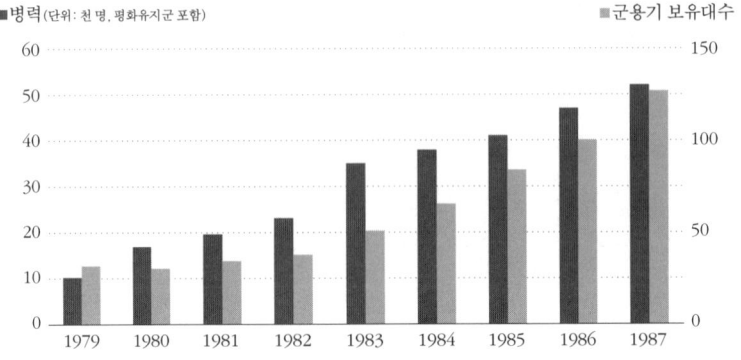

출처: Bacevich et al., 1988
*고정익기(fixed-wing aircraft)와 헬리콥터 포함

리
더
에
게

결
정
은

운
명
이
다

지의 거리보다 훨씬 가까웠다.

1980년 10월에 창설된 FMLN의 병력 규모는 당초 만 명 이상으로 추산되었다. 그러나 그후 꾸준히 전투력을 향상시켜 1983년에는 정부군의 숙소를 기습하는 괴력을 보임으로써, 정부군을 능가하는 전력을 보유하고 있음을 만천하에 과시하였다. 사정이 이렇다 보니 명망있는 가문들과 돈깨나 있는 사업가들은 모두 해외로 도피해 버렸다. '산살바도르에서 과테말라시티까지 매일 비행기로 출퇴근하는 사업가'라고 밝힌 한 남자는 서방언론과의 인터뷰에서 "사업상 어쩔 수 없는 일이지만, 산살바도르 시내에서 하룻밤을 지내는 것조차 매우 부담스럽다"고 말했다. 그 당시 엘살바도르 주재 미국 대사였던 토머스 피커링은 "잘 해야 2~3개월을 버티기 힘들 것이라고 생각했던 적이 한두 번이 아니었다"라고 회고했다.

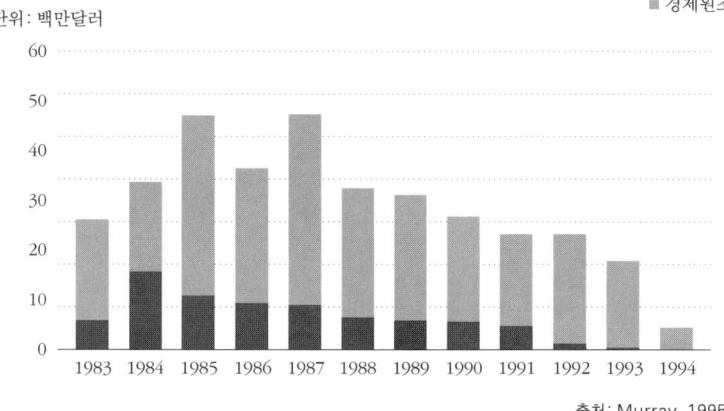

그림 2. 미국이 엘살바도르에 제공한 경제원조와 군사원조(1983~1994)

■ 군사원조
■ 경제원조

단위 : 백만달러

출처 : Murray, 1995.

　반군의 욱일승천하는 기세에 놀란 엘살바도르 정부군은 미국의 전폭적 지원을 바탕으로 하여 향후 몇 년 동안 병력과 군비를 급속도로 확장해 나갔다(그림 1 참조). 이와 동시에 양 진영 사이에는 평화협상을 위한 대화도 몇 번 오갔지만, 양측 모두 궁극적인 승리를 확신하고 있었기에 뚜렷한 진전이 있을 리 없었다.

　1984년 ARENA의 대통령 후보로 대선에 도전한 로베르토 도뷔송은 FMLN과 중도 개혁주의자들을 싸잡아 비판했다. 그는 자신의 표를 갉아먹는 중도우파 세력을 적대세력보다 더 증오했다. 그는 대표적인 중도우파 세력인 기독교 민주당에 대해 '겉은 녹색이고 속은 적색인 수박과 같은 집단'이라고 비아냥거렸다.

　도뷔송의 거친 수사학적 표현에도 불구하고 중도주의자인 호세 나폴레옹 두아르테가 압도적인 표차로 도뷔송을 누르고 당선되자, 미국의 정계 지도자들은 깊은 인상을 받았다. 1984년 공화, 민

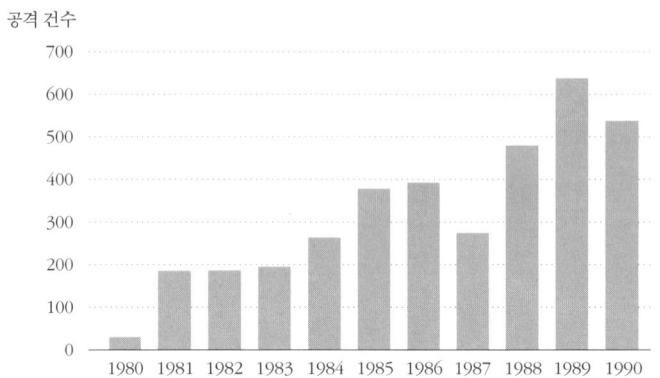

그림 3. 게릴라의 엘살바도르 전력공급망 공격(1980~1990)

공격 건수

출처: Menzel, 1994.

리
더
에
게

결
정
은

운
명
이
다

주 양당 의원으로 구성된 '중앙아메리카 문제 해결을 위한 초당위원회(일명 키신저 위원회)'가 두아르테 정부를 지지하는 성명을 발표한데 이어, 1985년 레이건 행정부는 엘살바도르에 대한 경제원조를 전년(2억 1,600만 달러)보다 두 배 이상 늘어난 4억 3,400만 달러로 책정하여 두아르테 정부에 힘을 실어 주었다(그림 2 참조).

이에 대해 FMLN은 파업과 태업, 공공시설(철도, 교량, 버스, 전력공급망) 파괴 등을 강화하는 전술로 맞섰다(그림 3 참조). 게릴라들의 등쌀에 엘살바도르에는 남아나는 것이 없을 지경이었다. 게릴라들이 농장을 점령하고 기관총과 수류탄으로 204마리의 젖소를 죽인일도 있었다. 급기야 FMLN은 엘살바도르 제일의 환금작물인 커피까지도 표적으로 삼기 시작하여, 1980~1989년에 걸쳐 엘살바도르 전역의 커피 저장시설과 가공시설을 무차별적으로 파괴하였다. 그 결과 1978년까지 엘살바도르 총 수출량의 53퍼센트를 차지하며 세계인들에게 엘살바도르의 존재를 각인시켰던 커피의 생산량이, 1990년에는 3분의 2 수준으로 급감하고 말았다.

크리스티아니의 등장

1980년대 내내 엘살바도르 정부군과 FMLN의 군사력은 엎치락 뒤치락 하면서 백중세를 이어갔지만, 종반으로 접어들면서 정치적 분위기는 ARENA에게 유리한 쪽으로 흘러갔다. 1988년 총선에서 ARENA가 의회를 장악하고 지방자치단체장의 과반수를 차지하면서, ARENA는 후보자만 제대로 내세운다면 1989년의 대선까지도 넘볼 수 있는 절호의 기회를 맞이하게 되었다. 그러나 로베르토 도뷔송은 자신이 ARENA의 대통령 후보로 나서서는 안 된다는 것을 너무나 잘 알고 있었다. 그는 암살단의 두목은 물론, 1980년에 일어난 로메로 대주교 저격사건의 배후로도 지목받고 있었기 때문이다. 도뷔송은 일찌감치 자신의 대디로 니설 인물로 알프레도 크리스티아니를 낙점해 놓고 있었다.

1980년까지만 해도 크리스티아니는 호황을 구가하는 엘살바도르 경제에서 커피를 재배하여 짭짤한 수입을 올리던 커피 농장주 중 한 명일 뿐이었다. 그러나 1980년대에 들어서면서, 그 역시 다른 엘살바도르인들과 마찬가지로 '증가하는 폭력사태'와 '악화되는 경제상황'을 바라보며 놀란 가슴을 쓸어내려야 했다. 10년 동안 지속된 내란이 국민경제의 숨통을 조이는 동안, 1989년 엘살바도르의 국내총생산(GDP)은 20년 전의 수준으로 뒷걸음질 쳐 버렸다(그림 4 참조). 한편 여느 보수적 성향의 사업가들과 마찬가지로,

크리스타아니도 중남미에서 급격히 힘을 얻고 있는 급진좌파의 동향에 촉각을 곤두세울 수밖에 없었다. 니카라과에서 산티니스타가 집권에 성공했다는 소식은 그 자신과 그의 조국 모두에게 불길한 조짐으로 받아들여졌다.

크리스티아니는 이탈리아계 아버지와 스위스계 어머니 사이에서 태어났다. 그래서 그는 어려서부터 하루는 스파게티, 다음날은 사우어크라우트(양배추를 절여 만든 독일식 김치)를 먹곤 했다. 그는 산살바도르에 있는 미국학교를 나와, 1968년 조지타운 대학 경영학과를 졸업했다(이 대학에서 그는 장차 미국 대통령이 될 빌 클린턴과 같은 강의를 듣기도 했다). 크리스티아니는 훌륭한 학생인 동시에 만능 스포츠맨이었다. 그는 엘살바도르의 국가대표 농구선수로 선발되는가 하면, 엘살바도르 스쿼시 챔피언을 지내기도 했다.

크리스티아니는 우정을 소중히 여겨, 어릴 적부터 다양한 친구들과 끈끈한 유대관계를 맺었다. 그의 친구들은 프레디(크리스티아니의 애칭)를 '느긋하고 쾌활하지만, 경영자적 기질(조직적 사고, 경쟁심)을 다분히 가진 친구'로 기억하고 있다. 그는 아버지에게 '결정을 내리기 전에 주위의 의견을 경청하는 버릇'과 '역경 속에서 평정심을 유지하는 방법'을 배웠고, 어머니로부터는 '끊임없이 분출하는 에너지'와 '성취 욕구'를 물려받았다.

크리스티아니의 부모가 산살바도르에서 운영한 약국은 적잖은 수입을 가져다 주었고, 덕분에 그의 가족은 산살바도르에서 자동차로 두 시간 걸리는 곳에 커피농장을 하나 장만할 수 있었다. 커피농장은 휴화산의 경사면을 따라 펼쳐져 있었는데 토양이 매우 비옥했다. 농장 구입 이후로 그의 어머니는 농장 관리에만 전념하고, 아버지는 커피 수출업무와 약국 일을 병행했다. 크리스티아니는 방학 때마다 농장에서 일하며 농장 근로자들은 물론 그들의 자녀와도 친하게 지냈다. 그는 수더분한 인상과 싹싹한 태도로 다양한 계층의 사람들로부터 좋은 평판을 받았다.

조지타운 대학을 졸업한 후, 크리스티아니는 그동안 공부한 경영학 지식을 농장 경영에 접목하기 시작했다. 크리스티아니 가족의 커피농장은 상근인원 200명, 수확기 최대인원 700명을 자랑하는 대규모 농장으로 성장해 있었기 때문에, 크리스티아니의 20대 시절은 작업할당, 임금관리, 대차대조표 작성 등의 복잡한 일로 가득 메워졌다. 그뿐만이 아니었다. 그는 비료 투입량 최적화, 가지치기의 효율화, 노동생산성 향상 등에 대해서도 의사결정을 내려야 했다. 예컨대 가지치기의 경우, 한 근로자가 톱질, 꺾기, 칼질을 다 하는 것이 관례였지만, 크리스티아니는 근로자들을 세 팀으로 나누어 각각 다른 도구를 쓰게 함으로써, 효율적이고도 신속하게 가지치기 작업을 끝낼 수 있도록 했다.

크리스티아니는 솔선경영(hands-on management)의 중요성을 높이 평가하고 있었다. 그는 근로자들과 함께 작업하고, 하루 일이 끝난 후에는 근로자들과 어울려 '국민스포츠'인 축구게임을 하기도 했다. 그는 톰 피터스와 로버트 워터맨의 『초우량기업의 조건』이 출간되기도 전에 이미 '사람을 통한 생산성 향상(productivity through people)'의 원칙을 몸소 실천했던 셈이다.

그러나 10년 동안 지속된 크리스티아니 가족의 경제적 번영은 통제 불가능한 외부의 힘에 의해 풍비박산날 위기에 처하게 된다. 가장 먼저 불행을 당한 사람은 크리스티아니의 동생이었다. 그는 농장을 새로 구입하여 분가해 나갔는데, 공교롭게도 1979년 군사 쿠테타가 일어나는 바람에 농장을 몰수당하고 과테말라로 이주해 버린다. 한편 크리스티아니의 농장은 FMLN의 근거지 주위에 위치하고 있었는데, 반군의 세력이 점점 불어나면서 크리스티아니의 불안감도 커져만 간다. 그러던 중 1980년 지역 게릴라의 우두머리에게 "당신의 농장은 곧 접수될 거요"라는 협박성 경고를 듣게 된다. 그는 '거의 다 익은 커피만이라도 수확할 수 있게 시기를 좀 늦춰달라'고 애걸했고, 게릴라 우두머리는 농민들을 통해 '크리스티아니의 안전만은 보장하며, 커피도 수확하게 해 주겠다'는 답변을 보내 온다. 그러나 반군들이 약속을 어기고 크리스티아니의 농장에 지역사령부를 세우자, 크리스티아니는 산살바도르로 탈출한다.

그로부터 2년 후 정부군이 크리스티아니의 농장을 탈환했다는 소식이 들리자, 크리스티아니는 헬리콥터에 몸을 싣고 64킬로미터를 날아 가장 먼저 농장에 도착한다. 그러나 헬리콥터가 농장 바닥에 착륙하는 순간, 폭탄 분화구와 총알 자국만이 가득한 농장의 처참한 모습을 보고 그는 아연실색하고 만다. 군데군데 방치된 커피나무는 웃자라서 광녀(狂女)의 머리칼을 연상케 했다. 그가 청년기의 대부분을 보냈던 아담한 집은 온데간데 없이 사라지고, 차가운 콘크리트 기초만이 흉물스럽게 남아 있었다. 얼마나 상심이 컸던지, 크리스티아니는 두 시간 가량 머물다 그 자리를 떠났고, 10년 뒤 평화가 정착될 때까지 단 한 번도 농장에 돌아오지 않았다.

이 시점까지만 해도 크리스티아니는 아직 정치에 뜻을 두지 않았던 것으로 보인다. 그의 활동 중에서 '정치적'이라고 이름붙일 만한 것을 굳이 찾아 보면, ARENA에서 활동하던 친구들의 요청을 받아들여 1984년 총선 때 ARENA 측 개표 감시위원으로 자원했던 것밖에 없다. "그 당시 나는 정치에 전혀 관심이 없었다"라고 그는 회상했다. 하지만 그는 정치 현안에서 도저히 시선을 뗄 수 없는 입장에 처해 있었다. 예컨대 커피농장에서 8,000미터 떨어진 곳에 있는 그의 커피 생산 공장은 산살바도르에 남아 있는 몇 안 되는 커피가공시설 중의 하나였지만, 이마저 FMLN의 거듭된 공격에 시달리고 있어 언제 어떤 일을 당할지 아무도 장담할 수 없는 상황이었다. 그러다 보니 정보 수집이나 대책 수립 등을 위해 지방의 유지나 정치인들을 만나는 빈도가 점차 잦아졌다.

그러기를 어언 일 년, 크리스티아니는 도뷔송으로부터 자신의 뒤를 이어 ARENA의 당 총서기를 맡을 의향이 있냐는 질문을 받고 깜짝 놀란다. 당시 도뷔송의 나이는 마흔다섯, 정치 일선에서 물러나기에는 너무 이른 나이였기 때문이다. 그러나 도뷔송에게는 나름대로 속셈이 있었다. ARENA의 창립자로서 당의 부흥을 이끌어 온 도뷔송은 강성 이미지 때문에 '당의 얼굴'로 나서기가 부담스러웠는데, 차제에 친화력이 뛰어난 크리스티아니에게 당 대표를 맡기고, 자기는 후선으로 물러나 킹메이커 노릇을 하기로 결심한 것이다.

1988년 중반 사업차 미국 출장을 다녀온 크리스티아니는 자택 앞에서 기다리고 있던 도뷔송과 ARENA 간부들의 영접을 받고서 다시 한 번 깜짝 놀란다. 그는 처음에는 '1989년 대선 후보 선정 문제를 의논하러 왔겠지'라고 가볍게 생각했다. 크리스티아니의 짐작이 맞기는 했지만, 그들은 이미 논의를 끝낸 상태였다. ARENA의 1989년 대선 후보는 크리스티아니로 확정되어 있었던 것이다. 크리스티아니는 "정치 경력이 보다 풍부한 다른 인물을 생각해 보십시오"라고 말하며 극구 사양했으나, 도뷔송의 의지는 확고했다. "국민들은 정치꾼을 뽑아주지 않을 겁니다. 그들은 정치꾼들에게 식상해 있습니다. 그들이 원하는 인물은 '맡은 바 임무를 성실히 수행하고 문제를 해결해 줄 수 있는 사람'입니다."

크리스티아니의 프로필과 행적은 많은 유권자들과 지지세력, 심지어 미국관리들의 호감을 사기에 충분했다. 그는 분쟁해결에 대한 확고한 비전과, 실용주의적 정치 스타일을 갖고 있었다. 그는 네 명의 쟁쟁한 후보들과 벌인 토론에서 상대 후보들의 의견에 대부분 동의하고, 'FMLN과 언제든 대화할 준비가 되어 있다'는 말로 토론을 마감했다. 그리고는 1989년 3월 실시된 대선에서 크리스티아니는 과반수의 표를 획득하는 데 성공하여 대통령 당선이 확정된다. 그해 6월 1일 마흔한 살의 크리스티아니는 두아르테 전임 대통령으로부터 바통을 이어받아 엘살바도르 대통령으로 취임하며, '자유, 정직, 합법, 국민의 안전을 중시하는 정부'를 건설하겠다고 서약했다. 그러나 그를 기다리고 있는 것은 난장판으로 변해 버린 엘살바도르였다.

혼돈의 나락 속으로

1989년 10월 31일 한 노동조합 사무실에서 강력한 폭탄이 폭발하면서 엘살바도르 내전은 파국을 향하여 치닫게 된다. 이 사무실은 엘살바도르 노동조합연맹이 본부로 사용하는 곳이었는데, 노조의 지도부가 요인 납치사건에 연루되어 있다 보니 극우세력이 이 사무실을 그냥 둘 리 만무했다. 그런데 문제는 이 폭발사건으로 인해 노조위원장과 아홉 명의 노조 간부들이 몰사했다는 점이었다. 너욱이 사망한 노조위원장 페베 엘리자베스 벨라스케스는 아이가 셋이나 있는 스물일곱 살의 여성이었다. 격분한 FMLN 지도부는 크리스티아니 정부와의 대화 중단을 선언하고, 오랫동안 계획해 왔던 총공격을 준비하기 시작한다.

반군은 총공격의 이름을 '페베 엘리자베스의 명복을 비는 전투'라고 정하고, '산살바도르와 기타 다섯 개 도시의 주요지점을 공격하여 최소한 3일 동안 점령한다'는 목표를 설정했다. 일부 반군 지도자들은 내친김에 아예 크리스티아니 정부를 전복시키자는 의견을 내놓기도 했다. 11월 11일 땅거미가 질 무렵, 4,000명의 FMLN 게릴라들은 엘살바도르 전국의 경찰서, 군부대 막사, 공군기지들을 습격하기 시작했다. 11월 11일의 총공격은 이미 예상되었던 것인 만큼, 정부군 측에서도 병사들의 휴가를 취소하는 등 사전준비를 충분히 해 왔던 터였다. 그러나 문제는 공격의 규모였다. 반군이 그렇게 대규모로 공격해 오리라고 예상한 사람은 아무도 없었다. 오죽했으면 미국 대사관의 정보장교는 11월 10일 정보 브리핑을 통해, 11월의 주요 행사인 머린볼(미 해병대 창설 기념행사)을 연기하지 말아야 한다고 주장했을 정도였다.

산살바도르 시내 20개 장소에서 전투가 벌어지면서, 건물 벽에 맞은 총알이 튀어나오고 포탄의 파편이 거리로 쏟아졌다. 주민들은 안전한 은신처를 찾기 위해 이리저리 뛰어다니는 등 아수라장이었다. 워싱턴 주 스포캔 출신으로 산살비도르의 미국인 학교에서 영어를 가르치던 크리스토퍼 밥콕은 귀가길에 크리스티아니의 사저 근처를 차를 몰고 지나가다가, 갑자기 날아온 수류탄 파편에 맞아 두개골에 치명적인 부상을 입었다. 많은 가정에서는 전기가 끊겼고, 밤새도록 시내 전역에서 폭발음과 기관총 소리가 들렸다.

크리스티아니를 암살하라는 지령을 받은 게릴라들은 그의 사저와 대통령 관저 근처까지 접근하여 수동식 로켓포를 발사했지만, 때마침 대통령 내외는 꼬아떼뻬께 호숫가(산살바도르에서 서쪽으로 64킬로미터 떨어진 곳에 있는 경치 좋은 화산호)에서 친구들과 함께 저녁식사를 하고 있었던 관계로 아무런 피해를 입지 않았다. 다른 게릴라들은 국회의장 관사를 공격했는데, 국회의장 부부는 집에 있었음에도 불구하고 용케 화를 면했다.

그날 밤 정부군에 쫓기던 FMLN 게릴라들은 중앙아메리카 대학으로 숨어들어가, 교문에 다이너마이트를 설치한 다음 사제관 옆을 통과하여 어둠 속으로 사라져 버렸다. 다음 날 아침 중앙아메리카 대학의 교문이 파손된 것을 확인한 정부군은 저지선을 설치하고 출입자를 통제했다. 크리스티아니는 오전 10시 30분에 발표된 라디오 성명을 통해 '정부군은 승리할 것'이라고 선언하고, 저녁에는 계엄령과 통행금지령(오후 6시~오전 6시)을 발표했다.

11월 15일 저녁, 기예르모 알프레도 베나비데스 대령은 산살바도르 중심부의 요새에서 열린 핵심지휘관 비상대책회의에 참석하고 영내로 돌아왔다. 그는 엘살바도르 사관학교장을 맡으면서 아틀라카틀에서 파견된 기동여단을 이끌고 반군과 싸워 왔는데, 그의 관할지역에는 중앙아메리카 대학도 포함되어 있었다. 그는 '산살바도르의 많은 지역이 적의 수중에 있는 상황을 감안할 때, 만에 하나 정부군이 패할 경우를 대비하여 후환을 제거해야겠다'고 생각하고, 아틀라카틀 여단의 호세 리카르도 에스피노사 중위를 불러 반군의 브레인이 될 수 있는 대학총장과 사제들을 제거하라고 닝링한나. 베나비네스의 판단은 어느 정도 일리가 있지만 100퍼센트 정확하다고는 볼 수 없었다. 중앙아메리카 대학의 총장과 사제들이 가난한 사람들의 고통에 공감하고 있었던 것은 사실이지만, 그렇다고 해서 그들을 FMLN의 브레인이라고 단정하는 것은 무리였다. FMLN의 전략가들은 다른 곳에 있었기 때문이다. 그러나 전쟁은 인간의 논리적 판단을 마비시켜 광기어린 집단행동을 초래하기 마련이다.

아틀라카틀 여단은 전에 중앙아메리카 대학을 순찰한 경험이 있기 때문에 캠퍼스 내부구조를 훤히 꿰고 있었다. 베나비데스는 에스피노사에게 이렇게 말했다. "이것은 죽느냐 사느냐의 문제다. 우리가 먼저 적을 죽이지 않으면, 적이 먼저 우리를 죽일 것이다. 우리는 적의 우두머리부터 먼저 제거해야 한다. 귀관의 부대는 총장과 사제들이 있는 곳을 잘 알고 있을 것이다. 총장과 사제들을 찾아서 없애 버려라. 단, 목격자를 남기지 마라."

11월 16일 새벽 2시, AK-47과 M-16 소총으로 무장한 아틀라카틀 여단은 중앙아메리카 대학을 급습했다. 총장과 다섯 명의 사제, 그리고 두 명의 목격자가 살해되거나 중태에 빠졌다. 군인들은 대학의 정문에 "적의 스파이를 처형했다. 승리가 아니면 죽음이다. -FMLN"이라는 팻말을 남기고 철수했다.

반군의 총공격은 그후로도 2주 동안 맹렬한 기세로 계속되었다. 크리스티아니는 4일째 되는 날 저녁 중대한 결정을 내려야 했다. 그동안 정부군 장성들은 게릴라가 점거한 민간인 주거지역을 폭탄, 탱크, 대포로 공격해야 한다고 줄기차게 주장했지만, 크리스티아니는 다른 방법을 모색하도록 종용하며 민가 공격을 제지해 왔다. 한편 국제 적십자사에서는 비(非)전투원들에게 빠져나올 기회를 주기 위해 휴전을 요청해 왔다. 크리스티아니와 군수뇌부는 저녁 6시부터 밤 10시까지 민가 공격을 허용하는 문제를 놓고 격론을 벌였지만 마땅한 해법을 도출하지 못했다. 그러나 정권의 운명이 경각에 달린 상황에서 언제까지나 결정을 미룰 수는 없는 일. 게릴라에게 제때 반격을 가하지 않을 경우 사태가 걷잡을 수 없이 악화될 것을 우려한 크리스티아니는 자정이 되어 군부의 손을 들어 주게 된다.

포화가 빗발치는 가운데서도 산살바도르 중심가의 사무실을 매일 드나들었던 사업가 아치 발도치는 당시의 상황을 "마치 베트남에 와 있는 것 같은 기분이었다"라고 회고했다. 전쟁은 정부군과 반군, 그리고 엘살바도르 국민들에게 엄청난 피해를 안겼다. 정부군과 반군 모두 400명 이상의 사망자와 1,000명의 부상자를 냈다. 약 3,000채의 민가가 공습과 포격으로 파괴되고, 70,000명의 이재민이 발생했으며, 1,000명의 민간인이 사망했다.

평화협정

FMLN은 11월 11일의 총공세에서 산살바도르를 72시간 이상 점령한다는 1차 목표를 초과달성했다. 그러나 크리스티아니 정부를 전복시키는 데는 실패했으며 정부군과 마찬가지로 대규모 사상자가 발생했다는 사실에 큰 충격을 받았다.

한편 군부는 군부대로 반군의 총공세가 베트남의 테트 대공세 (1968년 북베트남·베트콩의 음력 정월 기습 대공격)와 비교되는 것에 자극을 받아, 지금껏 금기시되어 왔던 방법을 강구하기 시작한다. 그 방법이란 다름 아닌 '적과 타협하는 것'이었다. 크리스티아니 정부도 타협을 염두에 두고 있기는 마찬가지였다. 산살바도르의 모든 지역이 폐허로 변했고, 엘살바도르 지방자치단체의 절반이 정상적 기능을 상실한 상태였으니 말이다. 《LA타임스》의 리처드 부드로와 마저리 밀러는 "전쟁의 강도와 지속기간은 모든 공식적 예측을 초월함으로써, 국민에 의해 선출된 크리스티아니 정부를 혼란에 빠뜨렸다"고 논평했다.

그러나 상상을 초월한 전쟁의 강도와 지속기간은 다른 한편으로 해결의 실마리를 제공하는 기폭제가 되었다. FMLN이나 정부군이나 전쟁으로 인해 에너지가 고갈된 것은 마찬가지였기 때문이다. 양측 모두 '아군의 결정적 승리'라고 큰소리쳤지만, 그것은 어디까지나 까마득한 희망에 불과했다. 향후 정부 예산의 절반은 전후 복구사업에 지출될 수밖에 없었고, 실용적 사고방식을 가진 크리스티아니의 머릿속에는 그저 '전쟁을 빨리 끝내고 싶다'는 생각밖에 없었다. 더욱이 크리스티아니는 누가 봐도 확실한 우익이었기 때문에, 까다로운 군부를 잘 요리할 수 있다는 장점이 있었다. 바야흐로 종전(終戰)의 분위기는 무르익어 갔고, 크리스티아니의 수완이 힘을 발휘할 때가 온 것이다.

1990년 1월, 크리스티아니는 베나비데스 대령과 두 명의 중위, 그리고 여섯 명의 병사를 중앙아메리카 대학 사제 살인사건의 용의자로 체포했다고 발표한다. 수사는 군부의 집요한 방해공작에 시달리며 몇 개월 동안 계속된다. 그러나 군부의 수사방해 행위가 국내외 여론의 질타를 받자, 아무리 강경파 군인이라 해도 크리스티아니에게 대놓고 도전장을 내밀지는 못 한다.

군부의 기선을 제압한 크리스티아니는 평화협정 체결을 위해 본격 행보를 펼친다. 엘살바도르 정부와 FMLN은 1990년 4월 4일 제네바에서 만나 협상을 개시하기로 합의한다. 양측은 5월 21일 카라카스에서 다시 만나 협상 일정을 확정한다. 그로부터 2개월 후인 7월 26일, 양측은 코스타리카에서 인권협정을 체결한다.

'전쟁이 끝난 후 정부군과 반군의 병력을 어떻게 처리할 것인가'에 대한 협상이 지지부진하자, 양측은 각자의 협상력을 강화하기 위해 군사행동의 수위를 높인다. 정부군은 FMLN이 오랫동안 장악하고 있던 북부와 북동부의 농촌지역을 탈환하고, 이에 맞서

FMLN은 5월, 6월, 9월, 11월에 걸쳐 도시지역에 대한 공세를 강화한다. 양측의 주도권 쟁탈전이 가열됨에 따라, 1990년의 전투는 1989년 못지 않게 치열하게 전개된다.

1991년 9월 엘살바도르 정부와 FMLN은 뉴욕에서 만나, UN의 중재 하에 '평화협정의 이행을 감시할 기구'를 설립한다. 또한 양측은 인권남용의 전력이 있는 군인을 골라내기 위한 별도의 위원회를 구성하고, 경찰 창설 및 정부군 개편방안에 대해서도 합의안을 도출한다. 즉, 양측은 새로운 경찰을 창설하여 전직 경찰과 FMLN 간부들 중에서 각각 5분의 1의 인원을 충원하고, 나머지 5분의 3은 신규채용 인원으로 충원하기로 합의한다. 한편 양측은 부정부패에 연루된 군인을 처벌하고, 병력의 규모를 63,000명에서 32,000명으로 대폭 줄이기로 합의한다. 마지막으로, 그동안 불법 반란단체로 낙인찍혔던 FMLN은 합법화되었다.

최종 평화협정은 1992년 1월 16일 멕시코시티의 차풀테펙성(城)에서 체결되었다. 협정 체결에 앞서 ARENA의 강경파들이 '대통령은 협정서에 서명하지 말고 협상대표들만 서명하게 하라'고 주장하자, 크리스티아니는 '평화협정에 참여만 하고 서명은 하지 않겠다'고 한 발 물러선다. 그러나 막상 뚜껑이 열리자 뜻밖의 상황이 벌어진다. 6명의 ARENA 대표, 5명의 FMLN 대표, 5명의 게릴라 지휘관들이 차례로 협정서에 서명하고 나자, 협정서가 갑자기 크리스티아니에게 건네진 것이다. 협정서를 건네받은 크리스티아니는 어안이 벙벙한 듯 잠시 주춤거리다가, 마지못해 협정서의 끝부분에 서명날인을 하게 된다(사실 이것은 극소수의 사람들만이 알고 있었던 사전 각본에 따라 치밀하게 연출된 행동이었다). 뒤이어 크리스티아니는 참

관인들에게 행한 연설에서 "엘살바도르에 진정한 민주주의를 건
설하자"고 역설했다.

연설을 마친 크리스티아니는 게릴라 지휘관들 쪽으로 걸어가
그들과 일일이 악수를 나눔으로써 참관인들을 다시 한 번 놀라게
했다. 잠시 후 참관인들은 우레와 같은 박수로 응답했고, 이 순간
은 생방송을 지켜보던 엘살바도르 국민들의 가슴 속에 영원히 기
억되었다. "오랫동안 엘살바도르에 드리워져 있었던 어둠의 그림
자는 이제 말끔히 사라졌다"고 부트로스 부트로스-갈리 당시 UN
사무총장은 선언했다. 산살바도르의 시비카 광장과 리베르타 광
장에는 엄청난 군중들이 모여들어 평화협정 체결을 자축했다. 그
날 저녁 보잉 737을 타고 고향으로 돌아가던 길에, 조종사들은 크
리스티아니를 조종석에 태우고 광장 주위를 곡예비행 함으로써
그의 귀환을 알렸다.

확신과 신념

미국 출장을 마치고 돌아와 자택 앞에서 대기하던 ARENA 간부
들의 얼굴을 본 순간, 크리스티아니는 (엘살바도르 내전을 평화적으로 해
결할 수 있는) '역사적 기회'가 가까이 다가와 있다는 것을 확신한다.
그 순간 이후로 크리스티아니는 이 기회를 포착하기 위해 전심전
력을 다하게 된다. "사람은 누구나 자신이 하는 일에 대해 확신을
가져야 한다. 확신이 없는 사람은 시련이 닥쳤을 때 쉽게 물러서게
된다"라고 크리스티아니는 회고했다. 윌리엄 워커 미국 대사는
1989년 9월 워싱턴에 보낸 보고서에서 크리스티아니를 이렇게 평

가했다. "그는 대화와 협상을 통한 문제해결을 선호하는 인물입니다. '정치와 경제가 발전하려면 먼저 평화가 필요하다'는 것이 그의 신념입니다."

11월 11일 반군이 대공세를 벌이기 시작하자, ARENA와 군부의 인사들은 군사적 방법으로 대응할 것을 강력히 주장한다. 특히 평화협정이 장기화될 조짐을 보이는 동안 군사적 방법의 유혹은 치명적이었다. 만일 크리스티아니가 군사적 방법 쪽으로 선회했다면, 우파와 군부의 인심을 얻는 데는 성공했을지 모른다. 그러나 엘살바도르의 평화는 영원히 물 건너 가고 말았을 것이다. 하지만 크리스티아니는 평화에 대한 믿음을 끝내 저버리지 않았다. 평화협상에 참가했던 한 군부 인사는 그를 가리켜 '모순으로 가득 찬 세상에서 일관성을 지키고자 노력하는 유일한 인물'이라고 불렀다.

Leadership Point

비전을 실현하기 위해서는 확신이 필수적이다. 확신에 찬 시선으로 당신이 지향하는 곳을 똑바로 응시하라. 그러지 않으면 온갖 방해요인들이 당신의 시선을 빼앗아, 그곳에 도달하지 못하게 만들 것이다.

외부자의 시각

크리스티아니는 기업가라는 외부자의 시각을 통해 대통령이라는 직위를 바라보았다. 그는 나중에 대통령 자리에서 물러난 후 "나는 내 사업을 바라보듯 내 조국을 바라보았다"라고 술회했다.

그는 엘살바도르를 600만 명의 주주로 이루어진 회사로 간주하고, 모든 주주들이 한 표씩 의결권을 행사할 수 있다고 생각했다. 국가를 정치집단이 아닌 기업으로 생각하게 되면, 생각의 틀이 달라지고 어려운 문제를 해결할 수 있는 자신감이 생긴다. 왜냐하면 기업이란 기본적으로 '의사결정을 통해 결과를 산출해내는 집단'이기 때문이다. 크리스티아니의 비정치적 행보는 나라의 발전을 가로막아 왔던 '해묵은 난제'들을 '해결 가능한 문제'로 탈바꿈시켰고, 이에 따라 엘살바도르 정부는 냉소적인 국민들로부터 신뢰감을 얻게 되었다. "정치가들은 절반의 진실만을 말하고 나머지는 적당히 둘러대는 버릇이 있다. 그러나 그러한 자세는 문제를 해결하거나 신뢰를 구축하는 데 아무런 도움이 되지 않는다"라고 크리스티아니는 말했다.

정부와 FMLN 간의 평화협상은 기업에서 벌어지는 노사협상과 비슷했다. 물론 정부와 반군 간의 대립은 노사간의 대립과 비교할 바 아니지만, 정부-반군 관계(제로섬 게임)를 노사관계(포지티브섬 게임)의 관점에서 바라보면 문제를 해결하는 데 많은 도움을 얻을 수 있었다. "문제를 해결하려면 먼저 문제를 정의해야 한다. 그러나 중요한 것은, 사람마다 관점이 다르기 때문에 동일한 현상에 대해서도 사람에 따라 각각 다른 문제를 제기할 수 있다는 것이다"라고 크리스티아니는 말했다. FMLN은 군부의 개혁과 토지개혁을 최우선적 과제로 내세웠고, 정부 측은 사법제도와 선거제도의 개혁을 최우선적 과제로 제시했다. 크리스티아니는 양측의 현격한 입장 차이를 조율하기 위해, 단체교섭에서 사측 교섭위원으로 오랫동안 활동해 온 변호사를 협상 책임자로 임명했다.

크리스티아니는 1989년 FMLN과의 평화회담을 준비하는 과정에서, 뛰어난 협상가이자 『Yes를 이끌어내는 협상법』이라는 책의 공저자인 로버트 피셔를 산살바도르로 초청하여, 이틀 동안 '협상과 타협의 기술'에 관한 세미나를 개최했다. "우리 팀은 협상 전문가가 아니었다. 따라서 우리는 세미나를 통해 '그들이 뭘 원하는지' '우리가 뭘 원하는지', 그리고 '양측이 어떻게 하면 합의에 이를 수 있는지'를 배워야 했다"라고 크리스티아니는 회고했다. 그러나 협상에는 상대방이 필요한 법. 크리스티아니는 니카라과에 머물고 있는 FMLN 측 협상대표들에게 피셔를 보내, 별도의 세미나를 갖도록 주선했다. 피셔는 양측에 보낸 메모에서 "정부와 FMLN이 함께 춤추기 위해서는, 양측이 모두 춤의 기본스텝부터 배워야" 한다고 지적했다.

Leadership Point

경영자의 눈으로 정치적 문제를 바라보면, 해묵은 난제들이 해결 가능한 문제로 탈바꿈한다.

리더의 자질

처음에 크리스티아니의 연설 솜씨, 매너, 스타일은 왠지 어색해 보였다. 그는 엘살바도르의 커피수출협회장을 역임한 바 있어 남 앞에 나서 보는 것이 처음은 아니었지만, 아기들에게 뽀뽀하는 제스처를 취한다거나 군중을 열광시키는 등의 재주는 영 아니올시다였다. 그의 태도는 수줍어 보였고 연설은 지루하게 느껴졌다.

대선기간은 물론 대통령 당선 후에도, 연설을 좀 시작할라치면 도 뷔송을 연호하는 함성이 터져 나와 그의 목소리를 파묻어 버리기 일쑤였다.

이에 반해 크리스티아니의 동시대 정치인들은 그보다 훨씬 더 노련했다. 도뷔송은 ARENA를 거의 10년 동안 이끌어 왔으며, 1980년대 초에는 국회의장을 지내기도 했다. 조아킨 빌라로보스, 아나 과달루페 마르티네스와 같은 FMLN의 지도자들조차 군인, 정치가, 외교관 등으로 오랫동안 활동해 온 사람들이었다(1981년 8월 프랑스와 멕시코는 FMLN을 공식 정치세력으로 인정했을 정도였다). 크리스티아니의 전임자인 두아르테는 대통령에 당선되기 전에 산살바도르 시장을 역임한 인물이었으며, 후임자인 아르만도 칼데론 솔 역시 산살바도르 시장 출신이었다.

아무리 한 나라의 대통령이라고 해도, 정치 경력이 일천하다 보면 상황 파악을 제대로 하지 못한 나머지 어이없는 판단 착오를 범할 수 있는 법이다. 초창기 크리스티아니 정부의 정책수립 과정에 관여했던 한 인사의 말에 의하면, 크리스티아니는 게릴라들이 3개월 이내에 평화협상을 받아들일 것으로 낙관했다고 한다. 대통령 당선 초기에 크리스티아니를 면담했던 이그나시오 엘라쿠리아 중앙아메리카 대학 총장은 나중에 "크리스티아니는 엘살바도르 내전을 이끌어가는 원동력이 무엇인지에 대해 충분히 이해하지 못한 것 같았다"라고 털어놓기도 했다.

그러나 크리스티아니는 '카리스마 부족'과 '정치 경력 부재'라는 약점을 상쇄할 수 있는 비장의 무기를 하나 갖고 있었다. 그의 연설은 다른 정치인들처럼 화려하지는 않았지만, 청중들의 마음을

리더에게 결정은 운명이다

사로잡는 독특한 매력을 지니고 있었던 것이다. 예컨대 전임 두아르테 대통령이 '나'라는 1인칭 단수 대명사를 즐겨 사용한 데 비해, 크리스티아니는 '우리'라는 1인칭 복수 대명사를 즐겨 사용했다. '나'보다 '우리'를 강조하는 사고방식은 그의 통치 스타일에도 그대로 반영되어, 그의 연설을 듣거나 그와 대화를 나눈 사람들은 일종의 '책임감'을 공유하게 되었고, 이는 크리스티아니가 정치적으로 성공하는 데 큰 밑거름이 되었다. 다른 정치인들에게서 찾아볼 수 없는 겸손함도 그의 큰 장점 중 하나였다. 크리스티아니가 대통령에 취임한 직후 군사참모 중 한 명이 그에게 "각하는 현재 엘살바도르 정부군의 총사령관이십니다"라고 귀띔해 준 적이 있었다. 그러자 그는 "나는, 임기 말쯤이나 되면 모를까 아직 총사령관의 직무를 수행할 자격이 없다고 생각합니다"라고 대답했다.

1989년 11월 반군의 총공격이 진행되는 동안, FMLN이 대통령의 사저를 공격하고 '산살바도르가 중앙아메리카의 베이루트가 될 것'이라는 비관론이 대두되는 가운데서도, 크리스티아니는 냉철한 경영자의 자세를 유지했다. 군부는 게릴라들에게 폭탄을 투하하여 산살바도르 밖으로 쫓아내야 한다고 압박을 가해 왔다. 언론, 외교가, 바티칸 교황청에서는 '제수이트 사제들의 암살범을 빨리 찾아내어 엄벌에 처하라'고 다그쳤다. 크리스티아니 부부는 안전상의 문제 때문에 매일 밤 거처를 옮겨야 했다.

한편 ARENA에 소속된 모든 집단이 크리스티아니를 지지하는 것은 아니었다. ARENA에 소속된 극렬 반공주의자들은 반군에 대한 폭력 행사를 당연하게 여겼다. 그들이 즐겨 부르는 노래에는 "엘살바도르는 빨갱이들의 무덤이 되리라"라는 구절이 포함되어 있을 정도였다. 일부 극우파는 크리스티아니의 평화협상 제의를 'ARENA를 팔아먹는 행위'로 규정했다. 크리스티아니가 외부의 중도주의자들을 자주 만나고 다니자, ARENA의 한 인사는 그에게 이렇게 말했다. "저들(극우파)이 대통령 각하를 뭐라고 부르는지 아십니까? 'ARENA의 공산주의자'라고 부른답니다." 심지어 극우파 인사인 부통령을 대통령으로 만들기 위해 크리스티아니를 암살해야 한다고 주장하는 세력도 있었다.

그러나 온갖 위협이 상존하는 가운데서도 크리스티아니는 냉철함과 자제력을 잃지 않았다. 그는 대중을 끌어당기는 연설 스타일과, 국민을 어루만지는 통치 스타일을 스스로 터득했다. 그는 한 나라의 대통령이 된다는 것이 무엇을 의미하는지를 하나씩 배워가고 있었던 것이다.

> **Leadership Point**
>
> 설득력 있는 연설, 끈질긴 추진력, 자신감과 같은 리더의 자질은 리더의 직무를 수행하는 동안 지속적으로 배양된다. 리더십이란 유전이나 경험에 의해 수동적으로 규정되는 능력이 아니라, 부단한 노력을 통해 능동적으로 학습되는 능력이다.

권한이양

크리스티아니는 엘살바도르의 대통령으로서 정치적 안정과 경제 개혁이라는 두 가지 과제를 모두 수행해야만 했다. 그러나 내란의 와중에 있는 엘살바도르의 현실을 감안할 때, 그는 경제보다는 정치 쪽에 치중할 수밖에 없었다. FMLN의 총공격 때는 전황을 파악하느라 하루 종일 벙커에서 지내야 했으며, 평화협상이 진행되는 동안에는 협상 전략을 짜느라 눈코 뜰 새가 없었다. 그는 수시로 조지 부시 미국 대통령, 자비에르 페레스 데 쿠엘라르 UN 사무총장, 오스카 아리아스 산체스 코스타리카 대통령 등과 전화 통화를 해야 했으며, 미국, 유럽, 아시아, 라틴아메리카를 수도 없이 방문하여 우방국 원수들에게 지지를 호소해야 했다. 그러다 보니 그는 대통령 업무의 상당 부분을 측근들에게 맡길 수밖에 없었다. 일부에서는 크리스티아니의 이러한 태도를 무책임하다고 비판했지만, 바람 앞의 등불과 같은 조국의 운명을 생각할 때 어쩔 수 없는 일이었다.

크리스티아니는 대통령의 일상적 업무와 경제 개혁에 대한 책임을 하급자들에게 이양했다. 권한이양을 위해서는 상당한 위험 부담을 감수해야 했다. 그러나 그는 많은 미국의 경영자들이 그러하듯 철저한 권한이양의 원칙을 지킴으로써, 부적격자에게 권한이 이양되는 문제점을 회피할 수 있었다. "나는 훌륭한 장관들을 임명한 다음, 대통령의 간섭 없이 독자적으로 업무를 추진하라고 당부했다"라고 크리스티아니는 회고했다.

크리스티아니는 권한이양 과정에서 싱크탱크의 도움을 받았다. 그에게 도움의 손길을 내민 곳은 엘살바도르 사회경제발전재단이었다. 이 재단은 자유시장 경제체제를 신봉하는 학자들로 구성된 민간 연구단체로, 크리스티아니에게는 미국의 헤리티지재단과 같은 곳이었다(헤리티지재단은 미국의 보수주의를 대표하는 연구기관으로 미국 내외경제, 대외정책 및 국방, 유엔, 아시아 등 4개 분야의 정책개발에 주력하고 있다. 헤리티지재단은 미 공화당의 싱크탱크 역할을 하는 곳으로, 민주당의 브루킹스 연구소와 함께 미국의 양대 정책 연구기관으로 꼽힌다). 엘살바도르 사회경제발전재단의 핵심인사 중 한 명인 미르나 리에바노 데 마르케스는 크리스티아니와 그의 경제 브레인들을 위해 5년 동안 세미나를 열어 주었다. 크리스티아니의 경제팀은 이 세미나를 통해, 엘살바도르의 경제 재건에 필요한 많은 아이디어를 얻을 수 있었다.

마르케스는 크리스티아니 정부에 경제기획원 장관으로 입각하여, 내각 수준에서 입안되고 실시되는 모든 경제·사회 정책을 총괄하는 일을 맡았다. 그녀는 1989년 11월 반군의 총공격 때 식량 및 주택구호를 총지휘했으며, 크리스티아니가 평화협상에 몰두하고 있을 때는 경제자유화를 이끌었다. 크리스티아니는 마르케스에게 장관 임명장을 주면서 "당신은 경제기획원 장관으로, 경제기획에 관한 모든 문제를 스스로 해결할 수 있는 능력을 지니고 있습니다. 내 앞에 문제를 들고 와 일일이 의사결정을 내려 달라고 할 필요가 없습니다"라고 말했다.

크리스티아니 정부가 출범한 후 처음 며칠 동안, 재무부 장관이 대통령 집무실에 찾아와 주요 현안에 대해 브리핑하고 재가를 요청했다. 크리스티아니는 처음 몇 번은 재무부 장관을 만나 주었지만, 그의 방문 빈도가 잦아지자 부아가 치미는 듯 이렇게 말했다. "이런 식의 만남은 더 이상 필요하지 않습니다. 장관이 보기에 적절하다고 판단되면 바로 실행하세요."

심지어 크리스티아니가 직접 지휘하는 평화협상팀에게도 상당한 수준의 자율권이 부여되었다. 평화협상팀은 군인, 변호사, 시인 등의 다양한 인물들로 구성되어 있었는데, 그러다 보니 평화협상의 전개방향을 둘러싸고 각계각층에서 많은 불만이 제기되었고, 자질 미달의 협상팀원을 교체해 달라는 압력도 심심치 않게 들어왔다. 그러나 크리스티아니는 협상팀을 외풍(外風)으로부터 보호해 주는 한편, 팀원들에게 상호존중과 상호신뢰의 정신으로 똘똘 뭉칠 것을 주문했다. 그 결과 협상팀은 표결이 아닌 만장일치로 의사결정을 내릴 만큼 강한 단결력을 과시하게 되었다. 크리스티아니는 협상팀을 앞에서 지휘하려 들지 않았다 그는 협상팀의 논의과정에 직접 개입하지 않고, 협상팀장인 오스카 산타마리아와의 밤샘토론을 통해 협상의 기본방향만을 제시했다. 한 마디로 그는 지휘자가 아니라 카운슬러와 코치의 역할을 자임했는데, 이 모든 것은 그가 커피농장을 경영하며 스스로 터득한 원칙에 따른 행동이었다. "훌륭한 관리자는 팀을 잘 다룰 줄 아는 사람이다. 그는 팀원들로 하여금 스스로 팔을 걷어붙이게 한다."

마우리시오 바르가스 대령은 FMLN과의 전투에서 세 번이나 부상을 입었고, 많은 동료와 부하들이 불구가 되거나 생명을 잃었다. 그는 군을 대표하는 협상대표로 나서게 되었는데, 크리스티아니 앞에서 FMLN에 대해 노골적인 불평을 늘어놓았다. "FMLN은 도발과 음모를 일삼는 집단입니다." 바르가스의 말을 잠자코 듣고 있던 크리스티아니는 이렇게 대꾸했다. "마우리시오, 그들이 도발과 음모를 일삼는 집단이라고 해 둡시다. 그런데 당신은 도발과 음모를 일삼았던 적이 없습니까?"

오스카 산타마리아에 의하면, FMLN과의 협상과정은 매우 까다로웠다고 한다. FMLN의 협상대표들은 전쟁에서 얻지 못한 것을 협상테이블에서 얻으려는 듯, 보다 많은 것을 얻어내기 위해 협박도 서슴지 않았다. 그들은 완전한 무장해제를 요구했지만, 정부 측이 '무장해제'에 대해 조금이라도 언급할 경우 군부를 자극하여 쿠테타의 빌미를 제공할 수 있었다. "대통령은 협상팀에 대한 신뢰를 표시하며 협상을 포기하지 말라고 격려해 주셨다. 그분은 평화협상이 미래의 세대를 위한 역사적 소명임을 명심하고, 침착함을 잃지 말라고 거듭 강조하셨다"라고 산타마리아는 말했다.

Leadership Point

우수한 부하직원을 선발하여, 그들이 마음 놓고 일할 수 있는 여건을 마련해 주고, 업무에 상응하는 권한과 책임을 부여하라. 그러면 그들은 당신 혼자서 일할 때 보다 더욱 많은 성과를 낼 것이다.

협상 타결

크리스티아니는 멕시코시티에서 게릴라 측 협상대표들을 직접 만난 것은 아니지만, 협상기간 내내 배후에서 협상의 모든 과정을 조율했다. 그는 담당 책임자들의 말에 귀를 기울이고 제언과 문제 제기를 흔쾌히 받아들이는 스타일이었지만, 로비나 청탁에는 냉담한 반응을 보였다. 그는 신뢰성 있는 정보를 제출하라고 요구했고, 일단 제출받은 정보는 냉철하고 면밀하게 분석했다. 그는 '주목할 만한 가치가 있는 이슈'와 '실행가능한 해결책'을 골라내는 탁월한 감각을 지니고 있었다. 차풀테펙에서 크리스티아니가 상대해야 하는 껄끄러운 상대는 FMLN뿐만이 아니었다. 그의 측근, ARENA 간부, 군 장교들 사이에서 간혹 대두되는 강경론을 무마하는 것도 큰 일이었다. "때로는 정부 측 협상대표의 99퍼센트가 협상안에 반대하는 경우도 있었다"라고 정부 측 협상단의 일원이었던 데이비드 에스코바르 갈린도는 증언했다.

크리스티아니가 협상을 추진한 것은 어제 오늘의 일이 아니었다. 그는 협상의 기운이 무르익기 전부터 협상을 준비해 왔다. 크리스티아니는 대통령에 당선된 직후, 반군 측에 사람을 보내어 '협상을 진심으로 원한다'는 뜻을 전달한 적이 있었다. 그러나 반군 측에서는 '결사항전'이라는 짧막한 답변을 보내왔다. 크리스티아니는 이에 대해 '이제 더 이상 협상은 없다'는 최후통첩으로 응수했지만, FMLN이 조만간 자신들의 필요에 의해 스스로 협상 테이블에 나올 것을 예상하고 있었다. 그의 예상은 적중했다. 11월 총공격이 끝난 후 반군 측은 대화에 응할 의사가 있음을 밝혀 온 것이다.

FMNL이 크리스티아니의 협상 제의를 받아들여 협상 테이블에 나오기로 하면서, 성부군 측 장교들은 협상에 참여힐 깃인지의 여부를 놓고 동요하기 시작했다. 그들의 눈에는, 반군과 협상 테이블에 마주 앉는다는 자체가 범죄집단을 합법화하는 것으로 비쳐졌기 때문이다. 일부 장교들의 입에서는 "11월 전투에서 패배한 게릴라와 대화를 하는 이유가 무엇인가?"라는 볼멘소리가 터져 나왔다. 평화협상이 체결될 경우 군복을 벗어야 하는 사태가 올 것을 우려하는 군인들도 있었다(사실 그들의 우려는 정확했다). "문제는 우리 내부에 있었다. 우리는 협상이 최고의 방책이라는 것을 확신할 수가 없었다"라고 한 정부군 장성은 고백했다. 그러나 크리스티아니는 "엘살바도르 군부가 제수이트 사제 암살사건을 사주한 것이 밝혀진 이후 국제사회의 여론이 악화되었으며, 나의 인내도 한계에 이르렀다"며 군부를 압박했다.

일단 협상과정이 시작되자 크리스티아니는 정부군 장교들을 협상에 개입시켰다. '반군에게 나라를 팔아먹느니 쿠데타를 일으키는 것이 낫다'는 불평이 계속되고 있었지만, 크리스티아니는 40명의 고위 지휘관들과 월례회의를 계속하며 군부 달래기에 나섰다. 그는 '군부 해체는 협상의 안건이 될 수 없다'라는 초기의 약속이 유효하다는 점을 지속적으로 강조하고, 평화협상에서 논의되고 있는 사항들을 그들에게 자세히 설명하며 조언을 요청했다. 한편 그는 전후(戰後) 엘살바도르의 개혁 청사진을 마련하는 작업에도 군부를 참여시켰다.

1990년 봄에 시작된 협상은 1991년 12월에 이르러 막바지에 접어들었다. 자비에르 페레스 데 쿠엘라르 UN 사무총장은 신년전야 휴가를 떠날 예정이었기 때문에, 정부와 반군 양측은 그가 지켜보고 있는 동안 가시적인 협상결과를 도출해야 했다(그가 공식적으로 비준하지 않은 협상안은 나중에 결렬될 가능성이 높았다). 양측은 12월 16일 뉴욕에서 만나, 핵심 이슈(경찰 창설, 군비감축, 정전협정 감시)에 관한 이견을 좁혀갔다. 그러나 연말이 다가옴에도 불구하고 양측의 시각차가 더 이상 좁혀지지 않자, 12월 28일 크리스티아니는 국방장관 레네 에밀리오 폰세를 대동하고 뉴욕으로 날아간다.

12월 30일 저녁, 크리스티아니는 협상팀과 만나 밀담을 나눴다. 그들은 '협상이 타결되기 위해서는 정부 측의 양보가 필요하다'는 사실을 잘 알고 있었다. 그들의 결단을 기다리고 있는 문제는 '엘살바도르 국립경찰 창설'과 'FMLN 게릴라의 신변보장'에 관한 것이었다. 특히 게릴라의 신변보장은 매우 민감한 문제였다. FMLN 측은 게릴라들이 소규모 창업을 통해 정착할 수 있도록, 직업훈련과 재정지원을 해 줄 것을 요구했다. 자정이 지나 연말까지 불과 24시간밖에 남지 않은 시간, 크리스티아니는 협상팀을 뒤로 물리고 방의 한 구석으로 자리를 옮겨 깊은 생각에 잠겼다. 협상팀원들은 폰세 장관의 제안에 따라, 대통령의 결단을 방해하기 않기 위해 침묵을 지켰다. 잠시 후 크리스티아니는 결단을 내렸다. 그는 게릴라들을 3개의 비무장 지역에 집결시켜 정착을 지원하는 방안을 내놓았다. 그러나 FMLN은 이것을 30개 지역으로 확대해 달라고 요구했고, 양측은 막후절충을 통해 8개의 정착촌을 건설하기로 합의하였다.

Leadership Point

반대파와의 갈등을 극복하여 그들이 보유하고 있는 자원을 활용하려면, 아무리 강고하게 뿌리박은 적대적인 이해관계라도 경청하고 받아들여야 한다.

12월 31일, 신년전야 축제를 즐기려는 인파가 뉴욕 타임스퀘어에 몰려들고 있는 시간, UN 본부에서는 엘살바도르 정부와 FMLN의 협상대표들이 협상 마감시한을 앞두고 팽팽한 줄다리기를 벌이고 있었다. 오후 5시 크리스티아니는 UN 사무총장실의 문을 박차고 들어가, FMLN을 설득 중이니 잠시만 더 기다려 달라고 했다. 쿠엘라르 사무총장은 "나는 잠시 후 처와 함께 카리브해로 (오래 전에 계획된) 휴가를 떠날 예정입니다"라고 대답했다. 크리스티아니는 "사무총장님이 떠나시면 저도 협상에서 손을 떼겠습니다"라는 말로 쿠엘라르를 압박했다. 자정이 되어 타임스퀘어에서 신년을 알리는 타임볼이 내려오기 직전, 양측은 협상마감 시한을 연장하기로 합의하고 협상 타결은 막판 초읽기에 들어갔다. 마침내 1992년 1월 1일 새벽 12시 20분, 양측은 극적으로 최종 합의안 도출에 성공한다.

합의된 혁명

1989년 '협상과 타협의 기술에 관한 세미나'를 시작하기 전, 피셔는 크리스티아니에게 "양측의 구성원들이 모두 만족할 수 있는 완벽한 평화협정을 상상해서는 안 됩니다"라고 말했다. 사실 '정부와 FMLN이 서명하고 양측의 지지자들이 수긍할 수 있는 평화협정안을 작성하는 것은 하느님도 할 수 없는 불가능한 일'이라는 것이 엘살바도르 국민들의 중론이었다. 그러나 정부와 FMLN은 평화협정에 서명하고 지지자들의 추인을 받는 데 성공했다. 정부측의 국민방위군, 첩보부대, 국가정보원, 엘리트 기병부대는 폐지되었다. 한편 FMLN 게릴라는 무기를 반납하고 해체되었고, 그들의 지도자들은 합법적 정치가로 변신하였다.

내란 기간 동안 FMLN을 대변했던 비밀 라디오 방송 벤세레모스(스페인어로 '우리 승리하리라'의 뜻)는 산살바도르에 본사를 둔 FM 방송국으로 탈바꿈했고, 자매방송인 파라분도마르티도 문을 열었다. 벤세레모스와 파라분도마르티는 처음에는 저항가요와 대안뉴스만을 방송했지만, 경제적 현실을 반영하여 이제는 상업광고와 락

평화협정서를 펼쳐 보이고 있는 알프레도 크리스티아니 대통령.

뮤직도 방송하고 있다.

양측의 협상을 처음부터 끝까지 중재했던 한 UN 인사는 평화협정을 '합의된 혁명'이라고 불렀다. 미 하원은 '엘살바도르의 평화와 민주주의 정착을 위해 분투한 크리스티아니 대통령을 치하하는 결의안'을 414:0으로 가결했다. 미 상원은 하원의 바통을 이어받아, '크리스티아니 대통령의 용기와 결단력을 치하하는 특별 결의안'을 96:0으로 다시 한 번 가결했다. 미네소타 주 출신의 데이비드 두렌버거 상원의원은 "엘살바도르 평화협정으로 인해 한 사람의 힘으로 세상을 바꿀 수 있다는 사실이 입증되었다"라고 극찬했다. 미국의 일선 외교관인 버나드 애런슨은 1994년 《워싱턴포스트》에 기고한 기사에서 크리스티아니를 '엘살바도르를 위기에서 구한 영웅'이라고 묘사했다.

평화협정이 체결된 후 ARENA와 FMLN은 정강정책을 가진 공당(公黨)으로서 한 치의 양보도 없는 표 대결을 펼쳤다. 1994년 실시된 대통령 선거에서 ARENA는 아르만도 칼데론 솔을 내세워 FMLN이 주도하는 좌파연합의 루벤 사모라와 맞서게 하는데, 칼데론 솔은 결선투표에서 사모라를 더블스코어(68:32)로 누르고 대통령에 당선된다. 한편 총선에서는 좌파연합이 의석의 4분의 1을 차지하여 제1야당으로 부상하는 저력을 보인다. 1997년에 실시된 총선과 지방자치단체장 선거에서는 FMLN의 약진이 두드러져, 82개 의석 중 27석(1994년에는 14석), 262명의 지방자치단체장 중 54명(1994년에는 13명)을 당선시키는 기염을 토한다(FMLN은 산살바도르와 블루칼라들이 많이 사는 교외지역에서 우세를 보였다). FMLN은 정당 인기투표에서도 32퍼센트의 지지율을 기록하여, 33퍼센트의 ARENA를 근소한 차이로 추격한다.

엘살바도르의 경제는 서서히 정상을 회복했다. 1980년대 내내 하락을 거듭하던 1인당 GDP는 상승세로 돌아서, 1992년과 1993년에는 각각 3퍼센트, 1994년과 1995년에는 각각 4퍼센트와 5퍼센트의 상승률을 기록했다(이 정도면 당시 아메리카와 유럽을 통틀어 몇 손가락 안에 드는 수준이었다). 1996년 세계은행은 엘살바도르가 거둔 경제적 성과를 검토해 본 후, '세계가 놀랄 만한 성공 스토리'라고 평가했다.

알프레도 크리스티아니가 대통령 임기를 마쳤을 때의 지지율은 70퍼센트였다. 그는 공직을 떠난 이후에도 '엘살바도르 최고의 유명인사'라는 타이틀을 유지했다. 대통령을 그만둔 후 가장 만족스럽게 느끼는 것이 무엇이냐는 질문에 대해, 그는 '유배생활을 하지

않아도 된다는 점과, 전국 어느 곳이든 차를 몰고 갈 수 있다는 점'
이라고 대답했다.

　1994년 엘살바도르의 기업인들은 엘살바도르의 경제를 재건할
인재를 양성하기 위해, 경제협상대학(Escuela Superior de Economia y
Negocias)이라는 이름의 4년제 경영대학을 세운다. 이 대학의 목표
는 엘살바도르와 중앙아메리카의 미래를 책임질 기업 경영자를
키우는 것이었다. 대학 설립에 앞장선 인물 중에서 초대 총장을 맡
았던 리카르도 포마는 친형(로베르토 포마)를 FMLN에게 잃는 아픔을
겪은 인물이었다. 초대 이사진 중에는 크리스티아니 정부에서 경
제기획원 장관을 역임했던 미르나 리에바노 데 마르케스가 포함
되어 있었다. 학생 중에는 크리스티아니 정부에서 국방장관, 협상
대표를 맡았던 사람들의 아들과, (대선에서 크리스티아니에게 패했던) 기
독교민주당 후보의 아들, 엘살바도르 공산당 당수의 딸이 포함되
어 있었다.

　1997년 6월 초 어느 날 저녁, 필자는 인터뷰를 마치고 크리스티
아니의 자택을 나서면서, 그에게 "오늘 저녁의 계획은 무엇인가
요?"라고 물었다. 나는 FMLN의 총공격과 같은 살벌한 내용보다
는 좀더 유쾌한 주제 쪽으로 화제를 돌리고 싶었다. "조금 후 아들
녀석이 친구를 데리고 와, 거실에서 함께 NBA 챔피언 시리즈 3차
전을 볼 예정입니다." 내란기간 중에 정부의 정보기관이 '크리스
티아니의 아들을 납치하려는 음모'를 적발한 적이 있었다고 한다.
그러나 이제 크리스티아니 부자(父子)의 유일한 관심사는 '시카고
불스의 마이클 조던이 유타재즈와의 1차전에서 보여줬던 눈부신
활약을 다시 한 번 보여줄 수 있는가?'였다. 크리스티아니의 아들

은 불스, 아들의 친구는 재즈의 열렬한 팬이었다. 크리스티아니는 어느 팀이 이기든 좋은 게임만 볼 수 있으면 그만이었다.

* 옮긴이 주 : 알프레도 크리스티아니 전 엘살바도르 대통령의 정치적 공과(功過)에 대한 평가는 약 20년이 지난 오늘날까지도 완결되지 않았다. 2008년 11월, 스페인의 인권변호사들은 크리스티아니를 스페인 대법원에 제소했다. 그들은 소장에서, 크리스니아니가 중앙아메리카 대학 제수이트 사제 살해사건의 진상을 은폐하는 데 관여했다고 주장했다. 그들은 엘살바도르의 전직 군 장교 14명(레네 에밀리오 폰세 전 국방장관 포함)도 이 사건에 깊숙이 관여한 혐의로 함께 제소했다.

리더십의 원칙

THE
LEADERSHIP
MOMENT

"리더의 비전과 행동이 중요하다."

인생, 기업, 국가의 운명이 경각에 처했을 때 다른 사람들이 어떻게 행동했는지를 살펴보는 것은 역사적 사건을 보다 실감있게 그려 보는 것 이상의 의미가 있다. 그것은 우리에게 전략적 사고와 단호한 행동의 중요성을 일깨워 준다. 우리는 길을 잃고 헤매던 사람들과 조직의 나아갈 방향을 제시하던 사람들을 바라보며, 그들을 성공 또는 실패로 이끈 요인이 무엇이었는지를 알게 된다.

알렌 블럼, 로이 바겔로스, 조슈아 로렌스 챔벌레인이 난치병 퇴치, 안나푸르나 등정, 게티스버그 전투를 위해 한 행동은 우리에게 시대의 요구를 외면하지 말라는 메시지를 전해 준다. 알프레도 크리스티아니의 용기와 확신, 유진 크란츠의 결단력, 낸시 배리의 소명의식은 우리가 인생 행로를 모색하고 결정하는 데 좋은 귀감이 된다. 이와 대조적으로 존 굿프로인트의 몰락과 와그너 닷지의 탈출은 시의적절한 행동이 얼마나 중요한지를 깨닫게 해 준다. 이 두 사람의 사례는 우유부단함과 늑장대처가 큰 재앙을 부를 수 있다는 것을 단적으로 보여 준다. 한편 클리프턴 와튼이 교원연금을 개혁한 과정에는 리더십의 모든 것이 담겨 있다. 리더는 전임자로부터 넘겨받은 것을 개선하고 개혁하되, 조직의 사명을 훼손하거나 조직을 리더 개인의 노예로 만들어서는 안 된다.

리
더
에
게
결
정
은
운
명
이
다

목적지와 도달방법

이 책에 제시된 아홉 가지 사례가 우리에게 주는 공통적 교훈은 '리더의 비전과 행동이 중요하다'는 것이다. 비전이란 목적지를 지향하는 방향감각을 의미하며, 행동이란 목적지에 도달하는 방법을 의미한다. 방향감각이 없는 사람은 지향점을 잃고 허우적거리게 되며, 도달방법을 모르는 사람은 눈 앞에 목적지를 두고도 도착할 수 없게 된다.

리더의 비전과 행동이 없었다면 어떤 일이 벌어졌을까? 리틀라운드탑 고지는 사수되지 않았을 것이며, 엘살바도르 내전 역시 아직 계속되고 있을 것이다. 회선사상충증은 전세계에 퍼졌을 것이며, 교원연금은 여전히 비효율적인 독점조직으로 남아 있을 것이다. 아폴로 13호는 지구로 귀환하지 못했을 것이며, 히말라야 고봉을 등정한 여성 등반대도 아직 등장하지 못하고 있을 것이다. 이와 반대로 리더의 비전과 행동이 있었다면, 살로먼은 초주검 상태에 이르지 않았을 것이며, 만굴치는 산악소방대원 열세 명의 목숨을 앗아간 마의 협곡으로 기억되지 않았을 것이다.

필자는 와튼스쿨 최고경영자과정에서 중간관리자들을 대상으로 한 MBA 프로그램을 운영하고 있다. 가끔 학생들에게 각자 이

상형으로 생각하는 지도자를 꼽아보라고 하면, 콜린 파월, 마거릿 대처, 워런 버핏과 같은 유명인사의 이름을 대는 학생들이 있는가 하면, 영화 〈스타트렉〉에 나오는 커크 선장과 같은 가상의 인물을 꼽는 학생들도 있다. 그러나 대부분의 학생들은 자신들이 몸담고 있는 회사의 잘나가는 경영자들을 꼽는다. 학생들의 설명을 들어 보면, 그들의 선택을 받은 경영자가 누구든 그는 이 책에 등장하는 성공의 주인공들과 동일한 자질을 가진 사람들이라는 것을 알 수 있다. 그 자질이란 목표를 명확하게 설정하고, 그것을 달성하기 위해 구성원들의 행동을 주도면밀하게 조직화하는 능력을 말한다.

〈스타트렉〉의 커크 선장을 꼽았던 학생의 설명은 필자가 말하고자 하는 주제의 핵심을 찌르고 있다. 엔터프라이즈호의 의사인 본스 맥코이는 '부상당한 외계인을 도와주라'는 커크 선장의 명령을 거역한다. 우주인은 동물도 아니고 거의 암석의 모습을 하고 있던 것이다. 맥코이는 "나는 의사이지 벽돌공이 아니란 말입니다"라고 말하며 거칠게 반항한다. 그러나 커크 선장은 맥코이를 끈질기게 설득하고, 결국 맥코이는 기상천외한 방법으로 문제를 해결한다. 맥코이가 사용한 약품은 효과는 있지만 처방집에 나오지 않는 치료제, 시멘트였다.

이 책에서도 〈스타트렉〉과 유사한 내용이 나온다. 아폴로 13호의 엔지니어들은 유진 크란츠에게 "세 명의 우주인이 지구에 무사히 귀환하는 방법은 없습니다"라고 보고한다. 그러나 크란츠는 엔지니어들에게 어떻게든 방법을 찾아보라고 한다. "우리는 포기할 수 없습니다. 승무원들은 반드시 돌아올 겁니다"라고 그는 선언한다. 크란츠에게 거의 떠밀리다시피 하여 제도판 앞에 선 엔지니어들은 작도(作圖)와 계산을 거듭한 끝에 마침내 우주인들의 생명을 살릴 수 있는 방법을 찾아낸다.

스타트렉과 아폴로 13호의 사례를 관통하는 핵심주제는 비전(해결이 불가능해 보이는 문제를 해결하겠다는 의지)과 행동(담당자들에 대한 지원과 권면)이다.

교훈 나누기

이 책에 소개된 리더들의 에피소드는 그들이 보여준 인상적인 행동들로 가득 차 있지만, 그 근저에는 우리가 오래 두고 생각해 볼 만한 리더십의 원칙들이 깔려 있다. 이 책의 내용을 보다 잘 이해하려면, 아홉 명의 리더들이 이룩한 성과는 물론, 그들이 성공했는지 실패했는지를 떠나 그들의 행동을 이끌었던 기본원칙도 기억해 두는 것이 좋다.

리더들의 행동을 이끌었던 원칙을 기억할 때는 그 원칙을 잉태한 구체적 상황(스토리)까지도 함께 기억하라고 권하고 싶다. 우리가 그들과 함께 역사적 현장에 있었다고 생각한다면, 그들이 직면했던 위험을 우리가 직접 겪는 것처럼 느낄 수 있다면, 그들이 전해 주는 교훈의 가치는 배가(倍加)될 것이다.

당신이 리틀라운드탑 고지에서 돌격명령을 받은 북군 병사라고 생각해 보라. 당신이 기적의 신약을 개발했는데, 정작 환자들은 돈이 없어서 그 약을 먹을 수 없다고 생각해 보라. 당신 앞에서 죽음의 눈사태가 일어나 동료들의 흔적을 깡그리 지워 버렸다고 생

리더십 기본원칙	
사례	**기본원칙**
로이 바겔로스 (머크)	**1. 너 자신을 알라**: 어떤 길로 가야 할지를 결정하려면, 먼저 당신의 가치관과 지향점을 설정해야 한다.
와그너 닷지 (만굴치)	**2. 너를 설명하라**: 동료로 하여금 당신과 동행할지의 여부를 결정하게 하려면, 먼저 당신의 지향점이 어디인지를 그에게 설명해 줘야 한다.
유진 크란츠 (아폴로 13호)	**3. 눈높이를 높여라**: 조직의 성과는 리더의 기대수준에 비례한다. 최선의 결과를 얻으려면 최선의 것을 요구해야 한다.
알렌 블럼 (안나푸르나)	**4. 사전동의를 구하라**: 의사결정 과정에 구성원을 참여시키면, 실행 단계에서 그들의 에너지를 동원하기가 쉬워진다.
조슈아 로렌스 챔벌레인 (게티스버그)	**5. 밀짚모자는 겨울에 사라**: 나중에 필요한 지원세력이 있다면, 지금 협력관계를 구축해 놓아야 한다.
클리프턴 와튼 (교원연금)	**6. 다양하고 도전적인 경험을 즐겨라**: 지금 다양하고 도전적인 경험을 쌓으면, 나중에 큰 일을 하는 데 필요한 기술과 자신감이 배양된다.
존 굿프로인트 (살로먼)	**7. 신속하게 행동하라**: 무대책(inaction)은 서툰 대책 (inept action)만큼이나 치명적인 결과를 초래한다.
낸시 배리 (세계여성은행)	**8. 궁합이 맞는 조직을 찾아라**: 리더로서의 잠재력을 발휘하려는 사람은 자신의 목표와 재능에 맞는 조직을 선택해야 한다.
알프레도 크리스티아니 (엘살바도르 내전)	**9. 확고한 신념을 가져라**: 비전에 대한 리더의 확고한 신념은, 리더 자신은 물론 추종자들이 비전을 흔들림 없이 추구할 수 있는 원동력이 된다.

각해 보라. 갑자기 우주에서 "맙소사, 우리에게 문제가 생겼어요!"라는 메시지가 날아왔다고 생각해 보라.

이처럼 리더십의 원칙을 그것이 유래하는 스토리에 담아 기억하면 리더십의 원칙을 개인적으로 체득(體得)하는 데 큰 도움이 되지만, 이것만 가지고서는 리더십의 교훈을 100퍼센트 이용했다고 보기 힘들다. 개인에게 체득된 리더십의 원칙은 개인의 행동을 안내하는 지도원칙으로 작용하지만, 타인과 공유된 리더십의 원칙은 다른 사람의 행위까지도 안내함으로써 두 배로 강력한 힘을 발휘하기 때문이다. 와그너 닷지가 만굴치에서 겪었던 실패의 아쉬움을 주변의 동료와 나눠 보라. 또는 아폴로 13호의 우주인을 무사히 귀환시킨 유진 크란츠의 감동 스토리를 동료들에게 소개해 보라. 당신과 동료들은 이 두 가지 사례를 통하여 완벽한 팀워크의 중요성을 새삼 깨닫게 될 것이다. 로이 바겔로스가 회사를 설득하여 가난한 사람들에게 멕티잔을 무상기부하게 한 사건을 동료들과 이야기해 보는 것은 어떨까? 당신의 동료들은 단기적 이익을 초월함으로써 장기적 이익을 극대화하는 원칙을 깨치게 될 것이다. 이처럼 하나의 원칙이 스토리에 담겨 주변으로 파급될 경우, 그것은 여러 사람들의 행동을 지배하는 공통원칙으로 자리잡는다. 나아가 이것이 조직 전체에 광범위하게 파급될 경우, 조직의 리더십을 규정하고 판단하는 암묵적 틀(implicit framework)로 자리잡게 된다. 동료들의 리더십을 향상시키는 가장 좋은 방법은, 아홉 명의 리더들이 겪은 성공과 실패의 스토리를 가능한 한 많은 동료들에게 연쇄적으로 퍼뜨리는 것이다.

흥미롭게도, 위대한 리더들은 대부분 훌륭한 이야기꾼이라고 한다. 하워드 가드너가 지은 『통찰과 포용』에는 조지 C. 마샬, 마거릿 미드, 마하트마 간디와 같은 세계적 리더들이 등장한다. 가드너는 이들이 리더로 부상할 수 있었던 요인을 분석한 끝에, 그들이 스토리의 힘을 통해 대중의 마음을 얻었기 때문이었다고 결론

짓는다. "그들은 자신들이 '어디에서 왔는지' '어디로 가는지' '무엇을 두려워하는지' '무엇과 싸우는지' '무엇을 꿈꾸는지'에 대해 설득력 있게 설명했다"고 가드너는 말한다. 가드너에 의하면, 그들의 수사법(레토릭)이 갖는 힘은 '말의 횟수'가 아닌 '설득력 있는 서사(내러티브)'에서 유래한다고 한다.

　마틴 루터 킹도 마찬가지 경우라 할 수 있다. 그는 1963년 한 해에만 350번의 연설을 했는데, 그중에는 워싱턴 D.C.의 링컨기념관 계단에서 20만 명 이상의 청중을 대상으로 행해진 명연설도 포함된다. "친구들이여, 나는 오늘 온갖 역경과 좌절에도 불구하고 '나에게는 아직 꿈이 있다'는 말을 꼭 하고 싶습니다. 그것은 아메리칸 드림 속에 깊이 뿌리박고 있는 꿈입니다"라고 그는 말문을 열었다. 주최측은 8분의 시간만을 주었고, 그는 이 짧은 시간 동안 역사에 길이 남을 명연설을 했다.

"나에게는 꿈이 있습니다. 언젠가 이 나라가 미몽(迷夢)에서 깨어나 독립선언문의 참뜻을 실천하며 살아가게 될 것이라는 꿈입니다. 나에게는 꿈이 있습니다. 언젠가 네 명의 내 아이들이 피부색이 아닌 인격에 따라 판단받는 나라에서 살게 될 것이라는 꿈입니다."

　가드너의 분석에 의하면, 설득력 있는 내러티브가 추종자들을 불러모으며, 추종자들이 많이 모이면 리더가 탄생한다고 한다.

　경영자들은 이론서나 매뉴얼보다는 실제 사례나 멘토 등을 통해 리더십을 배우고 전수받는 경우가 많다. 많은 조직들은 '효과적인 리더십의 원칙'이 적힌 매뉴얼을 만들어 경영자들에게 배포하고 있지만, 대부분의 경영자들은 몹시 긴장했을 때나 위기에 빠진 경우라 하더라도, 그러한 매뉴얼을 들여다보려고 하지 않는다.

경영자들을 대상으로 실시된 연구들도 이와 동일한 결론을 내리고 있다. 즉, 구체적인 의사결정 및 행동사례가 곁들여지지 않은 광범위한 개념과 일반적 원칙들은 '죽은 지식'이나 마찬가지라는 것이다. '리더십 개발에 가장 도움이 된 교육 프로그램이 무엇이었나요?'라는 질문에 대해, 많은 경영자들은 '기존의 능력과 기술이 적용되지 않는 새로운 문제를 제시하는 프로그램'이라고 대답했다고 한다. 리더십은 공허한 이론을 통해 주입되는 것이 아니라, 실험, 목격, 경험, 관찰 등의 다양한 방법을 통해 학습된다.

리더십 트레킹

리더십의 모범사례를 많이 알고 있으면 중요한 의사결정을 할 때 큰 도움을 받을 수 있다. 우리는 다양하고 풍부한 원천으로부터 리더십에 관련된 레퍼토리를 모을 수 있다. 예컨대 존 F. 케네디가 쓴 『용감한 사람들』에는 리더십의 위기에 직면했던 미 상원의원 여덟 명의 사례가 연대기적으로 서술되어 있다. 그레이엄 앨리슨이 쓴 『결정의 에센스』는 케네디 대통령 자신이 '쿠바 미사일 위기'를 맞아 내렸던 의사결정 사례를 다루고 있다. 사실 중요한 결정의 순간을 경험했던 조직이라면 어느 조직이든 훌륭한 의사결정의 사례를 한두 가지쯤은 보유하고 있을 것이다.

생생한 리더십의 사례를 모으고 타인과 공유하는 장을 마련하기 위해, 필자는 에베레스트 주변의 히말라야 산악지대를 답파하는 2주짜리 '리더십 트레킹' 코스를 마련했다. 나는 동료 에드윈 번바움과 함께 기업체 중간관리자들을 이끌고, 히말라야의 전설적 계곡과 등반로들을 두루 섭렵했다. 전설과 신비로 가득 찬 히말라야의 고봉들에 둘러싸인 채, 우리는 각 봉우리에 얽힌 성공과 실패의 이야기들을 소재로 삼아, 우리의 의사결정 과정을 되돌아보는 시간을 가졌다. 히말라야의 고봉준령은 인간의 모든 정신적·신체적 활동이 이루어지는 무대를 의미하는 상징적 존재였다.

우리는 산길을 걸으며, 에베레스트, 안나푸르나 등의 히말라야 고봉을 오르는 것이 리더십을 기르는 데 어떤 영향을 미칠 것인지를 생각했다. 이와 더불어 우리는 보다 큰 이슈도 생각해 보았다. "티벳의 신비로운 계곡이, 제임스 힐튼의 『잃어버린 지평선』에 나오는 샹그릴라(이상향)처럼 우리의 잠재적 리더십을 새롭게 바라보는 통찰력을 제공할까? 정상에 오른다는 것이 무엇을 의미할까? 정상에 오르면 무엇이 성취된 것일까?" 등. 이 의문들에 대한 해답은 알레 블럼의 말 속에 다 들어 있다. "당신은 산을 정복할 수 없다. 당신은 단지 몇 분 동안 정상에 머물 뿐이며, 잠시 후 바람이 불어와 당신의 발자국을 지워 버린다."

트레킹의 두 번째 날, 우리는 철쭉, 목련, 전나무 숲을 지나 오후에 '셰르파의 고향'으로 유명한 남체(Namche)에 도착했다. 그날 저녁 우리는 모리스 엘조그와 알렌 블럼에 대해 집중적으로 이야기했다. 엘조그는 안나푸르나를 최초로 등정한 프랑스의 등반가이며, 알렌 블럼은 후에 여성 등반대를 이끌고 안나푸르나에 올랐다. 똑같은 봉우리를 올랐지만 두 사람의 등반 방식은 판이하게 달랐다. 엘조그는 직접 정상에 올랐지만, 하산길에 탈진한 데다가

동상까지 겹쳐 큰 봉변을 당할 뻔했다. 엘조그가 알렌 블럼이 그랬던 것처럼 정상 아래에 머물면서 등반을 지원하기만 했다면, 힘든 하산과정을 잘 마무리하여 아무 탈 없이 등반을 마칠 수 있지 않았을까? 대장이 직접 앞에 나서서 팀을 이끌고 가는 것이 등반의 성공에 꼭 필요한 요소일까? 블럼이 정상에 오르지 않고 지원자의 역할에 충실한 것은 네 명의 대원들이 등반에 성공했을 때까지만 해도 정당해 보였다. 그러나 그녀도 두 명의 대원이 돌아오지 못할 길을 떠나는 것을 막지는 못했다. 만일 그녀가 2차 정상공격을 맨 앞에서 이끌었다면 두 대원의 생명을 살릴 수 있지 않았을까?

다섯 번째 날, 우리는 히말라야 최고의 고산마을을 품고 있는 계곡으로 들어갔다. 우리는 에베레스트와 연결된 쿰부 빙하의 지류를 건너 딩보체 마을까지 도보여행을 했다. 딩보체 마을은 산비탈 위에 걸터앉은 듯 자리잡은 해발 4,410미터의 고산마을이었다. 그날 저녁 우리의 토론 주제는 1963년 에베레스트를 등정한 미국 등반대에 관한 것이었다.

1963년 네 명으로 구성된 미국의 등반대가 세계의 지붕이라 불리는 에베레스트를 정복하기 위해 등반길에 올랐다. 그런데 그중 두 명은 힐러리와 텐징이 개척한 사우스콜 루트(South Col route)를 따라 정상 등정에 성공했고, 다른 두 명은 그보다 훨씬 어려운 웨스트릿지 루트(West Ridge route)를 따라 정상을 정복함으로써 새로운 루트를 개척했다. 두 팀은 등반경로뿐 아니라 등반 스타일도 달랐다. 웨스트릿지 루트를 선택한 팀은 알핀 스타일(alpine style)을 선택했는데, 알핀 스타일이란 셰르파나 보조요원의 도움을 받지 않고 자기들만의 힘으로 등반하는 방식을 말한다. 이에 반해 사우

리더에게 결정은 운명이다

스콜 루트를 선택한 팀은 시지 스타일(siege style)을 선택했는데, 시지 스타일이란 보조요원의 충분한 도움을 받는 방식을 말한다. 우리는 두 가지의 등반목적과 두 가지의 리더십 스타일에 관해 토론을 벌였다. "그들은 왜 다른 접근방법을 택했을까? 접근방법의 선택이 두 팀의 성공 가능성에 어떤 영향을 미쳤을까? 두 가지 방식이 요구하는 리더십 스타일은 어떻게 달랐을까?"

그날 저녁 열아홉 명의 우리 일행은 두 팀으로 나뉘어, 각각 다른 목적지를 향해 떠났다. 한 팀은 세계 최대의 빙벽 중 하나인 해발 8,516미터의 로체 남벽(southern face of Lhotse)으로 이동하여 해발 5,500미터 지점에 올랐고, 다른 한 팀은 임자콜라 계곡(Imja Khola Valley)을 지나 해발 6,189미터의 임자체(Imja Tse, 산봉우리 모습이 얼음바다에 뜬 섬과 비슷하다고 해 아일랜드피크라고도 불림)에 올랐다.

다음 날 저녁 우리는 한 자리에 모여, 두 가지 목표 중 하나를 선택하게 된 이유와, 등반과정에서 발생했던 일들을 평가하는 시간을 가졌다. 그리고는 1996년 5월 10일 오후에 발생했넌 운닝석 사건에 대해 이야기를 나눴다. 그것은 두 팀의 등반대가 동시에 에베레스트 정상에 접근하던 중 강력한 폭풍에 휘말린 사건이었다. 두 명의 리더를 포함한 여덟 명의 등반가들은 끝내 피난처를 찾지 못하고 참변을 당하고 말았다(이 사건은 존 크라카우어가 쓴 『희박한 공기 속으로』를 통해 세상에 널리 알려졌다). 우리는 두 팀의 리더들이 피난처를 찾아 헤매는 과정에서 보여줬던 의사결정과 행동들을 검토했다. 우리는 그들의 의사결정에서 개선할 점은 무엇인지, 안전한 등반을 하기 위해 필요한 요소는 무엇인지를 생각해 보고, 리더십의 중요성을 다시 한 번 실감했다.

나누면 커지는 리더십

민간기업, 종합병원, 정부기관 등의 구조조정 사례들을 검토해 보면 한 가지 아이러니한 사실을 발견하게 된다. 그것은 '권력을 적절히 나눠줄수록 리더의 권력은 더욱 커진다'는 것이다. 즉, 부하직원에게 일을 할 수 있는 권한과 도구를 더 많이 넘겨주면 경영자의 권한은 더욱 커진다. 의사결정의 책임을 광범위하게 이양하면, 모든 구성원들의 성취동기를 강력하게 유발할 수 있다. 고객, 환자, 시민들과의 관계가 보다 명확하게 확립되면서, 부하직원은 고객의 요구에 보다 적절하게 반응할 수 있게 된다. 한편 책임이 보다 명확하게 기술되면, 부하직원들은 성과를 올릴 확실한 이유를 갖게 된다. 좋은 결과가 나와 명성이 올라가면, 지위가 상승하여 보다 큰 일을 할 수 있는 권한을 획득할 수 있기 때문이다.

광범위한 구조조정이 이루어지면서 팀워크와 네트워크의 시대가 도래하고 있다. 새로운 시대에는 명령과 통제가 발붙일 곳이 없다. 팀을 리드하는 관리자의 능력은 팀원의 리드 능력에 따라 결정된다. 리더십을 퍼뜨리는 것은 단지 권한을 나눠주는 것에 그치지 않는다. 동료와 부하직원에게 리더십을 부여하면 부여할수록 당신 자신의 리더십을 더욱 효과적으로 발휘할 수 있다. 다시 말해서, 권력을 포기하는 사람일수록 더욱 많은 권력을 갖게 된다. 당신 주변에 리더를 많이 만들수록 당신은 더욱 훌륭한 리더가 될 수 있다. 우리가 이제껏 보아 온 것처럼, 에베레스트에서부터 기업의 일상업무에 이르기까지, 조슈아 로렌스 챔벌레인에서부터 알프레도 크리스티아니에 이르기까지, 유진 크란츠와 낸시 배리에서부터 존 굿프로인트와 클리프턴 와튼에 이르기까지, 알렌 블럼으

로부터 와그너 닷지와 로이 바겔로스에 이르기까지, 모든 조직의
성패를 결정하는 것은 바로 리더십이다.

영감과 시사점을 제공하는 리더십 교과서

오늘날 기업, 정부, 공동체 등 모든 조직을 둘러싸고 있는 변화무쌍한 환경은 조직구조의 근본적 변화를 요구하고 있다. 새로운 조직구조 하에서는 일사불란한 명령과 복종이라는 전근대적 개념이 통하지 않는다. 급변하는 환경은 모든 구성원에게 '직원'이 아닌 '오너'의 입장에서 전략적 의사결정을 하도록 요구하기 때문이다. 이에 따라 모든 조직은 중앙집권적 관료제의 틀을 벗어 던지고 분권화와 권한이양에 박차를 가하고 있다.

그런데 분권화와 권한이양에는 그만한 위험부담이 따른다. 모든 구성원들이 자율적으로 판단하고 행동함에 따라, 구성원의 잘못된 의사결정 하나가 조직을 위기에 몰아넣을 수 있는 위험은 더욱 높아지게 된다. 따라서 분권화와 권한이양이 증가할수록 리더의 역할은 감소하기는커녕 오히려 증가하는 경향을 보이고 있다. 그러나 똑같이 리더십이라고 불리더라도, 새로운 조직구조 하에서 요구되는 리더십의 내용은 과거와 사뭇 다르다. 과거의 리더에게 요구되던 역할이 명령과 통제였다면, 오늘날의 리더에게 요구되는 역할은 조정과 피드백이라고 할 수 있다.

이러한 경향을 반영하듯 최근 리더십에 대한 세간의 관심이 높아지면서, 리더십을 다룬 다양한 서적들이 출간되어 서점의 서가를 가득 메우고 있다. 이러한 서적들은 크게 이론서와 실천서로 나뉘는데, 상당수의 이론서들은 추상적인 용어와 원칙들을 나열함으로써 독자들의 큰 감흥을 불러일으키지 못한다는 문제점을 안고 있다. 실천서들의 경우도 크게 다르지 않아, 얄팍한 전술과 기법들을 남발함으로써 리더십을 처세술의 수준으로 격하시키는 경우가 많다. 한마디로 풍요 속의 빈곤인 셈이다.

'현재의 리더들과 미래의 리더를 꿈꾸는 이들에게 리더십의 이론과 실제를 속 시원히 해명해 줄 책은 없을까?'라는 생각을 해본 독자들이 있다면, 역자는 주저 없이 마이클 유심의 『리더에게 결정은 운명이다』를 권하고 싶다. 유심은 이 책에서 여행 가이드의 모습으로 독자 앞에 나타난다. 독자들은 타임머신을 타고 그의 안내에 따라 다양한 역사의 현장, 즉 제약회사, 대형 산불 현장, 우주비행센터, 히말라야 산맥, 게티스버그 전쟁터, 교원연금, 월가의 투자은행, 세계여성은행, 내전 중의 엘살바도르를 방문한다. 각 방문지들은 시간적 · 공간적 배경은 다르지만 한 가지 공통점을 갖고 있다. 그곳에서는 하나같이 위기에 처한 조직과 조직의 운명을 짊어진 리더가 등장한다. 리더들은 절체절명의 순간에 운명적 결단을 내리고, 그 결정은 리더 자신은 물론 조직과 구성원 전체의 미래를 결정한다. 물론 리더의 결정이 항상 성공하는 것은 아니다. 개중에는 조직을 위기에서 구해내는 리더도 있고, 조직을 파멸의 나락으로 빠뜨리는 리더도 있다. 독자들은 리더들의 성공 및

실패 사례를 통해, 리더의 바람직한 역할과 리더십의 본질에 대해
깨닫게 된다. 이 책을 읽다 보면 마치 잘 차려진 밥상을 받은 기분
이 든다. 저자는 독자들이 흥미를 잃지 않고 까다로운 주제에 접근
할 수 있도록 다양한 장치를 마련해 놓았다. 독자들은 저자의 흥미
로운 서술과 날카로운 분석을 통해 맛(흥미)과 영양(교훈)을 동시에
얻는 호사를 누릴 수 있다.

　사실을 말하자면, 이 책은 저자의 최근작인 『고 포인트(The Go
Point)』보다 10여 년 전에 출간되어 미국에서는 20세기 비즈니스
100대 명저에 속함과 아울러 리더십의 고전으로 인정받고 있는 책
이다. 이 책에는 세월이 지나도 퇴색하지 않는 리더십의 원리가 고
스란히 담겨 있지만, 어찌된 일인지 출판사들의 레이더망에 포착
되지 않아 우리나라에는 아직 소개되지 않고 있었다. 진흙 속의 진
주를 찾아 번역을 맡겨 준 페이퍼로드의 혜안에 감사드린다. 아울
러 독자친화적 번역이 될 수 있도록 한글 표현을 바로잡아 준 아내
榮心(현직 국어교사)에게도 감사드린다. 아무쪼록 이 책이 현재의 리
더와 미래의 리더를 꿈꾸는 모든 이들에게 훌륭한 길잡이가 되기
를 바란다.

옮긴이 양병찬

리
더
에
게
결
정
은
운
명
이
다

Leadership Point

로이 바겔로스,
회선사상충증을 정복하다

■ '당신의 임명권자가 당신을 현재의 직위에 임명한 이유가 무엇인가' '당신의 임명권자가 당신에게 기대하는 것이 무엇인가'를 정확하게 판단하는 것이 냉철한 의사결정(clearheaded decision making)의 전제조건이다. 물론 임명권자의 의중을 헤아리는 것이 그리 간단치는 않다.

■ 주주의 이익보다 공공의 이익을 우선하면 지금 당장은 주주의 이익을 감소시킬 수 있지만, 그로 인해 기업에 대한 평판이 좋아지고 지지층이 확보되어 장기적으로는 단기적 손실을 만회하고도 남는 이익이 주주에게 돌아간다.

■ 조직의 이익을 위해 의사결정을 하는 것은 리더의 소명이다. 그러나 리더는 가끔 그럴 수 없는 상황에 직면하기도 한다. 이러한 상황은 매우 독특하기 때문에, 자칫하면 리더십의 모순을 만천하에 드러낼 수 있다. 그렇다고 해서 리더가 이 같은 상황을 무심하게 지나친다면, 모든 구성원들이, 심지어 리더 자신조차도, 리더의 가치를 의심하게 될 것이다.

■ 우리가 최종 목적지에 도달하기 위해서는, 먼저 '내가 가고 싶은 곳이 어디인지', 그리고 '내가 지향하는 가치가 무엇인지'를 알아야만 한다. 그래야만 급변하는 환경 속에서 정확하고 신속한 의사결정을 할 수 있고, 후에 잘못된 의사결정 때문에 후회할 일이 없어진다. 조직의 경우도 마찬가지다. 조직문화를 확실히 이해한 구성원은 위기상황에서 냉철하고 신속한 의사결정을 내림으로써 조직을 위기에서 구해낼 수 있다.

와그너 닷지,
만굴치에서 탈출하다

리더에게 결정은 운명이다

■ 여러 번의 의사결정에서 실수를 연발한 리더는 팀원에게 리더의 자격을 의심받을 각오를 해야 한다. 이로 인한 리더십의 위기는 팀원의 협동이 절실히 요구되는 상황에서 예고 없이 들이닥칠 수 있다.

■ 부하직원으로부터 신뢰와 충성을 받고 싶다면, 먼저 그들에게 당신의 입장을 설명해 주라. 의사결정에 필요한 정보가 부족하다면, 부하직원들에게 도움을 요청하라. 엔지니어의 침묵은 금(金)이 될 수도 있지만, 리더의 침묵은 조직의 재앙을 부른다.

■ 부하직원들이 스스로 판단하고 행동하기를 원한다면, 지금 당장 그들에게 의사결정을 경험하게 하라. 부하직원들이 현재의 상황을 잘 이해하기를 원한다면, 지금 당장 당신의 노하우를 그들에게 전수하라. 리더십이 힘을 발휘하려면 부하직원들에게 권한을 이양하고 그들과 정보를 공유해야 한다. 위기상황에서 전략적 사고를 하는 능력은 거저 얻어지는 것이 아니라, 부단한 예행연습을 통해 학습되는 것이다.

■ 까다로운 의사결정을 해야 하는데 부하직원들에게 세세히 설명할 시간 여유가 없다면, 일단 결정을 내리고 뒤처리는 심복에게 모두 맡겨라. 그는 대열의 맨 앞에서 부하직원들을 이끌고 당신의 지시를 이행할 것이다. 리더의 뜻을 잘 헤아리는 심복을 양성해 놓으면, 필요할 때 큰 도움을 받을 수 있다. 심복이 없으면, 촌각을 다투는 상황에서 적절한 의사결정을 내리기가 어려워진다.

■ 조직이 스트레스와 불안에 직면할 때 가장 먼저 패닉점에 도달하는 구성원들은 경험이 부족한 구성원들이다. 평상시에 경험이 부족한 구성원들을 훈련시켜 그들의 패닉점을 훨씬 오른쪽으로 이동시켜 놓으면, 조직이 위기에 처했을 때 조직의 동요를 막을 수 있다.

■ 당신의 조직이 불확실성, 변화, 스트레스에 직면해 있다면, (원활한 의사소통, 상호이해, 공통의 의무가 존재하는) 강력한 조직문화를 구축하라. 구성원들이 공통의 목표를 확실히 인식하고 끈끈한 동료애로 뭉쳐 있는 조직(팀, 회사)은 가장 필요한 시기에 최고의 성과를 거둘 수 있다.

유진 크란츠,
아폴로 13호를 지구로 귀환시키다

- 부하직원들이 높은 성과를 거두기를 바란다면, 먼저 그들의 능력을 믿고 기다려 주는 아량이 필요하다. 높은 기대수준과 낙관적 기대가 반드시 좋은 성과를 보장하는 것은 아니지만, 그것이 없으면 높은 성과를 얻는 것이 아예 불가능하다.

- 의사결정의 '신속성'과 '정확성'이 모두 요구되는 경우, 두 마리 토끼를 모두 잡으려면 참모들의 말에 귀를 기울이고 그들의 시선이 어느 한쪽에만 치우치지 않도록 끊임없이 권면해야 한다.

- 만일의 사태를 대비하여 문제해결 전담팀을 평소에 미리 구성하라. 팀을 구성할 때는 배경이나 정실(情實)과는 관계 없이 분야별로 최고의 자질을 가진 사람만을 선발하라.

- 부단한 훈련과 연습을 통해 팀(또는 '여러 개의 하위팀으로 이루진 팀')을 구축하면, 구성원들 사이에 이심전심의 분위기가 싹튼다. 이심전심의 의사소통은 신속하고 정확한 의사결정을 가능케 함으로써 위기에 처한 조직을 구원할 수 있다.

알렌 블럼,
여성 최초로 안나푸르나를 등정하다

■ 리더십이란 학습을 통해 얻어지는, 일종의 기술이다. 처음 리더의 자리에 오르면 모든 것이 막막하지만 차츰 경험이 축적된다. 경험은 약이 될 수도, 독이 될 수도 있다. 경험이 약이 되게 하려면, 리더십의 성과에 대한 부단한 피드백이 필요하다.

■ 구성원들을 조직에 헌신하게 하려면, 첫 번째 단계로 그들의 다양한 참여동기를 인정해야 한다. 두 번째 단계로는 그들의 동기가 어떠한 것이든 간에 그 동기가 충족될 수 있는 기회를 만들어 줘야 한다. 이 두 가지 원칙은 정상에 있는 자리가 몇 개 안 되는 경우에도 유효하다.

■ 목표달성(정상정복, 신제품 개발, 프로젝트 완수)을 눈 앞에 두고 있을 때, 팀원들의 지나친 자신감은 집중력을 떨어뜨려 오히려 일을 그르칠 수 있다. 리더는 지나친 자신감을 경계하여 팀원들의 에너지가 목표달성을 향해 집중되도록 이끌어야 한다. 한편 목표달성이 요원해 보일 경우, 리더는 팀원들의 성취동기를 자극함으로써 그들이 목표달성을 향해 매진할 수 있도록 받쳐 줘야 한다.

■ 구성원들의 행동에 상징적인 의미가 더해질 때 임수완수에 대한 보상은 더욱 커지지만, 그로 인해 구성원들이 부담하는 리스크도 커진다. 사회적 반향이 큰 과업을 수행하는 조직의 경우 '외부에서 거는 기대'와 '구성원이 부담하는 리스크' 간에 적절한 균형을 유지하는 것이 리더의 임무이다.

조슈아 로렌스 챔벌레인,
리틀라운트탑 고지를 방어하다

■ 조직의 핵심그룹에게 지지를 호소할 때는, 먼저 당신과 그들이 궁극적으로 동일한 목표를 지향한다는 점을 인식시키는 데서부터 출발하라. 나아가 당신과 그들은 정의로운 대의명분과 고귀한 소명을 갖고 있으며, 현재 심각한 도전에 직면해 있다는 점을 강조하라. 마지막으로, 그들의 열정적인 참여가 없이는 공통의 목표를 달성하는 것이 불가능하다는 점을 상기시키라.

■ 예기치 않은 위기의 순간을 대비하여, 평소에 부하들의 신임을 얻어 두는 것은 우량주에 투자하는 것과 같다. 위기는 예고 없이 찾아온다. 위기가 닥쳤을 때, 지휘관의 성패는 부하(반대파 포함)에게 투자했느냐의 여부에 의해 결정된다.

■ 오늘의 일상적 행동 중에서 어떤 것은 미래에 큰 영향을 미치지만, 어떤 것은 별 영향을 미치지 않는다. 그러나 어떤 행동이 나중에 큰 결과를 초래할지를 미리 판단하기는 매우 어렵다. 따라서 현재의 일 중 어느 하나도 소홀히 하거나 무시해서는 안 된다.

■ 조직의 명령체계는 구성원의 의사결정이 조직의 목표달성에 기여할 수 있도록 조율해 주는 역할을 한다. 그러나 때로는 조직의 명령체계가 구성원의 합리적 의사결정에 걸림돌이 되는 경우도 있다. '자율적 의사결정이 필요한 상황이 언제이고, 그러한 상황에서 어떻게 행동해야 하는지'를 판단하는 힘을 기르면, 구성원과 조직 모두에게 큰 힘이 된다.

■ 충분한 경험과 사전대비 없이 리더의 자리에 오른 사람이라도, 마음만 있으면 다양한 방법(독서, 관찰, 질문, 면담, 사례연구 등)을 통해 리더십 수행에 필요한 전략과 전술을 학습할 수 있다.

클리프턴 와튼,
교원연금을 개혁하다

■ 다양한 분야의 관리자로 일하며 다양한 수준의 의사결정을 경험하면, 생소하고 책임부담이 큰 조직을 이끌 수 있는 실력과 자신감이 배양된다. 이러한 실력과 자신감은 보다 다양하고 원대한 과업을 수행할 수 있는 밑거름이 된다.

■ 개혁의 영향을 받는 모든 이해관계자들이 개혁의 당위성과 실현가능성을 받아들이면 개혁에 탄력이 붙는다. 개혁을 인정받기 위해서는, 그들과 상의하고, 그들에게 호소하고, 그들을 개혁에 참여시켜야 한다.

■ 리더로서 개혁을 이끌어가는 것은 버킹브롱코(야생마 놀이기구)를 타는 것과 같다. 놀이가 재미 없으면 다른 말로 바꿔 타고, 그래도 재미 없으면 아예 놀이를 그만두는 것이 낫다.

■ 개인의 능력은 개인의 자질에 의해 결정되며, 인구통계학적 변수(인종, 성별, 국적 등)와는 아무런 관련이 없다. 모든 구성원들에게 즉, 인종, 성별, 국적과 관련 없이 동등하게 자질을 발휘할 수 있는 기회를 부여하지 않으면, 개인은 물론 조직의 미래도 보장할 수 없다.

리더에게 결정은 운명이다

존 굿프로인트,
살로먼을 잃다

■ 조직도 상에서 높은 직위로 올라갈수록 의사결정의 리스크와 불확실성
이 높아지며, 최고경영자에 이르면 의사결정의 리스크는 최고조에 이
른다. 최고경영자의 의사결정은 조직의 흥망을 좌우할 수 있다.

■ 무대책(inaction)은 서툰 대책(inept action)만큼이나 리더십에 치명적 영
향을 미친다.

■ 부하직원들의 에너지를 결집시키려면 책임의식을 고취시켜야 하는
데, 이는 부하직원들이 '회사가 나에게 요구하는 행동이 무엇인지'를
납득해야만 가능하다. 부하직원들을 납득시켜 책임의식을 고취하고
에너지를 결집시키기 위해서는, 최고경영자가 자신의 권한을 명확하
게 규정하고 일관되게 행사해야 한다. 최고경영자는 절대권력의 유혹
을 뿌리쳐야 하며, 측근경영, 밀실경영, 미세경영의 함정에 빠져서도
안 된다.

■ 실추된 조직의 명예를 회복하려면, '책임 인정' '진실한 뉘우침' '성실
한 협조' '복구에 대한 뜨거운 열정'을 통해 고객, 소비자, 관계당국의
신뢰를 얻어야 한다.

낸시 배리,
세계여성은행을 반석에 올려놓다

■ 리더의 꿈을 실현할 새로운 조직을 찾는다면, 개인의 비전과 궁합이 맞는 조직을 선택해야 한다. 이 경우 적절한 조직을 선택하는 것도 중요하지만, 더욱 중요한 것은 가장 적절한 이동시점을 포착하는 것이다.

■ (저소득 여성이든, 수확량 증대를 원하는 농민이든, 배당에 목말라하는 투자자든) 조직의 핵심 이해관계자들로부터 협조를 얻기 위해서는, 그들이 자발적으로 따라올 수밖에 없는 인센티브를 제공해야 한다. 이해관계자들의 자발적 참여를 유도하는 인센티브를 도입하는 것은 조직에 영구기관을 장착하는 것과 같다.

■ 어떠한 편견에도 얽매이지 말고 모든 사람의 (심지어 당신을 가장 반대하는 세력일지라도) 장점을 수용하라.

■ 조직의 성과를 극대화하기 위해 사업규모의 확대가 필요하다면, 시작이 아무리 미미하더라도 목표를 크게 잡아야 한다. 큰 뜻을 품은 리더만이 큰 목표를 달성할 수 있다.

알프레도 크리스티아니,
엘살바도르 내전을 종식시키다

■비전을 실현하기 위해서는 확신이 필수적이다. 확신에 찬 시선으로 당신이 지향하는 곳을 똑바로 응시하라. 그러지 않으면 온갖 방해요인들이 당신의 시선을 빼앗아, 그곳에 도달하지 못하게 만들 것이다.

■경영자의 눈으로 정치적 문제를 바라보면, 해묵은 난제들이 해결 가능한 문제로 탈바꿈한다.

■설득력 있는 연설, 끈질긴 추진력, 자신감과 같은 리더의 자질은 리더의 직무를 수행하는 동안 지속적으로 배양된다. 리더십이란 유전이나 경험에 의해 수동적으로 규정되는 능력이 아니라, 부단한 노력을 통해 능동적으로 학습되는 능력이다.

■우수한 부하직원을 선발하여, 그들이 마음 놓고 일할 수 있는 여건을 마련해 주고, 업무에 상응하는 권한과 책임을 부여하라. 그러면 그들은 당신 혼자서 일할 때 보다 더욱 많은 성과를 낼 것이다.

■반대파와의 갈등을 극복하여 그들이 보유하고 있는 자원을 활용하려면, 아무리 강고하게 뿌리박은 적대적인 이해관계라도 경청하고 받아들여야 한다.

옮긴이 **양병찬**

서울대학교 경영대학과 동 대학원을 졸업하고 증권사, 대기업 기획조정실에서 일하다가, 진로를 바꿔 약학대학을 졸업하고 약
사면허를 취득한 이색 경력의 소유자다. 현재 서울시 구로구에서 약국을 경영하며, 낮에는 약사로 밤에는 전문번역가와 과학리
포터로 왕성하게 활동하고 있다. 풍부한 인생경험을 살려 의학, 약학, 경영학, 경제학, 과학 등을 넘나들며 다양한 분야의 서적
들을 번역 출간하였다. 대표적인 역서로『핫토픽·기후변화, 생존과 대응전략』『금융위기 최후의 승자』『뱀파이어 헌터, 에이브
러햄 링컨』『피플스 파마시』『드럭 머거』등이 있다.

리더에게 결정은 운명이다

초판 1쇄 발행 2011년 4월 25일

지 은 이 마이클 유심(Michael Useem)
옮 긴 이 양병찬

펴 낸 이 최용범
펴 낸 곳 페이퍼로드
출판등록 제10-2427호(2002년 8월 7일)
　　　　　서울시 마포구 연남동 563-10번지 2층

기　　　획 이송원
편　　　집 김남희
마 케 팅 고경문, 윤성환
경영지원 임필교

이 메 일 book@paperroad.net
홈페이지 www.paperroad.net
커뮤니티 blog.naver.com/paperroad
Tel (02)326-0328, 6387-2341 | Fax (02)335-0334

I S B N 978-89-92920-56-8 03320